Das Zugangsrecht zu Dokumenten in der europäischen Rechtsordnung

Europäische Hochschulschriften

Publications Universitaires Européennes
European University Studies

Reihe II
Rechtswissenschaft

Série II Series II
Droit
Law

Bd./Vol. 3690

PETER LANG
Frankfurt am Main · Berlin · Bern · Bruxelles · New York · Oxford · Wien

Johannes Wewers

Das Zugangsrecht zu Dokumenten in der europäischen Rechtsordnung

Die Entwicklung eines Rechts auf Transparenz zugunsten des Unionsbürgers und seine Einordnung in die Strukturprinzipien des Gemeinschaftsrechts

PETER LANG
Europäischer Verlag der Wissenschaften

Bibliografische Information Der Deutschen Bibliothek
Die Deutsche Bibliothek verzeichnet diese Publikation in der Deutschen Nationalbibliografie; detaillierte bibliografische Daten sind im Internet über <http://dnb.ddb.de> abrufbar.

Zugl.: Göttingen, Univ., Diss., 2003

D 7
ISSN 0531-7312
ISBN 3-631-50902-2

www.peterlang.de

Meinem Vater †

VORWORT:

Die vorliegende Arbeit entstand während meiner Zeit als wissenschaftliche Hilfskraft am Lehrstuhl von *Prof. Dr. Harald Bogs*. Sie wurde im Zeitraum März 2000 bis Februar 2002 erstellt und im Wintersemester 2002/2003 von der Juristischen Fakultät der Georg-August Universität Göttingen als Dissertation angenommen. Neuere Literatur und Rechtsprechung ist seitdem weitgehend eingearbeitet. Formal berücksichtigt die Untersuchung überwiegend die Neuordnung der Zählweise der Verträge durch die Vertragsreform von Amsterdam. Lediglich an den Textstellen, die auf die Rechtslage vor 1997 Bezug nehmen und die für den dortigen Sinnzusammenhang der Untersuchung unerläßlich sind, sowie bei der Wiedergabe von Passagen des Gerichtshofs oder der Literatur, wird auf die alte Zählweise Bezug genommen. Dies ist durch kursive Schreibweise gekennzeichnet. Ebenso wird bei der Bezugnahme auf die Geschäftsordnung des Rates von 1993 und 2000 verfahren. Hier wird, soweit möglich, stets die aktuelle Geschäftsordnung erwähnt. Lediglich bei Verweisen auf Urteile, sowie unerläßlicher inhaltlicher Darstellung erfolgt ein kursiver Hinweis auf die Geschäftsordnung von 1993. Hinsichtlich der Geschäftsordnungen der übrigen Organe ist durchweg auf die jeweils aktuelle Geschäftsordnung Bezug genommen.

Mein besonderer Dank gilt an dieser Stelle meinem Doktorvater Herrn *Prof. Dr. Georg Nolte* für die Anregung der Thematik und die Betreuung der Arbeit. Er hat mir stets den nötigen Freiraum und die erforderliche Unterstützung gewährt.

Danken möchte ich darüber hinaus Herrn *Prof. Dr. Volkmar Götz* für die überaus zügige Erstellung seines Zweitgutachtens.

Danken möchte ich natürlich auch Herrn *Prof. Dr. Harald Bogs*, der mir jederzeit Verständnis für die Belange meiner Arbeit entgegenbrachte.

Außerordentlicher Dank gilt darüber hinaus *Ariane*, die mir sowohl inhaltlich als auch bei formalen Fragen tatkräftig zur Seite stand. Ihr, sowie Frau *Sarah Strempel* und Herrn *Jörn Kassow* bin ich für das intensive Korrekturlesen dankbar.

Die größte Unterstützung habe ich jedoch durch meine Familie erfahren, insbesondere durch meine Mutter *Marlis Wewers*, die alle Höhen und Tiefen der Erstellung der Arbeit mit mir geteilt hat. Sie hat mich in jeder Phase der Bearbeitung vorbehaltlos bestärkt und bedingungslos unterstützt.

Göttingen im März 2003

Johannes Wewers

INHALTSÜBERSICHT

INHALTSVERZEICHNIS

ABKÜRZUNGSVERZEICHNIS

a.A.	Andere Ansicht
Abl.	Amtsblatt
Abs.	Absatz
AfP	Archiv für Presserecht
AK	Alternativ Kommentar
Anm.	Anmerkung
AO	Abgabenordnung
AöR	Archiv des öffentlichen Rechts
ArbGG	Arbeitsgerichtsgesetz
ArchVR	Archiv des Völkerrechts
Art.	Artikel
AStV	Ausschuß der Ständigen Vertreter
AtVfO	Atomrechtliche Verfahrensordnung
AV	Amsterdamer Vertrag
AVAG	Anerkennungs- und Vollstreckungsausführungsgesetz
BauGB	Baugesetzbuch
BayVBl	Bayerische Verwaltungsblätter
BayVGH	Sammlung von Entscheidungen des Bayerischen Verwaltungsgerichshofs mit Entscheidungen des Bayerischen Verfassungsgerichtshofs
BBG	Bundesbeamtengesetz
BDSG	Bundesdatenschutzgesetz
BGE	Entscheidungen des Schweizerischen Bundesgerichts
BGH	Bundesgerichtshof
BImschV	Verordnungen zur Durchführung des Bundes-Immissionsschutzgesetzes
BReg.	Bundesregierung
BRRG	Beamtenrechtsrahmengesetz
BT	Deutscher Bundestag
BT Drs.	Drucksachen des Deutschen Bundestages
Bull.	Bulletin
BVerfG	Bundesverfassungsgericht
BVerfGE	Entscheidungen des Bundesverfassungsgerichts
BVerfGG	Gesetz über das Bundesverfassungsgericht
BVerwG	Bundesverwaltungsgericht
BVerwGE	Entscheidungen des Bundesverwaltungsgerichts
CDE	Communautés de droit européen
CIREA	Informations-, Reflexions- und Austauschzentrum für Asylfragen
CMLR	Common Market Law Review
CR	Computer und Recht

D.R.	Decisions and Reports
DANA	Datenschutz-Nachrichten
DB	Der Betrieb
DOK	Dokument
DÖV	Die Öffentliche Verwaltung
Drs.	Drucksache
DuD	Datenschutz und Datensicherung
DVBl	Deutsches Verwaltungsblatt
EAG	Europäische Atomgemeinschaft
EAGV	Vertrag zur Gründung der Europäischen Atomgemeinschaft
EC	European Communities
EEB	European Environmental Bureau
EEC	European Economic Community
EG	Europäische Gemeinschaften
EGKS	Europäische Gemeinschaft für Kohle und Stahl
EGKSV	Vertrag über die Gründung der Europäischen Gemeinschaft für Kohle und Stahl
EGMR	Europäischer Gerichtshof für Menschenrechte/Entscheidungen des Europäischen Gerichtshof für Menschenrechte
EGV	Vertrag zur Gründung der Europäischen Gemeinschaft
Eiop	European Integration online Papers
EKMR	Europäische Kommission für Menschenrechte
ELR	European Law Reporter
EMRK	Europäische Konvention zum Schutze der Menschenrechte und Grundfreiheiten
EP	Europäisches Parlament
EPL	European Public Law
ERA	Europäische Rechtsakademie
EU	Europäische Union
EuG	Gericht erster Instanz der Europäischen Gemeinschaften
EuGH	Gerichtshof der Europäischen Gemeinschaften
EuGH-VerfO	Verfahrensordnung des Gerichtshofs der Europäischen Gemeinschaften
EuGRZ	Europäische Grundrechte-Zeitschrift
EuG-VerfO	Verfahrensordnung des Gerichts erster Instanz der Europäischen Gemeinschaften
EuGVÜ	Europäisches Übereinkommen vom 27.09.1968 über die gerichtliche Zuständigkeit und die Vollstreckung gerichtlicher Entscheidungen in Zivil- und Handelssachen
EuR	Europarecht
EuRat	Satzung des Europarates
Euratom	Europäische Atomgemeinschaft

EUROPOL	Europäisches Polizeiamt (Europol)
EUV	Vertrag über die Europäische Union
EUZBBG	Gesetz über die Zusammenarbeit von Bundesregierung und Deutschem Bundestag in Angelegenheiten der Europäischen Union
EuZW	Europäische Zeitschrift für Wirtschaftsrecht
EWG	Europäische Wirtschaftsgemeinschaft
EWGV	Vertrag zur Gründung der Europäischen Wirtschaftsgemeinschaft
EWI	Europäisches Währungsinstitut
EWS	Europäisches Wirtschafts- und Steuerrecht
FGG	Gesetz über die Angelegenheiten der freiwilligen Gerichtsbarkeit
FGO	Finanzgerichtsordnung
FN	Fußnote
FOIA	Freedom of Information Act
FS	Festschrift
GA	Generalanwalt
GG	Grundgesetz
GO	Geschäftsordnung
GO EP	Geschäftsordnung des Europäischen Parlaments
GO Kommission	Geschäftsordnung der Kommission
GO Rat	Geschäftsordnung des Rates
GR	Grundrechte
GR-Charta	Charta der Grundrechte der EU
GS	Gedächtnisschrift
GVG	Gerichtsverfassungsgesetz
HdbStR	Handbuch des Staatsrechts
HS	Halbsatz
IFG	Entwurf eines Informationsfreiheitsgesetzes
IPBR	Internationaler Pakt über bürgerliche und politische Rechte
IVU	Integrierte Vermeidung und Verminderung der Umweltverschmutzung
JA	Juristische Arbeitsblätter
JR	Juristische Rundschau
Jura	Jura
JuS	Juristische Schulung
JZ	Juristenzeitung
KartVO	EWG-Kartellverordnung
KOM	Kommissionsdokument Nr.
KritV	Kritische Vierteljahresschrift für Gesetzgebung und Rechtswissenschaft
LKV	Landes- und Kommunalverwaltung

LS	Leitsatz
MPI	Max Planck Institut
NJ	Neue Justiz
NJW	Neue Juristische Wochenschrift
NVwZ	Neue Zeitschrift für Verwaltungsrecht
OLG	Oberlandesgericht
OVG	Oberverwaltungsgericht
OVGE	Entscheidungen der Oberverwaltungsgerichte für das Land Nordrhein-Westfalen in Münster sowie für die Länder Niedersachsen und Schleswig-Holstein in Lüneburg
RDV	Recht der Datenverarbeitung
RL	Richtlinie
RN	Randnummer
RS	Rechtssache
Rspr.	Rechtsprechung
RTDE	Revue trimestrielle de droit européen
SEK	Sektoral
SGB	Sozialgesetzbuch
SGG	Sozialgerichtsgesetz
Slg.	Sammlung
StPO	Strafprozessordnung
StWuStP	Staatswissenschaften und Staatspraxis
UA	Unterabsatz
UBA	Umweltbundesamt
UGB-KomE	Kommissionsentwurf zum Umweltgesetzbuch
UIG	Umweltinformationsgesetz
UIRL	Umweltinformationsrichtlinie
UVP	Umweltverträglichkeitsprüfung
Verb.	Verbundene
VerwArch	Verwaltungsarchiv
VO	Verordnung
VVDStRL	Veröffentlichungen der Vereinigung der Deutschen Staatsrechtslehrer
VwGO	Verwaltungsgerichtsordnung
VwVfG	Verwaltungsverfahrensgesetz
WuW	Wirtschaft und Wettbewerb
WWF	World Wide Fund for Nature
ZaöRV	Zeitschrift für ausländisches öffentliches Recht und Völkerrecht
ZeuS	Zeitschrift für europarechtliche Studien
ZG	Zeitschrift für Gesetzgebung
ZHR	Zeitschrift für das gesamte Handelsrecht und Wirtschaftsrecht
ZIP	Zeitschrift Wirtschaftsrecht

ZPO	Zivilprozessordnung
ZRP	Zeitschrift für Rechtspolitik
ZSR NF	Zeitschrift für Schweizerisches Recht
ZUR	Zeitschrift für Umweltrecht
ZVglRW	Zeitschrift für vergleichende Rechtswissenschaft

„Jede Steigerung der Pflicht des „Amtsgeheimnisses" ist ein Symptom entweder für die Absicht der Herrschenden, die Herrengewalt straffer anzuziehen, oder für ihren Glauben an deren wachsende Bedrohtheit."

(Max Weber, Wirtschaft und Gesellschaft, 1980)

1. TEIL: EINLEITUNG

Diese soziologische Erkenntnis *Max Webers* ist auf das in Deutschland vorherrschende Amtsgeheimnis bezogen, welches das Ergebnis einer jahrzehnte- wenn nicht gar jahrhundertelangen Entwicklung in deutschen Amtsstuben darstellt. Erst in jüngster Zeit ist dieses Prinzip des Verwaltungshandelns einem Gegenwind ausgesetzt, der in einigen Bundesländern und im Umweltrecht bereits zu einer Ersetzung des Amtsgeheimnisses durch eine weitgehende Verwaltungsöffentlichkeit geführt hat. Den entscheidenden Anstoß für diese Veränderung stellt eine europarechtliche Entwicklung dar, die selbst wiederum durch eine nationalstaatliche Rechtsetzung, insbesondere in den skandinavischen Länder, aber auch in den USA, in Gang gebracht wurde. Diese wirkt nun rückkoppelnd, bzw. im Hinblick auf Deutschland sogar verstärkend auf die Rechtsordnung der Mitgliedstaaten.

Die nachfolgende Arbeit greift einen europäischen Teilaspekt dieser Thematik auf, der sich zunächst weitgehend unbeobachtet von der Öffentlichkeit entwickelt hat, diese jedoch in hohem Maße betrifft: das Zugangsrecht zu Dokumenten. Dieser subjektive Anspruch des Unionsbürgers rückte erstmals 1992 mit Verabschiedung des Maastrichter Vertrages in den Blickpunkt der Gemeinschaftsrechtsordnung. Die 17. Schlußerklärung zum EUV betonte die Bedeutung der Transparenz des Beschlußverfahrens für den demokratischen Charakter der Organe und das Vertrauen der Öffentlichkeit in die Verwaltung. Zu diesem Zweck wurde den Organen empfohlen Maßnahmen zu treffen, um die ihnen vorliegenden Informationen der Öffentlichkeit besser zugänglich zu machen. Neu an dieser sich anschließenden Entwicklung war allerdings nicht etwa die Möglichkeit des Zugangs zu Dokumenten schlechthin. Dieses Phänomen läßt sich schon seit Jahrzehnten in Wirtschaftsverwaltungsverfahren der Kommission beobachten. Innovativ war vielmehr die Entwicklung zu einem Jedermann-Recht innerhalb der Union auf Zugang zu grundsätzlich sämtlichen bei den Organen verfügbaren Dokumenten. Dieser Anspruch auf Zugang bedarf keiner eingrenzend wirkenden Betroffenheit mehr. Ein Blick auf die deutsche Rechtslage in diesem Bereich zeigt, daß sich ein vergleichbarer Anspruch zumindest auf Bundesebene bislang vergeblich suchen läßt. § 29 VwVfG gewährt ein Akteneinsichtsrecht nur an Verfahrensbeteiligte, an Dritte lediglich bei deren rechtlicher Betroffenheit[1].

Die rein politische Bedeutung dieses Rechts ist in der Literatur bereits verschiedentlich diskutiert worden. Die Union geriet Anfang der neunziger Jahre in eine politische Legitimationskrise. Auf die Einführung einer gemeinsamen Währung reagierte die Bevölkerung in einigen Mitgliedstaaten skeptisch bis ablehnend. Das Schlagwort von der „Brüsseler Bürokratiemaschinerie" fand Zuspruch innerhalb der Bevölkerung[2]. Die Entscheidungen fielen „zu weit weg", der Verdacht des Machtmißbrauchs durch Kommissare geriet in das Bewußtsein der Bevölkerung. Auch die Reaktion der Gemeinschaft auf die erste BSE - Krise sei als Beispiel angeführt[3]. Gleichzeitig herrscht bis heute in der Bevölkerung das Gefühl vor, daß diesen Entwicklungen mit den zur Verfügung stehenden Entscheidungsstrukturen der Union nicht angemessen begegnet werden kann[4]. Das Europäische Parlament beginnt das „Euro-Zeitalter" mit immer noch vergleichsweise geringen Kompetenzen[5]. Die wesentlichen politischen Entscheidungen finden nach wie vor im Rat und dort zumeist nicht öffentlich statt.

Der Schluß liegt nahe, daß der politische Zweck, ein Zugangsrecht zu Dokumenten einzuführen, darin bestand, das demokratische Defizit der Union abzumildern, ohne gleichzeitig eine grundlegende Strukturreform in Gang zu setzen. Fraglich ist allerdings, ob sich das Zugangsrecht als Teil einer demokratisch-

---

1 Kopp, VwVfG, § 29, RN 3.

2 Überlegungen dazu von Joschka Fischer, Rede am 12.05.2000 in der Humboldt-Universität zu Berlin, in http://www.auswaertiges-amt.de/www/de/infoservice/download/pdf/reden/2000/r000512a.pdf, S. 1; Referenz vom 26.01.2002; Westlake in Deckmyn/Thomson, S. 133.

3 Sobotta, S. 56.

4 Besonders signifikant stellt sich in jüngster Zeit das irische „Nein" zum Vertrag von Nizza dar. So auch die Selbsteinschätzung der Kommission in Europäisches Regieren, ein Weißbuch, KOM (2001) 428 endg., S. 1; dazu auch Gündisch/Mathijsen, S. 189; Lamprecht in NJW 1997, S. 505.

5 Die Beteiligung bei den Wahlen zum Europäischen Parlament ist seit Einführung deutlich unter der Wahlbeteiligung bei Abstimmungen zu nationalen Volksvertretungen geblieben. Siehe auch Europäisches Regieren, ein Weißbuch, KOM (2001) 428, endg., S. 9.

nationalstaatlichen Konzeption mühelos in eine zwischenstaatliche Ordnung einfügen läßt, deren demokratische Legitimation nicht den gleichen Grad erreicht, wie dessen Mitglieder.

Diese dogmatischen Einordnungsfragen will die nachfolgende Untersuchung aufklären helfen. Sie versucht, die Entwicklung des Zugangsrechts zu Dokumenten bei den drei Hauptorganen Rat, Parlament und Kommission in den Kontext der Rechtsordnung der EU einzufügen.

Hierbei gilt es, primär- und sekundärrechtliche Entwicklungen gleichermaßen zu berücksichtigen.

Die Reform des Unionsrechts durch den Amsterdamer Vertrag zog 2001 die Verabschiedung der Verordnung 1049/2001 nach sich und schuf einen in allen Mitgliedstaaten verbindlichen Sekundärrechtsakt. Dieser konkretisierte gemäß dem Auftrag aus Art. 255 EGV das Zugangsrecht zu Dokumenten und ordnete es erstmals auch formell dem Sekundärrecht zu. Für das Verständnis dieser Verordnung und die Relevanz der dort aufgeworfenen Probleme ist jedoch eine Untersuchung der Prä-Amsterdam-Ära unerläßlich. Nur so kann bewußt gemacht werden, ob es mit Erlaß der Vertragsreform von Amsterdam und der Verordnung die Rechtsfortschritte gegeben hat, die die heutige primärrechtliche Verankerung des Zugangsrechts in Art. 255 EGV zu gebieten scheint.

Besonders aufschlußreich erscheint im Hinblick auf diese Entwicklungsphase, welchen Rang innerhalb der Gemeinschaftsrechtsordnung das Dokumentenzugangsrecht ursprünglich einnahm. Die 17. Schlußerklärung zum Maastrichter Vertrag zog zunächst zwei Organbeschlüsse des Rates und der Komission nach sich, die dem Wortlaut nach jedermann ein Recht auf Zugang zu den organeigenen Dokumenten gaben. Handelte es sich hierbei lediglich um rein organinterne Maßnahmen ohne verpflichtende Rechtswirkungen nach außen? Waren die Beschlüsse vielmehr dem Sekundärrecht gleichstehende Rechtsakte? Oder stellte das Zugangsrecht zu Dokumenten bereits 1992 einen höherrangigen Gemeinschaftsrechtssatz dar, der das gesamte Handeln der Organe prägen sollte und Art. 255 EGV als Neuerung des Amsterdamer Vertrags lediglich deklaratorische Wirkung zukommen läßt? Zu den ersten beiden Fragen nimmt der *EuGH* in der Rechtssache *„Niederlande/ Rat"* Stellung[6]. Zur Frage des Generalprinzips des Gemeinschaftsrechts erscheinen die Aussagen des Gerichtshofs dagegen nebulöser, so daß diesbezüglich eine rechtsdogmatische Einordnung in die Strukturprinzipien der Gemeinschaft zu erfolgen hat.

In diesem Zusammenhang wird die Frage nach den Rechtsquellen des Zugangsrechts aufgeworfen.

Es kommen zum einen die mitgliedstaatlichen Rechtsordnungen in Betracht. In den letzten Jahren sind immer mehr Mitgliedstaaten der Gemeinschaft dazu übergegangen, ihren Bürgern Dokumentenzugangsrechte auf der Ebene des einfachen Rechts, zum Teil aber auch verfassungsrechtlich, zu gewähren. Zu klären

---

[6] RS C-58/94 „Niederlande/Rat" in Slg. I 1996, S. 2169 ff.

gilt es, ob die einzelnen Rechtsordnungen das Potential für einen allgemeinen Rechtsgrundsatz des Gemeinschaftsrechts bereitstellen.

Zum anderen wird schwerpunktmäßig untersucht, ob das Gemeinschaftsrecht aus sich heraus diesen Kraftakt erbringen und einen, aus den Verträgen entwikkelten, allgemeinen Grundsatz des Dokumentenzugangs tragen kann. Zu diesem Zweck wird eine Herleitung aus den gemeinschaftsrechtlichen Prinzipien der Demokratie, des Rechtsstaats und der Grundrechte unternommen. Diese kann im Rahmen der Demokratieableitung nicht umhin, das Verhältnis zwischen Dokumentenzugangsrecht und der Öffentlichkeit von Organsitzungen zu klären, da letztere die Urforderung von transparentem Staatshandeln in einer Demokratie darstellt.

Unerläßlich bleibt auch die Interpretation der, jeder Rechtsgewährung innewohnenden, Begrenzung. Ein Zugangsrecht zu Dokumenten kann nicht uferlos ausgestaltet sein. Besonderes Augenmerk verdient die normative, praktische und rechtsfortbildende Ausgestaltung des Verhältnisses zwischen Grundsatz und Ausnahmen.

Im Anschluß gilt es, die gefundenen Ergebnisse an der primär- und sekundärrechtlichen Entwicklung nach der Vertragsreform von Amsterdam zu messen. Art. 1 II EUV und Art. 255 EGV erkennen 1997 erstmals das Zugangsrecht zu Dokumenten auch primärrechtlich an. Unklar ist jedoch, ob Art. 1 II EUV oder Art. 255 EGV bereits subjektive Rechte verbürgen. Zu erhellen ist auch die Frage des Verhältnisses dieser Normen zu einem möglichen Generalprinzip des Dokumentenzugangs. Weiterhin stellt sich die Frage, inwieweit die Verabschiedung der Grundrechtscharta auf der Konferenz von Nizza im Jahre 2000 Einfluß auf die primärrechtliche Entwicklung des Dokumentenzugangs genommen hat. Sekundärrechtlich verdient die Verordnung 1049/2001 verstärkt Beachtung, die in die bis dahin vollzogene Entwicklung des subjektiven Zugangsrechts eingeordnet werden soll.

Abschließend wird ein Fazit gezogen, inwieweit die VO 1049/2001 einen rechtsdogmatischen Fortschritt hinsichtlich des Bürgeranspruchs auf Zugang darstellt, wo Schwächen zu verzeichnen sind und welche Entwicklungen künftig auf diesem Gebiet zu erwarten sind. Primärrechtlich soll die Frage beantwortet werden, welche Rolle ein Generalprinzip des Gemeinschaftsrechts auf Dokumentenzugang in einer Europäischen Union der Zukunft spielen wird. Reicht der durch Amsterdam vollzogene Entwicklungsschritt in diesem Bereich aus, in Zusammenschau mit den Entscheidungsstrukturen der Union demokratische Legitimität ausreichend zu verwirklichen? Oder wird das Zugangsrecht zu Dokumenten von der Bevölkerung lediglich als Placebo und nicht als echte demokratische Ausprägung verstanden? Dies hätte wohl zur Folge, die Finalität der EU in einen weiterreichenden Strukturreformprozeß münden zu lassen, der den Bürgern mehr Entscheidungskompetenzen auf unionsrechtlicher Ebene an die Hand gibt[7].

---

[7] Die Zahl der Zugangsbegehren im Verhältnis zur Gesamtbevölkerung der Union scheint für letzteres zu sprechen. Die Anfragen liegen in dieser Relation lediglich im Promillebereich (Vgl. Erster und Zweiter Bericht über die Durchführung des Beschlusses des Rates über den Zugang der Öffentlichkeit zu Ratsdokumenten, in http://register.consilium.eu.int/utfregister/frames/introfsDE.htm; Referenz vom 26.01. 2002; Dritter Bericht über die Durchführung des Beschlusses 93/731 13275/00 vom 22.12.00, in http://register.consilium.eu.int/utfregister/frames/introfsDE.htm; Referenz vom 26.01. 2002; Statistische Bilanz zum 31.12.1996 (Für den Anwendungszeitraum 1994, 1995, 1996), SG-2000-08159-00-00-DE-TRA-00 (FR); Statistische Bilanz für das Jahr 1997, SG-2000-08159-00-01-DE-TRA-00 (EN); Statistische Bilanz für das Jahr 1998, SG-2000-08159-00-02-DE-TRA-00 (EN)), auch Wegener in Calliess, Auflage 2, Art. 255, RN 31, was Indiz für die mangelnde Anerkennung der demokratischen Bedeutung dieser Rechtsgewährung zu sein scheint.

2. TEIL: DIE ENTWICKLUNG DES ZUGANGSRECHTS ZU DOKUMENTEN AUF GEMEINSCHAFTSEBENE VOR INKRAFTTRETEN DES ART. 255 EGV

A.: DAS ZUGANGSRECHT IN DER PRÄ-AMSTERDAM-DEKADE

I. Rechtsetzung durch die Gemeinschaftsorgane

Den wichtigsten Anknüpfungspunkt der Entwicklung des Zugangsrechts durch die Organe stellte die Schlußakte des Vertrages von Maastricht mit der Erklärung Nr. 17 zum Recht auf Zugang zu Informationen dar, mit der künftig Informationen der Gemeinschaftsorgane der Öffentlichkeit besser zugänglich gemacht werden sollten[8].

Die rechtliche Qualifizierung solcher Zusatzbestimmungen regelt Art. 311 EGV. Ausdrücklich werden die dem EGV beigefügten Protokolle zu dessen Bestandteil erklärt. Bei diesen handelt es sich um primäres Gemeinschaftsrecht, das den übrigen Vertragsbestimmungen gleichrangig ist[9]. Eine andere Behandlung muß im Umkehrschluß allerdings für die rechtliche Qualifizierung der der Schlußakte beigefügten Erklärungen gelten[10]. Diese sind mangels besonderer Anordnung nicht Bestandteil des EGV und lediglich bei dessen Auslegung zu berücksichtigen[11].

Aufgrund dieser Verpflichtung veröffentlichte die Kommission Mitte 1993 einen zweiteiligen Bericht über die Rechtslage bezüglich des Zugangsrechts zu Dokumenten in den Mitgliedstaaten und auf Gemeinschaftsebene[12].

Am 31.12.1993 gewährten Rat und Kommission ein Zugangsrecht zu ihren Dokumenten erstmals in der äußeren Form eines Rechtsaktes auf Sekundärebene[13]. Dieser beinhaltete nicht mehr nur Absichtserklärungen, sondern konkrete Maßstäbe für das Verhalten des Rates und der Kommission. Fraglich war in der

---

[8] Erklärung zum Recht auf Zugang zu Informationen: Die Konferenz ist der Auffassung, daß die Transparenz des Beschlußverfahrens den demokratischen Charakter der Organe und das Vertrauen der Öffentlichkeit in die Verwaltung stärkt. Die Konferenz empfiehlt daher, daß die Kommission dem Rat spätestens 1993 einen Bericht über Maßnahmen vorlegt, mit denen die den Organen vorliegenden Informationen der Öffentlichkeit besser zugänglich gemacht werden sollen.

[9] Geiger, Art. 311, RN 2; Smit/Herzog, Bd. 6, Art. 239, 6-352, 239.04.

[10] Geiger, Art. 311, RN 3; Hilf in Groeben, Art. 239, RN 6.

[11] Geiger, Art. 311, RN 4.

[12] Kommissionsmitteilung 1, in Abl. der EG C 156/5 vom 08.06.1993; Kommissionsmitteilung 2, in Abl. der EG C 166/4 vom 17.06.1993.

[13] Siehe Anhang: Beschluß 93/730: „Verhaltenskodex für den Zugang der Öffentlichkeit zu Rats- und Kommissionsdokumenten" in Abl. der EG L 340/41 vom 31.12.1993 (veröffentlicht in der L-Reihe des Amtsblattes der EG).

Rechtssache *„Niederlande/Rat"* die rechtliche Verbindlichkeit dieses interinstitutionellen Beschlusses[14].

Rat und Kommission bedienten sich keiner klassischen Rechtsaktsform des Art. 249 EGV. Atypische Regeln im Außenverhältnis unterstehen auf Gemeinschaftsebene allerdings gleichfalls dem Prinzip der begrenzten Einzelermächtigung[15]. Da es auf Gemeinschaftsebene keine generelle Kompetenzverteilung gibt, müssen sowohl die verbindlichen als auch die unver-bindlichen Rechtsakte mit Außenwirkung dem Strukturprinzip aus Art. 10 EGV folgen[16]. Vorrangig vor der Klärung der rechtlichen Verbindlichkeit kommt es bei atypischen Rechtsakten daher auf die Frage an, ob der Verhaltenskodex als interne Maßnahme zu qualifizieren ist und damit nicht den Formvorschriften für Rechtsakte im Gemeinschaftsrecht unterfällt, oder ob er sich als Rechtsakt darstellt, der geeignet ist, rechtlich verbindliche oder auch unverbindliche Rechtswirkungen nach außen zu erzeugen und damit dem Prinzip der begrenzten Einzelermächtigung unterliegt[17].

Im Urteil *„Carvel"* sprach das Gericht erster Instanz lediglich dem dort in Frage stehenden Ratsbeschluß 93/731, der aus dem Verhaltenskodex resultierte, Normcharakter und damit rechtliche Verbindlichkeit nach außen zu[18]. Von diesen Maßnahmen sei er die einzige mit Normcharakter, die den Zugang der Öffentlichkeit zu Dokumenten ermögliche, während die Geschäftsordnung den Ablauf des Dienstbetriebes des Rates regele[19]. Deutlicher wurde der Gerichtshof in der Rechtssache *„Niederlande/Rat"*, wo der klagende Mitgliedstaat unter anderem die Nichtigerklärung des Verhaltenskodex begehrte. Sowohl der Generalanwalt als auch der Gerichtshof äußerten sich übereinstimmend dahingehend, daß dem Verhaltenskodex statt rechtlicher nur politische Gestaltungskraft zukäme, die formellen und materiellen Anforderungen an Rechtsakte der Gemeinschaft also keine Geltung beanspruchen könnten. Er beschränke sich auf die gemeinsamen Prinzipien und Voraussetzungen, von denen sich Kommission und

---

14 Vorbringen der *Niederlande* in RS C-58/94 „Niederlande/Rat" in Slg. I 1996, S. 2195.

15 Adam, S. 88.

16 Es kann hier das Argument des Umkehrschlusses aus Art. 211 EGV herangezogen werden. Wenn der Vertrag schon für unverbindliche Empfehlungen und Stellungnahmen eine Ermächtigungsgrundlage enthält, muß eine solche ebenfalls für unverbindliche atypische Rechtsakte im Außenverhältnis erforderlich sein; so Adam, S. 92, 93.

17 Siehe hierzu im folgenden und erstmals RS T-194/94 „Carvel/Rat" in Slg. II 1995, S. 2788.

18 Für die Auslegung von Art. 4 II 93/731 sei es danach erheblich gewesen, daß es sich bei diesem Beschluß um die letzte von drei Maßnahmen vom Dezember 1993 handelt, die Bestimmungen zur Verwirklichung des Transparenzprinzips enthalten. Das *EuG* meint neben dem hier untersuchten Beschluß 93/731, die notwendig gewordene Änderung der Geschäftsordnung des Rates um den Weg für ein organinternes Zugangsrecht zu Dokumenten zu öffnen, sowie den Verhaltenskodex.

19 RS T-194/94 Carvel/Rat in Slg. II 1995, S. 2788.

Rat bei der Regelung des Zugangsrechts zu Dokumenten leiten lassen wollten. Der *EuGH* stellte hierbei auf die Präambel und den vorletzten Abschnitt des Kodex ab. Dessen Überschrift „Durchführung" stelle klar, daß zwischen Rat und Kommission Einvernehmen über die Grundsätze des Zugangsrechts zu Dokumenten herrsche. Beide Organe wurden aber aufgefordert, diese Grundsätze durch spezifische Vorschriften zu verwirklichen[20]. Der Zweck des Kodex liege lediglich darin, zu verhindern, daß sich die Praxis des Rates und der Kommission auseinander entwickele. Der Kodex sei lediglich Ausdruck einer freiwilligen Koordinierung und entfalte für sich genommen auch keine Rechtswirkungen[21].

Die im Verhaltenskodex vorgesehene Umsetzung erfolgte durch den Beschluß des Rates über den Zugang der Öffentlichkeit zu Ratsdokumenten vom gleichen Tage[22] und durch Beschluß der Kommission vom 08.02.1994[23]. Beide Beschlüsse wurden jeweils im Rahmen der internen Organisationsgewalt der Organe getroffen. Der Ratsbeschluß erging auf Grundlage von Art. *151 III* EGV in Verbindung mit Art. *22* GO Rat von 1993. Der Kommissionsbeschluß, der in Art. 1 den Verhaltenskodex wörtlich übernahm und in Art. 2 ergänzende Verfahrensvorschriften vorsah, gibt Art. *162* EGV als Rechtsgrundlage an. Diese, lediglich den Erlaß interner Normen vorsehende Ermächtigungsnormen, wurden in der Rechtssache *„Niederlande/Rat"* angegriffen. Anders als bei der Klage gegen den Verhaltenskodex bejahte der *EuGH* beim Ratsbeschluß Rechtswirkung nach außen und damit die Zulässigkeit der Klage gegen diesen. Gemäß der oben entwickelten Systematik zum Erlaß atypischer Rechtsakte finden bei verbindlichen oder unverbindlichen Rechtsakten nach außen die Verfahrensvorschriften Anwendung, so daß der Rats- und Kommissionsbeschluß nur aufgrund einer einschlägigen Rechtsgrundlage ergehen durfte.

Unter Hinweis auf seine ständige Rechtsprechung, daß auch eine solch interne Regelung Außenwirkung entfalten könne[24], entschied der Gerichtshof mittels einer im folgenden so bezeichneten *„Solange-Formel"*, daß *solange der Gemeinschaftsgesetzgeber keine allgemeine Regelung über das Zugangsrecht zu den den Gemeinschaftsorganen vorliegenden Dokumenten geschaffen habe, die Organe Anträge über den Zugang zu den Dokumenten in einer Weise bearbeiten müßten, die den Belangen einer ordnungsgemäßen Verwaltung entsprächen.*

---

20 RS C-58/94 „Niederlande/Rat" in Slg. I 1996, S. 2195.

21 RS C-58/94 „Niederlande/Rat" in Slg. I 1996, S. 2195, 2196, eine Nichtigkeitsklage lediglich gegen den Verhaltenskodex war daher folgerichtig unzulässig.

22 Siehe Anhang: Beschluß des Rates vom 20.12.1993 über den Zugang der Öffentlichkeit zu Ratsdokumenten (93/731/EG) in Abl. der EG L 340/43 vom 31.12.1993.

23 Siehe Anhang: Beschluß der Kommission vom 08.02.1994 über den Zugang der Öffentlichkeit zu den der Kommission vorliegenden Dokumenten (94/90/EGKS, EG, Euratom) in Abl. der EG L 46/58 vom 18.02.1994.

24 RS C-58/94 „Niederlande/Rat" in Slg. I 1996, S. 2198; abgeleitet aus C-69/89 „Nakajima/Rat" in Slg. I 1991, S. 2086; C-137/92 P „Kommission/BASF" in Slg. I 1994, S. 2620.

Diesem Erfordernis würden die in Frage stehenden Regeln genügen[25], da diese auch geeignet seien, Dritten Rechte zu verleihen, wenn sich die Organe die damit verbundenen Verpflichtungen selbst auferlegt hätten[26].

II. Inhaltliche und systematische Entwicklung des Zugangsrechts

1. Entwicklung des Dokumentenbegriffs

a) Definition des Dokuments

Präzisiert wurden die Zielvorstellungen zum Dokumentenbegriff erstmals Mitte 1993 in der zweiten Kommissionsmitteilung. Der Anspruchsgegenstand sollte Schriftstücke oder sonstige Datenträger, auf denen sich Informationen eines Gemeinschaftsorgans oder eines anerkannten Teils befinden, umfassen[27]. Der Wortlaut „Schriftstück oder sonstiger Datenträger" ließ vermuten, daß sich der Anwendungsbereich auf sämtliche gleichwie fixierte Informationen der Gemeinschaftsorgane bezog. Mit Verabschiedung des Verhaltenskodex[28] wurde von einem Schriftstück unabhängig vom Datenträger gesprochen[29], was wiederum bedeuten könnte, daß als Oberbegriff nur auf Papier fixierte Schriftstücke gemeint waren[30]. Der deutsche Wortlaut definiert „Schriftstück" als „offiziell niedergelegtes Schreiben oder ein offizielles amtliches Schreiben"[31]. Ein auf Papier fixierter Text wird gerade nicht gefordert. Die authentischen Sprachfassungen des Verhaltenskodex zeigen ebenfalls, daß eine weite Auslegung des Begriffes gemeint war[32]. Das im deutschen benutzte Wort „Schriftstück" ist daher lediglich unglücklich gewählt und wäre mit „geschriebener Text" klarer übersetzt gewesen. Die Trägerform der Informationen war somit irrelevant und eine

---

25 RS C-58/94 „Niederlande/Rat" in Slg. I 1996, S. 2197, RN 36.

26 RS T-105/95 „WWF/Kommission" in Slg. II 1997, S. 342, RN 55.

27 Kommissionsmitteilung 2, Definition des Dokuments, in Abl. der EG C 166/8 vom 17.06.1993.

28 Beschluß 93/730: „Verhaltenskodex für den Zugang der Öffentlichkeit zu Rats- und Kommissionsdokumenten" in Abl. der EG L 340/41 vom 31.12.1993.

29 Allgemeiner Grundsatz im Verhaltenskodex, Beschluß 93/730: „Verhaltenskodex für den Zugang der Öffentlichkeit zu Rats- und Kommissionsdokumenten" in Abl. der EG L 340/41 vom 31.12.1993.

30 Problematisiert bei Röger in DVBl 1994, S. 1183.

31 Duden, Bd. 8, Schl-Tace.

32 „Document means any *written text, whatever its medium*, which contains existing data and is held by the commission or the council"; bzw. „On entend par document *tout écrit, quelque soit son support*, contenant des données existantes, détenu par la commission ou le conseil" (Hervorhebungen jeweils vom Verfasser); die innerstaatlich übersetzte Fassung fremdsprachiger Vertäge ist zwar aufgrund Gerichtspraxis und Willen des Gesetzgebers die anwendbare Fassung, sie ist aber stets im Lichte der verbindlichen Vertragssprachen zu interpretieren: Hilf, Auslegung, S. 214.

Flucht in ein nicht erfaßtes Speichermedium sollte damit ausgeschlossen werden[33].

b) Abgrenzung zur Information

Die 17. Schlußerklärung des Vertrages von Maastricht ging von einer Stärkung des Zugangs der Öffentlichkeit zu Informationen der Organe aus, wohingegen die Folgebeschlüsse der Organe zum Verhaltenskodex unisono vom Zugang zu Dokumenten sprachen. Da unzweifelhaft unterstellt werden kann, daß die Information ein Mehr gegenüber dem bloßen Dokument darstellt[34], mußte trotz weiter Auslegung des Dokumentenbegriffs jede in ihr enthaltene Information auf einem beliebigen Medium schriftlich fixiert sein. Die bloße Information dagegen würde gleichfalls das gesprochene Wort oder bloße unkonvertierte Daten mitumfassen. So definiert schien ein wörtlicher Widerspruch zwischen der 17. Schlußerklärung und den insoweit enger gefaßten Organbeschlüssen zu bestehen. Stellt man allein auf die Rechtsverbindlichkeit ab, so müßte lediglich ein Zugangsrecht zu Dokumenten aus den Organbeschlüssen anerkannt werden. Blickt man unbeeinflußt hiervon allein auf die Normenhierarchie, so kommt der Auslegung der primärrechtlichen Verträge von Maastricht und Rom durch die 17. Schlußerklärung eine ungleich größere Bedeutung zu. Auch in den zwei relevanten Urteilen des Gerichtshofs scheint es diesbezüglich einen Widerspruch zu geben. Während das *EuG* im Verfahren *„Hautala"* die 17. Schlußerklärung bemühte, um den Klägern zumindest einen teilweisen Zugang zu Dokumenten, und somit ein Zugangsrecht zu den in den Dokumenten enthaltenen, nicht vertraulichen Informationen zu verschaffen[35], verneinte das spätere Urteil *„Meyer"* die Anwendung des Kommissionsbeschlusses 94/90 auf die vom Kläger gestellte mündliche und telefaxartige Nachfrage mit der Argumentation, der Beschluß 94/90 gelte allein für Dokumente und diene nicht dem Erhalt von Auskünften oder Antworten auf dem Gemeinschaftsorgan gestellte Fragen[36]. Keine der Vorschriften des Beschlusses 94/90 und des Verhaltenskodex in dessen Anhang regele das Recht auf Zugang zu Informationen; das Zugangsrecht gelte vielmehr nur für Dokumente. Um diesen vermeintlichen Widerspruch bezüglich der Reichweite des Zugangsrechts aufzulösen, ist zunächst für die Rechtssache *„Meyer"* festzuhalten, daß sich diese mit bloßen Anfragen an das Gemeinschaftsorgan beschäftigte. Der Beschluß 94/90 dient jedoch nicht der Rechtsauskunft in der Form, daß die Organe Informationen zu produzieren hätten. Dies

33 Wegener in Calliess Auflage 1, Art. 255, RN 9; Fluck/Theuer in EWS 1994, S. 155; Röger in DVBl 1994, S. 1183.

34 Winter in Winter, S. 42.

35 RS T-14/98 „Hautala/Rat" in Slg. II 1999, S. 2513, RN 80 ff.; Den Klägern wird aber hauptsächlich unter Hinweis auf den Verhältnismäßigkeitsgrundsatz Zugang zu den nicht von den Ausnahmen gedeckten Informationen gewährt; zum teilweisen Zugang zu Dokumenten siehe 4. Teil, A., II., 2.

36 RS T-106/99 „Meyer/Kommission" in Slg. II 1999, S. 3282.

fordert auch die 17. Schlußerklärung nicht, die allein auf die bei den Organen bereits vorhandenen Informationen abzielt. Die Rechtssache *„Hautala"* hingegen befaßte sich mit einem Informationsrecht innerhalb des Anwendungsbereichs „Dokumentenzugang". Der Schwerpunkt darf also nicht starr auf die Abgrenzungsfrage „Information" zu „Dokument" gelegt werden. Zu berücksichtigen ist vielmehr auch der jeweilige Kontext, in dem die Urteile stehen. Aufgrund des Wortlautes sowie der Rechtssache *„Meyer"* ist der Anwendungsbereich der Organbeschlüsse erst eröffnet, wenn es sich um von den Organen produzierte Dokumente handelt, und nicht bereits im Vorfeld Anträge auf bestimmte Informationen gestellt werden können, zu deren Bereitstellung erst Dokumente oder Auskünfte produziert werden müßten. Diese Frage nach bloßer Rechtsauskunft betraf aber gerade die Rechtssache *„Meyer"*. Ist hingegen der Anwendungsbereich der Organbeschlüsse hinsichtlich der Anfrage nach Dokumenten eröffnet, wie dies in der Rechtssache *„Hautala"* unproblematisch der Fall war, so beinhaltet dieses Recht dann umfassend ein Recht auf die in den Dokumenten enthaltenen Informationen. Aus dieser Tatsache heraus entwickelte das Urteil *„Hautala"* das Recht auf teilweisen Zugang zu Dokumenten[37]. Zusammenfassend ist somit beiden Urteilen, sowie dem Wortlaut von Schlusserklärung und Organbeschlüssen in ihrem jeweiligen Kontext, zuzustimmen. Grundsätzlich existiert im Gemeinschaftsrecht kein Recht auf Zugang zu Informationen. Ist aber der Anwendungsbereich des Dokumentenzugangs eröffnet, ist der 17. Schlußerklärung und der Rechtssache *„Hautala"* dergestalt Rechnung zu tragen, daß innerhalb des Anwendungsbereichs ein umfassender Zugang auf die in den Dokumenten enthaltenen Informationen bestehen muß.

c) Abgrenzung zur Akte

Bei einem Vergleich der deutschen und europäischen Termini fällt auf, daß die Diskussion in Deutschland vor Erlaß des bereichsspezifischen Zugangsrechts im Umweltrecht weitgehend vom Begriff „Akteneinsichtsrecht" bestimmt war[38], wohingegen die gemeinschaftsrechtliche Wortwahl stets von einem „Zugangsrecht zu Dokumenten" spricht. Unter Berücksichtigung des beschränkten Anwendungsbereichs im deutschen Verwaltungsverfahren und ohne der Abgrenzung von verfahrensakzessorischem und verfahrenskonstituierendem Zugangsrecht vorzugreifen[39], soll hier allein der Aspekt der verwendeten Begrifflichkeiten beleuchtet werden. Danach sind Akten allein Unterlagen, die sich bei der Behörde im Zusammenhang mit einem Verwaltungsverfahren befinden[40]. § 29 VwVfG versteht unter Akten ausschließlich papiergebundene schriftliche Vor-

---

37 RS T-14/98 „Hautala/Rat" in Slg. II 1999, S. 2515, RN 87.

38 Siehe dazu unten 3. Teil, C., IV., 1.

39 Dazu unter B., I.; zur Abgrenzung von Akte, Dokument und Information, siehe auch Winter in Winter, S. 42.

40 Hoffmann in NJ 1991, S. 450.

gänge in einer bestimmten Verwaltungsangelegenheit, aus denen sich der wesentliche Inhalt und Ablauf des Verwaltungsverfahrens ergibt[41]. Der Begriff „Akteneinsichtsrecht" greift damit für ein umfassendes Zugangsrecht zu Dokumenten auf Gemeinschaftsebene zu kurz[42]. Es geht weder ausweislich der 17. Schlußerklärung noch der Folgebeschlüsse um Akten, sondern um Dokumente und sämtliche in ihr enthaltenen Informationen. Des weiteren geht es beim allgemeinen Zugangsrecht nicht allein um „Einsicht", sondern auch darum, Rechte, Auskünfte oder Kopien zu erhalten[43]. Somit kann schon anhand der verwendeten Begrifflichkeiten ersehen werden, daß der Begriff der Verfahrensakteneinsicht den Anwendungsbereich des Dokumentenzugangs aus den Folgebeschlüssen der Gemeinschaftsinstitutionen nicht vollständig abdecken kann.

2. Inhaltliche Reichweite des Zugangsrechts

Hinsichtlich der inhaltlichen Reichweite des Zugangsrechts ließen sich die Organe von der vergleichenden Untersuchung der Kommission zur Rechtslage in den Mitgliedstaaten beeinflussen. Die Kommission filterte dabei vier verschiedene Ansatzpunkte heraus: (1) Akteneinsicht für Personen, die Teil eines Rechtsstreits sind; (2) Akteneinsicht in die den einzelnen Bürger betreffenden personenbezogenen Daten; (3) Bereichsspezifische Zugangsrechte; (4) Allgemeines Zugangsrecht zu Informationen ohne das Erfordernis eines besonderen Interessennachweises[44]. Erklärtes Ziel der Kommission war es, den vierten Ansatzpunkt weiterzuentwickeln und eine zwingende subjektive Gewährung des Zugangs zu schaffen, lediglich aufgrund eines ausreichend präzisen Antrags, der nicht begründet werden muß[45]. Dieser Vorschlag eines voraussetzungslosen, bereichsübergreifenden Anspruchs setzte sich mit Erlaß des Verhaltenskodex und der Folgebeschlüsse durch[46].

3. Anwendungsreichweite des Zugangsrechts

a) Verhältnis der EU zu den Mitgliedstaaten

Fraglich war, für welche Art von Dokumenten, bezogen auf deren Ursprung, das Zugangsrecht gelten sollte: für alle Dokumente im Besitz der Organe, oder nur für solche, deren Urheber gleichzeitig das jeweilige Organ ist?

---

41 Stelkens/Bonk/Sachs, § 29, RN 13 ff.

42 Als definitorisch am engsten bezeichnet Winter in Winter, S. 42 die Akte, danach folgt das Dokument. Den höchsten Grad erreicht dagegen die Information.

43 Burkert in Lamnek/Tinnefeld, S.116.

44 Kommissionsmitteilung 1, Anhang 2, in Abl. der EG C 156/7 vom 08.06.1993.

45 Vorschlag für weitere Schritte in Kommissionsmitteilung 1, in Abl. der EG C 156/6 vom 08.06.1993.

46 Röger in DVBl 1994, S. 1184; Kahl in ZG 1996, S. 229; RS T-174/95 „Svenska/Rat" in Slg. II 1998, S. 2312, RN 66.

aa) Reichweite des Zugangsrechts im Verhältnis zur Verwaltung der Mitgliedstaaten

Die zweite Kommissionsmitteilung sprach davon, daß Anträge auf Zugang zu einem aus einer Sekundärquelle stammenden Dokument an den entsprechenden Urheber weitergeleitet werden[47]. Zum Teil wurde zwar diskutiert, ob sich diese Weiterleitung nur auf den Antrag des Bürgers beziehen soll, eine Entscheidung über den Dokumentenzugang aber gleichwohl von den Gemeinschaftsorganen getroffen werden könnte[48]. Allerdings findet sich in Abs. III der Bearbeitung der Erstanträge im Verhaltenskodex ein ausdrücklicher Hinweis auf gegenteilige Behandlung von Anträgen auf Zugang zu „organfremden" Dokumenten[49].

Diese Formulierung bestätigt der interne Leitfaden, sowie das interne Diskussionspapier zur geltenden Rechtslage vor Inkrafttreten des Amsterdamer Vertrages. Der Antragsteller hat sich an die Institutionen, den Mitgliedstaat oder die Privatperson, die das betreffende Dokument verfaßt hat, zu richten[50]. Auch die Literatur befürwortete im Ergebnis diese Ansicht. Sowohl Antrag als auch Entscheidung über den Zugang zu „organfremden" Dokumenten müßten bei den Verwaltungen der Mitgliedstaaten eingehen bzw. von ihnen getroffen werden, und dadurch eine strikte Abgrenzung gegenüber den Administrationen der Mitgliedstaaten gewahrt werden[51].

In der Rechtssache *„Interporc II"* mußte sich das *EuG* mit der Frage der Vereinbarkeit der von ihm so titulierten *„Urheberregel"* mit dem Gemeinschaftsrecht auseinandersetzen[52]. Die Klägerin begehrte Einsicht in Untersuchungsunterlagen der Kommission, bezüglich der Echtheitszertifikate argentinischen Rindfleischs, aufgrund dessen Fälschung sie Einfuhrabgaben nachzahlen mußte.

---

47 Kommissionsmitteilung 2, Anhang II, Nr. 5, in Abl. der EG C 166/9 vom 17.06.1993.

48 Röger in DVBl 1994, S. 1184.

49 „Ist der Urheber des Dokuments, das sich im Besitz eines Organs befindet, eine natürliche oder juristische Person, ein Mitgliedstaat, ein anderes Gemeinschaftsorgan, eine andere Gemeinschaftsinstitution oder eine sonstige einzelstaatliche oder internationale Organisation, so ist der Antrag direkt an den Urheber des Dokuments zu richten": Bearbeitung der Erstanträge im Verhaltenskodex, Beschluß 93/730: „Verhaltenskodex für den Zugang der Öffentlichkeit zu Rats- und Kommissionsdokumenten" in Abl. der EG L 340/41 vom 31.12.1993.

50 Zu den Dokumenten der Kommission, Leitfaden II; Discussion Paper on Public Access to Commission Documents, S. 4: „The policy on access applies only to **documents produced by the Commission**".

51 Curtin in CMLR 2000, S. 21-22, wo sie ausdrücklich klarstellt, daß diese Beschränkung keine Ausnahmevorschrift darstellt, sondern eine Einschränkung des Anwendungsbereichs; ebenso im Ergebnis: Röger in DVBl 1994, S. 1184; Umkehrschluß aus Wägenbaur in EuZW 2000, S. 193; sogar bei Art. 255 EGV noch so anerkannt von Hetmeier in Lenz/Hetmeier, Art. 255, RN 5; siehe ansonsten auch Wegener in Calliess, Auflage 1, Art. 255, RN 9; Fluck/Theuer in EWS 1994, S. 155; Österdahl in ELR 1998, S. 349.

52 Begriff geprägt durch RS T-92/98 „Interporc/Kommission" in Slg. II 1999, S. 3544, RN 51 ff.

Der Generaldirektor lehnte die Einsicht in den Schriftverkehr mit den argentinischen Behörden unter Hinweis auf die „Urheberregel" ab[53]. Das *EuG* erkannte an, daß beim Zugangsverlangen zu Dokumenten nach deren Ursprung unterschieden werden muß[54]. Die Behandlung von Anträgen über die von der Kommission erstellten Dokumente müsse, mit der den Organbeschlüssen inhärenten Ausnahmesystematik, eine andere Behandlung erfahren als Anträge auf Zugang zu Dokumenten der Behörden eines Drittstaats. Unter Verweis auf die Rechtssache *„Niederlande/Rat"- solange es keine allgemeine Regel über das Zugangsrecht zu Dokumenten im Besitz der Organe gibt, müssen diese die Maßnahmen über die Behandlung von Anträgen aufgrund ihrer eigenen Organisationsgewalt erlassen*[55]- zog das *EuG* die Folgen für die Behandlung der Urheberregel. *„Solange es keinen höherrangigen Rechtsgrundsatz gibt, nach dem die Kommission nicht befugt ist, in dem Beschluß 94/90 Dokumente, deren Urheber sie nicht ist, vom Geltungsbereich des Verhaltenskodex auszunehmen, kann die Urheberregel angewandt werden*[56]". An dieser Auslegung ändere auch die Tatsache nichts, daß der Beschluß 94/90 auf allgemeine politische Erklärungen Bezug nimmt[57], da diesen Erklärungen nicht die Bedeutung eines höherrangigen Rechtssatzes zukommt[58].

Das *EuG* folgt somit ebenfalls der strengen Trennung zwischen dem Zugangsrecht zu eigenen und dem zu organfremden Dokumenten.

bb) Die Urheberregel als Bereichsausnahme oder Ausnahmevorschrift

Nicht eindeutig beantwortet ist damit aber die Frage, ob die Urheberregel als Bereichsausnahme zu qualifizieren ist, oder sich als Ausnahmevorschrift innerhalb des Anwendungsbereichs der Organbeschlüsse darstellt. Konsequenzen hat die Beantwortung vor allem im Rechtsschutzbereich. Wird der Zugang aus Gründen mangelnder Urheberschaft des Organs versagt, kann das *EuG* eine Verletzung des jeweiligen Organbeschlusses nur dann in seine Prüfung einbeziehen, wenn die Urheberregel als Ausnahmevorschrift zu qualifizieren ist. Zwar ist genereller Rechtsschutz gegen den versagten Zugang auch bei einer Einordnung als Bereichsausnahme nicht ausgeschlossen. Das austarierte Verhältnis zwischen Zugang und Ausnahme hätte bei einer Qualifizierung als Bereichsausnahme aber keine Geltungskraft und dürfte vom *EuG* auch nicht als Klagegrund des Art. 230 EGV in die Prüfung einbezogen werden.

---

53 Siehe Sachverhalt RS T-92/98 „Interporc/Kommission" in Slg. II 1999, S. 3539, RN 7 ff.

54 RS T-92/98 „Interporc/Kommission" in Slg. II 1999, S. 3548, RN 65 ff.

55 RS C-58/94 „Niederlande/Rat" in Slg. I 1996, S. 2198.

56 RS T-92/98 „Interporc/Kommission" in Slg. II 1999, S. 3548, RN 66.

57 Gemeint ist die Erklärung Nr. 17 der Schlußakte von Maastricht.

58 RS T-92/98 „Interporc/Kommission" in Slg. II 1999, S. 3548, RN 66; diese Aussage spielt primär im Rahmen der Problematik eine Rolle, ob das Zugangsrecht kraft Allgemeiner Rechtsgrundsätze im Gemeinschaftsrecht verankert ist, oder sich durch Selbstverpflichtung der Organe verfestigte: 3. Teil, B., III.

Die systematische Stellung im Verhaltenskodex innerhalb der Bearbeitung der Erstanträge spricht gegen eine Qualifizierung als Ausnahmevorschrift. Auch die Mehrheit der Stimmen in der Literatur äußert sich dahingehend, daß es sich bei der Urheberregel um eine Bereichsausnahme handeln müsse. Die Dokumente Dritter seien komplett aus dem Anwendungsbereich herausgehalten[59]. Als Argument dient überwiegend die Rechtsnatur der Organbeschlüsse als interne Verfahrensvorschrift. Die Organe können aufgrund dessen andere Organe, Mitgliedstaaten oder sonstige Institutionen nicht verpflichten. Somit muß sich die Frage, ob an „organfremden" Dokumenten ein Zugangsrecht besteht, allein nach nationalem Recht richten und „Fremddokumente" von vornherein aus dem Informationsanspruch ausschließen[60]. Die Kommission stellt auf den Sinn und Zweck der Urheberregel selbst ab, eine Unterscheidung zwischen Personen im Besitz eines Dokuments und Personen, die Autor eines Dokuments sind, zu treffen. Der Beschluß 94/90 sei nur anwendbar auf Dokumente, dessen Autor die Kommission ist. Die Urheberschaft sei daher conditio sine qua non für die Zulässigkeit von Zugangsanträgen[61]. Auf den Grundsatz des möglichst umfassenden Zugangsrechts zu Dokumenten folge die Urheberregel, die den Geltungsbereich des Kodex begrenze[62].

Das Gericht erster Instanz läßt die Einordnung dahinstehen und stellt statt dessen auf die Wirkung der Urheberregel ab. Zwar spricht es in der Rechtssache *„Rothmans"* von einer im Kodex niedergelegten Ausnahme, macht aber deutlich, daß dies nur eine mögliche Qualifizierung sei[63]. Das *EuG* bestätigt diese Einordnung in der Rechtssache *„Interporc II"*. Die Urheberregel stelle unabhängig von ihrer Qualifizierung eine Einschränkung des allgemeinen Transparenzgrundsatzes aus dem Beschluß 94/90 dar und müsse daher wie eine Einschränkung behandelt werden[64]. Positiv verstanden stellt sich das *EuG* damit aber einer Qualifizierung als Bereichsausnahme nicht entgegen, solange eine Behandlung gemäß ihrer Rechtswirkungen als Einschränkung gewährleistet bleibt.

b) Binnenreichweite des Zugangsrechts

Fraglich ist, ob das Zugangsrecht eine differenzierte Behandlung innerhalb der drei Unionspfeiler erfahren muß, da sich die Rechtsgrundlage der Folgebeschlüsse von Rat und Kommission ausschließlich im EGV, also der vergemein-

---

59 Curtin in CMLR 2000, S. 22.

60 Fluck/Theuer, in EWS 1994, S. 155; Röger in DVBl 1994, S. 1184; Hetmeier in Lenz/Hetmeier, Art. 255, RN 9.

61 RS T-188/97 „Rothmans/Kommission" in Slg. II 1999, S. 2479, RN 43.

62 RS T-92/98 „Interporc/Kommission" in Slg. II 1999, S. 3549, RN 67 f.

63 RS T-188/97 „Rothmans/Kommission" in Slg. II 1999, S. 2482, RN 55: „Die Urheberregel stellt, unabhängig von ihrer Qualifizierung, eine Ausnahmeregel von dem allgemeinen Grundsatz der Transparenz des Beschlusses 94/90 dar."

64 RS T-92/98 „Interporc/Kommission" in Slg. II 1999, S. 3549, RN 68, 69.

schafteten Säule findet. Diese Hypothese wird verneint durch die Urteile *„Svenska"* und *„Hautala"*.

In der Entscheidung *„Svenska"* begehrte der schwedische Journalistenverband Zugang zu Dokumenten hinsichtlich der Einrichtung von EUROPOL, die sich sowohl in Besitz der schwedischen Behörden als auch im Besitz des Rates befanden. Während dem Kläger bei den schwedischen Behörden der überwiegende Teil zugänglich gemacht wurde, lehnte der Rat den Zugang unter anderem unter Hinweis auf die öffentlichen Interessen ab. Eine Klage gegen die Versagung sah der den Rat unterstützende Mitgliedstaat *Frankreich* als unzulässig an, da die Dokumente auf Grundlage des Titels VI EUV verabschiedet wurden und keine dieser Bestimmungen den Zugang zu derartigen Dokumenten regelt[65]. Das *EuG* stellte klar, daß eine auf Nichtigerklärung der Zugangsverweigerung gerichtete Klage auch dann in die Zuständigkeit des Gerichts fällt, wenn die Dokumente auf der Grundlage der Bestimmungen des Titels VI des EUV verabschiedet wurden[66]. Als Begründung diente dem *EuG* zum einen der Ratsbeschluß selbst. Aus Art. 1 II, 2 II des Beschlusses 93/731 geht hervor, daß dieser für alle Dokumente des Rates gilt und daß seine Anwendung daher unabhängig vom Gegenstand des Dokuments ist[67]. Zum anderen ist über Art. *K.8 I* EUV, der die Anwendung von Gemeinschaftsvorschriften im Bereich der Justiz und Innenpolitik vorsah, auch Art. *151* EGV anwendbar. Folglich finden die in Durchführung von Art. *151 III* EGV erlassenen Maßnahmen, die Geschäftsordnungsregeln des Rates und damit der Beschluß 93/731, auf Titel VI EUV Anwendung[68]. Auch der Umstand, daß der Gerichtshof gem. Art. *L* EUV nicht für die Überwachung dieser Politiken zuständig war, änderte nichts an seiner Zuständigkeit für Entscheidungen auf dem Gebiet des Zugangs der Öffentlichkeit zu diesen Maßnahmen[69]. Entsprechende Erwägungen stellte das *EuG* in der Rechtssache *„Hautala"* für die Gemeinsame Außen- und Sicherheitspolitik an[70].

Das *EuG* nutzte also die Tatsache, daß über den Unionsvertrag die beiden bis dahin bloßen Gemeinschaftsorgane Rat und Kommission, über Art. *C II, E* EUV auch solche der EU sind und damit auch in diesem Bereich die interne Organisationsgewalt greifen muß.

---

65 RS T-174/95 „Svenska/Rat" in Slg. II 1998, S. 2313.

66 RS T-174/95 „Svenska/Rat" in Slg. II 1998, S. 2291, LS 4

67 RS T-174/95 „Svenska/Rat" in Slg. II 1998, S. 2291, LS 4.

68 RS T-174/95 „Svenska/Rat" in Slg. II 1998, S. 2291, LS 4.

69 RS T-174/95 „Svenska/Rat" in Slg. II 1998, S. 2316, RN 85.

70 Dort erfolgte ebenfalls der Hinweis auf Art. 1 II und 2 II des Beschlusses bezüglich der Geltungskraft für alle Dokumente, unabhängig von deren Inhalt. Und auch die Verweisung in Art. *J.11 I* EUV, die die Rechtsgrundlage des Art. *151* EGV auch in diesem Bereich für anwendbar erklärt, dient dem *EuG* dazu, den Anwendungsbereich des Ratsbeschlusses auf Titel V EUV zu erweitern. Art. *L* EUV als Gegenargument wird wiederum verneint: RS T-14/98 „Hautala/Rat" in Slg. II 1999, S. 2505, RN 41, 42.

Unterschiedlich wirkte dagegen zunächst die Bindung der Organbeschlüsse in den Bereichen der beiden verbliebenen Gemeinschaftsverträge EGKSV und EAGV. Während der Verhaltenskodex und der Ratsbeschluß 93/731 von einer alleinigen Geltung innerhalb des EGV ausgehen[71], dehnte der Kommissionsbeschluß 94/90 seine Reichweite auf alle drei Gemeinschaftsverträge aus[72]. Am 06.12.1996 erweiterte der Rat allerdings ebenfalls die Geltung seines Beschlusses auf die Montanunion und die Atomgemeinschaft[73]. Der 1997 folgende Beschluß des Parlaments, der sich inhaltlich ebenfalls an den Verhaltenskodex anlehnte[74], ging selbstverständlich von einer umfassenden Binnenreichweite seines Beschlusses innerhalb aller drei Verträge aus[75].

4. Berechtigte Anspruchsteller des Zugangsrechts

Die Kommission legte den Begriff „Öffentlichkeit" weit aus. Er umfaßt jede natürliche oder juristische Person unabhängig von ihrem Status als EU-Bürger[76]. Auch der Rat hat betont, daß er beim Antragsteller keinerlei Legitimationsnachweis fordern werde[77]. Ein Vergleich zur Umweltinformationsrichtlinie des Jahres 1990, wonach gem. Art. 3 I UIRL der Zugang *„...den natürlichen oder juristischen Personen auf Antrag..."* gewährt wird, wird zum Teil zum Anlaß genommen, eine konsequente Fortsetzung dieser Definition auch für den hier in Frage stehenden Öffentlichkeitsbegriff zu fordern[78]. Letztlich sprechen praktische Erwägungen unter Berücksichtigung der leichten Umgehungsmöglichkeiten durch einen „stellvertretenden" Antrag eines EU-Bürgers[79], sowie die Rechtslage in vielen Mitgliedstaaten, die keinen Nachweis der Aktivlegitimation fordert[80], dafür, daß eine personelle Beschränkung der Legitimation durch den

---

71 Vgl. Verhaltenskodex 93/730/**EG**; bzw. Ratsbeschluß 93/731/**EG**; Hervorhebung vom Verfasser.

72 Vgl. Beschluß der Kommission 94/90/**EGKSV**, EG, **Euratom**; Hervorhebung vom Verfasser.

73 Beschluß des Rates 96/705/**Euratom**, **EGKSV**, EG vom 06.12.1996 zur Änderung des Beschlusses 93/731/EG über den Zugang der Öffentlichkeit zu Ratsdokumenten in Abl. der EG 1996, L 325/19 vom 14. 12. 1996; Hervorhebung vom Verfasser.

74 Vgl. sogleich unter Verpflichtete: 5., a).

75 Beschluß des Europäischen Parlaments 97/632/**EGKSV**, EG, **Euratom** vom 10.07.1997 über den Zugang zu den Dokumenten des Europäischen Parlaments in Abl. der EG 1997, L 263/27 vom 25. 09. 1997; Hervorhebung vom Verfasser.

76 Discussion Paper on Public Access to Commission Documents, S. 4; Anschlußbericht der Kommission, Abs. 7, in Abl. der EG C 67/5 vom 04.03.1994.

77 So bei Röger in DVBl 1994, S. 1184.

78 Fluck/Theuer in EWS 1994, S. 154, unbeantwortet bleibt freilich die Frage, ob eine personelle oder territoriale Beschränkung damit ausgeschlossen werden kann.

79 Dies stellt formaljuristisch kein Problem dar, da ein eigenes Interesse nicht geltend gemacht werden muß, siehe 6.

80 Siehe dazu unten 3. Teil, C., 9.

Öffentlichkeitsbegriff nicht erforderlich ist[81]. Ungelöst bleibt aber die Frage nach der territorialen Begrenzung auf den Sitz in einem Mitgliedstaat. Dies wird von *Fluck/Theuer* selbstverständlich angenommen[82], die Kommission spricht in ihrem internen Diskussionspapier jedoch von einer Praxis des nicht erforderlichen Wohnsitzes oder Verwaltungssitzes in einem der Mitgliedstaaten[83]. Letztlich kann aber auch hier wieder auf die bestehende Praxis, sowie die leichten Umgehungsmöglichkeiten und die Einbeziehung der Intention der größtmöglichen Gewährung des Zugangsrechts verwiesen werden, so daß die Rechtslage vor der Reform des Amsterdamer Vertrages von einer personell und territorial unbegrenzten Legitimation des einzelnen ausging.

5. Verpflichtete Organe des Zugangsrechts

a) Horizontale Verpflichtung

Der Europäische Bürgerbeauftragte leitete 1996 eine Untersuchung über den Zugang der Öffentlichkeit zu Dokumenten bei 15 anderen Gemeinschaftsinstitutionen und -organen außer Rat und Kommission ein[84]. Bis dahin ließen alle Organe[85] eigene Zugangsregeln vermissen. Unter Hinweis auf die Rechtsprechung des Gerichtshofs zur Bedeutung der Transparenz[86] und das Erfordernis eines einheitlichen institutionellen Rahmens stellte der Ombudsman dieses Versäumnis als einen Mißstand der Verwaltung dar und forderte die Organe auf, künftig Regeln zum Zugang zu erlassen, wobei er sich bezüglich des Gerichtshofs, des Parlaments und des Europäischen Währungsinstituts auf die Öffnung von Verwaltungsdokumenten beschränkte[87]. Die Organe folgten weitgehend dieser Empfehlung und erließen Regeln aufgrund ihrer Geschäftsordnungskompetenz, die inhaltlich zum großen Teil denen des Rates und der Kommission entsprachen[88]. Von den Hauptorganen teilte lediglich der Gerichtshof mit, daß er Schwierigkeiten mit der Trennung zwischen Dokumenten, die sich auf seine Rechtspre-

---

81 So auch Röger in DVBl 1994, S. 1184; Wägenbaur, in EuZW 2000, S. 193; abwegig hierzu Partsch in NJW 2001, S. 3156.

82 Fluck/Theuer in EWS 1994, S. 154.

83 Discussion Paper on Public Access to Commission Documents, S. 4.

84 Söderman in Der Europäische Bürgerbeauftragte, Sonderbericht in Abl. der EG 1998, C 44/10.

85 Ausnahme war das Harmonisierungsamt für den Binnenmarkt.

86 S.u., 3. Teil, B., 2.; sowie 4. Teil, A., III.

87 Söderman in Der Europäische Bürgerbeauftragte, Sonderbericht in Abl. der EG 1998, C 44/11: Die Rechtsprechungsbefugnisse des Gerichts sind vom Mandat des Bürgerbeauftragten gem. Art. 138 e EGV ausgenommen, und der Begriff des Mißstandes beinhaltet nicht die politische Arbeit des Parlaments. Im Bereich des EWI wird der Zugang zu Dokumenten im Währungsbereich durch Art. 11 II dessen GO vorgesehen.

88 So die Einschätzung des Institutionellen Ausschusses des EP in Bericht des Institutionellen Ausschusses vom 08.12.1998, DOK A 4-0476/98; ebenso Wägenbaur in EuZW 1998, S. 2; ungenau insoweit Partsch in NJW 2001, S. 3156.

chungsbefugnis beziehen und sonstigen Dokumenten habe, diese aber in eine untersuchende Studie einbezogen hat[89]. Das Parlament vollzog keine Trennung zwischen Verwaltungsdokumenten und sonstigen, sondern erfaßte mit seinem Geschäftsordnungsbeschluß sämtliche von ihm verfaßten Dokumente in dessen Regelungsbereich[90]. Das Europäische Währungsinstitut hingegen bezog sich in seinem Beschluß nur auf die vom Bürgerbeauftragten empfohlenen Verwaltungsdokumente[91].

b) Vertikale Verpflichtung

Während sich beim Rat die Frage der Handhabung des Zugangsrechts auch für seine Ausschüsse, aufgrund deren überwiegender organisatorischer Zuordnung zur Kommission, nicht drängend stellte[92], gab es bei der Kommission den Versuch, die Dokumente der KOMITOLOGIE-Ausschüsse aus dem Anwendungsbereich des Beschlusses 94/90 mit dem Argument herauszuhalten, daß diese strukturell nicht zum Organ Kommission gehörten[93]. Die Befugnis zur Durchführung der Vorschriften kann der Rat gem. Art 202, 3. Spiegelstrich EGV auf die Kommission übertragen, die gem. Art. 211 IV EGV diese Befugnis ausübt. Dies geschieht in einem abgestuften Kontrollverfahren durch den Rat mittels Einsetzung von Ausschüssen, die der Kommission beigegeben werden und in denen die Mitgliedstaaten durch Beamte vertreten sind[94]. Den Vorsitz führt ein nicht stimmberechtigtes Kommissionsmitglied[95]. Die Zuordnung zu einem Organ könnte aufgrund der Erwähnung der Delegierung sowohl bei den Rats- als auch bei den Kommissionsvorschriften schwierig sein. Allerdings stellt diesbezüglich Art. 202, 3. Spiegelstrich EGV den Grundsatz auf, den Art. 211, 3. Spiegelstrich EGV bestätigt, daß eine Delegierung von Kompetenzen vom Rat auf die Kommission erfolgt; die abgestufte Kontrolle des Rates stellt lediglich eine spezielle Form von beschränkten Durchführungsbefugnissen dar[96]. Diese

---

89 Söderman in Der Europäische Bürgerbeauftragte, Sonderbericht in Abl. der EG 1998, C 44/11.

90 Art. 1 II Beschluß des Europäischen Parlaments vom 10.07.1997 über den Zugang der Öffentlichkeit zu den Dokumenten des Europäischen Parlaments, in Abl. der EG 1997, L 263/27: „Als „Dokument des Europäischen Parlaments“ gilt vorbehaltlich des Artikels 2 Absatz 3 unabhängig vom Datenträger jedes vom Europäischen Parlament erstellte Schriftstück mit vorhandenen Informationen.“ Einbeziehung aller Dokumente auch unter Hinweis der Praxis bei politischen Dokumenten und Ausschußberichten in der Vergangenheit, siehe Bericht des Institutionellen Ausschusses vom 08.12.1998, DOK A 4-0476/98.

91 EWI Beschluß Nr. 9/97 über den Zugang der Öffentlichkeit zu Verwaltungsdokumenten des Europäischen Währungsinstituts, in Abl.der EG 1998, L 90/43 vom 25.03.98.

92 Vgl. Curtin in CMLR 2000, S. 29; Sobotta, S. 376.

93 Curtin in CMLR 2000, S. 29.

94 Meng in ZaöRV 1988, S. 209.

95 Geiger, Art. 202, RN 17.

96 Geiger, Art. 202, RN 15 im Zusammenhang mit Art. 211, RN 13; Oppermann, RN 347.

Zwitterstellung nahm die Kommission dennoch zum Anlaß, den Zugang zu Komitologiedokumenten zu verweigern[97]. Der *Rothmans*-Konzern beantragte Zugang zu Dokumenten eines Ausschusses des Zollkodex–Abteilung Transit, der nach Aussage der Kommission Teil eines KOMITOLOGIE-Ausschusses sei[98]. Diese seien zu unterscheiden von beratenden Ausschüssen und Arbeitsgruppen der Kommission, die diese in ihrer Initiativfunktion unterstützen sollen[99]. Die Kommission lehnte die Übermittlung der fraglichen Dokumente unter Hinweis auf die Urheberregel ab. Autor dieser Dokumente sei nicht die Kommission, sondern der KOMITOLOGIE-Ausschuß[100]. *Rothmans* focht diese Entscheidung unter Hinweis auf die materielle und geistige Autorenschaft der Kommission an. Das *EuG* folgte dieser Einschätzung unter Hinweis auf die Gewährung eines größtmöglichen Zugangs mit eng definierten Ausnahmen[101]. Die Zusammenschau von Art. *145* EGV, der von einer Übertragung von Durchführungsbefugnissen auf die Kommission spricht, dem organisatorischen und verwaltungstechnischen Standpunkt, der Tatsache des Nichtvorhandenseins eines eigenen Budgets, einer eigenen Verwaltung oder eigener Räumlichkeiten und des Vorsitzes durch einen Kommissionsrepräsentanten lassen das Gericht erster Instanz in dem fraglichen Ausschuß kein *„anderes Gemeinschaftsorgan oder eine andere Gemeinschaftsinstitution oder sonstige internationale Organisation oder juristische Person"* im Sinne des Verhaltenskodex sehen[102]. Die Dokumente der KOMITOLOGIE-Ausschüsse müßten daher unterschiedslos wie Dokumente der Kommission behandelt werden[103]. Des weiteren entspricht eine neue Ratsentscheidung zur Festlegung der Modalitäten für die Ausübung der der Kommission übertragenen Durchführungsbefugnisse aufgrund von Art. 202, 3. Spiegelstrich EGV[104] der Auslegung des Anwendungsbereichs durch das *EuG*, obwohl das Gericht auf diese zeitlich unmittelbar zuvor ergangene Reform dieser Modalitäten keinen Bezug nahm. Dessen Art. 7 II legt fest, daß die für die Kommission geltenden Grundsätze und Bedingungen für den Zugang der Öffentlichkeit zu Dokumenten auch für die KOMITOLOGIE-Ausschüsse gelten[105].

---

97 Ankündigung dieser Praxis bereits im Anschlußbericht der Kommission, Durchführungsmaßnahmen, in Abl. der EG C 67/6 vom 04.03.1994

98 RS T-188/97 „Rothmans/Kommission" in Slg. II 1999, S. 2480, RN 45.

99 Curtin in CMLR 2000, S. 30.

100 RS T-188/97 „Rothmans/Kommission" in Slg. II 1999, S. 2479, RN 42 ff.

101 Vgl. unten, 4. Teil, A., III.

102 RS T-188/97 „Rothmans/Kommission" in Slg. II 1999, S. 2483, RN 59.

103 RS T-188/97 „Rothmans/Kommission" in Slg. II 1999, S. 2484, RN 62; dieser Einschätzung folgend Curtin in CMLR 2000, S. 30.

104 Beschluß des Rates vom 28.06.1999 zur Festlegung der Modalitäten für die Ausübung der der Kommission übertragenen Durchführungsbefugnisse (1999/468/EG), in Abl. der EG 1999, L 184/23.

105 Art. 7 II Beschluß 1999/468, in Abl. der EG 1999, L 184/23.

6. Verfahren

In der Rechtssache *„Gerard van der Wal"* nahm das Gericht erster Instanz zum zweistufigen Antragsverfahren bei Zugangswünschen Stellung. Dies erfordert die Einreichung des Erstantrags bei den Dienststellen der Kommission oder dem Generalsekretariat des Rates. Darin ist das Dokument so genau wie möglich zu bezeichnen, ein besonderes Interesse muß der Antragsteller nicht geltend machen. Bei der Ankündigung eines ablehnenden Bescheides oder schlichtem Schweigen[106] innerhalb eines Monats kann ein Zweitantrag gestellt werden. Ein Verzicht auf diesen gilt als Rücknahmefiktion des Antrags, die sich aus dem Wortlaut des Verhaltenskodex und der englischen Fassung des Ratsbeschlusses erschließen läßt[107]. Stellt der Antragsteller einen Zweitantrag, gilt bei dessen Nichtbeantwortung innerhalb eines Monats oder positivem Ablehnungsbescheid der Zugang endgültig als verweigert[108].

Der Kläger bemängelte unter anderem einen Verstoß gegen die Begründungspflicht aus Art. *190* EGV, da in der Ablehnung des Zweitantrags durch die Kommission lediglich auf die Ablehnungsgründe des Erstantrags Bezug genommen wurde[109]. Unabhängig von dem Ergebnis, daß es ausreiche, auf die Erstablehnung Bezug zu nehmen[110], stellte das Gericht fest, daß es sich bei einem Zweitantrag gerade nicht um einen Rechtsbehelf gegen die Zurückweisung handele. Vielmehr eröffne dieser die Möglichkeit einer zweiten Überprüfung des Antrags durch das Organ[111]. Die Möglichkeit des Zweitantrags stelle daher ein gemeinschaftsrechtliches Verwaltungsverfahren sui generis dar[112].

7. Rechtsschutz

Gemäß dem Abschnitt „Bearbeitung der Zweitanträge" im Verhaltenskodex bzw. Art. 7 III 93/731 kann der Antragsteller bei Ablehnung des Zweitantrags gem. *Art. 138 e* EGV Beschwerde beim Europäischen Bürgerbeauftragten einlegen oder Klage gem. Art. *173* EGV beim *EuG* erheben. Allerdings gibt ihm nur eine Klage Aussicht auf verbindliche Aufhebung der Ablehnungsentscheidung.

---

106 Die Möglichkeit des Schweigens als Ablehnungsfiktion fand Eingang in das Verfahren mit Erlaß der Durchführungsbeschlüsse von Rat und Kommission: Art. 7 II, IV Beschluß 93/731, in Abl. der EG 1993, L 340/41, bzw. Art. 2 Nr. 4 Beschluß 94/90, in Abl. der EG 1994, L 46/58; Fluck/Theuer in EWS 1994, S. 156 spricht vom zweistufigem Verfahren mit jeweils zwei Varianten.

107 "He will be deemed to have withdrawn his original *(Art. 7 II Ratsbeschluß)* / initial *(Verhaltenskodex)* application".

108 Hetmeier in Lenz/Hetmeier, Art. 255, RN 10, 11.

109 RS T-83/96 „van der Wal/Kommission" in Slg. II 1998, S. 567.

110 Näher zur Erfüllung der Anforderungen des Art. *190* EGV: RS C-122/94 „Kommission/Rat" in Slg. I 1996, S. 882.

111 RS T-83/96 „van der Wal/Kommission" in Slg. II 1998, S. 569.

112 Fluck/Theuer in EWS 1994, S. 156 gehen von der Vermutung aus, daß die Verfahrensform ihr Vorbild im französischen Verwaltungsverfahren findet.

Eine Klagemöglichkeit natürlicher und juristischer Personen ist auch zu bejahen, da es sich bei der Versagung des Zweitantrags um eine Entscheidung bzw. um eine Maßnahme gem. Art. 249, 230 IV EGV handelt[113], die dazu bestimmt ist, Rechtswirkungen zu erzeugen.

Konsequenterweise liegt eine angreifbare Entscheidung aber nur im Zweitbescheid. Art. 7 III des Ratsbeschlusses fordert von einer Ablehnung durch den Rat, daß eine Belehrung über die Klagemöglichkeiten gem. Art. *173* EGV anzufügen ist, wohingegen bei beabsichtigter Ablehnung des Erstbescheides gem. Art. 7 I Ratsbeschluß nur die Möglichkeit des Zweitantrags bleibt. Andernfalls gilt der Antrag als zurückgezogen. Auch die rechtliche Qualität der Antwort auf den Erstantrag spricht für diese systematischen Erwägungen. Eine Absichtserklärung eines Organs, wie eben die Antwort auf den Erstantrag, gilt im Gemeinschaftsrecht nur als vorbereitender Akt, der ein künftiges Handeln des Organs in Aussicht stellt[114].

Die individuelle Geltung der Ablehnung ergibt sich schon aus dessen Natur; nur das spezifische Zugangsverlangen wird abgelehnt[115]. Da den Folgebeschlüssen verbindliche Rechtswirkung nach außen zuerkannt wurde, der Kläger somit einen gemeinschaftsrechtlichen Anspruch auf Tätigwerden der Organe aus diesen herleiten kann[116], hat eine auf diesen Beschlüssen beruhende Entscheidung der Organe daher verbindlichen Charakter und betrifft den Kläger damit unmittelbar.

Auch das *EuG* folgt dieser Linie in bezug auf das Zugangsrecht zu Dokumenten. In der Rechtssache *„Svenska"* machte der Rat die Unzulässigkeit der Klage mit dem Argument geltend, der Kläger sei auf Gemeinschaftsebene zum Teil nicht rechtsschutzbedürftig, da er die beantragten Dokumente bereits über das nationale Zugangsrecht erhalten habe[117]. Art. *173* EGV erlaube keine Klagen im öffentlichen Interesse, er ermögliche nur Einzelpersonen Handlungen anzufechten, die sie im Vergleich zu anderen besonders beträfen[118]. Das *EuG* verneinte diese Auffassung. Ausreichend sei, daß der Kläger Adressat der angefochtenen Entscheidung sei. Als solchem obliege ihm nicht der Nachweis, daß die Entscheidung ihn individuell und unmittelbar betreffe. Es genüge, daß er ein Interesse an der Nichtigerklärung dieser Entscheidung darlege[119].

---

113 Z.B. RS T-3/93 „Air France/Kommission" in Slg. II 1994, S. 154.

114 Bezogen auf den Ratsbeschluß: Fluck/Theuer in EWS 1994, S. 157; allgemein zur Anfechtbarkeit bloßer Ankündigungen: Bleckmann, RN 843.

115 Soweit die Maßnahme an den Kläger gerichtet ist, ist dessen Betroffensein unproblematisch: Krück in Groeben, Art. 173, RN 43.

116 Siehe oben, I., und Geiger, Art. 230, RN 18.

117 Vorbringen des Rates in RS T-174/95 „Svenska/Rat" in Slg. II 1998, S. 2309, RN 53 ff.

118 Vorbringen des Rates in RS T-174/95 „Svenska/Rat" in Slg. II 1998, S. 2309, RN 53 ff.

119 RS T-174/95 „Svenska/Rat" in Slg. II 1998, S. 2312.

8. Ausnahmevorschriften

a) Entwicklung der Ausnahmevorschriften durch die Organe

Bereits in der ersten Kommissionsmitteilung wurde die Notwendigkeit der Beschränkung des allgemeinen Zugangsrechts erwähnt. Sie schlug vor, daß der Zugang bei bestimmten Fallgruppen des öffentlichen oder privaten Interesses abgelehnt werden kann. Die Formulierung „kann" deutet zunächst darauf hin, daß die Kommission die Versagungsgründe lediglich als Ermessenstatbestände ausgestalten wollte, sie ging aber bereits davon aus, daß die folgende Mitteilung die unbestimmt gehaltenen Formulierungen präzisieren würde[120]. Weiterreichend sollte in dieser Mitteilung kein Zugang zu solchen Dokumenten gewährt werden, die persönliche Auffassungen von Bediensteten enthalten oder nur zum Zweck der internen Entscheidungsfindung erstellt wurden, wie zum Beispiel Stellungnahmen von Dienststellen. Allgemein sollte ein Organ darüber hinaus einen Antrag mit der Begründung ablehnen können, daß die Beantwortung des Bürgerbegehrens die Effizienz und das reibungslose Funktionieren des Organs beeinträchtigen würde[121]. Statt, wie noch im ersten Bericht, in dem die Versagung des Einsichtsrechts bei Vorliegen eines Ausnahmetatbestandes von einer Ermessensentscheidung des Organs abhängen sollte, unterteilt die Kommission die Versagungsgründe nunmehr in zwingende Nichtgewährung des Zugangs zu Dokumenten, die persönliche Auffassungen der Bediensteten enthalten und „Soll"-Versagung bei drohender Beeinträchtigung der öffentlichen Interessen, des Geschäfts- oder Betriebsgeheimnisses,..., des Persönlichkeitsschutzes, der Vertraulichkeit der Daten von Finanzinstituten und des Schutzes der finanziellen Interessen der Gemeinschaft. Bei Vorliegen dieser Versagungsgründe sollte sich der Entscheidungsspielraum auf die Tatbestandsseite verlagern. Eine Ermessensentscheidung verblieb dem Organ nur im Falle des Vorliegens eines unangemessenen Informationsbegehrens.

Mit Erlaß des Verhaltenskodex setzte sich diese Tendenz fort. Nicht nur die Ermessensmöglichkeiten auf Rechtsfolgenseite wurden weiter reduziert, auch einige konkretisierte Ausnahmevorschriften aus den Kommissionsmitteilungen wurden nicht berücksichtigt und nunmehr im zwingenden Versagungsgrund der unbestimmten „öffentlichen Interessen" verortet. Nach der neuen Regelung der Ausnahmen war die Zugangsmöglichkeit nun in den Fällen des „Schutzes öffentlicher Interessen", des „Schutzes des einzelnen und der Privatsphäre", des „Schutzes des Geschäfts- und Industriegeheimnisses", des „Schutzes der finan-

---

120 Kommissionsmitteilung 1, Weitere Schritte, in Abl. der EG C 156/6 vom 08.06.1993. Das Ermessen ist als materieller Verwaltungsgrundsatz auch auf Gemeinschaftsebene anerkannt; zur Entwicklung in der Rechtsprechung, siehe Haibach in NVwZ 1998, S. 461.

121 Kommissionsmitteilung 2, Voraussetzungen der Akteneinsicht, in Abl. der EG C 166/9 vom 17.06.1993.

ziellen Interessen der Gemeinschaft" und bei „Wahrung der Vertraulichkeit" generell zu versagen, die Rechtsfolgenseite wurde damit zwingend ausgestaltet. Als einziger echter Ermessenstatbestand für die Organe verblieb der „Schutz des Organs in bezug auf die Geheimhaltung seiner Beratungen"[122].

b) Insbesondere Schutz der Wahrung der Vertraulichkeit

Problematisch erscheint in diesem Zusammenhang der erstmals aufgenommene Versagungstatbestand der „Wahrung der Vertraulichkeit", wenn dies von der natürlichen oder juristischen Person, die die Information zur Verfügung gestellt hat, beantragt wurde oder aufgrund der Rechtsvorschriften des Mitgliedstaates, der die Information bereitgestellt hat, erforderlich ist. Wie schon bei der Frage der Reichweite des Dokumentenbegriffs mittels der Urheberregelung stellt sich auch hier die Frage, inwieweit in den Regelungsbereich nationalen Rechts eingegriffen wird, ob die Organe trotz eines dergestalten Antrags über die Gewährung des Zugangs entscheiden dürfen, bzw. wer berechtigt ist, die Erforderlichkeit der Beachtung nationaler Schutzvorschriften zu prüfen - Gemeinschaftsorgan oder nationale Behörde.

Der Wortlaut des Eingangssatzes: „Die Organe *verweigern* den Zugang zu Dokumenten, wenn..."[123], deutet auf eine zwingende Rechtsfolge hin, was zumindest bei Dokumenten von natürlichen oder juristischen Personen Klarheit dergestalt brächte, daß schon bei einem entsprechenden Antrag eine Verweigerungspflicht der Organe bestünde. Bei Dokumenten, deren Ursprung bei den Mitgliedstaaten liegt, bleibt allerdings die Frage, ob eine mitgliedstaatliche Rechtsvorschrift auch tatsächlich einem Zugangsrecht entgegensteht. Die Kompetenz darüber zu entscheiden legt die Ausnahmevorschrift des Kodex nicht fest. Die zweite Mitteilung der Kommission verdeutlicht aber, daß es dem Verfasser des Dokuments anheim steht, ob das betreffende Dokument als geheim eingestuft wird. Bei dieser Entscheidung kann der Verfasser (meint den Verfasser eines Dokuments des Gemeinschaftsorgans[124]) nur dann von der Sicherheitseinstufung der Sekundärquelle abweichen, wenn die Information als solche nicht der entsprechenden Sekundärquelle zugeordnet ist, wenn sie bereits Gemeingut geworden ist oder der Urheber der Aufhebung des Geheimschutzes zustimmt[125]. Sowohl der Wortlaut des Kodex als auch das Selbstverständnis der

---

122 Siehe im Beschluß 93/730: „Verhaltenskodex für den Zugang der Öffentlichkeit zu Rats- und Kommissionsdokumenten" in Abl. der EG L 340/41 vom 31.12.1993; Österdahl in ELR 1998, S. 349; Curtin in CMLR 2000, S. 32; Röger in DVBl 1994, S. 1186; Öberg in eiop 1998 in http://eiop.or.at/eiop/texte/1998-008.htm, Referenz vom 26.01.02, S. 11 ff.; Stein in Hummer, S. 150 f.; siehe zur Entwicklung der Ausnahmen durch die Rspr. des EuG/EuGH, 4. Teil, A.

123 Regelung der Ausnahmen im Verhaltenskodex, Beschluß 93/730: „Verhaltenskodex für den Zugang der Öffentlichkeit zu Rats- und Kommissionsdokumenten" in Abl. der EG L 340/41 vom 31.12.1993.

124 Anmerkung vom Verfasser.

stimmt[125]. Sowohl der Wortlaut des Kodex als auch das Selbstverständnis der Kommission in diesem Zusammenhang gehen also davon aus, daß ein zwingender Anspruch des Mitgliedstaates oder der natürlichen bzw. juristischen Person auf Verweigerung des Zugangs besteht, wenn das betreffende Dokument einmal als geheim vom jeweiligen Verfasser als primär Berechtigtem eingestuft wurde. Wie schon bei der Reichweite des Dokumentenbegriffs findet sich also wiederum eine scharfe Abgrenzung zum nationalen Recht in Bereichen, in denen der Untersuchungsgegenstand beide Rechtskreise berührt. Somit gewährleisten diese Ausnahmevorschrift und die beschriebene Urheberregel eine quasi doppelte Sicherung der mitgliedstaatlichen Rechtskreise.

125 Kommissionsmitteilung 2, Dokumente mit Informationen aus Sekundärquellen, in Abl. der EG C 166/9 vom 17.06.1993.

B.: RECHTSKONTEXT DES ALLGEMEINEN ZUGANGSRECHTS ZU DOKUMENTEN: DAS TRANSPARENZPRINZIP IN DER EU

Wie läßt sich nun dieser Anspruch der Unionsbürger in das System bereits bekannter Akteneinsichtsansprüche oder sonstiger Transparenzbestrebungen der Gemeinschaftsorgane einordnen? In erster Linie gilt es, bestehende Akteneinsichtsrechte im Wirtschaftsverwaltungsverfahren der Kommission ins Verhältnis zum voraussetzungslosen, allgemeinen Dokumentenzugang zu setzen. Aber auch die Differenzierung zwischen sog. aktiven Zugangsrechten, die ein Tätigwerden der Organe selbst bedingt, und passiven Zugangsrechten, in deren Kontext auch das vom Initiativrecht des Bürgers abhängige Dokumentenzugangsrecht gehört, soll in den Blickpunkt gerückt werden. Und letztlich ist diese Systematik in die, unter den Sammelbegriff „Transparenzprinzip", zusammengefaßte Reihe von Öffnungsmaßnahmen der Organe einzufügen.

I. Terminologische und systematische Abgrenzung zwischen verfahrensbegründenden und verfahrensabhängigen Akteneinsichtsrechten

Grundsätzlich entscheidet die Existenz eines Verwaltungsverfahrens über die Zuordnung des Dokumentenzugangs zu seinem jeweiligen Regelungsbereich. Das voraussetzungslose Dokumentenzugangsrecht kann unabhängig vom Bestehen eines Verwaltungs- oder Gerichtsverfahrens geltend gemacht werden. Dieses Recht schafft allein schon aus seiner Existenz heraus ein Verfahren, gegen das dem Berechtigten Rechtsschutzmöglichkeiten zur Seite stehen[126].

Das verfahrensakzessorische Einsichtsrecht umfaßt dagegen lediglich die Zugangsrechte zu Dokumenten, die im Rahmen eines bereichsspezifischen Verwaltungs- oder Gerichtsverfahrens bestehen und stets an die Existenz dieses Verfahrens gekoppelt sind. Die Akteneinsicht erfordert als Legitimation also stets ein konkretes Verwaltungsverfahren[127].

In der Rechtssache *„Carlsen"* wird diese Differenzierung erstmals angedeutet. Der Kläger beruft sich infolge der Versagung des Dokumentenzugangs zu Stellungnahmen des Juristischen Dienstes des Rates auf das vergleichbare Urteil *„AM&S"*, welches von einer Waffengleichheit zwischen Organen und Privatpersonen hinsichtlich der Geheimhaltung ausgeht[128]. Das *EuG* lehnt eine Vergleichbarkeit mit dieser Rechtssache aber ab. Die Rechtssache *„AM&S"* betraf nicht den Zugang zu Dokumenten von Privatpersonen, sondern die Mitteilung von Dokumenten eines Unternehmens, das Gegenstand einer Untersuchung über die Anwendung der Wettbewerbsregeln der Gemeinschaft ist. Es betraf mit an-

---

126 Vgl. oben A., 6.: Klage nach Art. 173 EGV oder Beschwerde beim Bürgerbeauftragten; ausdrücklich Gassner in DVBl 1995, S. 20.

127 Dryberg in ELR 1999, S. 158; Gassner in DVBl 1995, S. 20.

128 RS 155/79 „AM&S/Kommission" in Slg. 1982, S. 1575, LS 3.

deren Worten die Auslegung der Vorschriften über das Verwaltungsverfahren in Wettbewerbssachen. Dabei unterscheiden sich die Interessen der Vertraulichkeit zwischen Rechtsanwalt und Mandant im Rahmen des Verwaltungsverfahrens vor der Kommission von denjenigen, die die Ablehnung des Zugangs der Öffentlichkeit zu rechtlichen Stellungnahmen von Dienststellen der Organe rechtfertigen[129]. Die Rechtssache *„Interporc II"* klärte dann das Verhältnis zwischen beiden Zugangsrechten. Danach sind die Regelungen des Beschlusses 94/90 der Kommission über das voraussetzungslose Zugangsrecht die lex generalis, während der Zugang zu Dokumenten als Verteidigungsrecht im Verwaltungsverfahren die Spezialregel als Akteneinsichtsrecht darstellt. Ein gleichzeitiges Berufen auf spezielle und generelle Zugangsrechte ist dabei möglich[130]. Diese Auslegung bestätigt die Präambel des Verhaltenskodex[131]. Auch die Literatur folgt dieser Unterscheidung entweder explizit[132] oder systematisch[133]. Für die voraussetzungslosen Zugangsrechte kann daher zusammenfassend festgehalten werden, daß sich diese nicht auf ein bestimmtes Verwaltungsverfahren beziehen, vielmehr ein solches erst durch das Zugangsverlangen hervorrufen. Eine Geltung des voraussetzungslosen Zugangsrechts ist gleichwohl auch innerhalb eines Verwaltungsverfahrens möglich, allerdings nicht primär im Regelungsbereich des Verhaltenskodex und der Folgebeschlüsse[134], sondern aufgrund spezieller verfahrensrechtlicher Einsichtsrechte. Problematisch an dieser subsidiären Fortgeltung des allgemeinen Zugangsrechts in Verwaltungsbereichen, die Spezialregeln mit engeren Voraussetzungen, wie ein rechtliches Interesse, aufweisen, ist aber, daß bei Ablehnung eines Zugangsantrags aus diesen Gründen dem Antragsteller als Privatperson außerhalb des Verfahrens immer noch die Möglichkeit bleibt, sich auf das allgemeine voraussetzungslose Zugangsrecht zu berufen, welches diese zusätzliche Hürde des rechtlichen Interessenachweises eines Ver-

---

129 RS T-610/97 „Carlsen/Rat" in Slg. II 1998, S. 505.

130 RS T-92/98 „Interporc/Kommission" in Slg. II 1999, S. 3542, RN 44, 45; so auch schon für das deutsche Recht vorgeschlagen von Lodde, S. 128.

131 „IN DER ERWÄGUNG, daß diese Grundsätze (des Zugangsrechts) die geltenden Bestimmungen über den Zugang zu den Dossiers, die unmittelbar Personen betreffen, die daran ein spezifisches Interesse haben, nicht berühren." Hierzu das EuG in RS T-92/98 „Interporc/Kommission" in Slg. II 1999, S. 3542, RN 45: Damit wird nur bekräftigt, daß die von der Kommission erlassenen Vorschriften über den Zugang zu Infos die Anwendung von speziellen Vorschriften über die Akteneinsicht nicht berühren. Zudem ist damit nicht ausgeschlossen, daß eine Berufung auf den Verhaltenskodex möglich ist, obwohl auch andere Vorschriften einschlägig sind.

132 Gassner in DVBl 1995, S. 20, 21; Haibach in NVwZ 1998, S. 458.

133 Hix, S. 32 ff.; Scherzberg, S. 248 ff.; Sobotta in EuZW 1996, S. 158; unklar Kugelmann, S. 181 ff.

134 So ausdrücklich Gassner in DVBl 1995, S. 20; auch Haibach in NVwZ 1998, S. 458; Sobotta in EuZW 1996, S. 158; die die Differenzierung mit dem unterschiedlichen rechtlichen Interesse des Zugangsbegehrenden begründen, je nachdem, ob sich dieser innerhalb oder außerhalb eines Verwaltungsverfahrens befindet.

fahrens nicht beinhaltet. Fraglich ist dann, welche Geltungskraft die personell und sachlich engeren speziellen Anwendungsvoraussetzungen noch haben können. Die Annahme, die Organe stützten sich trotz subsidiärer Geltung ausschließlich auf die speziellen Voraussetzungen und verlangten auch bei Berufen auf das voraussetzungslose Zugangsrecht einen Interessennachweis, ist durch die Klarstellung in „*Interporc II*" gesperrt.

Die damit angelegte Problematik ist, aufgrund der Eindeutigkeit mit der die jeweilige Geltungsreichweite festgelegt ist, zunächst hinzunehmen. Nach Lösungsmöglichkeiten zur Wahrung der jeweils eigenständigen Regelungsbereiche von verfahrensschaffenden und verfahrensabhängigen Zugangsrechten soll aber im Rahmen der höherrangigen Ableitungen von Grundsatz und Ausnahmen der verschiedenen Zugangsrechte gesucht werden.

II. Abgrenzung zwischen aktivem und passivem allgemeinem Zugangsrecht

Terminologisch stellt für die Kommission das Bereitstellen von Informationen seitens der Organe das aktive Zugangsrecht dar, das Zugangsverlangen der Bürger andererseits wird als passives Zugangsverlangen qualifiziert[135] und bildet damit den Oberbegriff zum voraussetzungslosen und verfahrensabhängigen Zugangsrecht.

Das Binnenverhältnis zwischen aktivem und passivem Zugangsrecht klärte der Verhaltenskodex von Rat und Kommission. Im letzten Erwägungsgrund des Kodex wird festgelegt, daß der Verhaltenskodex nur eine *Ergänzung* der bestehenden Informations- und Kommunikationspolitik darstellt[136]. Die Kommission bestätigte in ihrem Anschlußbericht zum Kodex, daß dieses passive Zugangsrecht lediglich neben dem aktiven Recht auf Informationsgewinnung steht[137]. Der Anwendungsbereich der Organbeschlüsse ist damit nicht eröffnet, soweit das gewünschte Dokument bereits anderweitig veröffentlicht ist.

---

135 Kommissionsmitteilung 1, Maßnahmen, in Abl. der EG C 156/5 vom 08.06.1993.

136 7. Erwägungsgrund des Verhaltenskodex, Beschluß 93/730: „Verhaltenskodex für den Zugang der Öffentlichkeit zu Rats- und Kommissionsdokumenten" in Abl. der EG L 340/41 vom 31.12.1993; Hervorhebung durch den Verfasser; den gleichen Schluß zieht auch Röger in seiner Analyse, wobei er allerdings zu bedenken gibt, daß Abs. II der allgemeinen Erwägungen das Zugangsrecht für *jedes* im Besitz des Rates oder der Kommission befindliche Schriftstück ein Zugangsrecht eröffnet, Röger in DVBl 1994, S. 1184.

137 Anschlußbericht der Kommission, Einleitung, in Abl. der EG C 67/5 vom 04.03.1994.

III. Inhaltliche Ausprägungen von Transparenzbestimmungen außerhalb verfahrenskonstitutiver Zugangsrechte

1. Transparenzmaßnahmen der Kommission

Die Kommission stellt das Offenheitsprinzip in den Kontext „Gutes Regieren“, welcher neben Transparenzbestimmungen die Grundsätze Partizipation, Verantwortlichkeit, Effektivität und Kohärenz als grundlegende Regierungsprinzipien der Gemeinschaft umfassen soll[138]. Die Organe sollen danach offener arbeiten und gemeinsam mit den Mitgliedstaaten erklären, wie die EU handelt und auf welche Weise Entscheidungen zustande kommen. Offenheit ist deshalb so wichtig, weil sie helfen kann, das Vertrauen in komplexe Institutionen zu stärken[139]. Als probates Mittel stellt sich für die Kommission dabei das passive und aktive Zugangsrecht zu Dokumenten dar[140].

a) Verfahrensakzessorische Akteneinsichtsrechte im Bereich der Wirtschaftsverwaltung

Im Bereich des Wirtschaftsverwaltungsrechts erkannte die Kommission bislang bereits über die Vorschriften der Art. 81 – 86 EGV sowie entsprechende Konkretisierungen im Sekundärrecht die Möglichkeit der Stellungnahme Betroffener an. Abgeleitet aus Art. 83 EGV und der sekundärrechtlichen Präzisierung in Art. 4 VO 99/63 und 19 I bzw. 19 II iVm 3 II KartVO[141] existiert durch die Interpretation des *EuGH* im Kartellverfahrensrecht ein Akteneinsichtsrecht für die Betroffenen in die Akten, die der Rechtsverteidigung dienen, bevor die Kommission eine abschließende Entscheidung verkündet[142]. Vertrauliche Informationen

---

[138] Vgl. Europäisches Regieren, ein Weißbuch, KOM (2001) 428 endg., S. 13.

[139] Europäisches Regieren, ein Weißbuch, KOM (2001) 428 endg., S. 13.

[140] Europäisches Regieren, ein Weißbuch, KOM (2001) 428, endg., S. 15: „Demokratie hängt davon ab, ob sich die Menschen am öffentlichen Diskurs beteiligen können. Dazu müssen sie aber ungehinderten Zugang zu verläßlichen Informationen über Europafragen haben und den politischen Prozeß in den verschiedenen Phasen verfolgen können. Mit der Verabschiedung neuer Regeln zur Verbesserung der EU-Akteneinsicht für die europäischen Bürger ist 2001 bereits ein wichtiger Fortschritt erreicht worden.“; siehe auch: Initiativen der Kommission in den Bereichen Transparenz und Information, SEC-1999-08318-01-00-DE-TRA-00 (FR), S. 6.

[141] VO 17/62 in Abl. der EG 1962, 204/62 in Verbindung mit der AnhörungsVO 99/63 in Abl. der EG 1963, 2268/63.

[142] Entwicklung von der Versagung der vollständigen Akteneinsicht bis zur Ausweitung bestimmter die Ermöglichung der Rechtsverteidigung betreffender Akten siehe: RS 56, 58/64 „Consten&Grundig und Grundig-Verkaufs-GmbH/Kommission“ in Slg. 1966, S. 321 ff., LS 2; RS 41/69 „ACF Chemiefarma N.V./Kommission“ in Slg. 1970, S. 688 ff.; RS 44/69 „Buchler&Co./Kommission“ in Slg. 1970, S. 754 ff.; RS 45/69 „Boehringer Mannheim GmbH/Kommission“ in Slg. 1970, S. 800 ff.; RS 85/76 „Hoffmann-La Roche

und interne Schriftstücke sind davon nicht umfaßt[143]. Die Kommission hat als Reaktion auf die verschiedenen Urteile interne Verfahrensvorschriften zur Behandlung von Akteneinsichtsbegehren im Kartellverfahren veröffentlicht[144]. Vergleichbare Regeln fanden sich bereits zuvor im Antidumpingverfahren, wo dem Betroffenen unter ähnlichen Voraussetzungen ursprünglich nach Art. 7 IV a) VO 2423/88[145] bzw. heute nach Art. 6 VII VO 3283/94[146] ein Akteneinsichtsrecht zugebilligt wird[147]. Zu nennen ist weiterhin Art. 18 III 3 der FusionskontrollVO 4064/89[148]. Diese Akteneinsichtsrechte werden aufgrund der Abhängigkeit von der Initiative des Bürgers dem passiven Zugangsrecht zu Dokumenten zugeordnet.

b) Maßnahmen des aktiven Zugangsrechts

Hauptaspekt einer aktiven Informationsversorgung von Seiten der Organe stellt die Pflicht dar, Rechtsakte gem. Art. 254 EGV im Amtsblatt zu veröffentlichen. Aufgrund des supranationalen Charakters der EU sind darüber hinaus hinsichtlich des Vollzugs des gesetzten Rechts ein- und mehrstufige Verfahren durch die Verwaltungsorganisation der Mitgliedstaaten vorgesehen[149]. Um einen Ausgleich der mangelnden Kontrolle der Gemeinschaftsorgane über die Durchsetzung des Gemeinschaftsrechts im mehrstufigen Verfahren zu schaffen[150], soll die Öffentlichkeit mittels Informationsversorgung hauptsächlich durch die Kommis-

---

& Co. AG/Kommission“ in Slg. 1979, S. 511 ff. in dem der EuGH die Akteneinsicht in Teile der Verfahrensakten zwecks Rechtsverteidigung aus Art. 4 VO 99/63 und Art. 19 I VO 17 herleitete; im Fortgang: RS 322/81 „N.V. Nederlandsche Banden-Industrie Michelin/Kommission“ in Slg. 1983, S. 3498 f.; RS 100-103/80 „S.A. Musique Diffusion Francaise u.a./Kommission“ in Slg. 1983, S. 1884 ff., wo der EuGH eine Einsicht in die gesamte Akte, vorbehaltlich eventueller Schutzvorschriften anerkannte; hinsichtlich der Einsichtsrechte Dritter siehe RS 53/83 „AKZO Chemie/Kommission“ in Slg. 1986, S. 1992; RS 142 und 156/84 „BAT/Kommission“ in Slg. 1987, S. 4572; siehe auch Lenz/Grill in FS Deringer, S. 312 ff.; Hix, S. 53 ff.; Due in EuR 1988, S. 39, 40.

143 Hix, S. 77 ff.; Weiß, S. 205 ff., 210 ff..

144 RS T-30/91 „Solvay SA/Kommission“ in Slg. II 1995, S. 1802; RS T-36, 37/91 „Imperial Chemical Industries pcl/Kommission in Slg. II 1995, S. 1848; 1901, 1902; Das Kommissionsverfahren findet sich in Abl. der EG 1997, C 23/3.

145 VO 2423/88 in Abl. der EG 1988, L 209.

146 VO 3283/94 in Abl. der EG 1994, L 349.

147 Näher Weiß, S. 217, 251 ff.; Hix, S. 143 ff.

148 VO 4064/89 in Abl. der EG 1989, L 395; näher Weiß, S. 216, 250 ff.; Hix, S. 71 ff. insbesondere auch zu den Verfahrensrechten Dritter im Fusionskontrollverfahren, die wegen Art. 15 I VO 2367/90 kein Akteneinsichtsrecht besitzen.

149 Chiti in EPL 1996, S. 372; Hatje, S. 173; Im Hinblick auf das Europäische Umweltrecht: Scheuing in NVwZ 1999, S. 476 ff.

150 Gründe liegen in der im Vergleich zum mitgliedstaatlichen Staatsaufbau nur rudimentär vorhandenen administrativen Infrastruktur; näher dazu unten, 3. Teil, D., II., 1., c).

sion aktiviert werden[151]. Der Bereich des Umweltrechts ist hier am weitesten fortgeschritten, allerdings ist diese Konzeption der dezentralen Kontrolle auch über den Umweltbereich hinaus verallgemeinerungsfähig[152]. Während sich der aktive Zugang zu Dokumenten auf Gemeinschaftsebene ursprünglich darauf beschränkte, Berichtspflichten aufzustellen[153], ging die Gemeinschaft dazu über, in den Rechtsakten neben einem Gesamtbericht zusätzliche Durchführungsberichte im mitgliedstaatlichen Bereich zu veröffentlichen[154]. Die UVP-Richtlinie erweiterte diese Pflicht zu Veröffentlichungen der nationalen Behörden gegenüber der Öffentlichkeit ganz erheblich[155]. Es erfolgt zunächst eine Information der Öffentlichkeit insgesamt, um darüber zu einer Anhörung des betroffenen Personenkreises zu gelangen[156]. Zweck dieser Regelungen ist es, den Kreis der Betroffenen auszuweiten, um so zu einer erhöhten Akzeptanz der Verwaltungsentscheidung zu gelangen[157]. Auch die Umweltinformationsrichtlinie verpflichtete die Mitgliedstaaten, neben einer passiven Informationspflicht, auch eine aktive Informationsgewährung gegenüber der Öffentlichkeit herzustellen[158]. Schließlich

---

151 Masing, S. 22; Schoch in NVwZ 1999, S. 461; „Für eine dauerhafte und umweltgerechte Entwicklung, Ein Programm der Europäischen Gemeinschaft für Umweltpolitik und Maßnahmen im Hinblick auf eine dauerhafte und umweltgerechte Entwicklung"; in Abl. 1993, C 138, 1, 27.

152 Danwitz, S. 273; Masing, S. 21; Pernice in NVwZ 1990, S. 423; Schomerus/Schrader/Wegener, § 1, RN 17.

153 Siehe Hatje, S. 144; Röger, UIG, Einl., RN 3 ff.; vgl. Art. 13 RL 76/160 vom 8.12.1975 in Abl. der EG 1976, L 31 vom 5.2.1976; Art. 1 V RL 80/779 vom 15.7.1980 in Abl. der EG 1980, L 229 vom 30.8.1980; Art. 12 II der RL 79/409 vom 2.4.1979 in Abl. der EG, L 103 vom 25.4.1979; Art. 2 II RL 91/692 vom 23.12.1991 in Abl. der EG, L 377 vom 31.12.1991, S. 48, daraus folgte Änderung von Art. 13 RL 76/464 in Abl. der EG, L 129 vom 18.5.1976, S. 23; Art. 16 III, IV RL 80/68 vom 17.12.1979 in Abl. der EG, L 20 vom 26.1.1980, S. 43; Art. 8 II RL 91/689 vom 12.12.1991 in Abl. der EG, L 377 vom 31.12.1991, S. 20.

154 Art. 8 II der RL 91/689 vom 12.12.1991 in Abl. der EG, L 377 vom 31.12.1991, S. 20.

155 Art. 9 RL 85/337 vom 27.6.1985 in Abl. der EG, L 175 vom 5.7.1985, S. 40, geändert durch Art. 1 Pkt. 11 RL 97/11 vom 3.3.1997 in Abl. der EG, L 73 vom 14.3.1997, S. 5: Es besteht eine umfassende Prüfungspflicht der Folgen für alle Umweltmedien in ihrer Wechselwirkung. Hierzu müssen sie den Behörden alle für ihre Entscheidung notwendigen Informationen zur Verfügung stellen. Probleme der Einpassung in das deutsche Rechtssystem bei Hoffmann-Riem in DVBl 1994, S. 607; Masing in DVBl 1998, S. 553; Pernice/Kadelbach in DVBl 1996, S. 1107; Steinberg in NVwZ 1995, S. 216.

156 Cupei in DVBl 1985, S. 818.

157 Erbguth/Schink, UVPG, Einl. RN 17, 18; Hellmann, S. 141.

158 Art. 7 UIRL: Die Mitgliedstaaten ergreifen die erforderlichen Maßnahmen, um der Öffentlichkeit allgemeine Informationen über den Zustand der Umwelt, z.B. durch regelmäßige Veröffentlichung von Zustandsberichten, zur Verfügung zu stellen; in Abl. der EG L 158 vom 23.06.1990; siehe dazu Erichsen, Umsetzung, S. 122 ff.

ist noch auf die IVU-Richtlinie hinzuweisen[159]. Gem. Art. 15 sind Anträge auf Genehmigung bestimmter Anlagen der Öffentlichkeit zugänglich zu machen, damit sie vor einer abschließenden Entscheidung der Behörde Stellung nehmen kann. Nach Art. 15 III IVU-Richtlinie ist die Kommission verpflichtet, alle 3 Jahre ein Verzeichnis der wichtigsten Emissionen und deren Quellen öffentlich zu machen. Hinsichtlich der Ausnahmevorschriften ist in Abs. IV auf die der UIRL verwiesen[160]. Ohne auf weitere Berichtspflichten der Mitgliedstaaten gegenüber der Öffentlichkeit zu verweisen[161] wird deutlich, daß sich bei isolierter Betrachtung des aktiven Zugangsrechts im Bereich der Gemeinschaftsorgane lediglich eine allgemeine Berichtspflicht wiederfindet. Eine detaillierte Veröffentlichungspflicht wird struktur- und funktionsbedingt[162] auf die Behörden der mitgliedstaatlichen Verwaltung verlagert.

Als wichtigstes Anliegen einer organeigenen aktiven Informationspolitik sah die Kommission allenfalls die Veröffentlichung des jährlichen Arbeits- und Legislativprogramms an[163]. Des weiteren soll eine Beteiligung der Bevölkerung an der Vorbereitung der Beschlüsse und Vorschläge der Kommission mittels Vorlage an die beratenden Ausschüsse erfolgen, dessen Beteiligtenkreis im Einzelfall weiter gezogen werden soll, so daß die beteiligten Gruppen angehört werden können. Gewahrt werden müssen gleichwohl die Effizienz der Ausschüsse und Sachverständigengruppen wie auch anderer öffentlicher oder privater Interessen[164]. Hinsichtlich der laufenden Verwaltungstätigkeit verwies die Kommission in erster Linie auf Art. 212, 253, 254, 287, 296 EGV[165].

Eine Einbeziehung der Öffentlichkeit in die Vorbereitung der Initiativpflicht soll durch eine vorangehende Veröffentlichung von Grün- und Weißbüchern transparenter gestaltet werden. Einige technische Veränderungen der Dokumen-

---

159 RL 96/61 vom 24.9.1996 in Abl. der EG, L 257 vom 10.10.1996, 26, dazu Wahl in NVwZ 2000, S. 502 ff.

160 Ausnahmen zum Schutz der Geschäfts- und Betriebsgeheimnisse, die Vertraulichkeit personenbezogener Daten, Schutz der öffentlichen Sicherheit.

161 siehe dazu Kugelmann, S. 104 ff.

162 So auch Scherzberg, S. 262.

163 Letzteres sollte aus Sicht der Bürger klar und verständlich sein und unter Beteiligung des Ministerrates erfolgen: Mitteilung „Eine verstärkte Transparenz bei der Arbeit der Kommission“ in Abl. der EG C 63/8 vom 05.03.1993; Kommissionsmitteilung 2, 2. Gegenwärtiger Stand, in Abl. der EG C 166/4 vom 17.06.1993: Angabe der geplanten Vorschläge, die möglicherweise Anlaß zu einer erweiterten Diskussion geben können im Legislativprogramm; Veröffentlichung der Liste der Themen, über die im Laufe des Jahres 1993 Grün- bzw. Weißbücher ausgearbeitet werden im Legislativprogramm; Veröffentlichung von Initiativen im Bereich der Kodifizierung des Gemeinschaftsrechts im Legislativprogramm.

164 Mitteilung „Eine verstärkte Transparenz bei der Arbeit der Kommission“ in Abl. der EG C 63/8 vom 05.03.1993.

165 So auch Bradley in CDE 1999, S. 290.

tenklassifizierung sollten einen möglichst großen Anwendungsbereich der Veröffentlichung von Dokumenten gewährleisten[166].

c) Ausgewählte sonstige Transparenzmaßnahmen der Kommission

Neben aktiven und passiven verfahrensabhängigen und –unabhängigen Zugangsrechten sieht die Kommission weiterhin die verstärkte Anhörung interessierter Kreise und mehr Mitwirkung bei der Entscheidungsfindung durch Veröffentlichung des jährlichen Arbeitsprogramms als Verstärkung von Transparenzbestrebungen an. Dazu zählen ebenfalls die Verbesserung der Organisation der legislativen Vorarbeiten sowie der Dialog mit den Interessengruppen, den Bürgern und Unternehmen. Nicht neu sind ebenfalls Forderungen nach besserem Zugang zu den Rechtsvorschriften der Gemeinschaft und der Verbesserung ihrer Qualität[167]. Die Beratungen der Kommission sind allerdings nach Art. 9 GO Kommission weiterhin nicht öffentlich.

2. Transparenzmaßnahmen des Rates

a) Sonderproblem: Protokollerklärungen des Rates als Schnittstelle zwischen aktivem und passivem Zugangsrecht

Die Sonderrolle des Rates als Hauptlegislativorgan mit Besetzung durch nationale Exekutivmitglieder[168] schlägt sich bereits an dieser Stelle nieder. Gegenüber der Kommission wird ein Mehr an Dokumentenöffentlichkeit gewährt. Die Öffentlichkeit der Protokolle des Rates wird von ihm wortlautbedingt und systematisch als Ausgleich mangelnder Sitzungsöffentlichkeit der Beratungen gehandhabt[169]. Die Veröffentlichung der Protokolle muß daher in das oben dargestellte gegenseitige Verhältnis von passivem und aktivem Zugangsrecht eingeordnet werden.

aa) Situation vor Erlaß des Verhaltenskodex von 1995

Die 17. Schlußerklärung sowie der Beschluß 93/731 unterscheiden nicht zwischen verschiedenen Protokollarten und sonstigen Dokumenten, sondern spre-

---

[166] Kommissionsmitteilung 2, 2. Gegenwärtiger Stand, in Abl. der EG C 166/6 vom 17.06.1993: wöchentliche Veröffentlichung der Listen von KOM Dokumenten mit allgemeinen Themen im Abl.; Aufnahme von Dokumenten in die KOM Kategorie, die zwar für die Öffentlichkeit von Interesse, jedoch mehr fachbezogen sind und bisher als nicht automatisch veröffentlichte SEK Dokumente geführt wurden, jetzt aber eine höhere Verbreitung gewährleistet.

[167] Siehe schon Kommissionsmitteilung 2, in Abl. der EG C 166/6 vom 17.06.1993; aktuell Initiativen der Kommission im Bereich der Transparenz und Information, SEC-1999-08318-01-00-DE-TRA-00 (FR), S. 1 ff.; zur Qualität der Rechtsvorschriften siehe auch Erklärung 39 des Amsterdamer Vertrages.

[168] Siehe unten, 3. Teil, D., I., 2., a), bb).

[169] Art. 5-9 GO Rat von 2000.

chen ganz allgemein von Ratsdokumenten. Art. *9 I* GO Rat von 1993 regelte jedoch die Handhabung der Erklärungen zu den Protokollen des Rates[170]. Ihre rechtliche Bedeutung beschränkt sich darauf, Interpretationshilfen aufgrund einer Selbstbindung des Rates neben den wichtigeren Erwägungsgründen zu geben[171]. Protokollerklärungen der Kommission oder der Mitgliedstaaten fungieren dagegen nur als unverbindliche Rechtsansichten Dritter[172]. Bei inhaltlichem Bezug zu einem Rechtsakt spricht Art. *9 I* GO Rat von 1993 von der Pflicht zur Anfertigung von Protokollen, nicht jedoch über deren Transparenzhandhabung. Für einen Protokollausschnitt, der Abstimmungsprotokolle, stellt Art. *7 V* GO Rat von 1993 diese unter die Veröffentlichungspflicht. Teleologisch und systematisch läßt sich daraus der Schluß ziehen, daß Ratsprotokolle das Abstimmungsverhalten betreffen können, aber nicht notwendig mit einer bestimmten Stimmabgabe im Zusammenhang stehen müssen. In letzterem Fall ist dann von allgemeinen Ratsprotokollen oder Protokollerklärungen zu sprechen[173]. Dieser Maßstab vom allgemeinen Dokument über die Ratsprotokolle und Protokollerklärungen hin zum besonderen Abstimmungsprotokoll ist im Fortgang zu berücksichtigen. Unklar ist nämlich, worunter die Publizität der umfassenden Protokollerklärungen, die sich nicht auf ein Abstimmungsverhalten im Sinne von Art. *7 V* GO Rat von 1993 beziehen, einzuordnen ist. Es könnte auf Art. *5 I UA 2* GO Rat von 1993[174] rekurriert werden. Allerdings wird hier wieder nur ein kleiner Anwendungsbereich erfaßt, da als notwendige Voraussetzung eine Erklärung zum Abstimmungsverhalten gefordert wird. Anknüpfungspunkt bliebe der Ratsbeschluß 93/731, der, wie festgestellt, die allgemeinste Form von Schriftstücken des Rates regelt. Allerdings darf hier der oben festgelegte An-

---

170 Zur Situation vorher: Guggenbühl in Deckmyn/Thomson, S. 17; Dreher in EuZW 1996, S. 487.

171 Dreher in EuZW 1994, S. 744: Rechtlich kommt ihnen daher nur eine Rolle bei der historischen oder wörtlichen Auslegung des betreffenden Rechtsaktes zu, für die teleologische Interpretation zieht der EuGH die Protokollerklärungen regelmäßig nicht heran; Karl in JZ 1991, S. 594, sieht in den Protokollerklärungen des Rates eine Ausprägung von gemeinschaftsrechtlichem soft law; zustimmend hinsichtlich Selbstbindung aufgrund von Vertrauensschutz, sowie die Bedeutung für die historische Rechtsauslegung hinsichtlich der Ratsprotokolle: Pechstein in EuR 1990, S. 250, 256; Herdegen in ZHR 155 (1991), S. 63; Hilf in EuR 1993, S. 8; Streinz, RN 420.

172 Die Mitgliedstaaten können nicht als Gemeinschaftsgesetzgeber angesehen werden, und Protokollerklärungen der Kommission entsprechen nicht zwingend den Willen des Rates, der aber aufgrund der Rechtsetzungskompetenz dieses Organs maßgeblich sein muß; siehe dazu Pechstein in EuR 1990, S. 253.

173 Dreher in EuZW 1994, S. 745.

174 Art. *5 I 2* GO Rat von 1993 in Abl. der EG 1993, L 304: „In den Fällen, in denen die Abstimmungsprotokolle des Rates gemäß Artikel 7 Absatz 5 veröffentlicht werden, können auf Antrag der betroffenen Ratsmitglieder auch die bei der Abstimmung abgegebenen Erklärungen zur Stimmabgabe im Einklang mit dieser Geschäftsordnung und unter Wahrung der Rechtssicherheit und der Interessen des Rates veröffentlicht werden."

wendungsbereich der Transparenzregeln nicht ausgeblendet werden. Der Beschluß 93/731 betrifft lediglich die subjektive Seite des Zugangsrechts. Zu einem aktiven Tätigwerden des Rates hinsichtlich der Protokollerklärungen, welches dem aktiven Zugangsrecht zugeordnet werden muß, schweigt der Kodex. Der Ratsbeschluß kann somit ebenfalls kein aktives Zugangsrecht zu Protokollerklärungen herbeiführen. Damit bleibt im Ergebnis als Anknüpfungspunkt einer Zuordnung des aktiven Zugangs zu allgemeinen Ratsprotokollen und Protokollerklärungen der allgemeine Geheimhaltungsgrundsatz gem. Art. *5 I* GO Rat von 1993[175].

bb) Erlaß des Verhaltenskodex von 1995

Der Erlaß des Kodex von 1995, betreffend die aktive Veröffentlichung der Protokollerklärungen seitens des Rates, brachte für die Dokumente Klarheit, die sich auf die endgültige Verabschiedung von legislativen Rechtsakten durch den Rat sowie diesbezügliche Erklärungen beziehen[176]. Betroffen davon sind konsequenterweise nicht die Abstimmungsprotokolle, für die weiterhin der Publizitätsgrundsatz gem. Art. *7 V* GO Rat von 1993 gilt[177]. Vielmehr sind Protokolle erfaßt, die sich auf die endgültige Verabschiedung innerstaatlich bindender Rechtsakte beziehen[178]. Der Anwendungsbereich des Kodex ist damit aber von vornherein als nur sehr begrenzt anzusehen. Protokollerklärungen des Rates zu Stellungnahmen sind beispielsweise nicht erfaßt. Weiterhin bedarf es zur Veröffentlichung eines diesbezüglichen Ratsbeschlusses und hinsichtlich Erklärungen der Mitgliedstaaten deren vorheriger Zustimmung[179]. Bezüglich Protokollerklärungen der Kommission schweigt der Kodex ebenfalls[180].

Um einen gleichmäßigen Schutz gegenläufiger Interessen sowohl beim aktivem als auch beim passivem Zugang zu sichern, bestimmen sich die Ausnahmen vom Publikationsgrundsatz entsprechend Art. 4 I des Ratsbeschlusses 93/731 zum subjektiven Zugang zu Dokumenten. Hinsichtlich der Informationsrechte für den einzelnen folgt der Verhaltenskodex von 1995 in aktiver Hinsicht also weitgehend der Entwicklungslinie des passiven Zugangsrechts zu Dokumenten. Dokument in diesem Sinne ist auch das Ratsprotokoll mit den darin enthaltenen

---

175 So im Ergebnis auch Dreher in EuZW 1994, S. 745.

176 Ratsbeschluß vom 02.10.1995 in Bulletin der EG 10/1995, S. 137; Verweis auf den Anhang zur Geschäftsordnung des Rates von 1993 in Abl. der EG 1993, L 304/7, wann der Rat als Gesetzgeber tätig ist (wurde in Art. 7 GO Rat von 2000 übernommen); siehe auch Handbuch des Rates, S. 15.

177 Dreher in EuZW 1996, S. 488; Armstrong in Modern Law Review 1996, S. 586; Brunmayr in Deckmyn/Thomson, S. 71.

178 Vgl. Anhang zur Geschäftsordnung des Rates von 1993 in Abl. der EG 1993, L 304/7; so auch Brunmayr in Deckmyn/Thomson, S. 71.

179 Dreher in EuZW 1996, S. 488; Ratsbeschluß vom 02.10.95 in Bulletin der EG 10/1995, S. 137.

180 Siehe dazu Dreher in EuZW 1994, S. 744; Dreher in EuZW 1996, S. 488.

Protokollerklärungen. Der Anwendungsbereich des 93/731-Beschlusses betraf jedoch nur das passive Zugangsrecht, so daß mit diesem Verhaltenskodex eine sinnvolle Ergänzung hinsichtlich der aktiven Veröffentlichungspflicht eines Teils der Ratsdokumente geschaffen wurde.

b) Ausgewählte sonstige Transparenzmaßnahmen des Rates

Für den Rat stellt der Zugang zu Dokumenten nur eine, wenn auch die gewichtigste Komponente der allgemeinen Politik der Öffentlichkeit und Transparenz dar[181]. In diesen Rahmen bezieht er auch den Verhaltenskodex von 1995 ein[182].

Ein weiterer bedeutender Versuch, die Arbeiten des Rates transparenter zu gestalten, sind öffentliche Beratungen[183] über die Halbjahresprogramme des Vorsitzes, über Fragen allgemeiner Art, die die Interessen der Union betreffen oder über wichtige neue Vorschläge für Rechtsvorschriften. Verstärkte Bemühungen gibt es auch im Bereich einer aktiven Politik zur Information über die Arbeiten des Rates[184].

Ferner hat der Rat am 29.5.1995 erneut seinen Willen bekräftigt, auf eine regelmäßige und vollständige Unterrichtung der Presse und der Öffentlichkeit vor all seinen Tagungen zu achten[185]. Die Tagungen des Rates selbst sind aber gem.

---

181 Erster und Zweiter Bericht über die Durchführung des Beschlusses des Rates über den Zugang der Öffentlichkeit zu Ratsdokumenten, in http://register.consilium.eu.int/utfregister/frames/introfsDE.htm; Referenz vom 26.01. 2002; Dritter Bericht über die Durchführung des Beschlusses 93/731 13275/00 vom 22.12.00, in http://register.consilium.eu.int/utfregister/frames/introfsDE.htm; Referenz vom 26.01.2002; Handbuch des Rat, S. 11.

182 Zweiter Bericht über die Durchführung des Beschlusses des Rates über den Zugang der Öffentlichkeit zu Ratsdokumenten, in http://register.consilium.eu.int/utfregister/frames/introfsDE.htm; Referenz vom 26.01. 2002.

183 Übertragung durch audiovisuelle Medien, Art. *6 I* GO Rat von 1993 in Abl. der EG 1993, L 304; siehe auch Bradley in CDE 1999, S. 293; Öffentliche Aussprachen nach Art. 8 als Umsetzung der Forderung nach mehr Offenheit, siehe dazu Handbuch des Rates, S. 11.

184 Anstoß in den Konferenzen des Europäischen Rates von Birmingham in Bulletin der EG 10-1992, S. 7 ff. und Edinburgh in Bulletin der BReg. 140/S. 1277 vom 28.12.1992: Tagungen Arbeitsprogramm oder wichtige Gemeinschaftsinteressen; vgl. dazu auch Erster Bericht über die Durchführung des Beschlusses des Rates über den Zugang der Öffentlichkeit zu Ratsdokumenten, in http://register.consilium.eu.int/utfregister/frames/introfsDE.htm; Referenz vom 26.01. 2002.

185 Erster Bericht über die Durchführung des Beschlusses des Rates über den Zugang der Öffentlichkeit zu Ratsdokumenten, in http://register.consilium.eu.int/utfregister/frames/introfsDE.htm; Referenz vom 26.01. 2002; Brunmayr in Deckmyn/Thomson, S. 71.

Art. 4 - 9 GO Rat von 2000[186] weiterhin vom Grundsatz der Geheimhaltung geprägt[187].

3. Transparenzmaßnahmen des Europäischen Parlaments

Die erste Initiative im Hinblick auf die allgemeine Aktenöffentlichkeit als demokratisches Recht ist im Jahr 1984 zu finden[188]. Als direkte Reaktion auf die Untersuchung des Bürgerbeauftragten 1996 wurde aber erst 1997 ein Beschluß über den Zugang der Öffentlichkeit zu den Dokumenten des Europäischen Parlaments gefaßt, der inhaltlich ohne große Abweichungen dem Verhaltenskodex sowie in den Rechtswirkungen den Folgebeschlüssen von Rat und Kommission nachgebildet ist[189]. Das Problem des Zugangs zu Dokumenten des Parlaments ist dennoch völlig anders gelagert als bei den übrigen Organen und Einrichtungen der EU, da alle politischen Dokumente des Europäischen Parlaments der Öffentlichkeit automatisch zugänglich gemacht werden[190]. Obwohl auch die Verwaltungsdokumente[191] trotz ihrer Nichtbehandlung im Plenum oder den Ausschüssen und ihrer lediglichen Annahme durch das Präsidium unter den Organbeschluß fallen, richtet sich naturgemäß das Interesse der Öffentlichkeit fast ausschließlich auf die politischen Dokumente des Parlaments. Beleg dafür ist die Tatsache, daß es bis Ende 1998 europaweit nur drei Anfragen auf Zugang zu Verwaltungsdokumenten des Parlaments gab[192]. Darüber hinaus sieht sich das Parlament auch außerhalb des Rechtskreises Zugangsrecht als eine außergewöhnlich offene Institution, da im Gegensatz zu vielen Parlamenten auf nationaler Ebene nicht nur die Plenartagungen gem. Art. 116 GO EP, sondern auch die große Mehrzahl der Ausschußsitzungen gem. Art. 166 Nr. 2 GO EP für die Öf-

---

186 Beziehungsweise Art. *4-6* GO Rat von 1993.

187 Siehe zur Problematik der Vereinbarkeit mit den Kontrollrechten nationaler Parlamente gegenüber ihren Regierungen: Sobotta, S. 169 ff; zu den Änderungen hinsichtlich der Amsterdamer Neuerungen s.u., 5. Teil., A., 3.

188 Entschließung zur Öffentlichkeit der Gemeinschaftsverfahren des EP, DOK–223/84 vom 24.05.1984 in Abl. der EG 1984 C 172/176 und Entschließung zur Öffentlichkeit der Gemeinschaftsverfahren des EP DOK A2-208/87 vom 22.01.1988 in Abl. der EG 1988, C 49/ 175.

189 Beschluß des EP vom 10.7.1997 in Abl. der EG, L 263/27 vom 25.09.1997, ergänzt durch Beschluß vom 13.4.1998 in Abl. der EG, L 135/46 vom 08.05.1998.

190 Hier ergeben sich lediglich praktische Probleme der Kennzeichnung des Stadiums, um eine Gleichsetzung Entwurf/Standpunkt des Parlaments zu unterbinden: Bericht des Institutionellen Ausschusses vom 08.12.1998 DOK A 4-0476/98.

191 Beispielsweise Präsidiumstexte, Texte der Konferenz des Präsidenten oder Aufzeichnungen des Juristischen Dienstes.

192 Bericht des Institutionellen Ausschusses vom 08.12.1998, DOK A 4-0476/98.

fentlichkeit zugänglich sind[193], so daß eine noch weitergehende Öffnung der Sitzungen des Parlaments kaum möglich sein wird[194].

Demzufolge legt das Parlament den Schwerpunkt seiner Analyse auch auf die Betrachtung der übrigen Gemeinschaftsorgane. Danach ist der Dokumentenzugang nicht die augenfälligste Komponente der Publizität der Gemeinschaft[195] und genießt gegenüber der Sitzungsöffentlichkeit eine eher nachrangige Bedeutung. Erklärtes Ziel des Parlaments sei es, die Öffentlichkeit von Sitzungen aller EU Organe durchzusetzen, wobei sich diese auf Sitzungen grundsätzlicher Art beschränken sollten[196]. Dies sei ein alternativer oder ergänzender Ansatz zum Zugangsrecht zu Dokumenten, welcher die Willensbildung bei den Bürgern verbessere[197]. Darüber hinaus sei auch wichtig, die in Frage stehenden Dokumente in einer klaren und verständlichen Sprache abzufassen[198]. Auch die Beibehaltung der Vielsprachigkeit diene der Transparenz. Dies sei zwar kostspielig und ineffizient, auch im Hinblick auf die künftige Erweiterung, aber dennoch unbedingt notwendig, wenn sich die EU weiterhin die Unterstützung durch ihre Bürger sichern will[199].

Die Einrichtung eines Bürgerbeauftragten im Vorfeld einer Klage vor dem Gerichtshof sei ebenfalls geeignet, die Arbeit des Parlaments transparent erscheinen zu lassen[200].

Letztlich sei wichtig, Transparenz der institutionellen Struktur der EU zu gewährleisten. Zwar sei dem institutionellen Aufbau der EU eine gewisse Komplexität inhärent, da sich diese organisch entwickelt hat und eine Mischung von Gemeinschaftsvorgehen und zwischenstaatlichen Methoden anwendet. Die derzeitige Struktur könnte aber in Zukunft sicherlich durch Einbeziehung der neuen Informationstechnologien und das Mitentscheidungsverfahren als Regelgesetzgebungsverfahren verbessert werden[201].

---

193 Bericht des Institutionellen Ausschusses vom 08.12.1998, DOK A 4-0476/98.

194 So auch Westlake in Deckmyn/Thomson, S. 134; vorgeschlagen wird allenfalls im Zusammenhang mit der Veröffentlichung der Tagesordnungen von Ausschußsitzungen und im Bereich der Aufklärung interessierter Bürger, über die Modalitäten einer Teilnahme an diesen Sitzungen nachzudenken, um weitere Kreise der Öffentlichkeit zu erreichen, beispielsweise über die Presse. Als Vorbild dienen hier die Transparenzregelungen in den USA, wo die Tagesordnungen für Ausschußsitzungen, öffentliche Anhörungen usw. täglich mit der Washington Post veröffentlicht werden.

195 Bericht des Institutionellen Ausschusses vom 08.12.1998, DOK A 4-0476/98; so auch Söderman in Deckmyn/Thomson, S. 76.

196 Bericht des Institutionellen Ausschusses vom 08.12.1998, DOK A 4-0476/98.

197 Bericht des Institutionellen Ausschusses vom 08.12.1998, DOK A 4-0476/98.

198 Bericht des Institutionellen Ausschusses vom 08.12.1998, DOK A 4-0476/98.

199 Bericht des Institutionellen Ausschusses vom 08.12.1998, DOK A 4-0476/98.

200 Söderman in Deckmyn/Thomson, S. 75.

201 Bericht des Institutionellen Ausschusses vom 08.12.1998, DOK A 4-0476/98. Allerdings besteht hier ein Spannungsfeld: Je komplexer und damit zumeist demokratischer der

IV. Verhältnis des Zugangsrechts zu Dokumenten zu allgemeinen Transparenzbestimmungen

Von allen Organen wurde das Zugangsrecht zu Dokumenten einstimmig als eine, wenn nicht die bedeutendste Form der Transparenz eingeordnet[202]. Demzufolge könnte an ein Subordinationsverhältnis dergestalt gedacht werden, daß das Zugangsrecht zu Dokumenten als relevanteste Ausprägung andere Transparenzbestimmungen mitbeeinflußt[203]. Hiergegen kann aber eingewandt werden, daß sich die Öffentlichkeit von Sitzungen der Organe als ebenso wichtig darstellen kann. Im übrigen leite sich eine klare Struktur des Beschlußverfahrens oder die Öffentlichkeit von Sitzungen allenfalls mittelbar vom Dokumentenzugang ab. Aufgrund der Wortwahl der Organe kann aber an ein umgekehrtes Subordinationsverhältnis in der Form gedacht werden, daß das Zugangsrecht, die Öffentlichkeit von Sitzungen und die Klarheit von Rechtstexten letztlich alle auf einer allgemeinen Transparenz gründen. Wenn die oben entwickelte Teilung des Zugangsrechts in eine aktive und eine passive, also in eine objektive und eine subjektive Seite mitberücksichtigt wird, sprechen systematische Erwägungen für diese Argumentation. Alle Transparenzbestrebungen außerhalb der Akteneinsicht oder des passiven Dokumentenzugangs wurden als objektive Verpflichtungen der Organe qualifiziert. Das aktive Zugangsrecht, also das Bereitstellen von Dokumenten seitens der Organe, kann ebenfalls diesen objektiven Transparenzausprägungen zugeordnet werden. Die subjektive Seite, das Nachfragen seitens der Bürger, paßt als einzige Transparenzkonkretisierung nicht in dieses Schema[204]. Unter Einbeziehung oben gefundener Ergebnisse, welche das passive Zugangsrecht des einzelnen lediglich als Ergänzung der aktiven Bereitstellung von Dokumenten qualifizieren, kann *rechtlich* von Subsidiarität des passiven Zugangsrechts einschließlich der akzessorischen Akteneinsicht gesprochen wer-

---

Rechtsetzungsprozeß, desto intransparenter wird er; je einfacher und damit zwangsläufig undemokratischer der Prozeß, desto durchschaubarer aber die Regelungsstrukturen.

202 So ausdrücklich Stellungnahme des Ausschusses für Recht und Bürgerrechte und des Ausschusses für Grundfreiheiten und innere Angelegenheiten in Bericht des Institutionellen Ausschusses vom 08.12.1998, DOK A 4-0476/98; Zweiter Bericht über die Durchführung des Beschlusses des Rates über den Zugang der Öffentlichkeit zu Ratsdokumenten, in http://register.consilium.eu.int/utfregister/frames/introfsDE.htm; Referenz vom 26.01. 2002; siehe auch Schwerpunktsetzung bei Gegenüberstellung der Kommissionsmitteilungen 1 und 2, in Abl. der EG C 156/5 vom 08.06.1993, in Abl. der EG C 166/4 vom 17.06.1993; so auch Blanke/Kuschnick in DÖV 1997, S. 53; Bandilla/Hix in NJW 1997, S. 1218; Sobotta, S. 29; Thun-Hohenstein, S. 99; Twomey in CMLR 1996, S. 837, FN 12; Curtin in Deckmyn/Thomson, S. 108 mit dem Hinweis auf die Gefahr der Überbetonung im Transparenzbereich und der nicht genügenden Berücksichtigung der Öffentlichkeit der Verwaltung insgesamt.

203 Haibach in NVwZ 1998, S. 458, bezeichnet statt Transparenz als Verwaltungsgrundsatz bereits direkt das Zugangsrecht als einen solchen Grundsatz.

204 So auch Sobotta, S. 27.

den. Das aktive Zugangsrecht, enthalten in den objektiven Transparenzregeln, steht hingegen gleichgeordnet neben den anderen Transparenzbestimmungen. Die *praktisch* wichtigste Ausprägung der Transparenz stellt das passive Zugangsrecht gleichwohl dar[205]. Dafür spricht die eingangs erwähnte Tatsache, daß diese Ausprägung der Transparenz sich neben der Sitzungsteilnahme als die wichtigste im Verhältnis der Bürger zu den EU Organe darstellt, welche sinnvollerweise nicht auf das aktive Zugangsrecht beschränkt bleiben darf.

V. Zusammenfassung

Zusammenfassend definiert sich europäische Transparenz ganz abstrakt als Durchsichtigkeit, Offenheit oder Zugänglichkeit[206], konkret als umfassende Möglichkeit, dem Bürger den Zugang zu Informationen, aber auch das Durchschauen von Entscheidungsmechanismen, insbesondere der darin vollzogenen Willensbildung, zu erleichtern[207]. Zuzuordnen ist sie damit in erster Linie dem Rechtsetzungsprozeß der Gemeinschaft. Innerhalb des Rechtsetzungsverfahrens ist die Transparenz am stärksten in Form der Öffentlichkeit von Sitzungen ausgeprägt. Also besteht auch auf europäischer Ebene ein enger Zusammenhang zwischen der Urforderung nach Transparenz offener Sitzungen in einem parlamentarisch repräsentativen System[208] und dem Dokumentenzugang. Ob sich das Zugangsrecht im Gemeinschaftsrecht lediglich als Ergänzung zur Offenheit von Rats-, Kommissions- und Parlamentssitzungen darstellt, oder gleichsam das Verhältnis europarechtlich umkehrt, soll im nächsten Teil untersucht werden. Vorausgeschickt werden kann aber bereits jetzt, daß Transparenz in den wechselseitigen Beziehungen im Dreieck Bürger-Mitgliedstaat-EU-Organ wirken kann und jeweils verschiedene Ausprägungen besitzt. Im hier interessierenden Verhältnis der Bürger zu den Europäischen Organen konkretisiert sich die Transparenz im Zugangsrecht des einzelnen zu Dokumenten, sowie in der Teilnahmemöglichkeit des einzelnen an den Debatten der Organe. Ergänzend wirkt sie durch die Berichterstattung über die Aktivitäten der Organe aus eigener Initiative, sowie letztlich in der Möglichkeit, Besuche bei den Institutionen durch-

---

205 Dies wird von Sobotta allerdings bestritten. Er erkennt lediglich die erhöhte juristische Bedeutung dieses Rechts an: Sobotta, S. 84, 278.

206 Sobotta, S. 30.

207 Bericht des Institutionellen Ausschusses vom 08.12.1998, DOK A 4-0476/98; für das repräsentative Demokratiesystem: Steffani, Parlamentarische Demokratie, S. 141 ff.; Thaysen, S. 83 ff.; die beide auch Effizienz und Partizipation definieren. Allerdings umfaßt der Transparenzbegriff auch oder gerade auf europäischer Ebene derart vielfältige Maßnahmen, daß der Begriffs selbst bezeichnenderweise eher unklar bleibt: so auch Sobotta, S. 33; Schilling in ZeuS 1999, S. 76.

208 Dazu im folgenden, 3. Teil, C., IV., 2., a), aa).

zuführen[209]. Hinsichtlich der Teilnahmemöglichkeit an Debatten stellt sich das Parlament als das transparenteste Organ dar. Gem. Art. 116, 166 Nr. 2 GO EP sind sowohl die Sitzungen des Plenums, als auch die der Ausschüsse nach vorherigem Beschluß der Öffentlichkeit zugänglich. Kommissions- und Ratssitzungen sind dagegen grundsätzlich vom Geheimhaltungsgrundsatz geprägt[210].

Im Verhältnis zwischen Bürger und Mitgliedstaat sind im wesentlichen die UIRL, einige Vorschriften der Vergaberichtlinien sowie die oben angesprochenen Berichtspflichten zu nennen.

---

209 So auch Stellungnahme des Ausschusses für Recht und Bürgerrechte in Bericht des Institutionellen Ausschusses vom 08.12.1998, DOK A 4-0476/98.

210 Art. 7 GO Kommission: Die Sitzungen der Kommission sind nicht öffentlich. Ihre Beratungen sind vertraulich; Art. *5 I* GO Rat von 1993: Unbeschadet des Artikels 7 Absatz 5 und anderer einschlägiger Bestimmungen unterliegen die Beratungen des Rates der Geheimhaltungspflicht, es sei denn, daß der Rat anders entscheidet.; so auch Calliess in Calliess, Auflage 2, Art. 1 EUV, RN 37.

3. TEIL: HÖHERRANGIGE ABLEITUNGEN DES EUROPÄISCHEN DOKUMENTENZUGANGSRECHTS

Aufgrund der Analyse der sekundärrechtlichen Entwicklung des Zugangsrechts lassen sich mehrere Ansatzpunkte zur höherrangigen Ableitung herausfiltern, deren Ursprung und Einordnung in das Rechtssystem der EG näher beleuchtet werden muß. Die Bezugnahme der Organbeschlüsse auf die 17. Schlußerklärung und die Herleitung des Zugangsrechts aus der Ursprungsversion des Art. *A II* EUV können erste mögliche geschriebene Ableitungspunkte darstellen. Eine Untersuchung ungeschriebener Rechtsquellen für das Zugangsrecht kann sich nicht der Problematik verschließen, ob sich das voraussetzungslose Zugangsrecht zusätzlich oder alternativ zum geschriebenen Primärrecht als höherrangiges Generalprinzip des Gemeinschaftsrechts darstellt. Zur Begründung eines derartigen Generalprinzips kann zum einen eine Anknüpfung an wertende Rechtsvergleichung erfolgen, um das Generalprinzip als allgemeinen Rechtsgrundsatz abzuleiten. Zum anderen kann als Ansatzpunkt die Entwicklung eines allgemeinen Grundsatzes des Gemeinschaftsrechts aus sich selbst heraus gewählt werden. Zweckmäßigerweise ist zwischen diesen beiden Ansätzen zu differenzieren, da ein allgemeiner Rechtsgrundsatz aufgrund wertender Rechtsvergleichung der Verfassungen der Mitgliedstaaten, also quasi von außen in das Gemeinschaftsrecht, Eingang findet, wohingegen sich ein allgemeiner Grundsatz des Gemeinschaftsrechts von innen heraus aus Geist und Systematik des Gemeinschaftsrechts selbst entwickeln muß[211].

A.: GESCHRIEBENE PRIMÄRRECHTLICHE ANKNÜPFUNGSPUNKTE AUS DEM MAASTRICHTER VERTRAG

I. Art. **A II** *EUV Maastrichter Fassung: Transparenz als Ausdruck von Bürgernähe*

Die in der heutigen Amsterdamer Fassung zu findende Formulierung der möglichst großen *Offenheit* und Bürgernähe konnte der Rat 1992 als Begründung zur primärrechtlichen Verankerung der Transparenz noch nicht heranziehen[212]. In den verschiedenen Konferenzen im Anschluß an die Ratifizierung des Maastrichter Vertrages deutete sich jedoch an, daß das Transparenzgebot und als deren relevanteste Ausprägung das Zugangsrecht zu Dokumenten unter den Begriff

---

211 Krück in Groeben, Art. 164, RN 22 ff.

212 Die Urfassung des Vertrages über die Europäische Union lautet in Art. A II: „Dieser Vertrag stellt eine neue Stufe bei der Verwirklichung einer immer engeren Union der Völker Europas dar, in der die Entscheidungen möglichst bürgernah getroffen werden".

griff der „Bürgernähe" in Art. *A II* EUV gefaßt werden sollte[213]. Allerdings spricht die nach der Reform des Maastrichter Vertrages durch den Amsterdamer Vertrag in diesem Teil unverändert gebliebene Präambel lediglich von „Bürgernähe"[214], so dass sich zunächst vermuten lässt, der Begriff „Bürgernähe" sei im wesentlichen auf das Subsidiaritätsprinzip der Union zugeschnitten. Unterstützung erhält diese Vermutung auch aus der Definition der „Subsidiarität", dem Wortsinn und der historischen Entwicklung des Begriffs „Bürgernähe".

Seine gemeinschaftsrechtliche Verankerung hat das Subsidiaritätsprinzip[215] ausdrücklich im Maastrichter Vertrag gefunden. Die Präambel sowie Art. *B II* des EUV und Art. *3 b* EGV als Kompetenzmaßstab[216] sichern das Prinzip primärrechtlich ab. Die Verbindung zu Art. *A II* EUV bildet der sowohl im einschlägigen Erwägungsgrund der Präambel als auch der in Art. *A II* EUV selbst verwendete Begriff der „Bürgernähe". Dieser Begriff wiederum umschreibt ebenfalls ein typisches Strukturmerkmal der Subsidiarität in Form des Föderalismus[217]. Diese Auslegung ergibt sich insbesondere aus der Entwicklungsge-

---

213 Gleich in der Einleitung zur 4. Erklärung des Rates von Lissabon über „Eine bürgernahe Union", eine Erklärung zur Präambel und zu Art. A II EUV: „Der Europäische Rat stimmt darin überein, daß spezifische Schritte erforderlich sind, um die Transparenz des Beschlußfassungsprozesses der Gemeinschaft zu verbessern und den Dialog mit den Bürgern Europas über den Vertrag von Maastricht und seine Durchführung zu intensivieren.", Schlußfolgerungen der Tagung der Europäischen Staats- und Regierungschefs am 26. und 27. Juni 1992 in Lissabon, in Europa Archiv 1992, Dok. 491; Auch die Erklärungen des Rates von Birmingham versuchten, den in Art. A II EUV geforderten Grundsatz von „Bürgernähe" zu bekräftigen und zu konkretisieren, in Bulletin der EG 10/1992.

214 „ENTSCHLOSSEN den Prozeß der Schaffung einer immer engeren Union der Völker Europas, in der die Entscheidungen entsprechend dem Subsidiaritätsprinzip möglichst bürgernah getroffen werden, weiterzuführen".

215 Das Subsidiaritätsprinzip stammt überwiegend aus der katholischen Soziallehre (Adonis/Jones in StWuStP 1991, S. 179; Blanke in ZG 1991, S. 134; Grimm in FAZ Nr. 217 vom 17.09.1992, S. 38; Schmidhuber in DVBl 1993, S. 417) und wird als Prinzip einer Gesellschaftsordnung verstanden, die aus verschiedenen Organisationsstufen besteht (Individuum, Familie, Berufsorganisation, Gemeinde, Kreis, Land, Staat). Davon ausgehend statuiert es einen Vorrang der selbstverantwortlichen Aufgabenwahrnehmung zugunsten der kleineren bzw. niedrigeren Organisationsstufe. Erst wenn der kleinsten Organisationseinheit die Erfüllung einer Aufgabe nicht mehr möglich ist, wird diese von der nächsthöheren Einheit übernommen. Die höheren Einheiten müssen zudem die niedrigeren Organisationseinheiten in den Stand versetzen, die Aufgaben selbstverantwortlich wahrzunehmen. Diesem Strukturprinzip wird neben der Abgrenzung zwischen Privatsphäre und öffentlicher Gewalt auch die Funktion der Aufgabenverteilung zwischen verschiedenen Ebenen der Ausübung öffentlicher Gewalt zugeordnet (Pipkorn in EuZW 1992, S. 698).

216 Das gemeinschaftsrechtliche Subsidiaritätsprinzip bildet den Unterfall des Kompetenzmaßstabes zum weiten Subsidiaritätsprinzip in der Präambel des Unionsvertrages: Pieper in DVBl 1993, S. 707 ff.

217 Lenz in NJW 1993, S. 1963.

schichte des Art. *A* EUV. In der Fassung der niederländischen Präsidentschaft war noch von einer föderalen Ausrichtung statt von Bürgernähe die Rede[218]. Wegen seiner gegenteiligen Bedeutung im anglo-amerikanischen Recht, die eher auf die Zentralebene abstellt, wurde die Formulierung „federal goal“[219] durch „bürgernah“ ersetzt[220]. Der Begriff „Bürgernähe“, aus historischer Sicht und in Verbindung mit der klassischen Definition der Subsidiarität gesehen, lehnt sich also an das föderal wirkende Subsidiaritätsprinzip an.

Stein sieht zwischen allen drei Begriffen „Subsidiarität“, „Bürgernähe“ und „Transparenz“ einen Zusammenhang. Es bestehe zwar jeweils eine unterschiedliche Bedeutung, im Wirkungsfeld aller drei Begriffe gebe es aber sehr wohl Gemeinsamkeiten und gegenseitige Bedingtheiten[221]. Die Offenheit stellt auf der einen Seite ein wichtiges Merkmal der Bürgernähe dar. Sie muß dazu führen, daß der einzelne nachvollziehen kann, wer aus welchen Gründen eine ihn ganz persönlich betreffende Regel durchgesetzt hat[222]. Wenn auf der anderen Seite aber Subsidiarität dazu führen soll, daß gemeinschaftsrechtliche Regelungen auf der jeweils unteren Ebene getroffen werden, einer Ebene, die der Bürger besser kennt, dann führt auch Subsidiarität zu mehr Bürgernähe[223]. „Bürgernähe“ stellt damit den Oberbegriff dar. Dies kann noch dadurch gestützt werden, daß der Subsidiaritätsgrundsatz der Präambel[224] weiter gefaßt ist als in seiner Verankerung in Art. *B II* EUV und *3 b* EGV[225]. Die Begründung von *Stein* zeigt aber schon ohne diese systematischen Erwägungen, die letztlich nur die Gewichtung der drei Begriffe klären sollen, daß es zumindest nicht verfehlt wäre, die Transparenz auch schon aus der Urfassung des Art. *A II* EUV mittels Entwicklungsoffenheit des Begriffes „Bürgernähe“ abzuleiten. Eine Quasi-Monopolstellung der „Subsidiarität“ auf diesen Begriff würde nämlich verkennen, daß auch schon 1992 ein eigener Artikel zugunsten dieses Prinzips bestand, der auf Art. *3 b* EGV verweist. Art. *B II* EUV verpflichtete die Union, ihre Ziele gemäß dem Subsidiaritätsprinzip zu verwirklichen. Aus dieser Tatsache läßt sich der Um-

---

218 Art. 1 des Vertragsentwurfes der niederländischen Präsidentschaft vom 24.09.1991: „Durch diesen Vertrag, der eine neue Stufe der schrittweisen Verwirklichung einer Union mit föderaler Ausrichtung darstellt, gründen die Hohen Vertragsparteien untereinander eine EUROPÄISCHE GEMEINSCHAFT“, in Weidenfeld, S. 305.

219 „...a new stage in the process leading gradually to a Union with a federal goal“.

220 Pipkorn in EuZW 1992, S. 698; Raworth in ArchVR 32 (1994), S. 26.

221 Stein in Hummer, S. 141; als Beispiel kann unter Vorgriff auf die Funktion von Transparenz und Zugangsrecht der gemeinsame Zweck von Transparenz und Subsidiarität dienen, der mangelnden Akzeptanz einer sich immer weiter entwickelnden Union entgegenzuwirken, so Pieper in DVBl 1993, S. 705.

222 Stein in Hummer, S. 141.

223 Stein in Hummer, S. 141.

224 Wo dieser mit der „Bürgernähe“ verknüpft ist.

225 Siehe Pipkorn in EuZW 1992, S. 698, der Art. B II EUV und 3 b EGV als Kompetenzbegrenzung sieht, also als Unterfall der allgemeinen Subsidiarität.

kehrschluß ziehen, daß die „Bürgernähe" in Art. *A II* EUV sich mitnichten in der Anerkennung der Subsidiarität erschöpfen sollte. Zwar kann sie hinsichtlich der Gewichtung durchaus deren Hauptbedeutung darstellen, eine ausdrückliche Erwähnung der „Bürgernähe" in Art. *A II* EUV wäre aber bei ausschließlicher Bedeutung der Subsidiarität als Bürgernähe überflüssig. Zwar kann hiergegen eingewandt werden, daß auch die Subsidiarität einmal allgemein (Präambel des EUV) und einmal als Kompetenzbegrenzung (Art. *3 b* EGV) wirkt und gerade deswegen einer besonderen Erwähnung bedurfte. Eine solch differenzierte allgemeine und spezielle Bedeutung der „Bürgernähe" gibt es aber gerade nicht. Konsequenterweise wird deshalb einhellig der Schluß gezogen, neben der Subsidiarität könne sich auch die „Transparenz" aus diesem Begriff ableiten[226].

Anerkannt ist damit, daß Art. *A II* EUV offen genug gefaßt ist, um aus dem Begriff der „Bürgernähe" ein zusätzliches Prinzip der Transparenz abzuleiten, welches auch den Dokumentenzugang erfassen würde und aufgrund seiner herausragenden systematischen Stellung im Unionsrecht ein Generalprinzip darstellen würde. Allerdings muß hinsichtlich der Kompetenz des *EuGH* zur Ableitung neuer Prinzipien Art. *L* EUV berücksichtigt werden, der diesem keine Kompetenz zur Interpretation des Art. *A II* oder der Präambel des EUV gibt[227]. Somit vermag trotz der materiellen Möglichkeit zur fundamentalen Erhöhung der Transparenz, die Art. *A II* EUV bietet, der Gerichtshof das Zugangsrecht nur aus anderen Prinzipien des Gemeinschaftsrechts, die seiner Jurisdiktion unterliegen, zu einem Generalprinzip der Union zu verdichten[228]. Aussagen über eine Erweiterung der Zuständigkeiten über Art. *M* EUV oder das Kohärenzgebot aus Art. 3

---

[226] Stein in Hummer, S. 142; so auch Calliess in Calliess, Auflage 2, Art. 1 EUV, RN 33: Bürgernähe hat auch mit Transparenz zu tun. So offen der Entscheidungsprozeß auch sein mag, bürgernah ist eine Entscheidung auch, wenn ihr Inhalt klar verständlich ist, eine übermäßige Regulierung vermeidet und dem Bürger möglichst große Freiheit beläßt; Calliess in ZUR 1996, S. 144; Hetmeier in Lenz/Hetmeier, Art. 255, RN 1: Transparenz des Beschlußverfahrens leistet auch einen Beitrag für mehr Bürgernähe in der Arbeit der Gemeinschaftsorgane; Stumpf in Schwarze, Art. 1 EUV, RN 30: In einem demokratischen System, wie es auch der EU zugrunde liegt, ist die Orientierung an den Bürgern unverzichtbar. Transparenz und Bürgernähe ergänzen sich insoweit; Thun-Hohenstein, S. 99, Transparenz ist ein wichtiger Aspekt der von der EU angestrebten Bürgernähe; Kugelmann in EuR 1996, S. 207; ebenso Bericht des Ausschusses für Recht und Bürgerrechte vom 08.12.1998, DOK A 4-0476/98: Transparenz und demokratische Kontrolle können zum Konzept der Bürgernähe führen; Kommissionsmitteilung 1, in Abl. der EG C 156/5 vom 08.06.1993: Ein verbesserter Zugang zu Dokumenten bringt die Gemeinschaft dem Bürger näher.

[227] Vgl. hinsichtlich Art. B EUV: RS C-167/94 „Strafverfahren gegen Juan Carlos Grau Gomis u.a." in Slg. I 1995, S. 1023, LS 1.

[228] Was hieße, sie lediglich aus der Demokratie, dem Rechtsstaatsprinzip oder den Grundrechten herzuleiten. Hinsichtlich der Grundrechte fehlt allerdings eine durch die Reform des Amsterdamer Vertrags eingeführte Vorschrift des Art. 46 lit. d) EUV; dazu unten, 5. Teil, B.

EGV muß aus systematischen und teleologischen Erwägungen zu Art. *L* EUV sinnvollerweise eine Absage erteilt werden[229].

II. 17. Schlußerklärung zum EUV

Deutlicher scheint die Aufforderung der Kommission in der 17. Schlußerklärung zu sein, eine bessere Zugangsmöglichkeit zu den den Organen vorliegenden Informationen mittels eines Maßnahmeberichts zu schaffen. Hier taucht zumindest erstmalig der Begriff „Transparenz" und seine Verknüpfung mit dem Informationszugang auf. Allerdings gibt es auch hier einen gewichtigen Einwand, der eine klare Verankerung der Transparenz in der 17. Schlußerklärung wieder relativiert. Wie dargestellt, wird die rechtliche Qualifizierung von Zusatzbestimmungen in Art. 311 EGV geregelt[230]. Ausdrücklich werden nur die dem EGV beigefügten Protokolle zu dessen Bestandteil erklärt[231]. Die der Schlußakte beigefügten Erklärungen sind dagegen mangels besonderer Anordnung nicht Bestandteil des EGV und lediglich bei dessen Auslegung zu berücksichtigen[232].

Unterstützung findet diese Sichtweise auch durch eine Betrachtung des Sekundärrechts. Zwar genießen die Protokollerklärungen zu Rechtsakten der Gemeinschaftsorgane eine hohe praktische Relevanz[233]. Aufgrund des numerus clausus in Art. *189* EGV wird diesen jedoch keine Rechtsaktsqualität beigemessen[234]. Sie dienen der Auslegung des betreffenden Rechtsaktes, dem sie jeweils zuzuordnen sind[235].

Gleiches muß auf Primärebene gelten. Somit kann die 17. Schlußerklärung nur bestätigend zu einem primärrechtlich verankerten Gebot des Dokumentenzugangs herangezogen werden. Aus sich selbst heraus eine Rechtspflicht zur Verstärkung der Transparenzregeln herzuleiten, stünde damit von vornherein unter dem Einwand der Unverbindlichkeit der Rechtsgrundlage. Von einer konstitutiven Herleitung ist daher abzuraten.

III. Zusammenfassung

Unter Zusammenschau der lediglichen Entwicklungsoffenheit der „Bürgernähe" hinsichtlich der Transparenz in materieller Hinsicht gem. Art. *A II* EUV und de-

---

229 So auch Kugelmann in EuR Beiheft 2/1998, S. 117; Pache in Grabitz/Hilf, Art. L RN 23; a.A. Pechstein/Koenig, RN 112; Pechstein in EuR 1999, S. 3 ff.

230 Vgl. oben 2. Teil, A.:, I.

231 Geiger, Art. 311, RN 2; Smit/Herzog, Bd. 6, Art. 239, 6-352, 239.04.

232 Geiger, Art. 311, RN 4.

233 Vergleiche hierzu Pechstein in EuR 1990, S. 249 ff.

234 Siehe spezielle zu den Protokollerklärungen des Rates oben 2. Teil, B.:, III., 2., a).

235 Pechstein in EuR 1990, S. 267 f.

ren Verschlossenheit hinsichtlich der Interpretationsbefugnis einerseits und der Erwähnung als bloße politische Verpflichtung in der 17. Schlußerklärung andererseits, stellen sich beide primärrechtlichen Ansätze jeweils als zu schwach dar, das Transparenzprinzip der Union primärrechtlich anzuerkennen. Die primärrechtlichen Anknüpfungspunkte der Prä-Amsterdam-Ära sind damit für sich genommen nicht ausreichend, um ein Generalprinzip des Dokumentenzugangs zu begründen.

B.: DISKUSSION UM DIE AUSDRÜCKLICHE ANERKENNUNG EINES GENERALPRINZIPS DES DOKUMENTENZUGANGS DURCH DIE RECHTSPRECHUNG

I. Anknüpfungspunkte in der Rechtsprechung

1. Sichtweise des Generalanwalts in der Rechtssache *„Niederlande/Rat“*

Neben der Anerkennung als Grundrecht lassen die Schlußanträge des Generalanwalts *Tesauro* eine starke Bezugnahme der Transparenz zum Demokratiegedanken erkennen. Aus dieser ließ sich für ihn ein allgemeines Generalprinzip konstruieren. Der Generalanwalt differenzierte allerdings nicht zwischen allgemeinem Rechtsgrundsatz und allgemeinem Gemeinschaftsgrundsatz. Daß die Öffentlichkeit Teil des demokratischen Systems ist, ergab sich für ihn ohne jeden Zweifel aus einem Vergleich der Rechtsordnungen der Mitgliedstaaten und Art. 10 EMRK[236]. Als Beispiel für diese starke Zuordnung führte er die Anwendung von Teilen der Wettbewerbsvorschriften an, die Ausdruck des rechtlichen Gehörs seien. Im Ergebnis betrachtete er das Transparenzprinzip als tragenden Pfeiler des Demokratiegedankens bereits vor Erlaß des Ratsbeschlusses und der Änderung der GO Rat aufgrund wertender Rechtsvergleichung und der Gemeinschaftsgrundrechte rezipiert aus Art. 10 EMRK[237]. Eine Versagung des Zugangsrechts auch unter vollständiger Beachtung der von ihm selbst festgelegten Regeln wäre damit auch dann rechtswidrig, wenn sie auf eine Negierung des Inhalts des Informationsrechts hinausliefe[238].

2. Sichtweise des Generalanwalts in der Rechtssache *„Rat/Hautala“*

Diesen Schlußanträgen zustimmend, konkretisierte Generalanwalt *Léger* in seinen Anträgen die Ausführungen *Tesauros*. Statt auf den Demokratiegrundsatz legte er allerdings den Schwerpunkt seiner Herleitung auf die Grundrechte. In der Rechtsmittelsache *„Hautala“*, in der der Rat die Verpflichtung des *EuG*, Teilzugang zu Dokumenten zu gewähren, angriff, vertrat der Generalanwalt die Auffassung, Art. 42 GR-Charta beinhalte das Potential eines Generalprinzips[239]. Zwar bezieht sich die GR-Charta auf die Rechtslage nach Verabschiedung des

---

236 Schlußanträge des Generalanwalts Tesauro in RS C-58/94 „Niederlande/Rat“ in Slg. I 1996, S. 2180.

237 Schlußanträge des Generalanwalts Tesauro in RS C-58/94 „Niederlande/Rat“ in Slg. I 1996, S. 2182, 2183.

238 Schlußanträge des Generalanwalts Tesauro in RS C-58/94 „Niederlande/Rat“ in Slg. I 1996, S. 2183 unter Hinweis auf RS „Carvel“.

239 Schlußanträge des Generalanwalts Léger in RS C-353/99 P „Rat/Hautala“ in Slg. I 2001, S. 9585.

Amsterdamer Vertrages. Da sich das angefochtene Urteil des *EuG* jedoch auf den Ratsbeschluß 93/731 der Prä-Amsterdam-Dekade stützt, stellt Art. 42 GR-Charta den vorläufigen Höhepunkt einer rechtlichen Entwicklung dar, die sich für *Léger* lediglich deklaratorisch auswirkt[240]. Er erkennt die unklaren Aussagen des *EGMR* zu Art. 10 EMRK an, sowie die Tatsache, daß Art. 19 IPBR keine eindeutige Auslegung erfährt[241]. Allerdings zog er zur Begründung rechtsvergleichende Untersuchungen mit dem Ergebnis heran, bereits in 13 von 15 Mitgliedstaaten sei das Zugangsrecht trotz heterogener verfassungsrechtlicher Lage, mehr oder weniger grundrechtlich anerkannt[242]. Beide Ansätze zur Bildung eines allgemeinen Grundsatzes führt *Léger* damit zusammen. Er nutzt die Verfassungsüberlieferungen der Mitgliedstaaten, um aus ihnen ein gemeinschaftseigenes Grundrecht des Dokumentenzugangs für Art. 42 GR-Charta zu entwikkeln[243]. Da der konstitutionelle Charakter des Zugangsrechts für ihn bereits schon vorher bestand, kommt Art. 255 EGV damit ebenfalls deklaratorische Wirkung zu[244]. Bei einer Einkleidung in die Differenzierung der Rechtsgrundsätze kann daher der Schluß gezogen werden, daß *Léger* von einem bestehenden allgemeinen Rechtsgrundsatz ausgeht, der mit Einführung der Charta zu einem allgemeinen Grundsatz des Gemeinschaftsrechts ergänzt und in Art. 42 GR-Charta verankert wurde.

3. Urteilsgründe des Gerichtshofs hinsichtlich der Anerkennung eines Generalprinzips

Wesentlich vorsichtiger äußerte sich der Gerichtshof zum Dokumentenzugangsrecht als tragendem Generalprinzip. Die Kläger versuchten verschiedentlich auf eine Verletzung des Fundamentalprinzips der Transparenz innerhalb des Gemeinschaftsrechts durch die Versagung des Dokumentenzugangs hinzuweisen[245].

---

240 Schlußanträge des Generalanwalts Léger in RS C-353/99 P „Rat/Hautala" in Slg. I 2001, S. 9585.

241 Schlußanträge des Generalanwalts Léger in RS C-353/99 P „Rat/Hautala" in Slg. 2001, S. 9581.

242 Schlußanträge des Generalanwalts Léger in RS C-353/99 P „Rat/Hautala" in Slg. 2001, S. 9580.

243 Schlußanträge des Generalanwalts Léger in RS C-353/99 P „Rat/Hautala" in Slg. 2001, S. 9586.

244 Schlußanträge des Generalanwalts Léger in RS C-353/99 P „Rat/Hautala" in Slg. 2001, S. 9585; zur Frage der vorherigen Existenz als Allgemeiner Rechtsgrundsatz, s.u., 3. Teil, B., III.

245 Siehe RS T-194/94 „Carvel/Rat" in Slg. II 1995, S. 2781: Verstoß gegen den tragenden Grundsatz des Gemeinschaftsrechts, der den Zugang zu Dokumenten der Organe der EU gewährleistet, sowie Verstoß gegen den Grundsatz des Vertrauensschutzes; RS C-58/94 „Niederlande/Rat" in Slg. I 1996, S. 2196: andeutungsweise das Vorbringen des Klägers: wenn mit dem Ratsbeschluß Rechte des einzelnen begründet werden sollen, könnten diese nicht auf der Grundlage interner Vorschriften erlassen werden; Vorbringen des Parla-

In der Rechtssache *„Carvel"* sieht das *EuG* im Ratsbeschluß die letzte von drei Maßnahmen, die Bestimmungen zur Verwirklichung des Transparenzprinzips enthalten, verwirklicht. Von diesen Maßnahmen ist sie die einzige mit Normcharakter[246]. Auch in der Rechtssache *„Niederlande/Rat"* stellte der *EuGH* lediglich fest, daß der Rat es für erforderlich gehalten hat, entsprechend einer Entwicklung, die eine immer stärkere Betonung des Rechts des einzelnen auf Zugang zu den Dokumenten erkennen läßt, die Regelung seiner internen Organisation, die bisher auf dem Geheimhaltungsgrundsatz beruhte, zu ändern. Eine Kompetenz der Organe für dieses Vorgehen entwickelte der *EuGH* anhand der „Solange-Formel"[247]. Der *EuGH* verweist in diesem Zusammenhang auf den Wortlaut der 17. Schlußerklärung, wo das Zugangsrecht mit dem demokratischen Charakter der Organe verknüpft wird[248]. Die Rechtssache *„WWF"* stellte klar, daß auch bei selbst auferlegten Verpflichtungen das vom Gerichtshof entwickelte Regel-/Ausnahmeverhältnis gelten müsse, was bedeute, daß die Ausnahmen nicht die Verwirklichung des Ziels der Transparenz vereiteln dürfen[249]. Die Begründungen der darauf folgenden Urteile zeichnen sich dagegen mehr oder weniger durch eine Nichtberücksichtigung der geltend gemachten Verletzung des Fundamentalprinzips aus. In der Rechtssache *„Interporc"* vermied es das *EuG* ganz, auf die aus Sicht der Parteien offene Frage der rechtlichen Bedeutung des Zugangs einzugehen[250]. Auch die Geltendmachung der Verletzung des fundamentalen Grundsatzes der Transparenz wurde vom *EuG* in der Rechtssache *„Carlsen"* unberücksichtigt gelassen[251]. In der *„Gerard van der Wal"* - Entscheidung nahm das *EuG* die Geltendmachung der Verletzung der Kontrollierbarkeit der Verwaltung und der klassischen Gewaltenteilung lediglich dergestalt auf, daß der Klä-

---

ments als Streithelfer, S. 2193: Transparenz sei ein grundlegendes Merkmal einer demokratischen Ordnung; RS T-610/97 R „Carlsen/Rat" in Slg. II 1998, S. 495: Kläger beruft sich explizit auf einen Verstoß gegen den fundamentalen Grundsatz der Transparenz; RS T-83/96 „van der Wal/Kommission" in Slg. II 1998, S. 560: es widerspreche der Tradition der Öffentlichkeit und Kontrollierbarkeit der Verwaltung sowie der klassischen Gewaltenteilung, daß derartige Mitteilungen der Verwaltung an die Justiz nicht öffentlich zugänglich seien; RS T-309/97 „Bavarian Lager/Kommission" in Slg. II 1999, S. 3230, RN 27: Transparenz sei Selbstzweck.

246 RS T-194/94 „Carvel/Rat" in Slg. II 1995, S. 2788.

247 RS C-58/94 „Niederlande/Rat" in Slg. I 1996, S. 2198: Solange der Gemeinschaftsgesetzgeber keine allgemeine Regel über das Recht der Öffentlichkeit auf Zugang zu den Dokumenten erlassen hat, müssen die Organe diese Maßnahmen, die die Behandlung darauf gerichteter Anträge betreffen, aufgrund ihrer internen Organisationsgewalt erlassen.

248 RS C-58/94 „Niederlande/Rat" in Slg. I 1996, S. 2189, ein näheres Eingehen auf die Präambel, Art. A II oder die 17. Schlußerklärung ist dem EuGH aber aufgrund Art. 46 EUV verwehrt.

249 RS T-105/95 „WWF/Kommission" in Slg. II 1997, S. 343.

250 RS T-124/96 „Interporc/Kommission" in Slg. II 1998, S. 247 ff.

251 RS T-610/97 R „Carlsen/Rat" in Slg. II 1998, S. 502 ff.

ger nicht dargelegt habe, weshalb diese Grundsätze nicht eingehalten seien[252]. Auch die gegen dieses Urteil eingelegten Rechtsmittel brachten hinsichtlich dieser Frage keine Konkretisierungen[253]. Erst in den Rechtssachen *„Svenska"* und *„Bavarian Lager"* griff das *EuG* wieder den demokratischen Charakter der Organe auf, deren Stärkung Sinn und Zweck der Organbeschlüsse darstellten[254]. In der Rechtssache *„Hautala"* ging das *EuG* dann noch einen Schritt weiter, indem es auch die Ausführungen des Generalanwalts *Tesauro* zur demokratischen Verknüpfung und das Verhältnismäßigkeitsprinzip in die Urteilsgründe einbezog[255]. Art. 4 I 93/731 müsse im Lichte des Informationszugangsprinzips und der Verhältnismäßigkeit interpretiert werden[256]. Diese Gründe bestätigt das Gericht auch in seiner Entscheidung *„Kuijer II"*, in der es gleichfalls um den Teilzugang zu Dokumenten geht, die mit der Tätigkeit des Informations-, Reflexions- und Austauschzentrums für Asylfragen (CIREA) in Zusammenhang stehen und dem Kläger unter Hinweis auf die internationalen Beziehungen vom Rat einheitlich versagt wurden[257]. Im Urteil *„Interporc II"* findet sich dagegen lediglich der Hinweis auf den Wortlaut der 17. Schlußerklärung sowie die Anerkennung der Bedeutung der Transparenz für eine tatsächliche und wirksame Machtkontrolle durch die Bürger und somit einer Stärkung des Vertrauens[258]. Und obwohl der Kläger statt einer Verletzung des tragenden Grundsatzes des Gemeinschaftsrechts lediglich eine solche des Grundsatzes des Kodex geltend machte, entwikkelte das *EuG* die „Solange-Formel" des Urteils *„Niederlande/Rat"* fort, zuungunsten der Existenz eines Generalprinzips. Es übertrug deren wesentliche Aussage auf die Urheberregel des Kommissionsbeschlusses: *„Solange es keinen höherrangigen Rechtsgrundsatz gibt, nach dem die Kommission nicht befugt ist, in dem Beschluß 94/90 Dokumente, deren Urheber sie nicht ist, vom Geltungsbereich des Verhaltenskodex auszunehmen, kann die Urheberregel angewandt werden. Daran ändert auch die Tatsache nichts, daß der Beschluß 94/90 auf allgemeine politische Erklärungen Bezug nimmt, nämlich die Erklärung Nr. 17 und auf mehreren Tagungen des Europäischen Rates getroffene Schlußfolgerungen, da diesen Erklärungen nicht die Bedeutung eines höherrangigen Rechtsgrundsatzes zukommt"*[259]. Diese Ablehnung des höherrangigen Grundsatzes griff der Gerichtshof, jeweils anhand der Urheberregel, in den Urteilen *„JT's Corpo-*

---

252 RS T-83/96 „van der Wal/Kommission" in Slg. II 1998, S. 567.

253 Verb. RS C-174/98 P, C-189/98 P „van der Wal/Kommission" in Slg. I 2000, S. 61, RN 14 ff.

254 RS T-174/95 „Svenska/Rat" in Slg. II 1998, S. 2312; RS T-309/97 „Bavarian Lager/Kommission" in Slg. II 1999, S. 3221, RN 1.

255 RS T-14/98 „Hautala/Rat" in Slg. II 1999, S. 2500, RN 19.

256 RS T-14/98 „Hautala/Rat" in Slg. II 1999, S. 2515, RN 87.

257 RS T-211/00 „Kuijer/Rat" in Slg. II 2002, S. 507 ff.

258 RS T-92/98 „Interporc/Kommission" in Slg. II 1999, S. 3541, RN 39.

259 RS T-92/98 „Interporc/Kommission" in Slg. II 1999, S. 3548, RN 66.

ration" und „*Petrie*" bestätigend auf[260]. In der Rechtsmittelentscheidung „*Hautala*" ließ der Gerichtshof aufgrund der bereits durch Art. 4 I 93/731 vorgegeben Pflicht, Teilzugang zu Ratsdokumenten zu gewähren, die Frage des Bestehens eines Grundsatzes der Information ausdrücklich offen[261]. Der *EuGH* bestätigte die Erwägungen des Gerichts erster Instanz. Die Pflicht, Teilzugang zu gewähren, ergebe sich aus dem Grundsatz des Informationsrechts und des Verhältnismäßigkeitsgrundsatzes, denn diese wirken auch innerhalb des Organbeschlusses 93/731. Da der Rat eine Prüfung der Teilzugangsvoraussetzungen nicht einmal in Betracht gezogen hat, müsse der Gerichtshof zur offenen Frage, ob es einen Grundsatz des Rechts auf Information gebe, keine Stellung beziehen[262].

II. Interpretation der Rechtsprechung durch die Literatur

Das Fehlen eines ausdrücklichen Bekenntnisses des Gerichtshofs zur Existenz eines solchen Grundsatzes gab Anlaß zu kontroverser Diskussion in der Literatur.

Die Anhänger eines wie auch immer zu qualifizierenden Generalprinzips des Informationszugangs ziehen im wesentlichen die ersten Transparenzurteile zur Begründung heran[263]. Daß das *EuG* den Beschluß 93/731 nicht, so wie vom Rat gefordert, an Art. 5 I GO Rat von 2000 maß, sondern vielmehr auf die bloß innerorganschaftliche Verbindlichkeit verwies, während der Beschluß 93/731 eine mit Normcharakter versehene Regelung mit Außenwirkung darstelle, könne nur legitim sein, wenn die Auslegung von Art. 5 II GO Rat von 2000 an einem höherrangigen Rechtsprinzip vorgenommen werde. Anbieten würde sich hier das Zugangsrecht zu Dokumenten als tragender Grundsatz des Gemeinschaftsrechts[264]. Gleichwohl fehle eine positive Aussage des *EuG* hierzu[265]. Hinsichtlich der Argumentation über die Rechtsgrundlage der Organbeschlüsse schien der Gerichtshof die Argumentation der Kläger zu drehen, indem er daraus ein allgemeines Prinzip zu machen schien[266]. Aber auch hier fehle eine positive Aussa-

---

260 RS T-123/99 „JT's Corporation Ltd./Kommission" in Slg. II 2000, S. 3293; RS T-191/99 „Petrie/Kommission" in Slg. II 2001, S. 3701.

261 RS C-353/99 P „Rat/Hautala" in Slg. I 2001, S. 9616.

262 RS C-353/99 P „Rat/Hautala" in Slg. I 2001, S. 9616.

263 RS T-194/94 „Carvel/Rat" in Slg. II 1995, S. 2765 ff.; RS C-58/94 „Niederlande/Rat" in Slg. I 1996, S. 2186 ff.; RS T-105/95 „WWF/Kommission" in Slg. II 1997, S. 315 ff.

264 So Sobotta in EuZW 1996, S. 157 bezüglich der RS „Carvel"; ebenso de Leeuw in EPL 1997, S. 348 in Zusammenschau mit der RS T-105/95 „WWF/Kommission" in Slg. II 1997, S. 313 ff.

265 Chiti in CMLR 1998, S. 200 ff.; de Leeuw in EPL 1997, S. 348, generalisierend Curtin in CMLR 2000, S. 12-13.

266 Bergerès in Recueil Dalloz 1997, S. 20; so auch Armstrong in Modern Law Review 1996, S. 585; Berrod, Jacob, de Smijter in Revue du marché unique européen, 1996, S. 257; La-

ge hinsichtlich der Natur des Zugangsrechts[267], was teilweise auf das lediglich Klagebegehren hinsichtlich der Rechtsgrundlage statt einer Verletzung fundamentalen Rechts gestützt wurde[268]. In Fortsetzung dieser Rechtsprechungslinie erkannte das *EuG* in der Entscheidung „*WWF*" das Regel-/Ausnahmeverhältnis für den Kommissionsbeschluß an. Es habe damit einen weiteren Schritt in Richtung der Verstärkung des Transparenzprinzips von einer politischen Absichtserklärung zu einem Rechtsanspruch gemacht. Die Bemühungen der Kommission, aus dem Beschluß 94/90 lediglich ein Recht auf Behandlung der Anträge der Bürger auf Zugang abzuleiten, statt eines absoluten Rechts oder Grundrechts, seien mit dem Urteil „*WWF*" gescheitert[269]. Die Anerkennung eines allgemeinen Grundsatzes des Zugangs aus dem Kodex reiche vielmehr aus, ein Generalprinzip der Gemeinschaft zu konstruieren[270]. Anerkannt wird aber gleichwohl auch hier, daß das Gericht es vermieden hat, über die rechtliche Qualifikation dieses Rechts weitere Ausführungen zu machen[271].

Die Ansichten, die den Andeutungen des *EuG* und des *EuGH* die Existenz eines allgemeinen Rechtsgrundsatzes oder eines allgemeinen Grundsatzes des Gemeinschaftsrechts entnehmen wollen, können sich somit alle nicht der Tatsache verschließen, daß weder der *EuGH* noch das *EuG* in den drei ersten Urteilen eine positive Aussage über das Bestehen eines derartigen Grundsatzes des Informationszugangs getroffen haben. Verschiedentlich wird darauf abgestellt, daß das Schweigen des *EuGH* die Position des Generalanwalts in der Rechtssache „*Niederlande/Rat*" stütze und lediglich ein Desinteresse an der Materie oder einen lediglichen Begründungsmangel als eine Negierung des Informationszugangsprinzips darstelle[272].

Den überwiegenden Stimmen der Literatur reicht ein Schweigen des Gerichtshofs aber nicht aus, um hieraus ein tragendes Generalprinzip des Gemeinschaftsrechts zu konstruieren[273]. Auf der Basis des bislang existierenden Fall-

---

Lafay in RTDE 1997, S. 49; Öberg in eiop 1998 in http://eiop.or.at/eiop/texte/1998-008.htm, Referenz vom 26.01.02, S. 3 ff., wenngleich diese Autoren eine, im Vergleich zum Generalanwalt mangelnde, Deutlichkeit vermissen lassen; ohne Begründung Twomey in CMLR 1996, S. 841.

267 Chiti in CMLR 1998, S. 202; Chiti in EPL 1996, S. 567 unter Begründung der unklaren Geltendmachung durch den Klägerstaat; de Leeuw in EPL 1997, S. 348.

268 So O'Neill in EPL 1998, S. 412.

269 Furrer in ZUR 1997, S. 153; genau den gegenteiligen Schluß zieht O'Neill in EPL 1998, S. 416, wo er auf das Klagebegehren abstellt, welches nicht die Verletzung eines Fundamentalrechtes beinhaltet, somit das EuG hierauf auch nicht eingehen mußte und auch nicht tat. Ebenso de Leuuw in EPL 1997, S. 345 anhand der Aussagen des EuG.

270 Chiti in CMLR 1998, S. 203.

271 Furrer in ZUR 1997, S. 154.

272 Vgl. bei Chiti in EPL 1996, S. 569; Öberg in eiop 1998 in http://eiop.or.at/eiop/texte/1998-008.htm, Referenz vom 26.01.2002, S. 6.

273 Blanchet in RTDE 1997, S. 918; O'Neill in EPL 1998, S. 416; bereits unter Bezugnahme auf Art. 1 II EUV Amsterdam: Guggenbühl in Deckmyn/Thomson, S. 10; kritisch aber

rechts könne man nur folgern, daß die Materie noch nicht explizit als fundamental konstitutionelles Prinzip oder gar Grundrecht der Bürger anerkannt sei. Die Schlußfolgerung aus den Urteilen, unter Einbeziehung der Geltendmachung der Verletzung tragender Gemeinschaftsprinzipien, könne daher allenfalls in der Anerkennung einer langsamen Entwicklung des generellen Zugangsrechts hin zu einem fundamentalen Verfahrensrecht der Bürger im Gemeinschaftsrecht bestehen[274].

III. Stellungnahme

Teilweise unter Heranziehung der gleichen Urteilsgründe kommen die Literaturansichten zu drei unterschiedlichen Sichtweisen. (1) die Anerkennung eines Fundamentalgrundsatzes des Gemeinschaftsrechts durch den Gerichtshof bzw. das Gericht erster Instanz; (2) die Ablehnung eines solchen Grundsatzes aufgrund Schweigens des Gerichtshofs; (3) die Anerkennung einer Entwicklungslinie, die ihren Ursprung in einer Selbstverpflichtung verschiedener Organe hatte und deren Finalität künftig ein allgemeiner Grundsatz darstellen soll.

Alle drei Begründungen lassen allerdings eine sorgfältige Differenzierung innerhalb des passiven Zugangsrechts zwischen verfahrensabhängigen und allgemeinen Zugangsrechten sowie teilweise den erforderlichen Kontext der zitierten Urteilsgründe vermissen.

Zunächst ist den kompromißlosen Befürwortern eines allgemeinen Grundsatzes aufgrund Schweigens des Gerichtshofs eine Absage zu erteilen. Trotz der oft marginalen Ausdrucksweise des Gerichtshofs zu wichtigen Rechtsfragen lassen sich bezüglich der Existenz von allgemeinen Grundprinzipien stets eindeutige Aussagen des *EuGH* finden[275]. Daß eine diesbezügliche konstituierende Aussage des Gerichtshofs fehlt, wird aber auch von den Befürwortern eines Rechtsgrundsatzes nicht in Abrede gestellt. Eine Bezugnahme auf die Aussagen des Generalanwalts kann rechtsdogmatisch keinesfalls ausreichend sein, um ein Fundamentalprinzip zu kreieren. In diesem Zusammenhang ist unterstützend auf einen systematischen Bruch in der Argumentation des Generalanwalts in der Rechtssache *„Niederlande/Rat"* hinzuweisen. Während *Tesauro* versucht, einen tragenden Grundsatz des voraussetzungslosen Zugangsrechts herzuleiten, bemüht er argumentativ die Anwendung der Wettbewerbsvorschriften als Teil des recht-

---

letztlich aufgrund der RS „Carvel" wohl bejahend, de Leeuw in EPL 1997, S. 349; Sobotta, S. 282, 315; offengelassen hinsichtlich der Qualifizierung als Grundrecht: Castenholz in EWS 2001, S. 531.

274 So Curtin in CMLR 2000, S. 14, Curtin in Deckmyn/Thomson, S. 112; Umkehrschluß aus Curtin in Winter/Curtin/Kellermann/Witte, S. 114 ff.; wohl auch Furrer in ZUR 1997, S. 153 f.

275 Siehe hier insbesondere die Rechtsprechung hinsichtlich der Grundrechte bei Beutler/Bieber/Pipkorn/Streil, RN 659 ff.

lichen Gehörs[276]. Hier werden aber das voraussetzungslose und das verfahrensabhängige Informationszugangsrecht miteinander verwoben und damit letztlich nur ein Teilaspekt des Zugangsrechts herausgegriffen, so daß dieses Argument für die Herleitung eines übergreifenden allgemeinen Rechtsgrundsatzes nur noch bedingt tauglich ist.

Neben der systematisch undifferenzierten Herleitung muß weiterhin auf einen von den Befürwortern ungenügend berücksichtigten Kontext hingewiesen werden. Eine Annäherung an die *EuG*-Rechtsprechung hinsichtlich des allgemeinen Rechtsgrundsatzes oder des allgemeinen Grundsatzes des Gemeinschaftsrechts kann vernünftigerweise nur gefunden werden, wenn zwischen allgemeinem Grundsatz innerhalb des Kodex und allgemeinem Grundsatz im Bereich des gesamten Gemeinschaftsrechts unterschieden wird. So sah z.B. *Chiti* in der Aussage des *EuG* hinsichtlich des allgemeinen Grundsatzes des Organbeschlusses die Anerkennung eines Generalprinzips[277]. Unberücksichtigt bleibt von ihm aber, daß das Gericht in diesen Erwägungen lediglich die Geltung des allgemeinen Grundsatzes innerhalb des Regelungsbereichs des Kommissionsbeschlusses festlegte. Die Einbeziehung des Regel-/Ausnahmeverhältnisses in die Geschäftsordnungserweiterungen der Organe mit Außenwirkung kann aber keinesfalls gleichgesetzt werden mit der Existenz eines tragenden Prinzips des Gemeinschaftsrechts. Unter Einbeziehung des Kontextes der Urteilsgründe ist dies vom *EuG* auch keinesfalls so gemeint. Insgesamt vermögen somit weder die Argumente des Generalanwalts noch die Interpretationen in der Literatur die Ansicht zu tragen, die Urteilsgründe der Gemeinschaftsrechtsprechung hätten die Existenz eines allgemeinen Rechtsgrundsatzes oder eines allgemeinen Grundsatzes des Gemeinschaftsrechts des voraussetzungslosen Informationszugangs anerkannt.

Somit bleibt nach dem Meinungsstand der Literatur nur eine Negierung eines Generalprinzips oder die Anerkennung einer schrittweisen Entwicklung hin zu einem Fundamentalprinzip durch den Gerichtshof. Zur Klärung dieser Frage sind die beiden Urteile zu berücksichtigen, deren Gegensätzlichkeit bisher erstaunlich unbeachtet blieb[278]. Die Rechtssache *„Hautala"* diente *Curtin* noch als Beweis für eine schrittweise Entwicklung hin zu einem Fundamentalprinzip, das aber mangels ausdrücklicher Anerkennung noch nicht ausgereift sei. Tatsächlich näherte sich das *EuG* im Urteil *„Hautala"* dem allgemeinen Grundsatz sprachlich schon sehr weit an[279]. Zwar ist zu berücksichtigen, daß das *EuG* zur Herlei-

---

276 Siehe oben, I., 1.

277 Chiti in CMLR 1998, S. 203; so auch Sobotta in EuZW 1996, S. 157.

278 Ansätze dazu nur bei Sobotta, S. 319.

279 Curtin in CMLR 2000, S. 12: hier scheint das EuG auf das Prinzip des Informationszugangs zu verweisen (gemeint sind offensichtlich die Organbeschlüsse) in einer Art und Weise, die ein solches Prinzip mittels fundamentaler Wortwahl und Verweis auf den demokratischen Ursprung zu indizieren scheint.

tung des Teilzugangsrechts auf den Verhältnismäßigkeitsgrundsatz abstellt[280], was bei der Anerkennung eines Generalprinzips des Dokumentenzugangs wohl entbehrlich wäre. Des weiteren gilt es wieder den Kontext zu berücksichtigen. Das Verhältnismäßigkeitsprinzip ist ausdrücklich lediglich in das Regel-/Ausnahmeprinzip des in sich geschlossenen Systems des Ratsbeschlusses 93/731 einbezogen worden[281]. Deutlicher ist jedoch der Hinweis, *„Art. 4 I des 93/731 Beschlusses müsse im Lichte des Informationszugangsprinzips (...) interpretiert werden"*, welches diesen Grundsatz auf eine Ebene mit dem Verhältnismäßigkeitsgrundsatz stellt[282]. In der Tat lassen die Wortwahl und der Kontext letztlich kaum einen anderen Schluß zu, als die Anerkennung eines außerhalb des Ratsbeschlusses stehenden Fundamentalgrundsatzes des voraussetzungslosen (Informations-) Zugangsrechts. Allerdings kann auch hier wiederum eingewandt werden, daß mit „Informationszugangsprinzip" lediglich das binnenrechtliche Prinzip aus Art. 1 93/731zur Interpretation gemeint ist[283]. Dafür spricht insbesondere, daß das *EuG* von den drei geltend gemachten Klagegründen nur über den ersten entschieden hat. Das Recht auf Teilzugang wurde ausschließlich aus dem Ratsbeschluß entwickelt, unter Zuhilfenahme des Verhältnismäßigkeitsgrundsatzes[284]. Die von der Klägerin geltend gemachte Verletzung des möglichst umfassenden und vollständigen Zugangs der EU-Bürger zu den Gemeinschaftsdokumenten brauchte das Gericht daher explizit nicht mehr zu entscheiden[285]. Dennoch muß kontext- und wortwahlbedingt in dieser Aussage des *EuG* der weitgehendste Näherungspunkt an die Anerkennung eines tragenden Grundsatzes des voraussetzungslosen Dokumentenzugangsprinzips gesehen werden, zumal diese Urteilsgründe auch in der Entscheidung *„Kuijer II"* bestätigt wurden[286]. Die Aussagen des *EuG* in der Rechtssache *„Interporc II"* lassen demgegenüber allerdings den Schluß auf einen Rückschritt zu. Wie bereits gesehen, bediente sich das *EuG* hier der „Solange-Formel" der *„Niederlande/Rat"*-Entscheidung mittels Anwendung auf die Urheberregel[287]. Der ausdrückliche

---

280 RS T-14/98 „Hautala/Rat" in Slg. II 1999, S. 2515, RN 87.

281 RS T-14/98 „Hautala/Rat" in Slg. II 1999, S. 2515, RN 85 ff.

282 RS T-14/98 „Hautala/Rat" in Slg. II 1999, S. 2515, RN 87.

283 Sobotta sieht in der anschließenden Bezugnahme auf den allgemeinen Verhältnismäßigkeitsgrundsatz ein Indiz für diese Auslegung, S. 320.

284 RS T-14/98 „Hautala/Rat" in Slg. II 1999, S. 2512, RN 65 ff.

285 RS T-14/98 „Hautala/Rat" in Slg. II 1999, S. 2515, RN 89.

286 RS T-211/00 „Kuijer/Rat" in Slg. II 2002, S. 508.

287 Vgl. oben: „Solange es keinen höherrangigen Rechtsgrundsatz gibt, nach dem die Kommission nicht befugt ist, in dem Beschluß 94/90 Dokumente, deren Urheber sie nicht ist, vom Geltungsbereich des Verhaltenskodex auszunehmen, kann die Urheberregel angewandt werden. Daran ändert auch die Tatsache nichts, daß der Beschluß 94/90 auf allgemeine politische Erklärungen Bezug nimmt, nämlich die Erklärung Nr. 17 und auf mehreren Tagungen des Europäischen Rates getroffene Schlußfolgerungen, da diesen Erklärungen nicht die Bedeutung eines höherrangigen Rechtsgrundsatzes zukommt."

Hinweis auf den fehlenden Grundsatzcharakter der 17. Schlußerklärung sowie auf die Erklärungen der Europäischen Räte kann nur als Absage einer Konkretisierung eines im Gemeinschaftsrecht implizierten allgemeinen Grundsatzes gelesen werden. Somit erfährt die Auffassung einer schrittweisen Entwicklung eines solchen Informationszugangsprinzips mit diesen Erwägungen einen empfindlichen Rückschritt, da hier der zeitlichen Entwicklung der Urteilsgründe mit dem bis dahin weitgehendsten Näherungspunkt im Urteil „*Hautala*" ein wesentlich restriktiver geprägtes Urteil folgte.

Verdeutlicht hat der Gerichtshof diese Dilemma in der Rechtsmittelentscheidung zum Urteil „*Hautala*". Er folgt, statt der schrittweisen Anerkennung oder der Negierung, der Alternative des expliziten Offenlassens dieser Frage[288]. Daraus kann aber keinesfalls die Anerkennung des Bestehens eines Generalprinzips des Dokumentenzugangs, gleichrangig dem Verhältnismäßigkeitsgrundsatz, geschlossen werden. Die Ausführungen des Gerichtshofs sind in der Bestätigung der Rechtssache „*Hautala*" in dieser Hinsicht zu eindeutig.

Bis auf die Andeutung des Grundsatzes der Information in den Urteilen „*Hautala*" und „*Kuijer II*", die insoweit von der Rechtsmittelinstanz „*Hautala*" eher zu Lasten der Anerkennung eines höherrangigen Grundsatzes bestätigt wurden, ist damit vom Gerichtshof keine positive Aussage zur Existenz eines überstrahlenden Informationszugangsprinzips getroffen worden. Selbst wenn man die dortigen Erwägungen als schrittweise Entwicklung hin zu einem solchen Grundsatz sehen will, muß unter Einbeziehung der „*Interporc II*"-Entscheidung ein Bruch in eben dieser Entwicklung konstatiert werden. Die Erwähnung in der ursprünglichen Rechtssache „*Hautala*" kann daher allenfalls als Indiz für die Existenz einer schrittweisen Entwicklung des Zugangsrechtsprinzips gesehen werden, die vom Gerichtshof aber noch nicht durch die ausdrückliche Anerkennung eines allgemeinen Rechtsgrundsatzes oder eines gemeinschaftsimmanenten Grundsatzes abgeschlossen ist.

IV. Ergebnis

Hinsichtlich der voraussetzungslosen Einsichtsrechte kann somit vor der Reform der Verträge durch die Konferenz von Amsterdam nicht von der Anerkennung eines tragenden Generalprinzips durch den Gerichtshof gesprochen werden, weder als allgemeiner Rechtsgrundsatz noch als allgemeiner Grundsatz des Gemeinschaftsrechts. Davon unbenommen bleibt allerdings das dem Gemeinschaftsrecht möglicherweise innewohnende Potential zur künftigen Anerkennung eines solchen Grundsatzes.

---

288 RS C-353/99 P „Rat/Hautala" in Slg. I 2001, S. 9616.

C.: GEMEINSCHAFTSEXTERNE ERKENNTNISQUELLEN: POTENTIAL EINES ALLGEMEINEN RECHTSGRUNDSATZES AUS WERTENDER RECHTSVERGLEICHUNG?

I. Regeln des Dokumentenzugangs innerhalb der Mitgliedstaaten

1. Maßstab des Gerichtshofs zur Ableitung allgemeiner Rechtsgrundsätze aus wertender Rechtsvergleichung

Unter den allgemeinen Rechtsgrundsätzen versteht der Gerichtshof solche Grundsätze, Regeln und Prinzipien, die, vom Gesetzgeber normiert oder von Rechtsprechung und Lehre entwickelt, Bestandteil des Rechts der Mitgliedstaaten oder zumindest einzelner Mitgliedstaaten sind und der Lösung von Problemen dienen, die in gleicher oder vergleichbarer Weise auch vom Gemeinschaftsrecht bewältigt werden müssen[289]. Als Geltungsgrund werden von der Literatur Art. 220, 230, 288 II EGV als allgemeine methodische Anweisung zur Lückenfüllung verstanden. Ausgehend von Art. 288 II EGV wird gefolgert, das Gemeinschaftsrecht dürfe nur Grundsätze entwickeln, die allen Mitgliedstaaten gemeinsam sind. Stützt man sich dagegen auf den unbestimmter gefaßten Art. 220 EGV, lassen sich notfalls auch die Ordnungen einzelner Mitgliedstaaten heranziehen. Da sich die Gewinnungsmethode durch wertende Rechtsvergleichung vollzieht, wobei nicht das Prinzip des kleinsten gemeinsamen Nenners ausschlaggebend sein darf, verdient die Lösung der Schwerpunktsetzung auf Art. 220 EGV den Vorzug. In der Rechtssache *„Hauer"* bestätigte der *EuGH* dieses Vorgehen. Obwohl nicht von allen Verfassungsordnungen der Mitgliedstaaten ausdrücklich anerkannt, gewährleistete er die Berufsfreiheit im Gemeinschaftsrecht unter Hinweis auf die wertende Rechtsvergleichung[290]. Diese sucht nach der „besten Lösung"[291], auch wenn diese unbestimmte Formulierung bis heute keine Konkretisierung erfahren hat und dem Gerichtshof damit einen sehr weiten Ermessensspielraum zukommen läßt. Allerdings gewinnt, insbesondere seit Einführung des Art. *F II* EUV, die EMRK als Anhaltspunkt Gewicht[292]. Zur Gewinnung einer „besten Lösung" ist eine vergleichende Betrachtung der jeweiligen rechtlichen Situationen der Mitgliedstaaten zweckmäßig. Hier sind Ge-

---

289 Vergleiche Nachweise bei Krück in Groeben, Art. 164, RN 24.

290 RS 44/79 „Hauer/Land Rheinland Pfalz" in Slg. 1979, S. 3750.

291 Bleckmann in FS Börner, S. 29 ff.; Nicolaysen in EuR 1972, S. 383; verschiedene Ansätze zur Eingrenzung der „besten Lösung" vgl. bei Pernice in Grabitz/Hilf, Art. 164, RN 58; Starck in JZ 1997, S. 1030; Der EuGH spricht weder vom Minimal- noch vom Maximalstandard, sondern vom Einfügen des Grundrechtsschutzes in die Strukturen und Ziele der Gemeinschaft: RS 11/70 „Internationale Handelsgesellschaft mbH/Einfuhr-und Vorratsstelle für Getreide und Futtermittel" in Slg. 1970, S. 1125 ff., LS 2.

292 Erstmals Bezugnahme auf die EMRK in RS 36/75 „Rutili/Minister des Innern" in Slg. 1975, S. 1232; weitere Nachweise in Pernice in Grabitz/Hilf, Art. 164, RN 61.

meinsamkeiten der Informationszugangsrechte zu entdecken, um diese sodann für die Ausprägung eines allgemeinen Rechtsgrundsatzes als Anschauungsmaterial heranzuziehen.

2. Geschichtliche Entwicklung des Zugangsrechts in den Mitgliedstaaten

Schweden führte bereits 1766 den ersten allgemeinen Akteneinsichtsanspruch mit der sog. *Druckfreiheitsverordnung* ein[293]. Diese enthielt das Recht, Akten der Behörden einzusehen, das Gesehene abzudrucken und so anderen mitzuteilen[294]. Seit 1937 wurden die Ausnahmen in einem *Geheimhaltungsgesetz* untergebracht. Dem schwedischen Vorbild sind nach dem Zweiten Weltkrieg zunächst die anderen skandinavischen Staaten gefolgt[295]. Gegen Ende der siebziger Jahre haben *Frankreich*, *Spanien*[296] und *Portugal*, der romanischen Rechtstradition folgend, aber auch die *Niederlande*, 1978 allgemeine Akteneinsichtsrechte geschaffen[297]. Im Jahr 1986 folgte zunächst *Griechenland* der Empfehlung des Ministerkomitees des Europarats an alle Mitgliedstaaten, ein Akteneinsichtsrecht für jedermann zu begründen, welches dem französischen Vorbild entlehnt ist[298]. Inzwischen haben auch *Italien* 1990[299], *Belgien* 1994[300] und *Irland* 1997

---

293 Übersicht bei Nolte in DÖV 1999, S. 364; Angelov, S. 124; Bergner, S. 13 ff.; Burkert in Lamnek/Tinnefeld, S. 117; Conradi, S. 56; Drath in DVBl 1957, S. 638; Koebke, S. 59; Lodde, S. 114; Petrén in VerwArch 49 (1958), S. 323; Scherzberg, S. 237; Schlachter, S. 52; Schwan, S. 121.

294 Bergner, S. 18 ff.

295 Finnland 1951 (Finnland befand sich bis 1809 in staatlicher Einheit mit Schweden und unterlag damit bis zur vorübergehenden Beseitigung des Zugangsrechtes 1792 der schwedischen Verordnung; 1865 wurde allgemein der Zugang zu den Behördenakten eröffnet, die abgeschlossene Vorgänge betrafen. 1891 wurde das Prinzip in erheblichem Maße wieder eingeschränkt. Erst 1951 hat Finnland eine der schwedischen Druckfreiheitsverordnung ähnliche Regel geschaffen, die jedoch keinen Verfassungsrang genießt; vgl. hierzu Schwan, S. 127; Schlachter, S. 58; Scherzberg, S. 238), Norwegen 1970, Dänemark 1970 als Prinzip der Aktenöffentlichkeit und durch Zugangsrechte 1985 und 1993 erweitert (Angelov, S. 122; Scherzberg, S. 239 unter Hinweis auf Borgsmidt in DÖV 1988, S. 72; Engel, S. 158; Peschel in Winter, S. 159), Island 1996 (vgl. Nolte in DÖV 1999, S. 364 unter Hinweis auf Schwan, S. 121; Österdahl in ELR 1998, S. 336; Petrén in VerwArch 49 (1958), 333; Burkert in Lamnek/Tinnefeld, S. 117 ff.).

296 Scherzberg, S. 240, 243.

297 Lübbe-Wolff in Die Verwaltung 13 (1980), S. 339 ff.; Burkert in Lamnek/Tinnefeld, S. 121; Angelov, S. 122; bez. der Niederlande: Schlachter, S. 80 ff.; Kugelmann, S. 87 f., 174 der neben dem passiven Zugangsrecht in den Niederlanden auch das Gesetz über die aktive Information der Öffentlichkeit berücksichtigt; bez. Niederlande, Schwan, S. 133; Scherzberg, S. 239; Jans in Winter, S. 357 ff.; Ziegler-Jung in DuD 1990, S. 410; Ruth in DuD 1998, S. 434.

298 Burkert in Lamnek/Tinnefeld, S. 121.

299 Burkert in Lamnek/Tinnefeld, S. 121; Scherzberg, S. 245.

300 Nolte in DÖV 1999, S. 364; Burkert in Lamnek/Tinnefeld, S. 121; Scherzberg, S. 243.

gesetzliche Jedermann-Rechte auf Akteneinsicht eingeführt. Die britische Regierung hat im Dezember 1997 einen detaillierten Gesetzesvorschlag in einem Weißbuch vorgelegt, die Verabschiedung eines Gesetzes angekündigt und nach Annahme im Unterhaus im April 2000 ins Oberhaus eingebracht[301]. Die Verfassungen der Beitrittskandidaten *Polen*[302] und *Ungarn*[303] sehen ein Grundrecht auf Akteneinsicht vor. Zusätzlich erwähnenswert sind noch die Rechtsordnungen *Österreichs*, die eine aktive Auskunftspflicht der Behörden enthält, und der *Tschechischen Republik*, wo jedermann ein allgemeines Auskunftsrecht gegenüber Behörden besitzt[304].

Die Kommission veröffentlichte zum Zweck des Vergleichs der einzelnen Rechtsordnungen eine Analyse der Gesetzgebung der Mitgliedstaaten über den Zugang zu Dokumenten, die als Anhaltspunkt dienen kann, die „beste Lösung" aus den einzelnen Zugangsrechten zu quantifizieren[305].

3. Systematik des Zugangsrechts in den mitgliedstaatlichen Rechtsordnungen

Gemeinsam ist allen vorhandenen Einsichtsrechten, daß die Dokumente keine Begrenzung auf einen Datenträger aufweisen. In *Dänemark* kann jedermann beantragen, über Dokumente in Kenntnis gesetzt zu werden, die von einer Verwaltung angenommen oder erstellt wurden[306]. Ein Interessennachweis ist nicht erforderlich[307]. *Dänemark* kann, wie auch *Norwegen* und *Finnland* auf das historische Vorbild der schwedischen Rechtslage zurückgreifen[308]. In *Schweden* hat jeder Staatsbürger verfassungsrechtlich und jede sonstige Person einfachgesetzlich das Recht auf Akteneinsicht[309]. Innerhalb dieses Anspruchs wird un-

---

301 Rechtsvorschriftenüberblick der Kommission, S. 21; Entwicklung bei Birkinshaw, S. 61 ff.

302 Burkert in Lamnek/Tinnefeld, S. 123.

303 Dazu Oros in EPL 1998, S. 21 ff; Schanda in Hofmann/Marko/Merli/Wiederin, S. 449 ff.; überblicksartig Burkert in Lamnek/Tinnefeld, S. 123.

304 Angelov, S. 124; Hoskova in Hofmann/Marko/Merli/Wiederin, S. 424; Wiederin in Hofmann/Marko/Merli/Wiederin, S. 221.

305 Vergleichende Analyse der Kommission, S. 1 ff.

306 Vergleichende Analyse der Kommission, S. 2; bereits 1866 wurde ein begrenztes Akteneinsichtsrecht für Beteiligte eines Verwaltungsverfahrens eingeführt, welches 1970 und 1985 erweitert wurde. Heute existiert ein allgemeines Verwaltungsgesetz, welches das Einsichtsrecht der Beteiligten regelt und ein Öffentlichkeitsgesetz, welches ein allgemeines Einsichtsrecht beinhaltet, welches jedermann ohne Identitätsangabe an die gesamte staatliche und kommunale Verwaltung richten kann: siehe dazu Peschel in Winter, S. 159; Schwan, S. 130.

307 Peschel in Winter, S. 160; Scherzberg, S. 239.

308 Kugelmann, S. 173.

309 Angelov, S. 126; Askelöf/Heurgren in Winter, S. 481; Hirschberger, S. 160; Holstad in Rowat, S. 33 ff.; Lodde, S. 115; Kugelmann, S. 172; Scherzberg, S. 229; Schwan, S. 121.

terschieden zwischen öffentlichen und nicht öffentlichen Akten. Nur erstere sind vom Anwendungsbereich erfaßt[310]. Ein Dokument ist öffentlich und damit vom Zugangssystem erfaßt, wenn es sich im Besitz einer öffentlichen Behörde befindet und wenn davon ausgegangen werden kann, daß es von einer Behörde entgegengenommen, vorbereitet oder erstellt wurde[311]. Es gibt keine Begrenzung auf bestimmte Situationen; Begründungen für ein Einsichtsbegehren dürfen nicht verlangt werden[312]. Nicht öffentliche Akten, die originär vom Zugangsrecht ausgeschlossen sind, beinhalten Vermerke, Skizzen und andere Behördeninterna, solange die Behörde diese nicht archiviert hat[313]. Begründet wird diese Differenzierung mit dem notwendigen Freiraum der Behörde[314]. Verpflichtet sind sämtliche Staatsbehörden einschließlich des *Riksdags* und der Kommunalbehörden, bei denen Akten aufbewahrt werden, mit Ausnahme der kommerziell agierenden Staatsunternehmen[315]. In *Finnland* ist ein Verwaltungsdokument ein solches, das sich im Besitz einer Behörde befindet und entweder von ihr erstellt wurde oder bei ihr eingegangen ist[316]. Aufgrund der früheren Deckung mit dem Staatsgebiet *Schwedens* ähnelt das finnische Zugangsrecht dem schwedischen[317]. Die verfassungsrechtliche und einfach-gesetzliche Gewährung bedingt keinerlei qualifiziertes Interesse[318]. Auch die britische Regelung erfaßt alle Informationen, die sich auf andere Weise als im Namen einer anderen Person im Besitz der Behörde oder im Besitz einer anderen Person im Namen der Behörde befinden[319], nachdem bis vor kurzem eine umfängliche Geheimhaltungspraxis galt[320]. *Irland* gewährt seit 1997 Zugang zu allen Aufzeichnungen im Besitz oder unter Auf-

---

310 Koebke, S. 58; Lodde, S. 114.

311 Hirschberger, S. 162; Koebke, S. 58; Mahrer in ZSR NF 88 (1969), S. 322 ff.; Österdahl in ELR 1998, S. 339.

312 Angelov, S. 126; Schlachter, S. 54.

313 Koebke, S. 58.

314 Hirschberger, S. 162 unter Bezugnahme auf Bergner, S. 44; Scherzberg, S. 237 f.

315 Askelöf/Heurgren in Winter, S. 481; Schlachter, S. 54; Birkinshaw, S. 58; Hirschberger, S. 161.

316 Vergleichende Analyse der Kommission, S. 2.

317 Siehe näher: Angelov, S. 121; Scherzberg, S. 229; Schwan, S. 127.

318 Rechtsvorschriftenüberblick der Kommission, S. 6 f.

319 Vergleichende Analyse der Kommission, S. 2.

320 Engel, S. 132; Düwel, S. 114; Angelov, S. 123: Seit der Regierungsübernahme durch die Labour Partei und dem zunehmenden Druck der Öffentlichkeit hat sich in Großbritannien die Auffassung durchgesetzt, daß staatliches Geheimhaltungsdenken nicht mehr in eine moderne demokratische Ordnung paßt. Siehe auch Riedel in EuR Beiheft 1/1995, S. 58; Kugelmann, S. 170 ff.: Bereits zuvor existierte ein unverbindlicher Verhaltenskodex (1994) über den Informationszugang in Teilen der Verwaltung, der insbesondere die Bereiche der öffentlichen Gesundheit und Sicherheit betrifft und ein verwaltungsinternes Beschwerdeverfahren einrichtet; siehe dazu auch Baxter in EPL 1996, S. 641; Birkinshaw, S. 61 ff.; allgemein: Burmeister in Winter, S. 216; Scherzberg, S. 246.

sicht einer öffentlichen Behörde[321], nachdem die Einsichtsgewährung zuvor im Ermessen der Behörde stand[322]. Beiden Regeln ist gemeinsam, daß der Zugang vom Schutzbedürfnis der Antragsteller abhängig gemacht und damit nicht voraussetzungslos gewährt wird[323]. Sowohl der britische Entwurf als auch die irische Regelung beziehen sich aber auf allgemeine Dokumente und definieren die Organisation, die als öffentliche Behörde angesehen wird[324]. In *Frankreich* wurden zwei Gesetze erlassen. In diesen wurde sowohl die Einsicht in nicht personenbezogene Daten als auch die in personenbezogene Daten durch den Betroffenen normiert[325]. Bei nicht personenbezogenen Daten ist jede in- oder ausländische, natürliche oder juristische Person anspruchsberechtigt[326]. Verpflichtet sind jeweils die staatliche Verwaltung, die Territorialkörperschaften, öffentliche Unternehmen und privatrechtliche Einrichtungen, soweit sie öffentliche Aufgaben wahrnehmen[327]. Ausgenommen sind dagegen Dokumente der Nationalversammlung, Stellungnahmen des Staatsrates, Entscheidungen von Verwaltungsgerichten oder Unterlagen des Rechnungshofes[328]. Innerhalb des Regelungsbereichs wird der Dokumentenbegriff wiederum weit verstanden, es gehören schriftliche, optische, akustische und elektronisch gespeicherte Informationen dazu[329]. Ein Interessennachweis ist lediglich bei Einsichtsbegehren in personenbezogene Daten in Form von Betroffenheit vorausgesetzt[330]. In den *Niederlanden* wird ebenfalls ein Unterschied zwischen personenbezogenen und allgemeinen Verwaltungsdaten gemacht. Während der Zugang zu ersteren Daten durch zwei Gesetze stark eingeschränkt wird, besteht bei allgemeinen Verwaltungsdaten auch ein allgemeiner Informationsanspruch, der durch engere Ausnahmetatbestände eingeschränkt wird. Des weiteren werden die Behörden über das passive Einsichtsbegehren hinaus verpflichtet, die Öffentlichkeit aktiv über politische Entschei-

---

321 Vergleichende Analyse der Kommission, S. 2; Angelov, S. 123; a.A. Kugelmann, S. 179, der in der irischen Regelung nur eine punktuelle Verwirklichung des Öffentlichkeitsprinzips sieht, hauptsächlich wohl aufgrund der ex ante Regelung, welche aber auch auf europäischer Ebene nichts ungewöhnliches darstellt: Scherzberg, S. 247.

322 Scherzberg, S. 247.

323 Scherzberg, S. 243, 247.

324 Vgl. Vergleichende Analyse der Kommission, S. 2.

325 Schlachter, S. 75 ff.; Kugelmann, S. 175 ff.; Riedel in EuR Beiheft 1/1995, S. 72; Trantas, S. 185 ff.: personenbezogen dann, wenn die Akte eine Beschreibung oder ein Werturteil über eine namentlich bekannte oder leicht identifizierbare Person enthält; Schwan, S. 135 ff.; näher auch Winter in Winter, S. 180.

326 Schlachter, S. 75 ff.; Scherzberg, S. 241.

327 Birkinshaw, S. 59; Kugelmann, S. 175 ff.; Scherzberg, S. 240; Schlachter, S. 76; Winter in Winter, S. 180.

328 Vergleichende Analyse der Kommission, S. 3.

329 Schlachter, S. 76.

330 Winter in Winter, S. 180; Scherzberg, S. 241.

dungen zu informieren[331]. Nur dies ist verfassungsrechtlich garantiert[332]. Verpflichtet werden die Obrigkeitsorgane, Ministerien, Verwaltungsorgane von Provinzen und Gemeinden und andere mit Verwaltungsaufgaben betraute Stellen inklusive öffentlich-rechtlicher Wirtschaftsunternehmen[333]. Ein Interessennachweis ist bei nicht personenbezogenen Daten nicht erforderlich[334]. Der Informationsbegriff ist sehr weitreichend[335]. Das belgische Recht ist gekennzeichnet durch einen Zugang zu Dokumenten der Regionen, Provinzen und Gemeinden. Ein Interessennachweis ist ebenfalls lediglich bei personenbezogenen Daten erforderlich[336]. In *Italien* muß ein Dokument von der öffentlichen Verwaltung erstellt werden oder Verwaltungszwecken dienen. Ursprünglich stand der Informationszugang ganz im Ermessen der Behörden und erforderte einen Interessennachweis[337]. Das Recht des Bürgers auf Zugang zu staatlichen Informationen wurde aber zunehmend als ungeschriebenes Verfassungsprinzip anerkannt[338]. Mittlerweile wird der Zugang zu Verwaltungsinformationen auf allen Ebenen der öffentlichen Verwaltung und staatlichen Einrichtungen des privaten Sektors bei begründetem Antrag gewährt. Der Antragsteller benötigt aber nach wie vor ein subjektives Recht oder ein legitimes Interesse, welches sich durch einen besonderen Bezug zwischen gesuchter Information und Antragstellerinteresse auszeichnet[339]. Das spanische Recht sieht vor, ein Dokument ohne weitere Spezifikation in der Akte zu registrieren. Erfahrungen mit vorangegangenen Diktaturen führten in *Spanien* und *Portugal* dazu, das Informationszugangsrecht verfassungsrechtlich zu verankern und einfach-gesetzlich zu konkretisieren[340]. Allerdings ist der Anspruch auf Informationszugang auf einen Interessennachweis in Form eines subjektiven Rechts beschränkt, wenn es sich um personenbezogene Daten handelt. Daten über Aufgaben, Strukturen und Arbeitsweisen von

---

331 Schlachter, S. 80 ff.; Schwan, S. 133; Ziegler-Jung in DuD 1990, S. 411; Kugelmann, S. 87; Jans in Winter, S. 382.

332 Kugelmann, S. 87, deutlich S. 174.

333 Schlachter, S. 80 ff.; Scherzberg, S. 239; Ruth in DuD 1998, S. 434.

334 Jans in Winter, S. 380; Scherzberg, S. 240.

335 Jans in Winter, S. 380; Schlachter, S. 82.

336 Scherzberg, S. 243.

337 Ladeur in Winter, S. 268 ff.; Winter in Winter, S. 38; dazu Kugelmann, S. 179.

338 Scherzberg, S. 229: 1990 wurde eine einfach-gesetzliche Aktenöffentlichkeit eingeführt und durch Präsidialerlasse 1992 und 1994 ausgestaltet.

339 Scherzberg, S. 244; zu den Informationspflichten und den Zugangsrechten im Umweltbereich siehe Ladeur in Winter, S. 266.

340 Burkert in Lamnek/Tinnefeld, S. 121; insbesondere nach Erlaß der UIRL, Turiaux, UIG, Einl. RN 13; Scherzberg, S. 229, 242 f.; siehe Art. 9 III, 23, 80, 105 Verfassung Spaniens: Der Grundsatz der Öffentlichkeit der Rechtsakte, daraus das Gesetz über den Zugang der Bürger zu Verwaltungsarchiven und –registern; Art. 268 I Verfassung Portugals: Recht von der Verwaltung über den Fortgang derjenigen Vorgänge informiert zu werden, an denen sie ein unmittelbares Interesse haben, sowie das Recht auf Zugang zu den Verwaltungsarchiven und –registern in der gesetzlich vorgesehenen Form.

Behörden, rechtliche und technische Voraussetzungen der Realisierung von Vorhaben oder Geschäften der Bürger, den Stand von Verfahren oder sonstige Daten sind ohne Interessennachweis zugänglich[341]. Verpflichtet werden auch hier die Behörden der staatlichen, regionalen und kommunalen Verwaltung[342]. In *Portugal* gilt das Zugangsrecht für staatliche Gremien und autonome Regionen, die Verwaltungsfunktionen ausüben, sowie andere Vereinigungen und Organe, deren Befugnisse gesetzlich anerkannt sind. Für beide Länder wird hinsichtlich des Anwendungsbereichs des Zugangsrechts mittels Trennung nach Dokumentengattung vorgegangen[343]. Die Gesetze unterscheiden zwischen personenbezogenen und nicht personenbezogenen, administrativen und politischen Dokumenten. Die Bereichsausnahme des Zugangsrechts gilt in diesem Zusammenhang für politische und personenbezogene Dokumente, deren Zugang gesetzlich besonders angeordnet sein muß[344]. In *Griechenland* regelt ein Gesetz den Zugang zu den von Behörden erstellten bzw. entgegengenommenen Dokumenten, unterscheidet aber ausdrücklich zwischen Dokumenten innerhalb und außerhalb der Behörde (Verwaltungs- und Privatdokumente; für letztere gelten strengere Bestimmungen, wie ein besonderes rechtliches Interesse)[345].

Vergleicht man diese mitgliedstaatlichen Systematiken mit den europäischen Organbeschlüssen, finden sich alle angesprochenen Punkte im europäischen Anspruch wieder. Teilweise gehen die Regelungen zumindest in der abstrakten Normierung hinsichtlich des Dokumentenbegriffs sogar über die progressiven Transparenzregeln der skandinavischen Mitgliedstaaten hinaus, indem sämtliche Dokumente in den Anwendungsbereich der Organbeschlüsse einbezogen sind.

4. Interne Dokumente als Bereichsausnahme

Das rechtsvergleichende Gutachten der Kommission sieht hinsichtlich der Problematik der Behandlung interner Dokumente zwei unterschiedliche Lösungswege innerhalb der Rechtsordnungen der Mitgliedstaaten verankert. Eine Vielzahl von Staaten schließt den Zugang zu internen Informationen von vornherein vom Anwendungsbereich der Rechtsgewährung aus. Die finnische Regelung gilt beispielsweise nicht für private und interne Vermerke, Berichtsentwürfe und Dokumente zur internen Verwendung. Die Anwendung ist dagegen eröffnet bei Dokumenten, die Verhandlungen und Mitteilungen zwischen Beamten oder die Archivierung betreffen[346]. Die dänische Regelung schließt die Eröffnung des Zugangsrechts bei den Dokumenten aus, die sich noch nicht in der endgültigen

341 Scherzberg, S. 242 f.
342 Explizit für Portugal, Scherzberg, S. 242.
343 Vgl. Rechtsvorschriftenüberblick der Kommission, S. 17 ff.
344 Vergleichende Analyse der Kommission, S. 3.
345 Vergleichende Analyse der Kommission, S. 2.
346 Vergleichende Analyse der Kommission, S. 4.

Fassung befinden[347]. Die schwedische Unterscheidung zwischen öffentlichen und nicht öffentlichen Dokumenten klang bereits an. Die internen Dokumente fallen unter die nicht öffentliche Kategorie und sind somit vom Anwendungsbereich des Zugangsrechts ausgeschlossen. Ausgenommen ist auch hier wieder die Anordnung der Archivierung und Registrierung[348]. Das portugiesische Zugangsrecht verwehrt dem Bürger den Anwendungsbereich des Zugangsrechts bei politischen oder personenbezogenen Dokumenten von Angestellten[349]. Das Zugangsrecht in *Frankreich* schließt Dokumente vom Einsichtsbegehren aus, die sich noch nicht in der endgültigen Fassung befinden, sowie bei vorbereitenden Dokumenten für eine Entscheidung, bis diese getroffen wird[350].

Die zweite Gruppe von Mitgliedstaaten beläßt die internen Dokumente im Anwendungsbereich der Zugangsregeln, schützt diese aber mittels Ausnahmevorschriften vor dem öffentlichen Einblick. Die britische Regel enthält die Ausnahme der Festlegung der Regierungspolitik sowie der effizienten Führung öffentlicher Angelegenheiten[351]. In *Irland* unterfallen die Aufzeichnungen im Zusammenhang mit Kabinettssitzungen sowie Aufgaben und Verhandlungen öffentlicher Gremien dem Ausnahmetatbestand[352]. In den *Niederlanden* darf der Zugang zu Dokumenten, die zum Zweck interner Beratungen erstellt wurden, nur im Interesse einer effizienten und demokratischen Verwaltung sowie in einer Form, die keine Rückschlüsse auf Einzelpersonen zuläßt, gewährt werden[353]. *Belgien* und *Griechenland* schützen mittels Ausnahmeklauseln die Geheimhaltung der Kabinettsberatungen[354]. Auch die dänische Regelung sieht, etwas mißverständlich, statt der Bereichsausnahme, die aus Bürgersicht weichere Lösung über Ausnahmetatbestände vor, wenn sich das Dokument in der endgültigen Fassung befindet.

Auch hier zeigt sich, daß auf europäischer Ebene, durch inhaltliche Ausgestaltung im Sinne der zweiten Gruppe mitgliedstaatlicher Regelungen, eine aus Bürgersicht sehr fortschrittliche Regelung eingearbeitet wurde.

---

347 Vergleichende Analyse der Kommission, S. 4.

348 Vergleichende Analyse der Kommission, S. 4; Angelov, S. 127: Ausgenommen vom öffentlichen Aktenbegriff sind daher Gedächtnisvermerke, Skizzen, Memos, Beschlußvorlagen u.ä., es sei denn, sie werden von der Verwaltung archiviert; Hirschberger, S. 162.

349 Vergleichende Analyse der Kommission, S. 4.

350 Vergleichende Analyse der Kommission, S. 4; vgl. dazu auch Winter in Winter, S. 180.

351 Vergleichende Analyse der Kommission, S. 4.

352 Vergleichende Analyse der Kommission, S. 4.

353 Vergleichende Analyse der Kommission, S. 4; zum besonderen Schutz der internen Willensbildung, Schwan, S. 135.

354 Vergleichende Analyse der Kommission, S. 4.

5. Die Urheberregel in den mitgliedstaatlichen Rechtsordnungen

Eine im streng europäischen Sinn verstandene Urheberregel, die die Organe zwingt, Zugangsanträge ungeprüft weiterzuleiten[355], existiert in keiner mitgliedstaatlichen Rechtsordnung[356]. Sowohl die von der öffentlichen Verwaltung erstellten als auch die bei ihr eingegangenen oder eingereichten Dokumente sind vom Anwendungsbereich der Informationszugangsgesetze erfaßt[357]. Eine solche Regelung in den Organbeschlüssen von Rat und Kommission ist insofern als neuartig zu sehen. Sie mag einerseits hinsichtlich der Dokumente der Mitgliedstaaten eine praktische Konzession an diese sein, ihre eigenen Zugangsregeln beibehalten zu dürfen[358]. Andererseits kann sie sich auch als Ausprägung des Subsidiaritätsgrundsatzes darstellen[359]. Allerdings gibt es mitgliedstaatlich sehr wohl Konsultationspflichten oder Mitspracherechte des Verfassers von behördenfremden Dokumenten in deren Besitz. In *Großbritannien* ist beispielsweise die Genehmigung des Verfassers nicht erforderlich, mit Ausnahme eines drohenden gesetzwidrigen Vertrauensbruchs[360]. Das irische Zugangsrecht sieht die Konsultation des Verfassers von vertraulichen, wirtschaftlich sensiblen und personenbezogenen Informationen vor[361]. In *Finnland* besteht eine Konsultationspflicht dagegen, wenn es sich um Dokumente handelt, die den Schutz privater oder anderer Interessen betreffen, wobei die Behörde allerdings die Notwendigkeit der Vertraulichkeitswahrung beurteilt. Dies gilt auch dann, wenn der Verfasser die vertrauliche Behandlung wünscht[362]. Auch in *Schweden* ist die Einbeziehung des Urhebers nur ein Aspekt bei der Beurteilung möglicher Nachteile, die die Behörde zur Geheimhaltung zwingt[363]. Das portugiesische Zugangsrecht überläßt den Behörden die inhaltliche Beurteilung der fremden Dokumente. Es ist lediglich eine fakultative Berücksichtigung der vom Verfasser beabsichtigten Geheimhaltungsstufe vorgesehen[364]. Etwas strenger stellt sich die niederländische Regelung dar. Dort wird eine mögliche Geheimhaltungseinstufung durch den Verfasser des Dokuments abgewogen gegen das öffentliche Interesse an der Freigabe der Information. Wenn die Geheimhaltung ausdrücklich verlangt wurde, ist eine vorherige Genehmigung erforderlich[365].

---

355 S.o. 2. Teil, A., II., 3., a).
356 Sobotta, S. 379.
357 Vergleichende Analyse der Kommission, S. 2.
358 Sobotta, S. 373. Hinsichtlich der Dokumente sonstiger Dritter und Unionsdokumente siehe Sobotta, S. 370 ff.
359 Sobotta, S. 374.
360 Vergleichende Analyse der Kommission, S. 5.
361 Vergleichende Analyse der Kommission, S. 5.
362 Vergleichende Analyse der Kommission, S. 5.
363 Vergleichende Analyse der Kommission, S. 5.
364 Vergleichende Analyse der Kommission, S. 5.
365 Vergleichende Analyse der Kommission, S. 5.

6. Die Ausnahmeregeln in den Mitgliedstaaten

Hinsichtlich der Ausnahmevorschriften, die im einzelnen sehr unterschiedlich ausgestaltet sind, lassen sich dennoch gemeinsame Zwecke der Verweigerung des Zugangs festmachen. Zunächst erfolgt die Verweigerung des Zugangs aus verwaltungspraktischen Gründen. Dies sind Fälle, in denen das Dokument nicht identifiziert werden kann, weil der Antrag ungenau, unseriös oder schikanös formuliert ist[366]. Diese sowie die Gruppe der spezifischen, zumeist personenbezogenen Interessen stellen die allen Rechtsordnungen gemeinsamen Verweigerungszwecke dar. Rechtsvorschriften spezifizieren dann die Interessen, die geschützt werden sollen[367]. Die Ausnahmen sind zum Teil fakultativ. Die Behörde kann über die Anwendung entscheiden; hierdurch verfügt sie über einen größeren Spielraum bei der Interessenabwägung oder der Beurteilung von Nachteilen. Zum Teil sind die Ausnahmen obligatorisch und in jedem Fall anzuwenden[368]. Darüber hinaus existieren zum Teil sog. Schädlichkeitsprüfungen (sog. *„harm tests"*), um zu bestimmen, ob die Freigabe dem öffentlichen Interesse im allgemeinen oder einem spezifischen Interesse zuwiderlaufen würde[369]. Die Prüfung des Interessenausgleichs beinhaltet eine Abwägung zwischen dem Interesse an der Freigabe der Information und dem Interesse an der Nichtfreigabe. Eine Schadensprüfung wird dann durchgeführt, wenn die Behörde den möglichen Schaden bzw. Nachteil für bestimmte gesetzlich geschützte Interessen abschätzen will. In einigen Fällen muß der eventuelle Schaden für ein Einzelinteresse abgewogen werden gegenüber einem Gegeninteresse, so daß, wie in *Irland*, eine Kombination dieser beiden Tests sinnvoll ist[370].

7. Verhältnis zwischen allgemeinem Zugangsrecht und Spezialregeln

Hinsichtlich des Vorrangs speziellerer Zugangs- bzw. Geheimhaltungsregeln sind ebenfalls differenzierte Regeln zu beobachten. In *Dänemark* gibt es Sondervorschriften über die verfassungsmäßige Geheimhaltungspflicht in Sonderbereichen, wie zum Beispiel dem Finanzsektor. Irische Regeln verweigern den Zugang, wenn die Freigabe durch andere Gesetze verboten ist. In *Finnland* dagegen müssen aus Vereinheitlichungsmotiven etwaige Geheimhaltungsklauseln in anderen Gesetzen mit denjenigen im Hauptgesetz übereinstimmen. In den *Niederlanden* gibt es, abgesehen von der allgemeinen Gesetzgebung, besondere Vorschriften für die jeweiligen Bereiche. Die schwedische Rechtslage sieht vor,

---

366 Vergleichende Analyse der Kommission, S. 5-6.

367 Vergleichende Analyse der Kommission, S. 6.

368 Vergleichende Analyse der Kommission, S. 6.

369 Zur Entwicklung des *„harm test"* durch die Rechtsprechung des Gerichtshofs: s.u., 4. Teil, A., IV.

370 Siehe Vergleichende Analyse der Kommission, S. 6; Scherzberg, S. 248.

daß weitere Beschränkungen des Rechts auf Zugang in einem besonderen Gesetzesakt oder einem anderen Gesetzesakt, auf den sich das Gesetz bezieht, festgelegt werden. In *Großbritannien* sind alle Dokumente gesetzlich vom Zugangsrecht ausgenommen, deren Freigabe durch andere Gesetze verboten ist. Ein eigenes System gilt jedoch nur bei tatsächlichem Bedarf. Daher sind in einigen Fällen keine leges specialis erforderlich, soweit für sie die allgemeinen Ausnahmen der Gesetzgebung gelten[371].

8. Abgrenzung zwischen aktivem und passivem Zugangsrecht

Die niederländische Rechtslage wird im Schrifttum als wegweisendes Beispiel einer Kombination aktiver und passiver Transparenz im Hinblick auf das Dokumentenzugangsrecht beschrieben[372]. Über das passive Einsichtsbegehren hinaus werden die Behörden verpflichtet, von Amts wegen die Öffentlichkeit über politische Entscheidungen und Programme einschließlich ihrer Vorbereitung und Durchführung zu informieren, sobald dies im Interesse einer guten und demokratischen Regierungs- und Verwaltungsführung erforderlich ist[373]. Aber auch die anderen Rechtsordnungen der Mitgliedstaaten kennen aktive Informationspflichten der Behörden über die laufende Regierungs- und Verwaltungstätigkeit[374]. Allerdings sind sie zumeist nicht konzeptionell mit dem individuellen passiven Zugangsrecht verbunden[375].

9. Akzessorietät im Hinblick auf Verwaltungsverfahren

Als Anknüpfungspunkt zur Untersuchung, ob das Dokumentenzugangsrecht zwingend an ein Verwaltungsverfahren gekoppelt werden muß, dient die schon erwähnte Studie der Kommission von 1993 im Zusammenhang mit den Kommissionsberichten über den Zugang zu Dokumenten, die sich im Besitz der Gemeinschaftsorgane befinden[376]. Danach sind in den mitgliedstaatlichen Rechtsordnungen drei verschiedene Trends erkennbar. Die Akteneinsicht wird Personen gewährt, die Partei eines Rechtsstreits sind. Dies bedingt das allgemeine Verteidigungsrecht. Teilweise wurde der Dokumentenzugang unabhängig von einer Bezugnahme auf ein Gerichts- oder Beschwerdeverfahren gewährt. Die zweite Zugangsmöglichkeit stellt die Einsichtnahme in die den Bürger selbst betreffenden personenbezogenen Daten dar. Den dritten Typus stellt der allge-

---

371 Vergleichende Analyse der Kommission, S. 13.

372 Schlachter, S. 85.

373 Jans in Winter, S. 382; Schwan, S. 133; Ziegler-Jung in DuD 1990, S. 411.

374 Überblick bei Kugelmann, S. 87 ff.

375 So in Schweden oder Frankreich, dort ist das aktive Zugangsrecht eingebettet in Datenschutzregeln: siehe Kugelmann, S. 87; Winter in Winter, S. 176; siehe auch FOIA der USA, s.u., II.

376 S.o., 2. Teil, A., II., 2.

meine Zugang zu Informationen, über die die Behörden verfügen, dar. Dieser wird unabhängig davon gewährt, ob die betreffende Person oder Firma ein besonderes Interesse an den Dokumenten hat oder an dem Verfahren beteiligt ist. Die Ausgestaltung der Regeln stellt sich in den einzelnen Mitgliedstaaten allerdings sehr unterschiedlich dar[377].

Den aus Bürgersicht progressivsten Ansatz verfolgend, erscheint auch hier die Regelung der Organbeschlüsse für damalige Verhältnisse europäisch wegweisend zu sein.

II. Außereuropäische Einflüsse durch den FOIA der USA

Neben *Schweden* waren in erster Linie die *USA* federführend, einen freien Zugang zu Dokumenten in ihrer Rechtsordnung zu schaffen. 1955 wurde von Zeitungsverlegern ein Komitee zur Verfolgung von Transparenzzielen eingerichtet, welches nach elf Jahren erreichte, daß der Gesetzgeber den Freedom of Information Act (FOIA) schuf und die vorher bestehenden Einsichtsrechte Betroffener im Verwaltungsverfahren ausweitete[378]. Materielle und formelle Verbesserungen folgten 1974, 1976 und 1986[379]. 1996 wurde den technischen Neuerungen durch die Schaffung eines electronic FOIA Rechnung getragen[380]. Materiell wird ein allgemeiner Zugang zu Informationen der gesamten „agencies" der Exekutive, worunter auch Militär-, Regierungs- und alle mit der Besorgung der Privatwirtschaftsverwaltung betrauten Einrichtungen des Bundes befaßt sind, geregelt[381]. Zugänglich sind alle „records", worunter Bücher, Papiere, Karten, Fotos und andere Dokumentationsmaterialien ganz unabhängig von ihren physikalischen Zuständen oder Charakteristika, damit auch Computerdateien oder Röntgenbilder, zu verstehen sind[382]. Einsichtsberechtigt ist jedermann, das heißt alle in- und ausländischen, natürlichen und juristischen Personen ohne das Erfordernis eines Interessennachweises[383]. Zum Schutz staatlicher und privater Interessen schließt der FOIA bestimmte Informationen von der Einsichtnahme abschließend, zum

---

377 Studie in Kommissionsmitteilung 1, Anhang, in Abl. der EG C 156/6 vom 08.06.1993.

378 Siehe dazu Dubach, S. 271 ff.; Kneifel in CR 1990, S. 135; Rehbinder, S. 11 ff.; Rosler, S. 59; Scherer, S. 34; zum FOIA im Ganzen, siehe Foerstel; zur geschichtlichen Entwicklung vorher Cross, People`s right to know.

379 Barram in DANA 1979, Heft 6, S. 12 f.; Gurlit, S. 55; Rehbinder, S. 51 ff.; Rotta, S. 140; Scherer, S. 44, 87; ausführlich zur Historie: Angelov, S. 104; Schlachter, S. 63 ff.; Gurlit in Winter, S. 516.

380 Burkert in Lamnek/Tinnefeld, S. 120, 121; Koebke, S. 53; Hammerl in ZIP 1994, S. 1233; Gellmann in DuD 1998, S. 446.

381 Hammerl in ZIP 1994, S. 1231; Koebke, S. 51; Kneifel in CR 1990, S. 135; zu den Zugangsrechten in den einzelnen Bundesstaaten: Singer in Rowat, S. 310 ff.; siehe auch Louis, S. 36; Schlachter, S. 66.

382 Siehe nur Schlachter, S. 66.

383 Angelov, S. 107; Kugelmann, S. 160; Schlachter, S. 65.

Teil mit Schädlichkeitstest, aus[384]. Zusätzlich und vorrangig vor dem passiven Recht des Bürgers besteht noch eine aktive Informationspflicht der Behörde, welche dazu dient, die Bürger darüber in Kenntnis zu setzen, wie die Behörden aufgebaut und welche Informationen grundsätzlich bei ihnen erhältlich sind[385].

III. Verfassungsrechtliche Ableitung der Öffentlichkeit der Staatsgewalten in den mitgliedstaatlichen Rechtsordnungen

Aus der vergleichenden Untersuchung der Kommission wird deutlich, daß eine explizite Ableitung des Zugangsrechts in den 15 Mitgliedstaaten, mit Ausnahme *Deutschlands*[386] und *Luxemburgs*, mit unterschiedlichen Akzentuierungen bei der grundrechtlichen Informationsfreiheit, dem Demokratieprinzip sowie der Rechtsstaatsgarantie erfolgt[387]. Die verfassungsrechtliche Absicherung reicht innerhalb der Vergleichssubjekte von einer gewohnheitsrechtlichen über eine einfach - gesetzliche bis zu einer verfassungsrechtlichen Gewährleistung des Zugangsrechts[388]. Homogene höherrangige Rechtsquellen zwischen den 15 Mitgliedstaaten sind dabei aufgrund dieser großen Spannweite nicht festzustellen,

---

384 Hirschberger, S. 166; Kneifel in CR 1990, S. 352; Schlachter, S. 64; Schwan, S. 138 ff.: kein Einsichtsrecht bei Angelegenheiten, deren Geheimhaltung aufgrund des durch Regierungsverantwortung festgelegten Interesses der nationalen Verteidigung oder Außenpolitik, und bei denen sich diese Kategorisierung auch als tatsächlich zutreffend erweist (Schädlichkeitsprüfung: Angelov, S. 108 ff.; Schwan, S. 139); interne Regeln für Bedienstete oder Verwaltungspraktiken der Behörde (Scherer, S. 62; Rehbinder, S. 35; Rosler, S. 78); Ausschluß durch spezielle Gesetze (Hirschberger, S. 166; Schlachter, S. 64); vertrauliche oder sonst rechtlich geschützte Informationen über Geschäftsgeheimnisse oder Finanzverhältnisse einer Person (Rosler, S. 79; Hammerl in ZIP 1994, S. 1231); Memos oder Briefe zwischen Behörden oder innerhalb von Behörden; Personalakten, ärztliche Unterlagen, deren Veröffentlichung einen unzulässigen Eingriff in die Privatsphäre darstellen würde (Angelov, S. 110); Informationen aus Ermittlungsverfahren, die zum Zweck der Rechtsdurchsetzung zusammengestellt worden sind (Kneifel in DANA 1987, Heft 5-6, S. 16 f.); Akten im Zusammenhang mit Untersuchungs- oder Zustandsberichten, sowie geologische und geophysikalische Daten (Angelov, S. 110).

385 Koebke, S. 52; Angelov, S. 106; umfassend Hirschberger, S. 165; Kneifel in CR 1990, S. 136; Rehbinder, S. 19; dazu auch ausführlich Kugelmann, S. 84 ff.: Veröffentlichungspflicht bezieht sich auf Organisationspläne, Richtlinien, Auslegungsgrundsätze, Leitfäden, Dienstanweisungen und Hilfen für Antragsteller, endgültige Stellungnahmen, Entscheidungen, interne Anweisungen und Vorschriften, die Auswirkungen auf die Öffentlichkeit haben; Schröder in Die Verwaltung 4 (1971), S. 307.

386 Dazu im folgenden separat, IV., 2.

387 Zusammenfassend Koebke, S. 81 ff.; speziell zu Schweden Petrén in VerwArch 1958, S. 333; zu Finnland, Koebke, S. 61; zu Dänemark Borgsmidt in DÖV 1988, S. 70; zu Niederlande, Schwanenflügel in DVBl 1991, S. 94; Lübbe-Wolff in Die Verwaltung 13 (1980), S. 341; Belgien, Koebke, S. 64; Frankreich, Koebke, S. 65; Irland, Koebke, S. 71; Italien, Koebke, S. 72; Griechenland, Portugal, Koebke, S. 72 f.

388 Überblick bei Frenzel, S. 16 ff.

wohl aber eine in Grundzügen wesensverwandte Ausprägung, die europäisch aufgegriffen und größtenteils normativ den jeweils weitgehensten Ansatz der mitgliedstaatlichen Systematik verfolgt. Unterschiede größerer Art ergeben sich auch bei den Grenzen des Anspruchs[389], wobei allerdings hier die Grenzen der Gefahr für die Allgemeinheit oder für einen einzelnen den gemeinsamen Nenner darstellen. Aus diesen ergeben sich drei Schutzbereiche, die allen Rechtsordnungen gemein sind[390]: die innere Willensbildung des Staates, als reguläre oder Bereichsausnahme konzipiert, der Schutz der Interessen der Allgemeinheit und der Schutz der Interessen des einzelnen (Wahrung der Persönlichkeitsrechte und Sicherung vermögenswerter Positionen[391]). Verfassungsrechtlich abgesichert ist das Zugangsrecht in *Schweden*, *Belgien*, *Finnland*, *Griechenland*, in den *Niederlanden* mit Einschränkungen[392], *Portugal* und *Spanien*, wobei allein *Schweden* das Dokumentenzugangsrecht explizit benennt[393]. Die übrigen Verfassungen garantieren die Freiheit der Meinungsbildung und –äußerung oder den Zugang zu allgemein zugänglichen Informationsquellen[394].

IV. Insbesondere: Verfassungsrechtliche Grundlagen der Öffentlichkeit von Staatsgewalten in Deutschland

1. Grundsatz der beschränkten Aktenöffentlichkeit; einfach-gesetzliche Akteneinsicht im Verwaltungsverfahren

Das deutsche Verwaltungsrecht ist auch heute, trotz vereinzelter Ansätze in diesem Bereich, vom Amtsgeheimnis beherrscht. Zwar hat sich im Laufe der Jahrzehnte der Grundsatz der beschränkten Aktenöffentlichkeit herausgebildet[395], der sich allerdings im Vergleich zu den Fortschritten der anderen europäischen Rechtsordnungen eher verhalten darstellt. Grundsätzlich besteht ein persönlich oder bereichsspezifisch beschränktes Zugangsrecht unmittelbar Betroffener zur rechtsstaatlich verpflichtenden Wahrung individueller Rechte. Diese Dokumentenzugangsrechte bestehen aber gerade nicht im Rahmen einer allgemeinen Informationsfreiheit als Ausfluß größerer demokratischer Einflußmöglichkeiten, sondern aufgrund persönlicher Betroffenheit oder eines irgend gearteten Interesses des Antragstellers. Zumeist besteht gleichzeitig eine Koppelung an ein bestimmtes Verfahren und der Zugang ist gegenständlich auf den jeweiligen Kontext begrenzt. Diese Bedingungen sind anspruchsbegründende Voraussetzung

---

389 Lübbe-Wolff in Die Verwaltung 13 (1980), S. 347.
390 Siehe hierzu schon oben, I., 6.
391 Koebke, S. 84.
392 S.o. nur die aktive Informationspflicht, I., 8.
393 Winter in Winter, S. 10.
394 Winter in Winter, S. 10.
395 Kritisch hinsichtlich dieser Entwicklung siehe nur Schwan in DuD 1982, S. 274 ff.; zum geschichtlichen Hintergrund überblicksartig Frenzel, S. 2.

für ein Akteneinsichtsrecht[396]. Beispielhaft ist die Regelung des § 29 VwVfG zu nennen. Außerhalb laufender Verfahren besteht als JedermannRecht lediglich ein Anspruch auf ermessensfehlerfreie Entscheidung, oder es bleibt bei dem Erfordernis der Geltendmachung qualifizierter eigener Interessen[397]. Ein Jedermann-Recht ohne Interessennachweis besteht lediglich bei Register-, Archiv- und Wasserbüchereinsicht[398].

Allgemeine Schranken des Einsichtsrechts stellen sowohl öffentliche als auch private Interessen dar. Zu nennen sind hier in erster Linie der Schutz der Belange der Allgemeinheit, wie Staatsgeheimnisse, das Wohl des Bundes oder eines Landes, die Aufrechterhaltung der Funktionsfähigkeit der Verwaltung sowie das Beratungsgeheimnis[399]. Bezüglich der berechtigten Interessen einzelner reicht der Schutz von persönlichen Geheimnissen über allgemeine Verfahrensvorschriften beispielsweise im VwVfG, im SGB und in der AO bis zur allgemeinsten Normierung außerhalb von Verfahren, dem Recht auf informationelle Selbstbestimmung aus Art. 2 I, 1 I GG[400].

Durchbrochen ist dieses Prinzip der beschränkten Aktenöffentlichkeit in einigen Bundesländern sowie bereichsspezifisch im Umweltrecht[401]. Auf Bundesebene existiert zur Zeit ein auf die Koalitionsvereinbarung der Regierung *Schröder/Fischer* zurückgehender Referentenentwurf, der ein bereichs- und interessenunabhängiges Recht auf Zugang zu Akten und Informationen der Bundesbehörden vorsieht[402]. Begründet wird die Notwendigkeit mit der internationalen

---

396 Im Gerichtsverfahren: grundsätzliche Norm: § 169 GVG: § 299 I ZPO, § 147 StPO, § 100 VwGO, § 46 II ArbGG iVm. § 299 I ZPO, § 34 FGG, § 78 FGO, § 120 SGG; siehe dazu näher unten, D., I., 2., d), und II., 1., d); im Verwaltungsverfahren: § 29 I VwVfG, § 25 SGB X; im Steuerfestsetzungsverfahren: § 91 AO; im Planfeststellungs-, Genehmigungs-, Immissions-, und Atomgenehmigungsverfahren: § 72 VwVfG, § 3 BauGB, § 6 III AtVfO, § 10 IV 9. BImschV; v. Mutius in DVBl 1978, S. 665 ff.; Dißars in NJW 1997, S. 481 ff.; Hüttemann in NJW 1997, S. 2020 ff.; Reinhardt in Die Verwaltung 30 (1997), S. 161 ff.

397 Grundlegend: BVerwGE 30, 154 ff.; siehe hinsichtlich der differenzierten Anforderungen an das berechtigte oder rechtliche Interesse in den verschiedenen Verfahren: König in DÖV 2000, S. 46 ff.

398 Siehe Nolte in DÖV 1999, S. 364.

399 Lodde, S. 139 ff., 174 ff.

400 §§ 29 II, 30 VwVfG; § 39 BRRG; § 61 BBG; Art. 14 GG, der den Schutz von Geschäftsgeheimnissen über das Recht am eingerichteten und ausgeübten Gewerbebetrieb sichert; Steuer-, Sozial- und Datengeheimnis, § 19 IV BDSG.

401 Siehe dazu Kneifel-Haverkamp in DuD 1998, S. 438 ff.; Schild in RDV 2000, S. 96 ff.; Weichert in DuD 2000, S. 262 ff.; Dix in DuD 1999, S. 316, sowie jüngst Schoch in Die Verwaltung 35 (2002), S. 151.

402 Siehe IFG Entwurf; unter http://www.bmi.bund.de/Annex/de_3096/Entwurf_eines_Informationsfreiheitsgesetzes_IFG_mit_Begruendung.pdf; Referenz vom 26.01.2002; dazu Schoch in Die Verwaltung 35 (2002), S. 155 f.; Vorstellung des Entwurfs bereits bei Häfner/Gerlach in ZRP 1998, S. 123 ff.

Entwicklung anderer europäischer Rechtsordnungen und auf EU-Ebene sowie innerstaatlicher Entwicklungen in Brandenburg, Berlin, Schleswig-Holstein[403] und jüngst in Nordrhein-Westfalen[404]. In jüngster Zeit griff auch die rechtswissenschaftliche Literatur in Deutschland verstärkt diese Entwicklung und speziell den Referentenentwurf auf und entwickelte dogmatische Einordnungen und notwendige Begrenzungen eines in Deutschland zu verwirklichenden und überwiegend so bezeichneten Informationsfreiheitsanspruches[405]. Insbesondere wird auf den Wertungswiderspruch zwischen einem künftigen, voraussetzungslosen Informationszugang zu Dokumenten der Bundesbehörden und § 29 VwVfG hingewiesen, der zu einer Angleichung des § 29 VwVfG an die erweiterte Rechtsgewährung führen müsse[406].

2. Verfassungsrechtliche Ableitung

Die Ableitung des Grundsatzes der beschränkten Aktenöffentlichkeit in Deutschland ist im Kontext der Transparenz aller drei Staatsgewalten und grundlegender Staatsprinzipien zu betrachten. Ursprung aller Transparenz stellt dabei die Öffentlichkeit von Parlamentssitzungen dar[407].

---

403 Ausgangssituation im IFG Entwurf; unter http://www.bmi.bund.de/Annex/de_3096/Entwurf_eines_Informationsfreiheitsgesetzes_IFG_mit_Begruendung.pdf; Referenz vom 26.01.2002; zu den Länderregelungen siehe nur: Partsch in NJ 1998, S. 346 ff.; Breidenbach/Palenda in LKV 1998, S. 252 ff.; Bleyl in DuD 1998, S. 32 ff.; Kneifel-Haverkamp in DuD 1998, S. 438 ff.; Weichert in DuD 2000, S. 262 ff.; Überblick bei Schild in RDV 2000, S. 96 ff. und ergänzend Frenzel, S. 11 ff.

404 Gesetz über die Freiheit des Zugangs zu Informationen für das Land Nordrhein-Westfalen (Informationsfreiheitsgesetz Nordrhein-Westfalen-IFG NRW) vom 27.11. 2001, in http://www.im.nrw.de/bue/doks/ifg.pdf; Referenz vom 26.01.2002; zu der Entwicklung in anderen Bundesländern: Überblick bei Ibler in FS Brohm, S. 405 f., Abdruck der bestehenden IFG-Länderregelungen bei Schoch, IFG-ProfE, S. 233 ff.

405 Siehe Tagung des Forschungszentrums Technikrecht, „Die transparente Verwaltung, Zugangsfreiheit zu öffentlichen Informationen" unter Leitung von Michael Kloepfer am 05. Juli 2002 in der Humboldt-Universität zu Berlin; allgemein zur dogmatischen Einordnung eines Informationszugangsanspruches und dessen Auswirkungen auf das Prinzip des verwaltungsgerichtlichen Rechtsschutzes: Ibler in FS Brohm, S. 410 ff.; zu einem Gegenvorschlag zum Referentenentwurf des BMI siehe Schoch, IFG-ProfE, sowie Schoch in Die Verwaltung, 35 (2002), S. 149 ff., umfassend zur Informationsfreiheit auf Verfassungsebene: Kloepfer, Informationsrecht, S. 64 ff.

406 Schoch in Die Verwaltung 35 (2002), S. 161; Ibler geht dagegen von einer Aufweichung des subjektiven Rechtsschutzes aus, zumal die Ableitung des Informationszugangs überwiegend auf demokratische Aspekte und nicht auf Grundrechte gestützt wird, in FS Brohm, S. 410 ff.

407 Zum hier vernachlässigten Bereich der verfassungsmäßigen Ableitung der Gerichtsöffentlichkeit siehe Exkurs im Kontext der europäischen Gerichtsöffentlichkeit: D., I., 2., d), bzw. II., 1., d).

a) Demokratie

aa) Sitzungsöffentlichkeit des Parlaments als Anknüpfungspunkt demokratischer Zuordnung des Dokumentenzugangs

„*Mit der Öffentlichkeit des politischen Lebens steht und fällt sein* (gemeint ist der Staat) *heutiger abendländischer Typus. Jede Infragestellung der politischen Öffentlichkeit stellt seine Träger und damit ihn selbst in Frage.*" Diese Aussage *Smends* verknüpft den Transparenzgedanken eng mit der jeweiligen Staatsform[408]. Die Demokratie[409] wird die Publizität für den an sich wünschenswerten Zustand halten, von der Grundvorstellung ausgehend, daß jeder die Ereignisse und Verhältnisse, die ihn angehen, kennen solle[410]. Die Willensbildung bündelt sich in der Ausübung des Wahlaktes. Die wirksame Ausübung setzt jedoch ein bestimmtes Mindestmaß an Informationen über die Grundlagen und Wirkungen der vom Bürger zu treffenden Entscheidungen voraus[411]. Damit ist der Willensbildungsprozeß nicht auf den reinen Wahlakt beschränkt, vielmehr bietet der Demokratiegedanke die Grundlage für einen umfassenden Volkswillensbildungsprozeß[412]. Demokratische Repräsentation setzt also möglichst weitgehende parlamentarische Publizität voraus und schafft durch diese Partizipationswirkung einen gewissen Ausgleich für die fehlende Identität der Regierenden und Regierten innerhalb der repräsentativen Demokratie[413]. Der Wahlakt erfüllt hinsichtlich parlamentarischer Öffentlichkeit aber noch weitere Funktionen. Der

---

408 Marcic in FS Arndt, S. 284, unter Bezugnahme auf Smend; Klammeranmerkung vom Verfasser.

409 Als Bezugspunkt wird die Staatsform der repräsentativen Demokratie gewählt. Für die nachfolgende Analyse bedeutet dies, daß nicht von einer Identität zwischen Regierenden und Regierten ausgegangen wird, welche eine grenzenlose Publizität voraussetzen würde (Martens, S. 59 f.); daß die Offenheit der Staatsgewalten mit dem Demokratieprinzip verknüpft ist, ist soweit ersichtlich unbestritten; siehe nur: Klein in Maunz/Dürig, Art. 42, RN 9; bereits Hamann-Lenz, Art. 42, Anm. A; Kriele in VVDStRL 29, (1970), S. 67; Kempen, S. 188; Martens, S. 68; Hesse, RN 504; Ipsen, Richterrecht und Verfassung, S. 142; Linck in DÖV 1973, S. 513; Achterberg, S. 70.

410 Georg Simmel zitiert bei Marcic in FS Arndt, S. 284.

411 Zur Möglichkeit der europäischen Verallgemeinerung: Bieber in DÖV 1991, S. 864; allgemein: Achterberg, S. 70 f.; Burkert in DuD 1998, S. 430; Hirschberger, S. 169; Kugelmann, S. 7; noch weitergehend Scherzberg, S. 289 ff., unter Berufung auf Grimm in Tinnefeld/Philipps/Heil, S. 226, 227; Rinken, S. 249, 256; Kißler, S. 72 ff.; siehe schon Schmitt, S. 243, das Volk entstehe erst durch Öffentlichkeit, deshalb zählen diejenigen Gewährleistungen, Einrichtungen, Instrumente und Verfahren der Verfassung, die dazu beitragen, mittels öffentlicher Kommunikation aus der Summe der Individuen eine Gemeinschaft und aus den individuellen Anschauungen einen Gesamtwillen zu aggregieren, zu den unabdingbaren Bestandteilen der modernen Demokratie, ausgedrückt aber am greifbarsten im Willensbildungsprozeß im Vorfeld zu Parlamentswahlen.

412 Schmitt Glaeser in HdbStR II, § 31, RN 26; Angelov, S. 71.

413 Kißler in Schneider/Zeh, § 36, RN 5, 14; O'Neill in EPL 1998, S. 406; Curtin in Winter/Curtin/Kellermann/Witte, S. 95, 96; so auch Linck in DÖV 1973, S. 515.

informierte Bürger artikuliert mit seiner Stimmabgabe die Kontrolle der bisherigen Tätigkeit der Repräsentanten. Dies kann sich einmal in der Überprüfung der Einhaltung der Verfassung ausdrücken[414], zum anderen als mittelbares Kontrollinstrument der Abgeordneten gegenüber der Regierung[415]. Gleichzeitig dient die Wahl damit auch als Legitimationsakt und Akzeptanzakt in Form eines Vertrauensvorschusses[416]. Damit ist das Öffentlichkeitsprinzip des Gesetzgebers Bestandteil des Demokratieprinzips[417], hergestellt durch Öffnung der Plenumssitzungen und verfassungsrechtlich abgesichert über Art. 42 GG. Es läßt sich daher der Schluß ziehen, daß bei Herleitung möglichst umfassender Transparenz durch Parlamentsöffentlichkeit sich die Öffnung von Dokumenten lediglich als nachrangig darstellt. Damit ist klar, daß in diesem Verhältnis das Zugangsrecht zu Dokumenten nicht zum Kernbereich der Demokratie zu zählen ist[418]. Ausreichende Legitimation und Unterstützung bei der Ausübung des Wahlakts sowie die Kontrolle werden schwerpunktmäßig und auch ausreichend aus der Öffentlichkeit von Parlamentssitzungen abgeleitet.

Die Rechtsprechung des *BVerfG* vermag die Kernbereichsproblematik demokratischer Grundanforderungen anhand Art. 79 III GG zu erhellen. Zunächst ist zu berücksichtigen, daß Art. 79 III GG[419] sehr restriktiv zu interpretieren ist[420]. Zu seinem Inhalt gehört, daß die Wahrnehmung staatlicher Aufgaben und die Ausübung staatlicher Befugnisse sich auf das Staatsvolk zurückführen lassen und grundsätzlich ihm gegenüber verantwortet werden. Entscheidend ist, daß ein bestimmtes, hinreichend effektives Legitimationsniveau erreicht wird[421]. *„Demokratie, nicht verstanden als lediglich formales Zurechnungsprinzip, ist vom Vorhandensein bestimmter vorrechtlicher Voraussetzungen abhängig, wie einer ständigen freien Auseinandersetzung zwischen sich begegnenden sozialen Kräften, Interessen und Ideen, in der sich auch politische Ziele klären und wandeln und aus der heraus eine öffentliche Meinung den politischen Willen formt. Dazu gehört auch, daß die Entscheidungsverfahren der Hoheitsgewalt ausübenden*

---

414 So Rauschning, S. 183, 186.

415 Jerschke, S. 71; Kißler, S. 306.

416 Jerschke, S. 69 ff., 118 ff.; Linck in DÖV 1973, S. 513 ff.

417 Von vielen Vertretern in der Literatur wird sie sogar zum Kernbereich der Demokratie gezählt oder unter die Ewigkeitsgarantie des Art. 79 III GG gestellt: BVerfGE 70, 324, 355; 84, 304, 329; allgemein: Geiger in FS Arndt 1969, S. 133; Linck in DÖV 1973, S. 515; Stern, Staatsrecht I, S. 615 ff.; Kugelmann in EuR 1996, S. 207; Achterberg, S. 70; Hett, S. 268; explizit Schneider in AK, Art. 42, RN 2; ihm folgend auch Magiera in Sachs, Art. 42, RN 1; siehe auch Gündisch/Mathijsen, S. 197.

418 Zum Öffentlichkeitsprinzip insgesamt, Kahl in ZG 1996, S. 226; siehe auch Nolte in DÖV 1999, S. 368: Verweis auf Schwan, S. 98 f.; Scherer, S. 27 ff.

419 Allein auf diese Schranke des Grundgesetzes lohnt es abzustellen, da diese über Art. 23 I 3 GG auch eine europarechtliche Dimension erhält. Näher dazu unten, D., I., 2., a), bb), bbb).

420 Bryde in v. Münch, Art. 79 RN 24 ff.

421 BVerfGE 83, 60, 72.

Organe und die jeweils verfolgten politischen Zielvorstellungen allgemein sichtbar und verstehbar sind, und ebenso, daß der wahlberechtigte Bürger mit der Hoheitsgewalt, der er unterworfen ist, kommunizieren kann"[422]. Hiermit meint das *BVerfG* Offenheit und Transparenz von Entscheidungsprozessen von Normgebern[423]. Diese vorrechtlichen Voraussetzungen der Öffentlichkeit, die durch die Strukturen des repräsentativen Parlamentarismus mit der Demokratie verknüpft werden[424] und deren Entwicklung auf europäischer Ebene dienten ihm in der Maastricht–Entscheidung als Begründung dafür, daß die demokratischen Legitimationsprozesse der EU noch nicht soweit fortgeschritten seien, als daß sie einen eigenen Legitimationsprozeß tragen könnten[425]. Damit schwieg das Gericht allerdings zur Einordnung der Transparenz auf nationaler Ebene[426]. Überlegungen hierzu klangen aber in der Entscheidung des *BVerfG* zur Währungsunion an. Demokratie gewährleistet eine ständige freie Auseinandersetzung der sozialen Kräfte. Insoweit wird das Maastricht-Urteil zitiert. Die Sichtbarkeit und Verstehbarkeit gehören zu diesem grundlegenden demokratischen Gehalt. Solche vorrechtlichen Voraussetzungen werden jedoch von Art. 38 I GG nicht grundrechtsgleich gewährleistet. Soweit der Beschwerdeführer rügt, die von der Bundesregierung verfolgten politischen Zielvorstellungen seien nicht allgemein sichtbar und verstehbar, betrifft dies die vorrechtlichen Voraussetzungen der Demokratie. Diese sind jedenfalls aufgrund des Art. 38 I GG als einer grundrechtsgleichen Gewährleistung nicht einforderbar[427]. Damit ist klar, daß das *BVerfG* die Transparenz zwar als wichtiges Prinzip der demokratischen Legitimation betrachtet[428], aber zu einem einklagbaren, integrationsfesten Grundrecht gem. Art. 79 III, 20 i.V.m. 38 GG[429], womit es Kernbestand des Demokratieprinzips wäre, reicht sein Gehalt nicht[430]. Ununmstößlich scheint also lediglich die allgemeine Plenumsöffentlichkeit aus Art. 42 GG und nicht die subjektive Ausprägung über Art. 38 GG. Dieser Gedanke läßt sich für das Zugangsrecht weiterentwickeln. Die Öffentlichkeit von Dokumenten stellt danach zwar einen eigenständigen Grundsatz des Demokratiegedankens dar, prägt aber vielmehr

---

422 BVerfGE 5, 85, 135; 89, 155, 185.
423 BVerfGE 89, 155, 185, in diesem Fall des Europäischen Rates, siehe dazu unten, D., I., 2., a), bb), ccc).
424 So Sobotta, S. 49.
425 So auch Nolte in DÖV 1999, S. 368; siehe dazu im folgenden Abschnitt, D., I., 2., a), bb), bbb).
426 Nach Götz berührt die Maastricht-Entscheidung nicht direkt das Demokratiedefizit der Gemeinschaft. Er erkennt aber an, daß das BVerfG diesem Thema nicht völlig ausweichen konnte: Götz in JZ 1993, S. 1082.
427 BVerfG in NJW 1998, S. 1936.
428 Als allgemeine vorrechtliche Voraussetzung von Demokratie, BVerfGE 89, 155, 185.
429 Diese Verbindung in der Maastricht-Entscheidung gezogen: BVerfGE 89, 155, 182.
430 So auch Nolte in DÖV 1999, S. 368.

lediglich das objektive Öffentlichkeitsprinzip als Ausgestaltung des Demokratieprinzips sowie diejenigen anderer Staatsprinzipien mit.

bb) Öffentlichkeit von Regierung und Verwaltung, dem Demokratiegrundsatz entlehnt

Wie schon erwähnt, beschränkt sich der Prozeß der demokratischen Willensbildung des Volkes nicht auf den bloßen Wahlakt zur Legislative, sondern ist als umfassender Willensbildungsprozeß zu verstehen. Hierzu gehört auch ein solcher über die Arbeit der von der Legislative abhängigen Exekutive[431]. Die Öffentlichkeit von Regierung und Verwaltung, hergestellt im wesentlichen durch Aktenzugang, besitzt daher nicht nur eine rechtsstaatliche Komponente im Sinne des effektiven Rechtsschutzes, sondern Exekutivinformationen sind auch in ihrer Bedeutung für eine umfassende demokratische Willensbildung zu sehen[432]. Im Zuge des Anwachsens der Aufgaben der Exekutive ist auch bei ihrer Arbeit eine demokratische Willensbildung erforderlich[433]. Da aber weiterhin eine Abhängigkeit von der Legislative, somit eine mittelbare demokratische Legitimation zum Träger der Staatsgewalt besteht, ergeben sich Unterschiede bei der Einordnung der Offenheit der Verwaltung in der Ausübung des demokratischen Willensbildungsprozesses. Relevant ist dies zunächst beim Grad der Transparenz[434], da es keinen dem Art. 42 GG vergleichbaren Verfassungsartikel zugunsten der Öffentlichkeit der Exekutive gibt. Im Gegenteil ist das Prinzip des grundsätzlichen Amtsgeheimnisses vorherrschend. Eine Kompensation durch offene Sitzungen beispielsweise des Kabinetts ist weder verfassungs- noch organisationsrechtlich vorgesehen[435]. Somit erhält das Zugangsrecht im Gegensatz zur Legislative eine sukzessiv höhere Bedeutung, um diesen Transparenzverlust ausgleichen zu können. Gleichwohl besteht aufgrund der mittelbaren Ableitung der Exekutivgewalt vom (öffentlich verhandelnden) Parlament, keine dringliche Verstärkung der Offenheit im Sinne einer legislativen Entsprechung, so daß der Grundsatz der beschränkten Aktenöffentlichkeit, wenn auch rechtspolitisch heute weitgehend unerwünscht, jedenfalls keinen Verstoß gegen das Demokratieprinzip zu begründen vermag.

Allerdings besteht ein Unterschied zur Legislative beim Rechtsgut „Effizienz des Staatsorgans“ im Rahmen des Zugangsrechts zu Verwaltungsdokumenten, der eine verstärkte Öffnung der Verwaltung auch rechtsdogmatisch zu gebieten scheint. Während die Funktionsfähigkeit des Parlaments lediglich als reine Aus-

---

431 Martens, S. 63; Krieger, S. 114; Rauch, S. 150; Scherer, S. 40.

432 Schoch in VVDStRL 57 (1998), S. 201.

433 Lodde, S. 111; Habermas, S. 216; Schmitt Glaeser in VVDStRL 31 (1973), S. 211 ff.

434 So auch Classen in AöR 119 (1994), S. 249; BVerfGE 44, 125, 147; 63, 230, 243; so auch Jarass/Pieroth, Art. 20, RN 13.

435 Vgl. § 22 III GO BReg.

nahmebestimmung zur Offenheit von Ausschußsitzungen dient[436], kann die Effizienz der Verwaltung neben ihrer Funktion als Ausnahme zusätzlich auch als Funktion der Öffentlichkeit selbst begriffen werden[437]. Der dabei zugrunde liegende Gedanke ist der liberalen Staatstheorie entlehnt[438]. Mittels Öffnung und einhergehendem offenen Informationsaustausch findet ein Argumentationswettbewerb, ähnlich dem Willensbildungsprozeß der Repräsentanten statt, der der Verwaltung die besten und damit effizientesten Argumente beläßt[439]. Diese Doppelfunktion spielt im Rahmen der Exekutive eine weit größere Rolle als bei der Legislative, die von ihrem Grundverständnis einer Öffentlichkeit ihrer Sitzungen ausgeht und die Zusatzfunktion des Ideenwettbewerbs nicht zwingend benötigt. Zwar hat sich diese Argumentation in der Praxis als weitgehend haltlos erwiesen, sie ist jedoch staatstheoretisch auch heute nicht von der Hand zu weisen. Zumindest die übrigen Funktionen der demokratischen Öffentlichkeit sind bezüglich der Verwaltung, insbesondere die Kontrolle durch den Bürger auch praktisch, hervorzuheben. Die durch Kompetenzverlagerung auf die Exekutive nicht symmetrisch einhergehende wachsende Kontrollmöglichkeit durch die Parlamentarier und die somit immer wichtigere ergänzende Kontrolle durch den

---

436 Vgl. Linck in DÖV 1973, S. 513 ff.

437 Besonders deutlich bei Schoch in VVDStRL 57 (1998), S. 201.

438 Siehe hierzu Schröder in Die Verwaltung 4 (1971), S. 304; Darstellung bei Martens, S. 59 ff.; Habermas, S. 227; Kalt, S. 37, 97; Von Kant stammt der Satz, daß alle auf das Recht anderer Menschen bezogenen Handlungen, deren Maxime sich nicht mit der Publizität verträgt, unrecht sind. Diese Forderung umfaßte das Recht aller auf gleichberechtigte Teilnahme an öffentlichen Angelegenheiten, zunächst insbesondere bei der Gesetzgebung (Kant, Zum Ewigen Frieden, S. 245). Ähnliche Überlegungen auch bei v. Feuerbach, der sich in seinem grundlegenden Werk über die Öffentlichkeit und Mündlichkeit der Gerechtigkeitspflege im Jahre 1821 gegen den im Verborgenen stattfindenden Strafprozeß richtete (V. Feuerbach, Bd. 1, S. 10). Im Jahr 1810 befand Behr, daß es schlechterdings keines zureichenden Grund zur Verheimlichung irgendeines Aktes der Staatsverwaltung gedenkbar sei: Aus diesem Grund müssen die Regierungen sich unverzüglich bequemen, jede öffentliche Angelegenheit zu behandeln, an Stelle von geheimen Räthen und geheimen Kanzleyen, öffentliche Räthe und öffentliche (Staats-) Kanzleien treten zu lassen, die ganze Staatsverwaltung offen vor den Augen aller Interessenten vorgehen zu lassen, und das Unbemerkte derselben dem Publikum von Zeit zu Zeit vorzulegen (Behr, S. 301). Auch Weber unterstreicht die kontrollierende Wirkung der von ihm als Verwaltungsöffentlichkeit bezeichneten staatlichen Publizität. Er stellt die Bedeutung der Geheimhaltungsmaxime für die Bürokratie des Obrigkeitsstaates in den Mittelpunkt seiner Betrachtung und wirft ihr vor, sie versuche gerade durch das Mittel der Geheimhaltung ihre Kenntnisse und Absichten, die Überlegenheit des berufsmäßig Wissenden zu steigern. Jede über eine sachlich motivierte Geheimhaltung hinausgehende Steigerung des Amtsgeheimnisses hält er jedoch für die Absicht der Herrschenden, die Herrengewalt straffer anzuziehen, oder für ihren Glauben an deren wachsende Bedrohtheit (Weber, Parlament und Regierung, S. 58; Weber, Wirtschaft und Gesellschaft, S. 548). Nachweise der Argumente gegen diese Qualitätsvermutung finden sich bei Sobotta, S. 41 ff.

439 O'Neill in EPL, S. 406; Curtin/Meijers in CMLR 1995, S. 392.

Bürger kann aufgrund der grundsätzlichen Geheimhaltung der Dokumente das Überraschungsmoment des unvorhergesehen, da von der Initiative der Bürger abhängigen, Einsichtsbegehrens für sich verbuchen[440]. Eine derart unvorhergesehene Kontrollmöglichkeit kann gleichzeitig die Legitimation von Verwaltungsentscheidungen erhöhen und die Integration des Staates fördern[441].

Insgesamt wird damit deutlich, daß trotz graduell geringer ausgeprägter Öffentlichkeit, staatliche Publizität auch in diesem Bereich zwingende Voraussetzung für die Teilnahme des Bürgers an der Staatstätigkeit ist und damit letztlich die Grundlage der Integration von Staat und Gesellschaft gefördert wird[442].

cc) Ergebnis

Das Demokratieprinzip in Form der Willensbildung des Volkes eignet sich sowohl im Bereich der gesetzgebenden Gewalt als auch im Rahmen der Exekutive trotz gradueller Unterschiede zur Ableitung eines Transparenzgrundsatzes der Öffentlichkeit[443]. Konkrete Publizitätspflichten vermag das Demokratieprinzip aber weder für die Regierung noch für die Verwaltung zu begründen[444]. Und auch bei der Legislative gibt es eine nachrangige Bedeutung der Transparenzausprägung „Dokumentenzugang" aufgrund der den demokratischen Anforderungen genügenden Öffentlichkeit der Plenumssitzungen.

b) Rechtsstaat

Demokratisch abgeleitete Öffentlichkeit darf nicht auf einen bestimmten Rechtsträgerkreis beschränkt werden. Wird nur den am Verwaltungsverfahren Beteiligten Publizität gewährt, kann zwar für den einzelnen die Möglichkeit geschaffen werden, seine im Einzelfall betroffenen Rechte wahrzunehmen. Wird diese Möglichkeit jedoch gesetzgeberisch zur Voraussetzung erhoben, wie § 29 VwVfG deutlich macht[445], so ist der überwiegende Zweck dieses Rechts nicht mehr die Transparenz des staatlichen Machtbereichs für die Öffentlichkeit, sondern die Rechtsverteidigung. In Deutschland ist die Aktenöffentlichkeit vorwiegend als Instrument zur Gewährleistung des rechtlichen Gehörs konzipiert. In jüngeren Gesetzen erfährt es normative Durchbrechungen, die eine Tendenz zur

---

440 Zu den Funktionen der Öffentlichkeit der Exekutive, siehe bereits Schröder in Die Verwaltung 4 (1971), S. 304 ff.; zur Kontrolle, Schwanenflügel in DÖV 1993, S. 95; Lodde, S. 112; Schoch in VVDStRL 57 (1998), S. 201.

441 BVerfGE 44, 125, 147 ff.; so auch Schwanenflügel in DÖV 1993, S. 95; Würtenberger in NJW 1991, S. 258; so auch, allerdings auf die Rechtsstaatlichkeit bezogen: Engel, S. 84; Schoch in VVDStRL 57 (1998), S. 201.

442 Schröder in Die Verwaltung 4 (1971), S. 304 ff.

443 BVerfGE 44, 125, 147; 63, 230, 242; so auch Jarass/Pieroth, Art. 20, RN 13.

444 Kloepfer in HdBStR II, § 35, RN 59; ihm folgend Jarass/Pieroth, Art. 20, RN 13; mit Einschränkungen Bieber in DÖV 1991, S. 865; Düwel, S. 117; Engel, S. 116; Jerschke, S. 75; Martens, S. 70 ff.

445 S.o., 1.

Objektivierung der Einsichtsrechte aufweisen. Gewährleistungen des rechtlichen Gehörs, also individueller Rechtsschutz, sind aber für das deutsche Recht bis heute durch eine Beschränkung auf Beteiligte charakteristisch[446]. Neben dem Erfordernis der Normenklarheit und Normenpublizität[447] bezweckt rechtsstaatlich verstandene Publizität die Garantie der Rechtsverwirklichung zur subjektiven Wahrnehmung individueller Rechte[448]. Art. 19 IV GG garantiert diesen Schutz gerichtlich und leitet sich aus dem allgemeinen Rechtsstaatsprinzip verwaltungsverfahrensimmanent sowie aus Art. 103 I GG gerichtlich ab[449]. Rechtsstaatlichkeit verpflichtet insoweit zur Transparenz[450]. Der Informationszugang kann dann aber unter die Voraussetzung der eigenen Rechtsbetroffenheit und der Einschränkung der nicht erforderlichen Informationspflicht zugunsten der Allgemeinheit gestellt werden[451].

Die rechtsstaatliche Ableitung stellt die entscheidende verfassungsrechtliche Komponente zur Begründung eines Zugangsrechts zu staatlichen Informationen in Deutschland dar. Als Hauptanwendungsfall eröffnet § 29 VwVfG die Konzentration der Aktenöffentlichkeit auf die Exekutive. Grundsätzlich sind sämtliche Zugangsrechte akzessorisch an das Verfahren oder die persönliche Betroffenheit gekoppelt.

c) Art. 5 I 1, 2. HS Grundgesetz

Ob die Informationsfreiheit als zusätzliche Ableitung eines Informationszugangsrechts dienen kann, hängt primär von der Auslegung der Allgemeinzugänglichkeitsklausel ab. Die überwiegende Ansicht in Schrifttum und Rechtsprechung geht von einer objektiv-technischen Eignung der Allgemeinzugänglichkeit aus[452]. Eine faktische Erreichbarkeit oder subjektive Bestimmung ist dagegen nicht ausreichend. Informationen aus dem behördlichen Bereich werden als technisch nicht geeignet angesehen, einen unbestimmten Personenkreis zu informieren[453]. Dieser bis heute prägende Zirkelschluß des *OVG Münster* aus

446 Bieber in DÖV 1991, S. 859.

447 BVerfGE 65, 283, 291; BVerwGE 17, 192, 193.

448 Unter Einbeziehung des Sozialstaatsprinzips: Pipkorn in DÖV 1976, S. 340; als Bedingung zur Verwirklichung der Vohersehbarkeit staatlichen Handelns: Häner, S. 127 ff.; hinsichtlich Rechtsschutz und Vorhersehbarkeit: Gurlit, S. 114; hinsichtlich Verwaltungsvorschriften: Wittling, S. 268.

449 Siehe am Beispiel von Prüfungsakten: Kunz in Verwaltungsrundschau 1994, S. 222.

450 BVerfGE 44, 125, 147.

451 Gurlit, S. 114; Knirsch in DÖV 1988, S. 27.

452 Definition des BVerfG: allgemein zugänglich, wenn sie technisch geeignet und bestimmt ist, der Allgemeinheit, d.h. einem nicht bestimmbaren Personenkreis Informationen zu verschaffen (E 27, 71, 83; 27, 104, 108; 28, 175, 188; 33, 52, 65; 90, 27, 32); so auch Geiger in FS Arndt, S. 126; Starck in Mangoldt, Art. 5, RN 29; Pieroth in JuS 1981, S. 628; Pieroth/Schlink, RN 564; Wendt in v. Münch, Art. 5, RN 23; Lodde, S. 121 ff.

453 Siehe Nachweise bei Angelov, S. 40, FN 46; Düwel, S. 115; Lepper in DVBl 1963, S. 317; Martens, S. 64; Mengel in Die Verwaltung, 23 (1990), S. 384; Schröder in Die Ver-

dem Jahre 1958 trägt die Hauptverantwortung für eine mangelnde Ableitbarkeit des Dokumentenzugangs aus der deutschen Informationsfreiheit. Danach bilden behördliche Akten keine allgemein zugänglichen Informationsquellen, da sie der öffentlichen Einsicht nicht allgemein zugänglich sind[454]. Zwar kann Art. 5 I 1, 2. HS GG neben dem abwehrrechtlichen Unterlassungsgebot eine objektivrechtliche Regelungskomponente zugesprochen werden. Diese zielt auf die Herstellung und Erhaltung geeigneter Rahmenbedingungen der grundrechtlichen Betätigung, woraus aber eben kein subjektives Informationszugangsrecht zu Akten staatlicher Stellen ableitbar ist[455].

3. Zusammenfassung und Bedeutung der Untersuchung

Die wichtigste deutsche Publizitätsforderung bildet die Transparenz der Gesetzgebung, verwirklicht durch die Plenumsöffentlichkeit in Art. 42 GG[456]. Sie kann der Arbeit der Repräsentanten, ergänzend zum Wahlakt, zusätzliche Legitimationswirkung verschaffen und benötigt allenfalls ergänzend die Öffnung von Akten. Die faktische Machtverschiebung zugunsten der Exekutive erfordert aber auch bei Verwaltungs- und Regierungshandeln demokratische Öffentlichkeit. Die Ausformung der demokratischen und rechtsstaatlichen Verwaltungsöffentlichkeit hat sich in Deutschland traditionell als beschränkte Aktenöffentlichkeit herausgebildet. Das Demokratieprinzip ist jedoch nicht verletzt, wenn das Zugangsrecht von bestimmten, wenn auch in anderen europäischen Rechtsordnungen nur sehr vereinzelt anzutreffenden, Voraussetzungen, wie einem rechtlich geschützten Informationsinteresse, abhängig gemacht werden soll[457]. Unstreitig bleibt bei dieser Konzeption aber, daß auch in Deutschland eine voraussetzungslose Aktenöffentlichkeit schwerpunktmäßig aus dem Demokratiegrundsatz ab-

---

waltung, 4 (1971), S. 301, 303; Schwan, S. 92-113; Windsheimer, S. 158; Geiger in FS Arndt, S. 123; Schmitt Glaeser in Jura 1987, S. 571; Lodde, S. 136 i.E. auch wenn er den Zustand als rechtspolitisch unbefriedigend empfindet.

454 OVGE 14, 199, 201; folgend: Schmidt-Jortzig in HdbStR IV, § 141, RN 28 ff.; Starck in Mangoldt, Art. 5, RN 49; Wendt in v. Münch, Art. 5, RN 25; Schoch in VVDStRL 57, (1998), S. 189; eine im Vordringen befindliche Mindermeinung stellt auf die subjektive Bestimmung der allgemeinen Zugänglichkeit ab: Hamann-Lenz, Art. 5, RN B 5; Jerschke, S. 108, 166; Lerche in Jura 1995, S. 565; Rotta, S. 50, 59; wohl folgend Angelov, S. 67; gegen die Zirkelschlußargumentation des OVG: Gurlit in ZRP 1989, S. 253; Rotta, S. 41; Krieger, S. 101; Scherer, S. 27, 31; Scherer in JZ 1979, S. 390; Forderung eines allgemeinen Informationsrechtes in Form eines allgemeinen Akteneinsichtsrechts hinsichtlich verwaltungsbehördlicher Unterlagen: Gurlit, S. 61; Scherer, S. 27, 33; Schwan, S. 90; Steinmüller Gutachten, in BT Drs. VI/3826, S. 62 ff.; aus Art. 5 direkt ableitbares Informationsrecht: Krieger, S. 113, 119; Scherer, S. 33; Steinmüller Gutachten, in BT Drs. VI/3826, S. 69; Windsheimer, S. 161.

455 Rossen, S. 194; Scherzberg, S. 357, Schoch in Die Verwaltung 35 (2002), S. 152.

456 Kahl in ZG 1996, S. 224, unter Hinweis auf BVerfGE 70, 324, 355.

457 Scherzberg, S. 312.

zuleiten wäre. Da eine solche in Deutschland nicht allgemein verwirklicht ist, ist daher überproportional auf das Rechtsstaatsprinzip und die objektive Gewährleistung von Art. 5 I 1, 2. HS GG abzustellen, um eine verfahrensakzessorische Transparenz im Exekutivbereich verfassungsmäßig herzuleiten.

Als Ergebnis bleibt damit festzuhalten, daß eine voraussetzungslose Akteneinsicht in Deutschland verfassungsrechtlich nicht zwingende Voraussetzung der demokratischen Legitimation ist und eine solche, im Gegensatz zu anderen Mitgliedstaaten[458], auch tatsächlich nicht gewährt wird. Das Besondere an der deutschen Rechtslage ist aber, daß, über eine fehlende verfassungsrechtliche Verankerung hinaus, voraussetzungsloser Dokumentenzugang in wesentlichen Bereichen auch einfach-rechtlich nicht verlangt werden kann.

Für die Ableitung eines allgemeinen Rechtsgrundsatzes aus den Verfassungstraditionen der Mitgliedstaaten mag sich diese Tatsache nicht übermäßig auswirken, da die Existenz eines solchen Grundsatzes keine Verfassungshomogenität aller Mitgliedstaaten voraussetzt[459].

Die Einordnung der Transparenz in die demokratische Konzeption des Grundgesetzes kann aber in einem anderen Zusammenhang relevant werden. Neben der Beantwortung der Existenz eines allgemeinen Rechtsgrundsatzes stellt sich weiter die Frage, ob aus der Demokratiekonzeption des Gemeinschaftsrechts selbst ein allgemeiner Grundsatz ableitbar ist[460]. Zwar muß die einfach-gesetzliche deutsche Rechtslage, aufgrund ihres europäischen Ausnahmecharakters, diesbezüglich wohl außer Betracht bleiben. Zugleich wurde aber festgehalten, daß ein Verfassungsgrundsatz der voraussetzungslosen Aktenöffentlichkeit auch in Deutschland aus dem demokratischen Prinzip abzuleiten wäre. Insoweit kann auch die verfassungsrechtliche Konzeption des Grundgesetzes europarechtlich als Vorbild herangezogen werden und es gilt zu untersuchen, inwieweit sich staatliche und europäische Demokratiegrundsätze unterscheiden und auf welcher gemeinschaftsrechtlichen Ebene gegebenenfalls dann ein europäisches Dokumentenzugangsrecht zu verankern ist.

V. Bedeutung der gefundenen Ergebnisse für die Anerkennung eines allgemeinen Rechtsgrundsatzes auf Gemeinschaftsebene

1. Negierung eines allgemeinen Rechtsgrundsatzes

Ausgehend davon, daß die Existenz eines allgemeinen Rechtsgrundsatzes nicht einen, allen mitgliedstaatlichen Rechtsordnungen gemeinsamen, Grundsatz voraussetzt[461], scheint die Tatsache, daß das voraussetzungslose Dokumentenzu-

---

458 Siehe dazu oben unter III.

459 Dazu schon oben unter I., 1., sowie im Fortgang.

460 Siehe dazu unter D.

461 Dazu näher oben unter I., 1.

gangsrecht in 13 von 15 Mitgliedstaaten mehr oder weniger verfassungsmäßig verankert ist, darauf schließen zu lassen, es handele sich bei der Betrachtung der Rechtsordnungen der meisten Mitgliedstaaten um die zu fordernde „beste Lösung“, das Dokumentenzugangsrecht auch europäisch als allgemeinen Rechtsgrundsatz zu betrachten. *Scherzberg* zieht demzufolge auch nicht allein die Rechtsordnungen *Deutschlands* und *Luxemburgs* heran, um aus dem Fehlen eines derartigen Rechts einen europäischen Rechtsgrundsatz zu negieren. Vorrangig sieht er vor allem im angelsächsischen Raum teilweise noch das Geheimhaltungsprinzip und erst seit kurzem eine gegenläufige Tendenz verwirklicht[462]. Historisch betrachtet, kann *Scherzberg* dieser Staatengruppe dann auch die Geheimhaltungstraditionen *Deutschlands* und *Luxemburgs* zuordnen. Er konstatiert im Ergebnis aus den vorliegenden rechtsvergleichenden Tatsachen, daß sich ein allgemeiner Rechtsgrundsatz der Verwaltungsöffentlichkeit auf Gemeinschaftsebene mangels einheitlicher Rechtstradition nicht begründen lasse. Dies wäre nur dann der Fall, wenn das Gemeinschaftsrecht selbst hinreichende Indizien dafür liefere, daß der in einem Teil seines Geltungsbereichs schon traditionell geltende und im letzten Jahrzehnt von den meisten anderen Mitgliedstaaten ganz oder teilweise aufgenommene Grundsatz des freien Zugangs zu Verwaltungsinformationen den Zielen und Strukturen der Gemeinschaft und ihrer Rechtsordnung derart weitgehend entspricht, daß dies die Übernahme dieses Prinzips in das Gemeinschaftsrecht im Rahmen einer wertenden Rechtsvergleichung rechtfertigt[463].

2. Anerkennung eines allgemeinen Rechtsgrundsatzes aus wertender Rechtsvergleichung

Nolte wählt unter Bezugnahme auf die „*Niederlande/Rat*“-Entscheidung den umgekehrten Weg. Gerade die 17. Schlußerklärung als Anknüpfungspunkt für die von *Scherzberg* geforderten gemeinschaftseigenen Indizien gebe zu wenig her, um aus ihr einen tragenden Grundsatz des Gemeinschaftsrechts zu kreieren. Die Ableitung eines Zugangsrechts auf europäischer Ebene beruhe vielmehr auf der Berücksichtigung der Rechtslage der Mitgliedstaaten. Unter Bezugnahme auf die Ausführungen des Generalanwaltes sieht er als Grundlage das Demokratieprinzip in der Ausgestaltung, die es Schritt für Schritt in den verschiedenen nationalen Rechtsordnungen erhalten hat. Dieses schreibt vor, den Zugang zu Dokumenten nicht nur dem Adressaten einer hoheitlichen Maßnahme einzuräumen[464]. Gestützt wird diese These durch die Schlußfolgerungen der Kommission

---

462 Scherzberg, S. 246 - 248.

463 Scherzberg, S. 248, unter Bezugnahme auf Bleckmann in FS Börner, S. 29, 30; so auch schon Koebke, S. 81 ff; vorsichtiger und nur unter Hinweis der mangelnden historischen Tradition in den meisten Mitgliedstaaten, Sobotta, S. 344.

464 Nolte in DÖV 1999, S. 366; materiellrechtlich zustimmend Sobotta, S. 344.

zur vergleichenden Untersuchung. Elf der Mitgliedstaaten verfügen bereits über eine Gesetzgebung über den Zugang zu Dokumenten. In *Großbritannien* liegt ein entsprechender Gesetzentwurf vor. Einzig in *Luxemburg*, *Österreich* und auf Bundesebene in *Deutschland*[465] existieren noch keine allgemeinen Gesetze über den Dokumentenzugang, wobei *Österreich* bereits ein verpflichtendes Gesetz für öffentliche Behörden zur Bereitstellung allgemeiner Informationen besitzt[466]. Auch *Angelov* sieht die Verallgemeinerungstendenz im Hinblick auf das Zugangsrecht zu Dokumenten bestätigt. Danach gibt es in Europa mittlerweile trotz unterschiedlicher Rechtsordnungen, Verwaltungsstrukturen und -traditionen und ungeachtet der überkommenen Ansichten zur Geheimhaltungsbedürftigkeit staatlichen Handelns eine generelle Entwicklung hin zu einem Informationszugangsrecht ohne Nachweis eines qualifizierten Interesses[467]. Ausschlaggebend für die Tendenz ist die in allen untersuchten Staaten gleichermaßen zugrundeliegende demokratisch-rechtsstaatliche Ordnung, welche die Ausgestaltung des Zugangsrechts maßgeblich beeinflußt hat, die überwiegend generalklauselartig mit speziell genannten Ausnahmen zugunsten staatlicher und privater Geheimhaltungsinteressen geregelt wurde[468].

3. Diskussion

Scherzberg lehnt die Existenz eines allgemeinen Rechtsgrundsatzes aus wertender Rechtsvergleichung mangels hinreichender Verfassungstradition des Dokumentenzugangs in vielen Mitgliedstaaten ausdrücklich ab. Vielmehr müsse gefragt werden, ob das Gemeinschaftsrecht angesichts dieser fehlenden Tradition selbst einen solchen Grundsatz hervorbringen kann[469].

Streng genommen stützt sich die Argumentation *Scherzbergs* aber lediglich auf die Tatsache, daß erst in den letzten 10 Jahren ein solcher Grundsatz in die meisten Verfassungen aufgenommen wurde. Daß ein Rechtsprinzip erst seit einer vergleichsweise kurzen Zeit existiert, kann für sich genommen jedoch nicht ausreichen, daraus die Ableitung einer für das Gemeinschaftsrecht gewünschten

---

465 Siehe dazu oben, IV., 1.

466 Kritisch, aber in der Tendenz zustimmend: Schwanenflügel in Verwaltungsrundschau 1994, S. 237: die bisherige Situation hinsichtlich eines Rechts auf freien Zugang zu Informationen stellt sich in den zwölf Mitgliedstaaten der EU sehr unterschiedlich dar. Sie reicht von einem, bis auf bestimmte Ausnahmen, freien Zugang zu sämtlichen Informationen der Behörden über den Zugang zu Registern bis hin zu sehr limitierten Zugangsmöglichkeiten beim Vorliegen eines rechtlichen Interesses. In allen Mitgliedstaaten hingegen besteht eine Beteiligung und damit Information der Öffentlichkeit im Rahmen von größeren Planfeststellungs- und Genehmigungsverfahren, und es bestehen bestimmte Pflichten zur Information der Bevölkerung.

467 Nolte in DÖV 1999, S. 365; Angelov, S. 131.

468 Angelov, S. 131.

469 S.o., 1.

„besten Lösung“ zu verneinen. Auch *Scherzberg* erkennt an, daß in den überwiegenden Staaten der Gemeinschaft das Zugangsrecht zu Dokumenten mehr oder weniger verfassungsrechtlich verankert ist. Auch wenn dies in einigen Mitgliedstaaten erst in jüngster Zeit erfolgte, ist es dem Gerichtshof jedenfalls nicht verwehrt, aus den mitgliedstaatlichen Ergebnissen, Schwerpunkte herauszugreifen und diesen die für das Gemeinschaftsrecht größtmögliche Wirkungskraft zu verleihen[470].

Für diese im Gemeinschaftsrecht „beste Lösung“ sprechen die von den Organen einzeln herausgegriffenen und aus Bürgersicht mitgliedstaatlich jeweils vorbildlich umgesetzten Zugangssystematiken. Da für die verfassungsrechtliche Bedeutung des Zugangsrechts auf staatlicher Ebene eine in Grundzügen wesensverwandte Ausprägung konstatiert wurde[471], kann sich das Gemeinschaftsrecht folglich auf ein Prinzip stützen, welches mittlerweile in fast 90 % der Mitgliedstaaten vorhanden ist. Die Tatsache, daß selbst in den, in transparenzpolitischer Hinsicht restriktiveren, Ländern wie *Deutschland* oder *Österreich* Transparenzbestrebungen zu beobachten sind[472], lassen daher keinen anderen Schluß zu, als daß in den mitgliedstaatlichen Rechtsordnungen ausreichendes Potential zur Anerkennung eines allgemeinen Rechtsgrundsatzes vorhanden ist.

Scherzberg ist jedoch insoweit zuzustimmen, daß die Begründung eines Generalprinzips des Dokumentenzugangs unangreifbarer wird, wenn vorrangig das Gemeinschaftsrecht selbst ein derartiges Prinzip begründen kann. Allerdings ist dabei der Einwand *Noltes* zu berücksichtigen, daß sich aus der 17. Schlußerklärung kein tragender Grundsatz des Gemeinschaftsrechts ableiten läßt[473]. Dies hat die bisherige Untersuchung bestätigt. Insofern ist neben der Betrachtung der Rechtslage der Mitgliedstaaten, aus der allein sich das Potential eines allgemeinen Rechtsgrundsatzes bereits begründen ließe, auch die Untersuchung der gemeinschaftsrechtlichen Prinzipien der Demokratie, des Rechtsstaats und der Grundrechte hinsichtlich der Frage eines Generalprinzips geboten.

---

470 S.o., I., 1.
471 S.o., III.
472 S.o., III.
473 Nolte in DÖV 1999, S. 366.

D.: GEMEINSCHAFTSINTERNE ERKENNTNISQUELLEN: POTENTIAL EINES ALLGEMEINEN GRUNDSATZES DES GEMEINSCHAFTSRECHTS AUS DEM GEIST UND DER SYSTEMATIK DES EGV

I. Das Demokratieprinzip im Gemeinschaftsrecht als ungeschriebene Erkenntnisquelle der Transparenzsausprägung Dokumentenzugang

1. Prüfungsrahmen: Europäisches Demokratieprinzip

Festgestellt wurde, daß sich sowohl der Dokumentenzugang als auch die Öffentlichkeit der Sitzungen der Organe als die wichtigsten Ausprägungen europäischer Transparenz darstellen. Nachdem aufgrund der deutschen Transparenzdogmatik Sitzungsöffentlichkeit vor Dokumentenzugang zu gewähren ist, ist zu fragen, ob dieses Rangverhältnis auch europäisch gilt, oder ob die Gemeinschaftsordnung vorrangig das Zugangsrecht als demokratischen Transparenzausdruck fordert. Besonderes Augenmerk soll bei dieser Betrachtung auf zwei, die Funktionsweise der Gemeinschaft am ehesten unterstützende, bereits aus dem nationalstaatlichen Bereich bekannte Zwecke der demokratischen Öffentlichkeit gelegt werden: die Legitimation der EU durch die Öffnung der Organe und deren Kontrolle durch den Bürger.

Aus einigen grundlegenden Entscheidungen des *EuGH* zum Demokratieprinzip wird bereits deutlich, daß der Demokratiegrundsatz auch europäisch hauptsächlich beim Parlament angesiedelt ist[474]. Vergleicht man diese Erkenntnis mit dem klassischen Demokratiegedanken, erscheint diese Folgerung nicht außergewöhnlich. Das Parlament müßte dann in konsequenter Fortführung des klassischen Demokratieansatzes das Legitimationssubjekt „Volk" repräsentieren. Zum einen entspricht das Europäische Parlament aber unter Kompetenzgesichtspunk-

---

[474] In einer ersten Entscheidung zum Demokratieprinzip spiegelte sich für den *EuGH* bereits die bloße Anhörung des Europäischen Parlaments als ein grundlegendes demokratisches Prinzip wider, nach dem die Völker durch eine Versammlung ihrer Vertreter an der Ausübung der hoheitlichen Gewalt beteiligt werden (RS 138/79 „SA Roquette/Frères/Rat" in Slg. 1980, S. 3360; RS 139/79 „Maizena GmbH/Rat" in Slg. 1980, S. 3424). In der Folgezeit hat er die rechtliche Stellung des Europäischen Parlaments zunehmend verfestigt (Obwohl für die Nichtigkeitsklage nicht ausdrücklich vorgesehen, billigte er dem Parlament ein Klagerecht zur Wahrung seiner Befugnisse zu: RS C-70/88 „Parlament/Rat" in Slg. I 1990, S. 2041 ff., LS 2). Als Begründung führte er das institutionelle Gleichgewicht an, welches eine wirksame Beteiligung des Parlaments erfordert (RS C-70/88 „Parlament/Rat" in Slg. I 1990, S. 2041 ff., LS 2; Zuleeg in JZ 1993, S. 1073, sieht hier zumindest mittelbar eine demokratische Stärkung des EP angesprochen). Eine konsequente Weiterentwicklung des demokratischen Prinzips stellte dann die Beteiligung des Parlaments am Verfahren der Zusammenarbeit dar (RS C-300/89 „Titandioxid" „Kommission/Rat" in Slg. I 1991, S. 2900). So auch Geiger, Art. 189, RN 3; Kluth in Calliess, Auflage 2, Art. 189, RN 6.

ten keinem vollwertigen nationalen Parlament[475], zum anderen mangelt es an einem gleichen Wahlmodus innerhalb der Mitgliedstaaten[476]. Des weiteren fehlt es an einem einheitlichen Staatsvolk im Sinn der klassischen Drei-Elemente-Lehre als Legitimationssubjekt. Während die mangelnde Homogenität des europäischen Volkes mit einem Rückgriff auf den Unionsbürgerbegriff kompensiert werden könnte[477] und die Angleichung der Wahlsysteme mehr eine technische Frage ist, fällt dies bei den, im Vergleich zu nationalen Volksvertretungen, mangelnden Kompetenzen im Legislativverfahren des Legitimationsobjektes Europäisches Parlament schon schwerer.

Somit muß ergänzend auf einen allgemeinen Rechtsgrundsatz der Demokratie durch Rückgriff auf die mitgliedstaatlichen Verfassungsüberlieferungen sowie die EMRK[478] Bezug genommen werden[479].

Als Anknüpfungspunkt zur Herleitung einer echten umfassenden, personell und sachlich demokratischen Legitimation bietet sich das jeweilige innerstaatliche Legitimationssubjekt an[480]. Jede im Geltungsbereich der nationalen Verfassung ausgeübte Hoheitsgewalt und damit auch Unionsgewalt muß sich dann dem Grunde nach auf den Souverän des mitgliedstaatlichen Volkes zurückführen lassen.

Bezieht man unter diesen Prämissen nun die klassische Demokratiekonzeption ein, so leitet sich eine institutionelle demokratische Legitimation der Union aus den unmittelbar demokratisch legitimierten nationalen Parlamenten ab.

Für den Rat bedeutet dies, daß die deutschen Ratsvertreter als Regierungsmitglieder gem. Art. 63 I, 64 I GG durch unmittelbare Wahl über den Bundestag ausreichend demokratisch legitimiert sind. Hinsichtlich der Kommission gilt das Verfahren des Art. 214 I EGV. Der Präsident und die übrigen Mitglieder werden von den ihrerseits demokratisch gewählten Regierungen der Mitgliedstaaten im gegenseitigen Einvernehmen benannt und nach einem Zustimmungsvotum des Europäischen Parlaments einvernehmlich ernannt. Einzig das Parlament kann auf eine direkte demokratische Legitimation über die Wahl durch die Unionsbürger verweisen, Art. 189 EGV.

---

475 Kaufmann, S. 483.

476 Sobotta, S. 53.

477 So Kluth, S. 69.

478 Bernhardt, W., S. 64; Beutler/Bieber/Pipkorn/Streil, RN 83; Götz in JZ 1994, S. 269; Schroeder in KritV 1998, S. 427; Zuleeg in JZ 1993, S. 1070.

479 So schon Frowein in EuR 1983, S. 309; Oppermann, RN 184; Ress in GS Geck, S. 642; so wohl auch Bleckmann, Studien, S. 161; Classen in ZRP 1993, S. 59; Klein in EuR 1987, S. 100; Schorkopf, S. 90; Zuleeg in Der Staat 17 (1978), S. 44; Zuleeg in Groeben, Präambel, RN 10.

480 Sobotta erklärt die Übertragung mitels des Modells der Konsortialdemokratie, S. 61 ff.

Auf der konstituierten Stufe[481] wird eine sachlich - inhaltliche demokratische Legitimation im Wege der Mitwirkung mitgliedstaatlicher Vertreter im Unionsorgan Rat durch das dort überwiegend vollzogene Mehrheitsprinzip hergestellt. Über diesen Weg findet die Teilhabe nationaler Parlamente an der Willensbildung der Union Eingang in die Demokratiekonzeption des Gemeinschaftsrechts. Für Deutschland finden sich verfassungsrechtlich abgesicherte Regelungen in Art. 23 II und III GG in Verbindung mit dem EUZBBG sowie die allgemeinen Kontrollrechte des Bundestages über die Tätigkeiten der Regierung, welche allerdings den Primat der Außenpolitik zugunsten der Exekutive einerseits, sowie die supranationale Struktur der EU andererseits zu berücksichtigen haben, wofür Art. 23 II, III GG eine Austarierung gefunden hat.

Ergänzend treten die materiellen Befugnisse des Parlaments hinsichtlich der Kontrolle und Mitentscheidungsbefugnisse der Kommission durch das Initiativrecht als originär supranationale Kompetenzen hinzu. Der Ergänzungscharakter wird hinsichtlich des Parlaments in der Gleichsetzung der Begriffe Staatsvolk und Unionsbürger deutlich[482]. Bei der Kommission ist aufgrund der Vielzahl von Berufungsakten sowie der Anknüpfung lediglich an die allgemeine Befähigung gem. Art. 213 EGV und ungeschrieben auch an eine fachspezifische Kompetenz der Kommissionsmitglieder[483] von einer noch stärkeren Verflachung der personellen und daraus folgend auch der inhaltlichen Legitimation auszugehen, als dies beim Rat der Fall ist.

Im Ergebnis sind über die Struktur allgemeiner Rechtsgrundsatz aus den nationalen Demokratiebekenntnissen im Gemeinschaftsrecht alle Bestimmungen des Primärrechts vor dem Hintergrund des Demokratieprinzips auszulegen[484]. Lediglich ergänzend hinzutreten kann die noch unterentwickelte direkte Legitimation des Parlaments[485]. Obwohl sich alle Mitgliedstaaten zur klassischen Demokratie westlicher Prägung bekennen, besteht nach den drei Abschichtungen der Legitimationsebenen auf europäischer Ebene eine durch die Struktur der EG als Staatenverbund bedingte schwächere demokratische Legitimation durch die Mitgliedstaaten[486]. Dies ist aber nicht nur strukturbedingt hinzunehmen, sondern wohnt dem Charakter des Staatenverbundes inne und wird von ihm auch so gefordert, sollen die Mitgliedstaaten weiterhin Herren der Verträge bleiben[487].

---

481 Zur konstituierenden Stufe, siehe Kaufmann, S. 447; Frowein in EuR 1983, S. 305; Ipsen in FS Lerche, S. 431.

482 Vgl. hierzu Kaufmann, S. 468 ff.; Kluth, S. 87.

483 Jorna in Schwarze, Art. 213, RN 2; so Kaufmann, S. 466, 477; Schnapp in VVDStRL 43 (1985), S. 191: Sachverstand kann kein Ersatz für demokratische Legitimation sein.

484 So schon Bleckmann, Studien, S. 170.

485 Oberreuter in Legitimation, Transparenz, Demokratie, S. 127 ff.; Pernice in Die Verwaltung, 26 (1993), S. 483; umgekehrt formuliert bei Kahl in ZG 1996, S. 226.

486 Beutler/Bieber/Pipkorn/Streil, RN 102; Streinz in DVBl 1990, S. 957 f.

487 Götz in JZ 1993, S. 1082; Kluth, S. 95.

2. Zuordnung des allgemeinen europäischen Transparenzgedankens zum Demokratieprinzip

Daß auch in der europäische Rechtsordnung eine Verknüpfung von Demokratie und Offenheit selbstverständlich sein muß, ist nach eben Gesagtem augenfällig[488]. Fraglich ist allerdings deren Ausprägung. Eine entsprechende Berücksichtigung der einzelnen Gewalten des klassischen Staatsaufbaus kann nämlich, solange sich die Union nicht zu einem vollwertigen Bundesstaat entwickelt hat, nicht vollzogen werden[489]. Beispielhaft wurde für die deutsche Rechtsordnung die Transparenz der Legislative zuerst in der Parlamentsöffentlichkeit, die Transparenz der Verwaltung primär in der Aktenöffentlichkeit, als verwirklicht angesehen. In einer spezifisch gemeinschaftsrechtlichen Funktionsordnung, die nur in der Judikative des Gerichtshofs die staatlicherseits bekannte Funktion und Institution in sich vereinigt[490], besteht zwischen Legislativ- und Exekutivfunktionen angesichts des institutionalisierten Ausgleichs zwischen nationalen und Gemeinschaftsinteressen aber keine klare Trennung[491]. Kurz gefaßt kann der Rat als Legislativorgan mit partiellen exekutiven Funktionen und die Kommission als Exekutivorgan mit einigen legislativen Befugnissen betrachtet werden[492].

---

488 Explizit als wesentlicher Bestandteil der Unionsdemokratie anerkannt bei Beutler/Bieber/Pipkorn/Streil, RN 86; Dehousse in CMLR 1998, S. 615 f.

489 Curtin in Deckmyn/Thomson, S.108; Hix, S. 25; Ipsen, Völkerrecht, S. 440, RN 12; Ipsen, Europäisches Gemeinschaftsrecht, S. 11/3 ff.; Oppermann, RN 243; für die Internationale Organisation am Beispiel der Vereinten Nationen siehe Nolte in Byers, S. 321.

490 Ipsen, Völkerrecht, S. 440, RN 12; Oppermann, RN 243.

491 Ipsen, Völkerrecht, S. 440, RN 12; siehe bereits Badura in VVDStRL 23 (1966), S. 66; Friauf in DVBl 1964, S. 784; Hahn, S. 37; Kaiser in VVDStRL 23 (1966), S. 16.

492 Ipsen, Völkerrecht, S. 440, RN 12. Das Parlament ist überwiegend noch Konsultativorgan mit partiellen Mitentscheidungs- und Kontrollfunktionen. Die Exekutivfunktion obliegt neben den Mitgliedstaaten Rat und Kommission. Trotz der Stärkung der Kompetenzen des Parlaments bleibt der Rat dabei nach einhelliger Auffassung weiterhin das Hauptrechtsetzungsorgan auf Gemeinschaftsebene (Epping in Der Staat 36 (1997), S. 351; Besonderheiten gelten hinsichtlich der EGKS, wo die Kommission Hauptrechtsetzungsorgan ist; ihm obliegen allerdings auch Durchführungsbefugnisse). Die Kommission wirkt zwar vor allem durch ihr mittlerweile an vielen Stellen durchbrochenes Initiativmonopol (Art. 152, 138 b II EGV) und die Regeldelegation an der Gesetzgebung mit, ist aber dennoch in erster Linie als Exekutive zu begreifen (Epping in Der Staat 36 (1997), S. 351). Hahn, S. 36, spricht statt von Gewaltenteilung bei europäischen Organisationen von Funktionenteilung.

a) Zuordnung hinsichtlich des Rates

aa) Transparenz des Rates als Stärkung des europäischen Demokratieprinzips

Wie bereits angedeutet, ist die Entscheidungsfindung im Rat für die Gemeinschaft, insbesondere für das Zustandekommen der gemeinschaftlichen Rechtsakte, von zentraler Bedeutung[493]. Deswegen müssen ihm im Hinblick auf die demokratische Publizität zunächst prinzipiell dieselben Funktionen zukommen wie der parlamentarischen Öffentlichkeit auf nationalstaatlicher Ebene[494]. Dort konnte unter anderem festgehalten werden, daß die Transparenz der Legislative das Handeln der Repräsentanten dergestalt legitimiert, daß sie durch Unterstützung der Willensbildung beim Souverän einen gewissen Ausgleich für die fehlende Identität von Regierenden und Regierten bietet[495]. Allerdings gilt es, den auf Gemeinschaftsebene festgelegten Maßstab zu berücksichtigen. Bedingt durch die supranationale Struktur der EU wird die schwächere demokratische Legitimation des Hauptrechtsetzungsorgans heute überwiegend als eine zwischenstaatlichen Einrichtungen immanente Form der Willensbildung akzeptiert[496]. Von diesem Blickwinkel aus lassen sich zwei entgegengesetzte Schlüsse ziehen. Zum einen kann argumentiert werden, daß eine schwache demokratische Legitimation einen Ausgleich fordert. Dieser könnte unter anderem in einer im Vergleich zur demokratischen Legitimation stärkeren Publizität liegen. Zum anderen kann die schwächere demokratische Legitimität aber auch als Argument dafür dienen, eine quasi korrespondierende, ebenfalls schwächere Transparenz des Rates für ausreichend zu halten.

aaa) Legitimationsfunktion von Transparenzmaßnahmen

Die Zwitterstellung des Rates als Interessenmittler zwischen Gemeinschaft und Mitgliedstaaten impliziert einen wesentlich komplizierteren Prozeß der Willensbildung im Rat als vergleichbare Prozesse auf innerstaatlicher Ebene und erfordert eine andere Betrachtungsweise[497]. Gegner von Transparenzbestrebungen des

---

493 Dreher in EuZW 1996, S. 487.

494 So Kahl in ZG 1996, S. 232; hinsichtlich der Kontrollfunktion, vgl. Scherzberg, S. 250: die Nachbildung einer repräsentativen Demokratie auf Gemeinschaftsebene setzt eine fortlaufende Kontrolle der Organe der Gemeinschaft durch die politische Öffentlichkeit voraus.

495 Siehe oben, C., IV., 2., a).

496 BVerfGE 89, 155, 182; BVerfG in NJW 1995, S. 2216 ff.; so auch Schroeder in KritV 1998, S. 424; Streinz in DVBl 1990, S. 958; Verdeutlicht wird diese Ansicht durch die Auslegung der Struktursicherungsklausel des Art. 23 I 1 GG durch das BVerfG, welches der im Verhältnis zu einem Staat andersartigen Struktur der EU Rechnung trägt. Es spricht in diesem Zusammenhang von einer strukturangepaßten Grundsatzkongruenz, Begriff bei Streinz, Grundrechtsschutz, S. 254 ff.

497 Steinberger in VVDStRL 50 (1991), S. 45.

Rates unterstellen dem Prozeß der Willensbildung durch die Öffentlichkeit, dieser fördere nicht seine Transparenz, sondern verlagere den Willensbildungsprozeß in außerorganschaftliche Kompromißeinrichtungen[498]. Als Rechtfertigung einer Vertraulichkeit der Ministerratssitzungen, die überwiegend Sacharbeitsfragen betreffen, wird darüber hinaus der Vergleich mit der Vertraulichkeit nationaler Ausschußsitzungen, in denen die Parlamentssacharbeit stattfindet, gezogen[499]. Quintessenz dieser Argumente wäre eine Anerkennung von schwächerer Ratsöffentlichkeit aufgrund schwächerer demokratischer Legitimation. Die Öffentlichkeit könnte im Gegenzug aber unproblematisch auch auf die Hilfsorgane ausgedehnt werden. Der Vergleich mit nationalen Parlamenten hinkt an der mangelnden Vergleichbarkeit der organisatorischen Strukturen.

Das eigentliche Problem mangelnder Öffentlichkeit des Rates liegt vielmehr in der lediglich mittelbar demokratischen Legitimation begründet. Unter diesem Aspekt kann nicht davon ausgegangen werden, eine gegenüber den Mitgliedstaaten vergleichbar schwächere Transparenz, abgesenkt auf das geringere Legitimationsniveau, könne ein solches Defizit ausgleichen. Die Arbeit des Rates bedingt vielmehr größere Offenheit, als deren demokratischer Legitimationsgrad, um deren Willensbildung hinreichend zu belegen. Im Gegensatz zur repräsentativen Demokratie, die lediglich die fehlende Identität zwischen Regierenden und Regierten durch transparente Willensbildung zu legitimieren hat, ist die Anforderung an die Transparenz des Rates neben der Legitimation der Willensbildung auch die Legitimation defizitärer demokratischer Strukturen im Vergleich zur Repräsentativdemokratie.

bbb) Kontrollfunktion von Transparenzmaßnahmen

Auf nationalstaatlicher Ebene wurde neben der Ausprägung der Legitimationsstärkung der Willensbildung der Repräsentanten auch die Kontrolle durch das Volk mittels Informationen über die Arbeit der Repräsentanten festgestellt. Zu berücksichtigen ist, daß dieser Funktion dort eine noch stärkere Bedeutung zukommt als der Legitimationsstiftung, da die Akzeptanz der staatlichen Repräsentativdemokratie ungleich größer ist als beim supranationalen Gebilde der Union. Will man die Kontrollfunktion der Transparenz auf die Gemeinschaftsebene übertragen, gilt es wiederum, sie an die veränderte supranationale Struktur der EU anzupassen. Der Rat übt nur eine beschränkte Kontrolle über die Kommission in Form ihrer Besetzung aus. Die Besetzung des Rates selber ist von Zustimmungs- oder Vertrauensvoten der übrigen Organe unabhängig. Bezüglich der Transparenzausprägung „Zugangsrecht" sind ähnlich herabgesetzte Kontrollmöglichkeiten zu beobachten. Lediglich mittelbar über die Wahl der nationalen Parlamente findet über den dortigen Wahlakt eine gewisse Kontrolle durch

---

498 Kahl in ZG 1996, S. 236.

499 Classen in AöR 119 (1994), S. 253; Kahl in ZG 1996, S. 238; Steinberger in VVDStRL 50 (1991), S. 45.

die nationalen Parlamente statt. Hinsichtlich der inhaltlichen Arbeit fällt dem Rat die Letztentscheidung zu. Konsequenterweise muß für dieses Kontrolldefizit aus Demokratiegesichtspunkten ein Ausgleich geschaffen werden. Daher wird auch hinsichtlich der zweiten Funktion der Transparenz zwar eine stärkere Betonung der direkten Kontrolle durch Informationszugang und Öffnung der Organe gegenüber der Bevölkerung unabdingbar sein, um einen Ausgleich für die herabgesetzte Kontrolle der Organe zu schaffen[500]. Dieser kann strukturbedingt aber keinen vergleichbaren Effekt gegenüber der nationalen Kontrollfunktion erfüllen, da sich allenfalls hinsichtlich der europäischen Repräsentanten im Parlament ein nationalstaatlicher Vergleich anbietet. Eine Kontrolle der Tätigkeit des Rates kann demgegenüber aufgrund der fehlenden Sanktionsmaßnahmen der Bürger durch den nur mittelbaren Wahlakt, kaum mehr als eine moralische Überwachung darstellen.

bb) Stärkung der Demokratie durch Offenheit von Sitzungen oder durch Dokumentenzugang?

Die Feststellung, daß die Transparenz des Rates geeignet und erforderlich ist, dem vorhandenen Legitimations- und Kontrolldefizit als Erfüllung gemeinschaftsrechtlicher Demokratieforderungen entgegenzuwirken, läßt noch keine Aussage über den gegenwärtigen Stand der Transparenz dahingehend zu, ob dieser den Anforderungen an den Abbau des Defizits auch tatsächlich genügt oder gleichsam ein Transparenzdefizit zu verzeichnen hat[501]. Allgemein ist hier die mangelnde Verwirklichung öffentlicher Tagungen des Rates gem. Art. 8, 9 GO Rat von 2000 im Vergleich zu den stärker ausgeprägten Zugangsrechten auffällig. In der mitgliedstaatlichen Rechtsordnung der Legislative am Beispiel Deutschlands wurde diese Gewichtung genau umgekehrt konstatiert.

aaa) Struktur der Gemeinschaft

(1) Herkunft des Rates als Organ einer internationalen Organisation zur Rechtfertigung von Vertraulichkeit

Unabhängig von der Einordnung der Rechtsordnung des Europarechts im engeren Sinne zwischen Völkerrecht und nationalem Recht[502], besteht hinsichtlich des Ursprungs der Gründungsverträge Einigkeit, daß diese in ihrem Zustandekommen dem Völkerrecht entspringen[503]. Die Beratungen der Hauptorgane internationaler Organisationen finden zwar mittlerweile weitgehend öffentlich

---

500 So wohl auch Schroeder in KritV 1998, S. 428.

501 Begriff bei Oeter in ZaöRV 55 (1995), S. 703.

502 Völkerrechtliche Lösung oder Europarechtliche Lösung, vgl. Überblick bei Schweitzer, RN 42 ff.

503 Schweitzer, RN 323; Hahn, S. 28.

statt[504]. Ihre Mitglieder treffen die wesentlichen Entscheidungen ihrer Politik aber auf informellen oder formal nicht öffentlichen Sitzungen, so daß der Öffentlichkeit der Organtagungen praktisch nur deklaratorischer Charakter zukommt[505]. Die Rechtfertigung hierfür kann das Völkerrecht aus dem Hinweis auf die Nichtstaatlichkeit internationaler Organisationen ziehen. Diese Tatsache ermöglicht es ihnen, sich des Bekenntnisses zur Demokratie zu entziehen. Somit spielt die Transparenzfrage keine Rolle[506]. Auch der Rat kann sich hinsichtlich seiner Ursprünge dieses Publizitätsgrades nicht verschließen. Seine Funktion als Kompromißfindungsmechanismus, die nach wie vor, wie in allen internationalen Organisationen, grundsätzlich Geheimhaltung erfordere, kommt in den Regelungen der Art. 5 – 9 GO Rat von 2000 klar zum Ausdruck[507].

(2) Fortentwicklung zum supranationalen Organ als Bedingung für mehr Transparenz

Bezieht man die Gemeinschaftsrechtsordnung in die Betrachtung ein, so kann hinsichtlich ihrer entwickelten Strukturen nicht von einer reinen internationalen Organisation im Sinne des Völkerrechts ausgegangen werden. Nur die völkerrechtliche Lösung geht von einer Übertragbarkeit des Abgrenzungsproblems zwischen Monismus und Dualismus auch auf die EU aus[508], wobei sich diese Übertragung allenfalls für die Union uneingeschränkt behaupten läßt. Die europarechtliche Lösung, der auch der *EuGH* und das *BVerfG* folgen[509], geht davon aus, daß die Rechtsordnung der EG bzw. EU kein Völkerrecht ist. Aus der Tatsache des völkerrechtlichen Ursprungs lassen sich keine Folgerungen hinsichtlich Geltungsgrund, Rechtsnatur oder Qualität des Gemeinschaftsrechts ableiten[510]. Das Verhältnis zwischen nationalem Recht und Gemeinschaftsrecht müs-

---

504 Rule 62 der Verfahrensordnung der Generalversammlung der Vereinten Nationen; für den Sicherheitsrat Rule 48 der rules of procedure; siehe dazu Curtin/Meijers in CMLR 1995, S. 397.

505 So auch Sobotta, S. 175; Zumindest bei denjenigen Versammlungen von Organen Internationaler Organisationen, in denen die Regierungsvertreter der Mitgliedstaaten mitwirken ist die Nichtöffentlichkeit völkerrechtlich akzeptiert; für den Rat: Brunmayr in Deckmyn/Thomson, S. 69; Curtin/Meijers in CMLR 1995, S. 392; Curtin in Deckmyn/Thomson, S. 107; Andeutung bei Streinz in DVBl 1990, S. 958; siehe Art. 21 EuRat für das Ministerkomitees des Europarates; vergleichbare Organe in Internationalen Organisationen: siehe bei Klein in Vitzthum, S. 124; für die Institutionen internationaler Diplomatie so auch anerkannt von Sobotta, S. 175.

506 Vgl. oben, (1); Bleckmann, Studien, S. 159, 160; Gündisch/Mathijsen, S. 189.

507 Bericht aus dem Tagungsvortrag von Hans Brunmayr, bei Hahn in NJ 1996, S. 638.

508 Berber, S. 318 ff.; Schweitzer/Hummer, RN 44; Streinz, RN 107 ff.

509 RS 6/64 „Costa/ENEL“ in Slg. 1964, S. 1251 ff., LS 3; BVerfGE 52, 187, 199.

510 Siehe in der Literatur, Oppermann, RN 887; Schweitzer/Hummer, RN 76, jeweils mit weiteren Nachweisen; kritisch hierzu Schmitz, S. 218 f., der von einem eigenen Rechtskomplex innerhalb des Völkerrechts ausgeht; Bleckmann, RN 153 ff.; Streinz, RN 112 die von einer Fortgeltung des Völkerrechtscharakters ausgehen.

se daher aus diesem selbst gelöst werden, und zwar in Form eines Vorrangs des Gemeinschaftsrechts als eine Rechtsordnung eigener Art[511].

Pauschal gesagt geht dabei der Entwicklungstrend in der EU weg von einer rein internationalen Organisation hin zu einem Bundesstaat demokratischer Prägung[512]. Die dargestellten Unterschiede müssen auch Konsequenzen hinsichtlich der sonst bei klassischen völkerrechtlichen Organen vorherrschenden Geheimhaltung haben. Übertragen auf die Publizität müßte konstatiert werden, daß die Entwicklung weg von der Geheimhaltung einer internationalen Organisation als Nichtstaat hin zur Öffentlichkeit eines demokratischen Staates gehen muß[513]. In der Tat ist in diesem Spannungsfeld die Transparenz des Rates anzusiedeln. Die Besonderheiten der Supranationalität, die sich immer weiter von den völkerrechtlichen Wurzeln emanzipieren, lassen einen grundsätzlichen Ausschluß legislativer Transparenz nicht mehr zu[514]. Die internationale Organisation als Nichtstaat brauchte die klassischen Voraussetzungen eines demokratischen Staates nicht notwendigerweise zu achten und kann somit auch die Transparenz vernachlässigen. Die supranationale Europäische Union hingegen als Staatenverbund, mithin als staatsähnliches Gebilde[515], ist auf diese Bedingungen angewiesen[516], wenngleich noch nicht in den Maßen wie ein (Bundes-) Staat. Somit scheint die Vernachlässigung von Sitzungsöffentlichkeit und eine übermäßige Betonung des mitgliedstaatlicherseits der Parlamentsöffentlichkeit nachgeordneten Zugangsrechts auf Gemeinschaftsebene genau diesen Zwischenzustand zu repräsentieren. Der Gefahr der Verlagerung der Entscheidungen in Vorinstanzen oder auf Hilfsorgane begegnet der Gerichtshof, wie in der Entscheidung *„Rothmans"* anhand der Ausschüsse der Kommission dargestellt, durch Ausweitung des Zugangsrechts auch in die Ausschüsse der Hauptorgane[517].

(3) Zwischenergebnis

Zusammenfassend bedingt die Arbeit des Rates einen höheren Grad an Transparenz als Ausgleich seiner herabgesetzten demokratischen Legitimation. Ihm kommt aber aufgrund der völkerrechtlichen Herkunft nicht die Dichte an legislativer Transparenz eines mitgliedstaatlichen Gesetzgebungsorgans zu. Die Geheimhaltung der Sitzungen des Rates kann daher durchaus als Ausdruck geringerer Transparenz gegenüber der Gesetzgebung der Mitgliedstaaten gerechtfer-

---

511 RS 6/64 „Costa/ENEL" in Slg. 1964, S. 1251 ff., LS 3; Classen in AöR 119 (1994), S. 240, der von selbständiger Hoheitsgewalt und nicht von einem Mosaik aus zwölf nationalen Staatsgewalten spricht.

512 So auch Schmitz, S. 220 ff.

513 Bei Schmitz, S. 217 als staatsähnliche Organisationsform bezeichnet.

514 Kahl in ZG 1996, S. 237; Twomey in CMLR 1996, S. 839.

515 Schmitz, S. 217.

516 So auch Bericht über den Tagungsbeitrag von Hans Brunmayr, bei Hahn in NJ 1996, S. 638.

517 2. Teil, A.:, II., 5., b).

tigt sein, solange alle Rechtsakte veröffentlicht werden und Dokumentenzugang zu diesen besteht, da hierdurch ein Ausgleich für einen geringeren gemeinschaftsrechtlichen Legitimationsgrad hergestellt wird.

bbb) Dokumentenzugang als Kernbereich grundgesetzlicher Demokratie

(1) Einbeziehung der mitgliedstaatlichen Ergebnisse

Auf der Ebene des Grundgesetzes wurde das Öffentlichkeitsgebot der Legislative und auch der Exekutive in seiner Ausprägung des Dokumentenzugangs nicht zum unverrückbaren Kern des Demokratieprinzips gerechnet[518]. Hinsichtlich der Einbeziehung des nationalen Rechts neben der rechtsvergleichenden Untersuchung[519] ist an dieser Stelle in bezug auf den Mitgliedstaat Deutschland an den Integrationshebel des Art. 23 I GG zu denken. Der Schrankenvorbehalt des Art. 23 I 3 i.V.m. 79 III GG bindet den nationalen Integrationsgesetzgeber, Bundestag und Bundesrat, bei der Zustimmung zu Vertragsänderungen[520]. Hinsichtlich der Grenze der Übertragung von Hoheitsbefugnissen hat das *BVerfG* in seiner Maastricht-Entscheidung den Maßstab bezüglich des Bundestages so weit konkretisiert, daß diesem Aufgaben und Befugnisse von substantiellem Gewicht verbleiben müssen und zwar als Ausdruck der Rückführbarkeit staatlicher Aufgaben und Ausübung staatlicher Befugnisse auf das Staatsvolk[521]. Der Bundestag müsse daher über die Mitgliedschaft Deutschlands in der EU einschließlich der zu übertragenden Kompetenzen bestimmen[522], und die Rechtsakte der Union müssen sich in den Grenzen der ihnen eingeräumten Hoheitsrechte halten und dürfen nicht aus ihnen ausbrechen[523]. Die Frage, ob Hoheitsrechte zur Regelung der Transparenz übertragen wurden, kann vorliegend unter dem Hinweis beantwortet werden, daß sämtliche diesbezüglichen Bestimmungen des Rates vor Beschluß des Amsterdamer Vertrages aufgrund der internen Geschäftsordnungsermächtigung, also bereits übertragener Befugnisse, ergingen. Die Geltung dieser äußersten Grenzen beschränkt sich aber nicht nur auf die bereits erfolgte Übertragung der Kompetenzen, sondern bezieht die laufende Arbeit des Rates mit ein. Begründet wird dies mit einer Doppelstellung, die die Vertreter im Rat besitzen. Sie sind zugleich europäische Organwalter und Vertreter des jeweili-

---

518 Siehe oben, C., IV., 2., a), b).

519 Siehe dazu oben, C., I., IV.

520 Rojahn in v. Münch, Art. 23, RN 54.

521 BVerfGE 89, 155, 182, 186: Entscheidend ist, daß ein hinreichend effektiver Gehalt an demokratischer Legitimation, ein bestimmtes Legitimationsniveau erreicht wird; BVerfGE 83, 60, 72; kritisch dazu Kaufmann, S. 419 ff., der von einer Nichtzuordnung eines bestimmten Aufgabenniveaus zum Demokratieprinzip ausgeht. Ausnahmen seien lediglich funktional dem Demokratieprinzip zugeordnete Sachbereiche, die staatsorganisatorischen Konkretisierungen, nicht die Staatsaufgaben selbst.

522 BVerfGE 89, 155, 186 f.; siehe auch bei Götz, der von der Letztverantwortlichkeit des integrationsoffenen Staates spricht: Götz in JZ 1993, S. 1082.

523 BVerfGE 89, 155, 188.

gen Mitgliedstaates, dessen Regierung gegenüber sie weisungsgebunden und verantwortlich sind[524]. Die deutschen Vertreter dürfen daher nicht an Beschlüssen mitwirken, die den änderungsfesten Kern in Art. 79 III GG berühren oder in den Wesensgehalt von Art. 19 II GG eingreifen. Diesbezüglich kann für sie nichts anderes gelten als für den Integrationsgesetzgeber, so daß eine Einbeziehung zumindest des Rechtsgedankens von Art. 23 GG in die laufende Tätigkeit des Rates gerechtfertigt ist[525]. Weiterführend ist eine solche, gegen das deutsche Zustimmungsgesetz verstoßende Maßnahme des Rates innerstaatlich nicht bindend[526]. Einer strikten Bindung an das Grundgesetz steht dabei andererseits das Staatsziel des Art. 23 I GG entgegen, das eine kompromißbereite Mitwirkung hinsichtlich dieses Ziels und der Verfassungstraditionen anderer Mitgliedstaaten voraussetzt[527]. Strukturell handelt es sich bei dem Verhalten der deutschen Vertreter im Rat um das Problem der Verfassungsbindung der Regierung im Bereich der auswärtigen Gewalt, in dem Flexibilität und Kompromißfähigkeit erforderlich sind[528].

Innerhalb der Grenzen des Art. 79 III GG ist somit der deutsche Vertreter im Rat einerseits nicht gehindert, Maßnahmen mitzutragen, die dem Abbau des Demokratiedefizits dienen[529]. Neben der in diesem Zusammenhang beispielhaft erwähnten Stärkung der Befugnisse des Europäischen Parlaments, die aber andererseits die substantiellen Befugnisse des Bundestages unberührt lassen müssen[530], kann hier auch das Transparenzprinzip angesiedelt werden, welches geeignet ist, die sachliche Legitimation des Ministerrates zu unterstützen.

Unter Einbeziehung des oben gefundenen Ergebnisses, daß das Zugangsrecht zu Dokumenten nicht zum integrationsfesten Kern des Art. 79 III GG zählt und somit kein Verstoß gegen die über Artt. 79 III, 20 GG zu beachtenden substantiellen Befugnisse des Parlaments vorliegt, kann daher festgehalten werden, daß der Regierungsvertreter sich bei Änderung der Geschäftsordnung des Rates im Hinblick auf den Verfahrensablauf hinsichtlich des Dokumentenzugangs im

---

524 Brunmayr in Deckmyn/Thomson, S. 69; den Boer in Deckmyn/Thomson, S. 92; Friauf in Friauf/Scholz, S. 52; Herdegen in EuGRZ 1989, S. 313; Huber in AöR 116 (1991), S. 231; Randelzhofer in Maunz/Dürig, Art. 24 RN 162 ff.; Scholz in Friauf/Scholz, S. 88 f.; Streinz, Kontrolle, S. 24; a.A. Nicolaysen in EuR 1989, S. 218, unter Hinweis auf die gerichtliche Angreifbarkeit erst nach Zustandekommen des betreffenden Rechtsaktes; Heintzen in Der Staat 31 (1992), S. 379 ff., unter Hinweis auf den Begriff „Staatsgewalt" in Art. 1 III GG.

525 Klein in VVDStRL 50 (1991), S. 85; Rojahn in v. Münch, Art. 23, RN 54.

526 BVerfGE 89, 155, 188.

527 Insoweit gilt der allgemeine Gedanke der Verfassungsbindung der Regierung im Bereich der auswärtigen Gewalt: Randelzhofer in Maunz/Dürig, Art. 24, RN 165.

528 Randelzhofer in Maunz/Dürig, Art. 24, RN 165.

529 Rojahn in v. Münch, Art. 23 RN, 54.

530 BVerfGE 89, 155, 186.

Rahmen von Art. 23 I 3 GG in Verbindung mit Art. 79 III GG gehalten hat, so daß diesen Regelungen innerstaatlich keine Hindernisse entgegenstehen.

(2) Exkurs: Hypothetische Zuordnung des Dokumentenzugangs zum Kernbereich des grundgesetzlichen Demokratiegebots

Zu einem anderen Ergebnis käme man aber, wenn die aus der Transparenz des nationalen Parlaments abgeleitete Öffentlichkeit der Dokumente dem integrationsfesten Kern der Artt. 79 III, 20 GG unterfallen würde. Zwar läßt sich einwenden, es handele sich aus Sicht der Bürger um eine Verbesserung ihrer Transparenzbestrebungen. Im übrigen habe der Rat nur sein eigenes Verfahren regeln wollen, was durch die Verortung innerhalb der Geschäftsordnung auch hinreichend dokumentiert sei[531]. Die Publizität des nationalen Parlaments sei somit gar nicht betroffen. Allerdings muß hier wieder die Struktur des Rates als Bindeglied zwischen nationalen Parlamenten und Gemeinschaftsgesetzgeber Berücksichtigung finden. Dann ergibt sich, daß bei einer Regelung der inneren Publizität des Rates immer auch die personelle Legitimation jedes einzelnen Mitglieds mitbetroffen ist. Eine Regelung der eigenen Transparenz des Gemeinschaftsorgans Rat betrifft aufgrund der personellen Legitimationskette, also der Doppelstellung der Ratsmitglieder, immer auch die Öffentlichkeit des jeweiligen nationalen Regierungsvertreters. Deshalb hat, trotz einer ausdrücklichen Beschränkung des Geltungsbereichs der Geschäftsordnung und des Ratsbeschlusses 93/731 auf den Rat selbst, die diesbezügliche Publizität faktische Auswirkungen auf die Publizität der nationalen Exekutive, die wiederum abhängig ist vom nationalen Parlament Bundestag. Folgte man also einer nationalen Kernbereichszuordnung der Transparenzausprägung „Dokumentenzugang“, so käme man zu dem Ergebnis, daß der Rat seine eigene Publizität wegen der faktischen Auswirkungen auf die nationale Publizität und damit wegen eines faktischen Verstoßes gegen die Unveränderlichkeitssperre des Art. 79 III GG in Form der Nichtbeachtung des ausbrechenden Rechtsaktes nicht, zumindest nicht mit Beteiligung des bundesdeutschen Vertreters, hätte regeln dürfen. Dem Einwand, die Rechtsstellung des einzelnen Unionsbürgers würde durch eine stärkere Transparenz des Rates verbessert, kann entgegnet werden, daß das *BVerfG* in seinen Ausführungen mit keinem Wort an eine verbesserte Rechtsstellung anknüpft. Entscheidend sei einzig und allein, ob dem Bundestag Kernaufgaben verblieben, was bei einer über die beschränkte Aktenöffentlichkeit hinausgehenden Publizität der Dokumente als Kernbestandteil des nationalen Parlamentsrechts nach dieser hypothetischen Ansicht zu verneinen wäre.

---

[531] Zu beachten ist in diesem Zusammenhang auch der ausdrückliche Hinweis auf die Abgrenzung beider Rechtsordnungen, der sich lediglich beim Ratsbeschluß, nicht aber in dem insoweit von der Kommission wörtlich übernommenen Verhaltenskodex findet.

(3) Zwischenergebnis

Das gefundene Ergebnis kann nach der hier vertretenen Ansicht aber nur lauten, daß die Transparenzbestimmungen des Rates unter dem Blickwinkel der Mitwirkung des deutschen Regierungsvertreters nicht gegen die Integrationssperre der Artt. 23 I 3, 79 III GG verstoßen und deswegen mangels verfassungsrechtlicher Hindernisse vom Rat geregelt werden konnte.

ccc) Dokumentenzugang als Kernbereich gemeinschaftsrechtlicher Demokratie

Der Hinweis auf die fehlende Zuordnung zum Kernbereich des Demokratieprinzips des Grundgesetzes kann jedoch nur bedingt herangezogen werden, um Rückschlüsse auf die Zugehörigkeit der Transparenzausprägung „Dokumentenzugang“ des Rates zum Kernbereich des europäischen Demokratieprinzips zu ziehen. Zwar hat der *EuGH* keine der deutschen Verfassungsrechtsprechung vergleichbare Kernbereichsrechtsprechung entwickelt. Die flankierende oder wesensmäßige Zuordnung zum europäischen Demokratiegedanken läßt gleichwohl Rückschlüsse auf deren gemeinschaftsrechtliche Relevanz zu. Die Rechtsvergleichung aller 15 Mitgliedstaaten hinsichtlich der jeweiligen nationalen Demokratiezuordnung in bezug auf die Transparenz kam dabei zu unterschiedlichen Ergebnissen[532]. Auch bestehende Aussagen der Organe und der Literatur, in die diese Rechtsvergleichung bereits eingearbeitet ist, sind hinsichtlich der Kernforderungen eines homogenen Demokratieprinzips uneinig[533]. Unbestritten ist lediglich die Tatsache einer gegenüber den mitgliedstaatlichen Parlamenten herabgesetzten demokratischen Legitimation des Rates und der diesbezüglichen Ausgleichsforderung. In der klassischen repräsentativen Demokratie war davon auszugehen, die Sitzungsöffentlichkeit zum Kern, den Dokumentenzugang dagegen dem Randbereich der Demokratie zuzuordnen. Hinsichtlich der gemeinschaftsrechtlichen Anforderungen könnte nun davon auszugehen sein, daß ein verminderter Demokratiemaßstab, der die Sitzungsöffentlichkeit vernachlässigen kann, gleichsam die zweite Forderung des Zugangs zu Dokumenten in den Kern seiner Anforderungen rückt.

Wichtig ist dabei aber, die Funktion des Dokumentenzugangs zu berücksichtigen, die stets die Frage des Abbaus des Demokratiedefizits im Blickfeld hat. Vereinfacht gesagt besteht ein Defizit *gegenwärtig* immer da, wo Elemente einer vergleichbaren Größe zurückstehen, welche es *künftig* aufzufüllen gilt. Bezüglich des demokratischen Defizits im Bereich der Legitimation bedeutet dies, daß künftig ein erhöhter Grad an demokratischer Legitimation innerhalb der Union herzustellen ist, und zwar mittels gegenwärtigem Ausgleich durch Über-

---

532 S.o. unter C., III.

533 Vgl. nur Classen in AöR 119 (1994), S. 244; Frowein in EuR 1995, S. 315 ff.; Kaufmann, S. 347 ff., 479 ff.; Kluth, S. 11; Seidel in EuR 1992, S. 139 ff.

gangsmaßnahmen[534]. Übertragen auf die Transparenz wird nun deutlich, wie Demokratieprinzip und -defizit zusammenhängen und wo in diesem Spannungsfeld die Publizität des Rates anzusiedeln ist[535]. Bereits angeklungen ist die Tatsache, daß die Transparenz des Rates trotz Ausdrucks durch überproportionalen Dokumentenzugang[536] aus sich heraus eine lediglich mittelbare Legitimation, selbst zugunsten einer direkten demokratischen Legitimation des Ministerrates, nicht beseitigen kann[537]. Sie kann allerdings Abhilfe schaffen für die Übergangszeit bis zu einer direkteren demokratischen Legitimation der Union, beispielsweise durch echte Öffentlichkeit der Ratssitzungen. Insofern muß auch das Zugangsrecht primär als Brücke zu mehr demokratischer Legitimation verstanden werden. Das bedeutet aber gleichzeitig, sie in der Gegenwart anzusiedeln, sie also dem Abbau des Demokratiedefizits zuzuordnen. Ein eventuelles Erreichen direkter eigener Legitimation des Ministerrates hätte, wie auf nationaler Ebene gesehen, zur Folge, daß legislative Transparenz zwar nicht überflüssig, ihr aber ein gewisser Bedeutungsverlust zuteil würde, je besser sich das betreffende Organ auf das Legitimationssubjekt berufen könne[538]. Gleiches muß auch für den Rat gelten. Die jetzige hohe praktische Bedeutung des Zugangsrechts spiegelt sich wieder in seiner Funktion des Ausgleichs des Legitimationsdefizits. Sie kann aus sich heraus aber keine eigene Legitimation hervorbringen und kann daher auch nicht *die* Kernforderung des europäischen Demokratiegedankens direkt modifizieren. Somit kann als wesentliche Aussage festgehalten werden, daß die momentan erreichte Transparenz des Rates unter Berücksichtigung seines Charakters als Ausgleichsfaktor defizitärer Legitimation allein diesem Ausgleich in seinem Wesensgehalt zuzuordnen ist. Hinsichtlich des Hervorbringens eigener demokratischer Legitimation durch Sitzungsöffentlichkeit, welche unbestritten dem Wesensgehalt des Demokratiegedankens zuzuordnen ist, kommt dem Dokumentenzugang im Gegensatz zur Öffnung der Organsitzungen aufgrund seiner Unterstützungsfunktion aber lediglich flankierende Wirkung zu. Die Ausgleichswirkung des Dokumentenzugangs repräsentiert damit die gegenwärtige Demokratieverwirklichung des Rates in Form abgeleiteter Legitimation und ist auch dessen „Kernbereich" zuzuordnen. Am gemeinschaftsrechtlichen Standard der Demokratieanforderungen gemessen, ist die Konkretisierung in Form des Dokumentenzugangs auch ausreichend. Einer künftigen Verstärkung der demokratischen Legitimierung des Rates durch eigene Legitimierung, also des Anlegens eines mitgliedstaatlichen Demokratiemaßstabes, wie dies durch

---

534 So auch BVerfGE 89, 155, 185.

535 Trennung dieser Aspekte auch bei Sobotta, S. 26.

536 S.o., 2. Teil, B.:, III., 2., a).

537 Explizit hinsichtlich der Legitimation im Verwaltungsbereich, Burkert in Lamnek/Tinnefeld, S. 129, 130.

538 Statt ein Defizit auszugleichen, geht es der erreichten nationalstaatlichen Transparenz der Legislative ja im wesentlichen darum, einen gewissen Ausgleich mangelnder Identität zwischen Regierenden und Regierten zu schaffen, vgl. oben, C., IV., 2., a), aa).

echte Sitzungsöffentlichkeit erreichbar wäre, kann der Dokumentenzugang jedoch nur peripher zugeordnet werden.

ddd) Ergebnis

Unter Betrachtung der Transparenzregeln des deutschen Gesetzgebers wurde festgehalten, daß der Dokumentenzugang als Ausprägung der Parlamentsöffentlichkeit zwar Verfassungsrang besitzt, gleichwohl aber nicht dem Kernbereich der Demokratie zugeordnet werden kann. Da aber die Legitimation nationaler Staatsorgane höher ist als die des Rates, kann aufgrund der mangelnden Kernbereichszuordnung diese Frage für den Rat europäisch geregelt werden.

Aufgrund der geringeren demokratischen Legitimität des Rates genießt die Transparenzfrage im Gemeinschaftsrecht einen viel höheren Stellenwert als auf nationaler Ebene. Allerdings sind dadurch noch keine Rückschlüsse auf eine wesensmäßige Zuordnung zum Kern des europäischen Demokratiegebots möglich. Transparenz in Form des Dokumentenzugangs zählt vielmehr zum Kern der Ausgleichsmaßnahmen des Demokratiedefizits der gegenwärtigen institutionellen Struktur. Dokumentenzugang aus sich heraus kann allerdings keine eigene Legitimation hervorbringen, so wie dies echte Sitzungsöffentlichkeit vermag.

cc) Gesamtergebnis

Hinsichtlich der eingangs gestellten Frage, inwieweit das Demokratieprinzip als Rechtsquelle des Zugangsrechts fruchtbar gemacht werden kann, ist zu konstatieren, daß dieser Grundsatz das Demokratieprinzip strukturbedingt stark flankiert. Allerdings gehört er, anders als die Alternative der Sitzungsöffentlichkeit, nicht zum Kernbereich einer idealen europäischen Demokratiekonzeption, sondern bildet gewissermaßen die Brücke zu mehr Legitimation. Aufgrund verminderter demokratischer Anforderungen kann von einem Transparenzdefizit des Rates aus diesem Blickwinkel, bei voller Gewährleistung des Dokumentenzugangs, nicht gesprochen werden[539].

Das Demokratieprinzip stellt damit insgesamt rechtsdogmatisch das Potential zur Ableitung eines allgemeinen Grundsatzes des Dokumentenzugangs im Gemeinschaftsrecht dar, welches zum weiteren Kreis des gemeinschaftseigenen Demokratieprinzips zu zählen ist.

---

539 So aber Lamprecht in NJW 1997, S. 505.

b) Zuordnung hinsichtlich der Kommission

aa) Systematische Einordnung des Zugangsrechts zu Dokumenten der Kommission in das Demokratieprinzip

aaa) Gemeinsamkeiten zum Rat in bezug auf die demokratischen Anforderungen

Läßt sich das eben dargestellte Verhältnis zwischen herabgesetzter Legitimationsanforderung und Publizitätsausgestaltung beim Rat auch auf die in erster Linie exekutiv zu begreifende Kommission übertragen? Auf nationaler Ebene zog die Transparenz der Regierung und Verwaltung ihre Berechtigung in erster Linie aus dem Anwachsen der Aufgaben der Exekutive mit einer einhergehenden partiellen Schwächung der parlamentarischen Befugnisse. Demzufolge erschien eine Ausweitung der Ermöglichung demokratischer Willensbildung mittels Aktenöffnung durch die Bevölkerung auch auf die Tätigkeiten der Regierung als konsequent. Auf europäische Ebene übertragen, wurde angesichts der zunehmenden Kompetenzverlagerung von den Mitgliedstaaten auf die supranationale Ebene und damit auch auf die Kommission im Bereich der verwaltungsmäßigen Durchführung von Rechtsakten das Bedürfnis nach einem Informationszugangsrecht ebenfalls größer[540]. Beispielhaft anführen läßt sich die originäre Befugnis zur Einzelfallentscheidung im Bereich des Wettbewerbs- und Kartellrechts (Artt. 81, 82 EGV), der Beihilfenkontrolle (Artt. 87, 88 EGV), die gem. Art. 211 EGV vom Rat übertragenen Durchführungsbefugnisse sowie das ausschließliche Initiativrecht der nicht öffentlich tagenden Kommission[541]. Vereinzelt läßt sich auch im Sekundärrecht die Befugnis zur verwaltungsmäßigen Durchführung von Richtlinien finden[542]. Somit steigt auch auf europäischer Ebene aufgrund zunehmender Aufgabenkonzentration das Bedürfnis einer ausreichenden demokratischen Legitimation auch bei der Kommission. Im Ergebnis kann daher wie beim Rat eine Verortung der Transparenz der Kommission in der Unterstützung der Legitimitätsbildung gesehen werden und somit ebenfalls eine Zuordnung zum Demokratieprinzip erfolgen.

---

540 Schwanenflügel in Verwaltungsrundschau 1994, S. 238; siehe auch explizit hinsichtlich der Aufgabenzunahme innerhalb des gemeinschaftseigenen Vollzuges, Schmidt-Aßmann in EuR 1996, S. 270; Übersicht bei v. Borries in FS Everling, S. 127 ff.

541 Gündisch/Mathijsen, S. 198.

542 Im Schutzklauselverfahren wird die Kommission auf Antrag tätig. Und letztlich kann auf die Befugnis gem. Art. 169 EGV verwiesen werden, der ihr die Kompetenz zum Erlaß von Einzelfallentscheidungen gegen einen Mitgliedsstaat gibt.

bbb) Unterschiede hinsichtlich des Maßstabes zur Bewertung des Transparenzgrades

Die demokratische Legitimation der Kommission leitet sich institutionell, ebenso wie der Rat, von den Mitgliedstaaten ab. Hinsichtlich der personellen demokratischen Rechtfertigung, der Ernennung und Entlassung gem. Artt. 158 II, 160, 144 EGV teilen sich die Legitimationssubjekte zwischen den Regierungen der Mitgliedstaaten und dem Europäischen Parlament auf. Anders als im mehrseitig legitimierten Hauptrechtsetzungsorgan Rat besitzen die Mitglieder der Kommission bei der laufenden Tätigkeit keine Doppelfunktion. Die für die laufende Arbeit der Kommission wichtigste sachlich-inhaltliche Legitimation besteht auf konstituierter Seite dagegen aus einer rein europäischen Zuordnung, die sich aus sich heraus demokratisch legitimieren muß. Folglich kann nicht von einer Übertragbarkeit der Kernbereichsproblematik bei Artt. 23 I 3, 79 III GG ausgegangen werden. Eine faktische Beeinträchtigung des Kernbereichs der Staatlichkeit der Bundesrepublik kommt bei der Modifizierung von Geschäftsordnungsregelungen der Kommission von vornherein nicht in Betracht. Beamte internationaler Organisationen selbst fallen nicht in den Anwendungsbereich des Grundgesetzes, wenn sie keine Hoheitsgewalt in Deutschland ausüben, auch wenn sie die deutsche Staatsangehörigkeit besitzen[543].

ccc) Funktionen der Öffentlichkeit der Kommissionsarbeit

Hinsichtlich der Exekutive auf mitgliedstaatlicher Ebene werden der Transparenz aus demokratiedogmatischer Sicht verschiedene Funktionen zugeordnet, wovon die elementarsten die der Legitimation und der Kontrolle darstellen[544]. Auch auf Gemeinschaftsebene spricht die Kommission die für sie wichtigste Funktion der Legitimationsförderung und der Kontrolle durch den Unionsbürger an[545]. Des weiteren können die schon mitgliedstaatlich bekannten Funktionen fruchtbar gemacht werden. Dort trägt die Transparenz der Verwaltung zur Vertrauensförderung durch Informationsdistribution bei. Dies um so mehr auf Gemeinschaftsebene, wo sich die politischen Probleme der Union gerade auf den Bereich des Vertrauensverlustes erstrecken[546]. Aber auch das Argument der Effizienzsteigerung der Verwaltung mittels Wettbewerb der Argumente kann innerhalb der Arbeit der Kommission angesiedelt werden. Die angestrebte Mobili-

---

543 Randelzhofer in Maunz/Dürig, Art. 24 RN 162, FN 463: Anders als im Fall der Kommissionsmitglieder ist die Unabhängigkeit der Vertreter im Rat von ihren nationalen Verfassungen nicht ausdrücklich bestimmt worden.

544 Vgl. oben, C., IV., 2., bb).

545 Hix, S. 37.

546 Konfrontiert mit dem Bevölkerungsmißtrauen gegenüber der EU, welches im Zusammenhang mit der Maastricht-Ratifizierung aufkam, erkannte der Rat, daß zur Erhöhung des Vertrauens aus Sicht der Bürger die EU ihre Organe öffnen und die Verwaltung der Gemeinschaft transparenter machen müßte: siehe Burkert in Lamnek/Tinnefeld, S. 124; Österdahl in ELR 1998, S. 345.

sierung der Öffentlichkeit wird teilweise auch als funktionelles Äquivalent zum fehlenden behördlichen Eigenvollzug der EG gesehen[547]. Und schließlich soll unter Einbeziehung des Demokratiegedankens der Gefahr von Korruption entgegengewirkt und ein Beitrag gegen schlechte Verwaltungsführung geleistet werden[548].

ddd) Struktur der Kommission als Organ einer supranationalen Organisation

(1) Legitimationsfunktion

Beim Rat wurde ein Vergleich der unmittelbaren Legitimation des nationalen Parlaments mit der mittelbaren Legitimation des Rates gezogen und aufgrund der geringeren Legitimation des Rates ein erhöhter Transparenzgrad gefordert, der aber strukturbedingt nicht den nationalen Transparenzgrad erreichen muß. Hinsichtlich der Kommission muß der Blickwinkel modifiziert werden.

Zunächst besteht auch für die Kommission ein demokratisches Legitimationsdefizit. Wie gesehen geht sie nicht aus der Mitte des Parlaments hervor; die Bindung an Parteien bzw. Fraktionen, aus denen die Mitglieder stammen könnten, fehlt damit weitgehend. Das Parlament hat auch nur ergänzenden Anteil an der Ernennung der Mitglieder, was insgesamt nicht ausreichend ist, um eine Legitimationskette vom Parlament zur Kommission und damit zur laufenden Tätigkeit der Arbeit der Exekutive der Gemeinschaft zu ziehen.

Allerdings ist entsprechend den Erwägungen beim Rat auch hier die Herkunft des Institutionsgefüges der Gemeinschaft einzubeziehen. Internationale Organisationen als Nichtstaaten akzeptieren die mangelnde Demokratiegeltung ihres institutionellen Gefüges und damit den Grundsatz von Geheimhaltung und Vertraulichkeit[549]. Aber auch im Exekutivbereich der Gemeinschaft ist auf die Bedeutung des supranationalen Charakters hinzuweisen, der aufgrund der direkten Verpflichtungsmöglichkeit des einzelnen auch einer erhöhten demokratischen Legitimation bedarf[550]. Überträgt man die gefundenen Ergebnisse bezüglich des Rates auf die Kommission, läßt sich strukturell ebenfalls eine geringere Transparenz als die nationale befürworten, allerdings wäre es aus supranationaler Sicht unzulässig, überhaupt keine Transparenz zu gewährleisten[551].

(2) Kontrollfunktion

Hinsichtlich allgemeiner Transparenzmaßnahmen stellt sich sofort die Frage, ob das besondere Zusammenspiel von Kommission und Parlament Berücksichtigung finden muß. Zunächst legitimiert sich die Wahl der Kommissionsmitglie-

---

547 Schoch in VVDStRL 57 (1998), S. 185.
548 Hix, S. 37.
549 Curtin/Meijers in CMLR 1995, S. 392; s.o., a), bb), aaa), (1).
550 Vgl. oben, a), bb), aaa), (2).
551 Vgl. oben, a), bb), aaa), (2).

der nicht über das Parlament; lediglich hinsichtlich ihrer Absetzung ist sie unter bestimmten Voraussetzungen vom Vertrauen des Parlaments abhängig[552]. Die demokratisch unmittelbar legitimierten Abgeordneten des Europäischen Parlaments üben zwar Kontrolle in Form des Mißtrauensvotums gem. Art. 201 EGV über die Kommission in ihrer Gesamtheit aus. Die Parlamentarier besitzen jedoch gegenüber den Bürgern kein erhöhtes Zugangsrecht zu Dokumenten der übrigen Gemeinschaftsorgane, so daß eine parlamentarische Anfrage an die Organe Rat und Kommission an denselben Versagungsmaßstäben zu messen ist wie die Bürgernachfrage[553]. Diese verminderten Kontrollmöglichkeiten könnten einen im Vergleich zur nationalen Rechtslage, aber auch im Vergleich zum Rat, geringeren Transparenzgrad ermöglichen, wenn gesagt werden kann, eine ausreichende Kontrolle durch das Parlament rechtfertige einen geringeren Transparenzgrad. Allerdings bliebe dann der eingangs angesprochene Kompetenzzuwachs der Exekutive im Vergleich zum Parlament sowohl auf nationaler als auch auf Gemeinschaftsebene als Anknüpfungspunkt demokratischer Forderungen nach Transparenz unberücksichtigt. Dies gilt um so mehr, als auch auf nationaler Ebene, trotz erhöhter Legitimation der Regierung, also Legitimation plus Kontrolle durch das Parlament, Transparenz von Regierung und Verwaltung zugunsten der Bevölkerung aus Demokratiegesichtspunkten gefordert wird. Auf Gemeinschaftsebene reduziert sich die Legitimationsverleihung durch das Parlament erheblich. Somit spricht die These der Kontrolle der Kommission durch das Parlament, also die Stellung der Kommission im institutionellen Gefüge, sogar für eine stärkere Offenheit als auf nationaler Ebene oder beim Rat, statt als Argument für eine geringere Transparenz aufgrund ausreichender Kontrollmöglichkeiten.

Bezüglich der Kontrollfunktion des Dokumentenzugangs können die Erwägungen, die beim Rat getroffen wurden, übertragen oder gar verstärkt werden. Auch die Kontrollmöglichkeiten gegenüber der Kommission durch die Bevölkerung sind durch Aktenöffentlichkeit weitgehend begrenzt. Allenfalls das Überraschungsmoment des Einsichtsbegehrens könnte sich verstärkend auswirken[554]. Mangels Sanktionsmöglichkeiten, beispielsweise durch einen Wahlakt, wirkt sich das Zugangsrecht zu Kommissionsdokumenten somit lediglich mittelbar kontrollierend aus[555].

Insgesamt fordert eine ausreichend demokratische Kontrolle der Kommission bei Strukturbetrachtung einen im Vergleich zum Rat, aber auch den Mitgliedstaaten, erhöhten Transparenzgrad.

---

552 Näher dazu unten unter b), ddd), (2).

553 Stellungnahme des Ausschusses für Recht und Bürgerrechte, in Bericht des Institutionellen Ausschusses vom 08.12.1998, DOK A 4-0476/98; siehe auch RS T-14/98 „Hautala/Rat“ in Slg. II 1999, S. 2489.

554 Dazu sogleich unter eee).

555 Dies sogar noch mittelbarer als beim Rat.

eee) Verstärkte Beachtung des Effizienzgebots bei der Tätigkeit der europäischen Exekutive

Neben der Unterstützung effizienter Sacharbeit durch Offenheit in Form des Wettbewerbs der besten Argumente, aus der liberalen Staatstheorie entlehnt, und auch im Bereich der Kommissionsarbeit als Argument wirksam, kann der gemeinschaftsrechtliche Effizienzgedanke allerdings auch eine gegenüber dem Rat verstärkte Herabsetzung von Transparenz bedingen. Dieser Gedanke prägt sich naturgemäß bei der Kommission, als dem überwiegend typischen „Regierungs- und Verwaltungsorgan" der Gemeinschaft, stärker aus. *Ipsen* erkannte bereits 1972 die Funktionsfähigkeit der Gemeinschaft als primärrechtliches Prinzip an[556]. Im wirtschaftlichen Bereich wirken die Gemeinschaften in funktioneller Integration, weil ihre Aktivität einen Gemeinsamen Markt schafft und sichert, dieser also funktioniert. Die normative Ausprägung dieses Prinzips findet sich in Art. 3 lit. h) EGV[557].

Allerdings ist der Zeitpunkt dieser Ausführungen zu berücksichtigen, in dem noch der Gründungscharakter der Gemeinschaft, auf Wirtschaftsintegration gerichtet, im Primärrecht vorherrschend war. Dieser Ursprungscharakter ist zwar heute noch existent. Es sind jedoch durch die Einheitliche Europäische Akte, den Unionsvertrag sowie die Rechtsprechung des Gerichtshofs politische, demokratische und rechtsstaatliche Elemente zu den wirtschaftsintegrativen Ansätzen hinzugetreten[558]. *Oppermann* griff zwar *Ipsens* Ansatzpunkt auf, stellte ihn aber in den Kontext der Auslegungsmethoden des *EuGH*, der aus teleologischen Gründen nicht nur den effet utile, sondern auch die Funktionsfähigkeit der Gemeinschaft zu beachten hätte[559].

Einen anderen Anknüpfungspunkt für den *EuGH* stellte die gemeinschaftseigene Verwaltung dar. Neben den bekannten verfahrensrechtlichen Grundsätzen griff er auf Prinzipien, wie „gute Verwaltungsführung" oder „ordnungsgemäße Verwaltung" als allgemeinen Grundsatz des Gemeinschaftsrechts zurück, ohne diese allerdings inhaltlich oder gar systematisch zu präzisieren[560].

Allgemeinster Ansatz ist somit tatsächlich das in Art. 10 EGV normierte Effektivitätsprinzip der Gemeinschaft. Die enge Auslegung, daß die Funktionsfähigkeit der Gemeinschaft lediglich eine Verpflichtung der Mitgliedstaaten gegenüber der Gemeinschaft sei, wird aber überwiegend verworfen[561]. Aus dem allgemeinen Beeinträchtigungsverbot des Art. 10 EGV fließt auch der Grundsatz

---

556 Ipsen, Europäisches Gemeinschaftsrecht, S. 199 ff.

557 Alder, S. 147.

558 Vgl. oben, 1, sowie im folgenden, II., 1.

559 Oppermann, RN 686, unter Bezugnahme bereits auf RS 8/55 „Fédération Charbonnière de Belgique/Hohe Behörde" in Slg. 1955/56, S. 312.

560 RS 55/70 „Andreas Reinarz/Kommission" in Slg. 1971, S. 386; RS 179/82 „Lucchini Siderurgica S.p.A./Kommission" in Slg. 1983, S. 3095.

561 So v. Bogdandy in Grabitz/Hilf, Art. 5, RN 7 ff., 75.

der Organtreue[562], der sowohl zwischen Mitgliedstaaten und Gemeinschaft als auch im Verhältnis der nationalen und europäischen Organe untereinander gilt. Er leitet sich neben Art. 10 EGV auch aus dem institutionellen Gleichgewicht der Organe, dem Demokratieprinzip und dem Grundsatz der Gemeinschafts- bzw. Unionstreue ab[563]. Danach dürfen keine Maßnahmen erlassen werden, die den internen Funktionsablauf der Gemeinschaftsorgane behindern[564]. Er gilt konsequenterweise nicht nur für das interorganschaftliche Binnenverhältnis, sondern ist auch auf das intraorganschaftliche Verhältnis anzuwenden. Nicht einzusehen ist, warum der Grundsatz der loyalen Zusammenarbeit nur im Verhältnis zwischen Mitgliedstaaten und Gemeinschaft gelten soll. Wenn das Funktionsscharnier im Binnenverhältnis der Organe oder innerhalb eines Organs nicht sichergestellt ist, kann der primäre Zweck des Art. 10 EGV, der effizienten Durchsetzung von Gemeinschaftsrecht, nur schwerlich verwirklicht werden.

Die Funktionsfähigkeit der Kommission läßt damit neben seiner Förderung durch Offenheit, zu seiner Durchsetzung auch einen geringeren Transparenzgrad zu. Dieser kann aber auch gegenüber dem Rat, aus Gründen der höheren Bedeutung effizienter Arbeit der überwiegend exekutiv tätigen Kommission, herabgesetzt sein.

Im Verhältnis zum Rat wird der strukturbedingt zu fordernde höhere Transparenzgrad der Kommission damit aus verstärkt zu beachtenden Effizienzgründen wieder herabgesetzt, so daß letztlich ein dem Rat entsprechend hoher Transparenzgrad gerechtfertigt ist.

fff) Ausprägung der Publizität als Dokumentenzugang

Ebenso wie beim Rat ist also von einer Ausgleichswirkung der Publizität hinsichtlich des Legitimationsdefizits zu sprechen. Da die Legitimationsanforderungen aber supranational bedingt herabgesetzt sind, ist auch bei der Kommision eine Ausgestaltung der Offenheit in Form des Dokumentenzugangs, also einer nicht selbständig legitimationsstiftenden Maßnahme als genügend im Hinblick auf die Demokratieanforderungen zu sehen. Dies um so deutlicher, als daß sich auch nationalstaatlich kein Ruf nach Öffnung von Kabinettssitzungen erhebt, da auch dort der Dokumentenzugang bei der Exekutive als hinreichende Bedingung der repräsentativen Demokratieforderung angesehen wird. Die Kontrollfunktion von Transparenz mag erklären, weshalb weitergehende Forderungen, wie einer Öffnung der Kommissionssitzungen konträr zu Art. 9 GO Kommission, ver-

---

562 Kahl in Calliess, Auflage 2, Art. 10, RN 46, unter Verweis auf Bleckmann, RN 722.

563 Zur Umkehrung des Loyalitätsgebotes des Art. 10 EGV hin zu einer Verpflichtung auch der Gemeinschaftsorgane, siehe RS C-2/88 Imm. „J.J. Zwartveld u.a." in Slg. I 1990, S. 3367; allgemein, Kahl in Calliess, Auflage 2, Art. 10, RN 56.

564 RS 208/80 „Lord Bruce of Donington/Eric Gordon Aspden" in Slg. 1981, S. 2218 f.; unter Bezugnahme auf die Beteiligungsrechte des Parlaments, RS 204/86 „Griechische Republik/Rat" in Slg. 1988, S. 5323, RN 16; RS C-65/93 „Parlament/Rat" in Slg. I 1995, S. 643, RN 23.

gleichbar denen nach der Öffnung von Ratssitzungen, weitgehend ausbleiben. Auch auf nationaler Ebene besteht Einigkeit über die Vertraulichkeit von Kabinettssitzungen. Dies wird aufgrund der Kontrollmöglichkeiten und der Öffentlichkeit des Parlaments akzeptiert. Die, im Vergleich zum nationalen Parlament zwar herabgesetzten, Kontrollmöglichkeiten des Europäischen Parlaments reichen aber aus, diesen geringeren Transparenzgrad auch auf europäischer Ebene auszugleichen. Eine Öffnung der Kommissionssitzungen erscheint dagegen ungeeignet, die demokratische Legitimation zu verstärken, wie dies die Öffnung von Ratssitzungen vermag. Auch den nationalstaatlichen Repräsentanten ist ein Einblick in die Kabinettssitzungen verwehrt. Die Kontrollmöglichkeit des Parlaments in Kombination mit der Aktenöffentlichkeit der Kommission kann dagegen die Legitimations- und Kontrollfunktion der Kommission europäisch demokratisch ausreichend verwirklichen.

Der Gefahr der Verlagerung der Sacharbeit in vertraulich arbeitende Ausschüsse ist wiederum durch Ausweitung des Zugangsrechts in die Nebenorgane gewährleistet. Problematisch könnte sich eventuell die Tatsache der gegenüber der nationalen Regierung stark überbetonten Kompetenzen der Kommission im Bereich der Rechtsetzung darstellen[565]. Diese Tatsache kann aber wiederum nur Argument für einen aufgrund höherer Befugnisse zu fordernden höheren Legitimationsgrad selbst sein, spricht aber nicht für oder gegen die Zuordnung von Publizität zum Kernbereich des Demokratiegrundsatzes. Diese bewirkt in diesem Kontext wiederum allenfalls einen Ausgleich mangelnder Legitimation, einen Defizitabbau, bringt aber keine selbständige neue Legitimation hervor. Hierzu bedarf es struktureller Reformen des institutionellen Gefüges der Union, zum Beispiel durch eine verstärkte Abhängigkeit der Kommissionsarbeit vom Parlament, die gerade im Exekutivbereich aber nicht bei vermehrten Publizitätsforderungen, wie der Öffnung von Kommissionssitzungen, ansetzen können.

bb) Ergebnis

Im Ergebnis bewirkt die Transparenz von Verwaltungsentscheidungen der Kommission ebenso wie die Offenheit des Rates einen Ausgleich der gegenüber den Mitgliedstaaten defizitären demokratischen Legitimation der Kommission durch Überbrückungsmaßnahmen auf dem Weg hin zu direkter demokratischer Legitimation. Dieser Grad muß bei reiner Strukturbetrachtung der Gemeinschaft sogar einen höheren Grad als das Transparenzniveau der Exekutive auf bundesdeutscher Ebene oder Ratsebene erreichen, um das demokratische Legitimationsdefizit auszugleichen. Unter Einbeziehung des Effizienzgebots, welches mehr noch bei der ausführenden Gewalt, denn bei der Gesetzgebung zum Tragen kommt, ist dieses aber geeignet, den erforderlichen Grad wieder zu reduzie-

[565] Demgegenüber beschränken sich rechtsetzende Tätigkeiten der bundesrepublikanischen Exekutive im wesentlichen auf Verwaltungsvorschriften, Satzungen und Rechtsverordnungen.

ren. Auch die fehlende Zuordnung des Dokumentenzugangs zum Kern des europäischen Demokratiegebots spricht für eine ausgleichende Reduktion der strukturbedingt erhöhten Offenheitsforderungen. Lediglicher Dokumentenzugang genügt daher, ebenso wie beim Rat, den Transparenzanforderungen im Hinblick auf die demokratische Legitimation der Kommission, ist gleichsam aber auch erforderlich.

Diese Transparenzausprägung der gemeinschaftsrechtlichen Exekutive erfüllt somit ebenfalls flankierende Wirkungen hinsichtlich des gemeinschaftlichen Demokratieprinzips, gehört wesensmäßig aber zum Bereich des gegenwärtigen Abbaus des Demokratiedefizits.

Entsprechend den Ergebnissen beim Rat ergibt sich damit auch bei der Kommission das Potential, aus dem gemeinschaftsrechtlichen Demokratiegedanken einen allgemeinen Grundsatz des Dokumentenzugangs, angepaßt an die exekutiven Funktionen der Europäischen Kommission, herauszuschälen.

c) Zuordnung hinsichtlich des Europäischen Parlaments

Legt man die bei Rat und Kommission angelegten Maßstäbe des Demokratieprinzips beim Parlament zugrunde, so muß wiederum nach seinem Legitimationsbedürfnis gefragt werden, welches durch Transparenzmaßnahmen gesteigert oder abgesichert werden kann. Beim Parlament ist aufgrund der Direktwahl durch die Unionsbürger sowohl institutionell und personell als auch sachlich–inhaltlich von einer direkten Legitimation durch die Bürger zu sprechen, unabhängig von einem eventuell vorhandenen Aufgabendefizit. Aufgrund dieser Legitimationskette, die hinsichtlich des grundsätzlichen Zustandekommens[566] eine direkte Verbindung zwischen Bevölkerung und Repräsentant schafft, könnte bei isolierter Betrachtung des Parlaments durchaus an eine grundsätzliche Vergleichbarkeit zur direkten Legitimation der nationalen Parlamente gedacht werden. Die Ausgleichswirkung hinsichtlich des Legitimationsdefizits bräuchte bezüglich des Parlaments dann nicht bemüht zu werden. Vielmehr gelte der gleiche Kontext wie beim nationalstaatlichen Parlament. Dort kam der Legitimationswirkung transparenter Maßnahmen die des Ausgleichs für die fehlende Identität zwischen Regierenden und Regierten zu. Insofern läßt sich der angesprochene Gedanke der Ergänzungswirkung nicht abstrichlos auf das Europäische Parlament übertragen. Unter der Kompetenzberücksichtigung ist zu konstatieren, daß insbesondere keine „Europäische Regierung“ aus der Mitte seiner direkten Repräsentanten hervorgeht und somit ein eventueller Ausgleich ebenfalls ins Leere geht.

Jedoch läßt sich festhalten, daß in der Institution „Europäisches Parlament“ der höchste Transparenzgrad zu finden ist, bei gleichzeitig herabgesetztem Legitimationsbedürfnis dieses Organs im Vergleich zu den demokratischen Anforde-

---

566 Unterschiede ergeben sich aufgrund verschiedener Wahlsysteme hinsichtlich der Erfolgswertgleichheit der Stimmen.

rungen an Rat und Kommission. Gründe sind einmal mehr im Institutionsgefüge der EG zu suchen. Trotz Kompetenzzuwachses in den letzten Jahren kommt dem Parlament im Rechtsetzungsprozeß immer noch eine nachrangige Rolle zu, so daß die Anforderungen hinsichtlich vertraulicher Sitzungen der Ausschüsse oder der Versagung des Zugangs zu Dokumenten ebenfalls geringer sind. Auch das Recht auf Dokumentenzugang der Parlamentarier zu Akten der Kommission leitet sich, wie dargestellt, aus dem Beschluß 94/90 ab und geht damit nicht über das Jedermann-Recht hinaus[567]. Die aus Vertraulichkeitsgesichtspunkten „gefährlichen" Dokumente bleiben somit weiterhin sowohl dem Bürger als auch dem Parlament gegenüber vertraulich, so daß die Reichweite der Transparenzgewährleistungen des Parlaments aus Vertraulichkeitsgesichtspunkten unschädlich ist.

Die Transparenzmaßnahmen des Parlaments entsprechen weitgehend denen der mitgliedstaatlichen Repräsentativorgane, bzw. gehen zum Teil darüber hinaus. Institutionell- und legitimationsbedingt kommt der parlamentarischen Transparenz auf Gemeinschaftsebene aber eine ungleich geringere Bedeutung zu als bei den übrigen Gemeinschaftsorganen oder den mitgliedstaatlichen Parlamenten.

d) Exkurs: Transparenz der Judikative als Ausdruck gemeinschaftsrechtlicher Demokratie

Anders als die gemeinschaftsrechtliche „Legislative" und wesentlich deutlicher als die „Exekutive" bildet die rechtsprechende Gewalt in der Gemeinschaft eine funktionelle Einheit[568]. Der *EuGH* bzw. das *EuG* vereinigen in der von der Gewaltenteilung der Staaten her bekannten Weise Funktion und Institution[569].

aa) Öffentlichkeit der Verhandlungen

Die gemeinschaftsrechtlich einschlägigen Vorschriften zur Transparenz des Gerichtsverfahrens finden sich in der Satzung des *EuGH* und den Verfahrensordnungen des Gerichtshofs. Art. 28 EuGH-Satzung sieht die Öffentlichkeit der Verhandlungen vor. Weiterhin läßt der systematische Umkehrschluß aus Art. 56, § 2 und Art. 64, § 1 EuGH-VerfO bzw. Art. 57 und Art. 82, § 1 EuG-VerfO den Ausschluß der Öffentlichkeit als Ausnahmebestimmung erscheinen. Art. 32 EuGH-Satzung, sowie Art. 27, § 1 EuGH-VerfO und Art. 33, § 1 EuG-VerfO sehen vor, daß die Beratungen des Gerichts nicht öffentlich stattfinden. Da hinsichtlich der dritten Gewalt von einer strukturellen und funktionellen Kongruenz zum nationalen Recht auszugehen ist, bietet sich ein Vergleich zur Gerichtsöffentlichkeit des Grundgesetzes an. Auch im mitgliedstaatlichen Recht der Bundesrepublik ist die Gerichtsöffentlichkeit nicht ausdrücklich verfassungsmäßig,

---

567 Vgl. b), ddd), (2).
568 Pernice in EuR 1996, S. 27.
569 Epping in Der Staat 36 (1997), S. 351.

sondern einfach-gesetzlich über § 169 GVG in Verbindung mit § 17 BVerfGG verankert, ihre grundsätzliche Bedeutung wird indes vernünftigerweise an keiner Stelle in Frage gestellt[570]. Unter Berücksichtigung der §§ 170 ff. GVG verwirklichen die innerstaatlichen Normen zur Gerichtsöffentlichkeit dieselben Funktionen wie die Verfahrensordnungen der gemeinschaftsrechtlichen Judikative[571]. Diese sind aber eher als Ausdruck rechtsstaatlicher Erwägungen zu betrachten, lediglich ergänzend als Ausprägung demokratischer Kontrolle, die, bezogen auf die Legitimität der einzelnen Staatsgewalten, ihrer jeweiligen Eigenständigkeit gegenüber dem Volk bedarf[572]. Die ergänzende Legitimationswirkung durch das Volk wird innerstaatlich grundsätzlich als genügend im Sinne des Demokratiegebots angesehen. Übertragen auf die Gemeinschaftsebene und unter Hinzuziehung der mittelbaren Legitimität des Gerichtshofs kann bei vergleichbaren Regelungen hinsichtlich der Gerichtsöffentlichkeit somit ebenfalls von einer genügenden Legitimitätsvermittlung durch die Transparenz des Verfahrens gesprochen werden.

bb) Akteneinsicht für Verfahrensbeteiligte

Vergleichbare Regeln der Akteneinsicht für Verfahrensbeteiligte wie im innerstaatlichen Recht, §§ 147, 406 e StPO, § 299 ZPO, § 100 VwGO und § 20 BVerfGG bzw. Zugangsrechte für außerhalb des Verfahrens stehende Personen unter den Voraussetzungen des Bundesdatenschutzgesetzes nach §§ 35 a ff BVerfGG[573] oder Ansprüche auf ermessensfehlerfreie Entscheidung bei rechtlichem oder berechtigtem Interesse existieren weder in der EuGH-Satzung, in den Verfahrensordnungen des Gerichtshofs noch im sonstigen Gemeinschaftsrecht.

---

570 Vgl. Kissel, GVG, § 169, RN 1 ff; Lechner/Zuck, BVerfGG, § 17, RN 1; europäisch (allerdings rechtsstaatlich) anerkannt durch Schilling in ZeuS 1999, S. 78 ff.; für eine Ableitung aus anderen Verfassungsprinzipien, Arndt in NJW 1960, S. 423 ff.; Jerschke, S. 76; Schmidthals, S. 262; Windsheimer, S. 140; Rinken, S. 270; Bäumler in JR 1978, S. 317; dagegen: Martens, S. 74; Leibholz/Rinck, Art. 103, RN 8; Rechtsprechung: zunächst nur Prozeßmaxime (BVerfGE 15, 298, 307), dann Teilnahme durch Art. 5 I GG abgesichert (BVerfG in EuGRZ 1979, S. 179).

571 Als wesentliche Funktionen lassen sich der Ausschluß des Geheimverfahrens durch öffentliche Kontrolle beim Interesse der Verfahrensbeteiligten, die Sicherung der Unabhängigkeit der Richter gegenüber geheimen Eingriffen der Staatsgewalt und die Kontrolle der Richter durch das Volk herausfiltern: Kissel, GVG, § 169, RN 1 ff.

572 Kissel, GVG, § 169, RN 2.

573 Ulsamer in Maunz, BVerfGG, § 35 a, RN 1; der materielle Kern der Regelung existierte bereits vor dessen Einführung 1998, war aber im Hinblick auf das Volkszählungsurteil und dem daraus resultierenden Recht auf informationelle Selbstbestimmung bezüglich seines Regelungscharakters als intern wirkende Geschäftsordnungsregel (§ 35 II GO-BVerfG) bedenklich geworden; zu beachten ist weiterhin, daß über § 35 b II BVerfGG die Auskunft vorrangig zu behandeln ist, und diese ebenso wie die Akteneinsicht nur unter den Voraussetzungen eines berechtigten Interesses gewährt wird. Siehe dazu, Zuck in NJW 1998, S. 3028, 3030.

Die Kritik des Parlaments geht demzufolge auch in diese Richtung, wenn es bemängelt, der *EuGH* habe bis heute keine Unterscheidung zwischen juristischen und Verwaltungsdokumenten getroffen. Er solle aus diesem Grund bald einen Kodex für den allgemeinen Zugang zu seinen Dokumenten verabschieden[574]. Zu berücksichtigen ist aber auch hier der Vergleich zum nationalen Recht. Zum einen existieren auch in der deutschen Rechtsordnung Zugangsrechte der Verfahrensbeteiligten nur zu Akten des jeweiligen Verfahrens[575]. Und zum anderen bleibt die Zugangsermöglichung zu Justizakten für Personen außerhalb des Verfahrens über §§ 35 a, b I BVerfGG auf dieses Gericht beschränkt und gewährt nur einen Anspruch auf ermessensfehlerfreie Entscheidung[576], so daß von einer demokratiedogmatischen Forderung nach allgemeinem Zugang zu sämtlichen Dokumenten für die gesamte Gerichtsbarkeit nicht auszugehen ist. Übertragen auf die Gemeinschaftsebene mag das Fehlen von Regeln über den Zugang allgemein und die Zugangsmöglichkeiten zu Verwaltungsdokumenten des Gerichtshofs im besonderen rechtspolitisch unbefriedigend sein. Eine rechtsdogmatische Forderung aus Demokratiegesichtspunkten besteht aber, solange ein Zugang der Beteiligten zu den Justizdokumenten gewährleistet ist, in keinem Fall[577].

3. Zusammenfassung der Verortung des allgemeinen Transparenzgedankens im europäischen Demokratieprinzip

Auf nationaler Ebene kommt der Legitimationsfunktion der Öffentlichkeit weitgehend eine bloße Ausgleichswirkung für die mangelnde Identität von Regierenden und Regierten zu. Auf Gemeinschaftsebene dient sie dagegen schwerpunktmäßig als Ausgleich für das strukturell bedingte Demokratiedefizit und macht eine Transparenzausweitung erforderlich. Demzufolge stellen sich sowohl legislativer als auch exekutiver Dokumentenzugang als wichtige Aspekte des

---

574 Bericht des Institutionellen Ausschusses vom 08.12.1998, DOK A 4-0476/98; Söderman in Der Europäischen Bürgerbeauftragte, Sonderbericht in Abl. der EG 1998, C 44/11; Söderman in Deckmyn/Thomson, S. 81-82.

575 Vgl. Lechner/Zuck, BVerfGG, § 20, RN 2, 3: Beschränkung auf Verfahrensakten; sowie die GO-BVerfG; Meyer-Goßner, StPO, § 147, RN 13: keine innerdienstlichen Vorgänge; Thomas/Putzo, ZPO, § 299, RN 1: Beschränkung auf Prozeßakten; Kopp, VwGO, § 100, RN 3: Erstreckung auf die gesamten, dem Gericht im Zusammenhang mit dem Rechtsstreit vorgelegten oder vom Gericht selbst geführten Akten...Sie (die Akteneinsicht) betrifft nur die Akten, die Gegenstand des Verfahrens sind; vgl. § 147 StPO und deren verfassungsrechtliche Herleitung aus Art. 103 GG: Walischewski, S. 8 ff.; vgl. auch Übersicht bei Hirschberger, S. 45.

576 Ulsamer in Maunz, BVerfGG, § 35 b, RN 12.

577 Zu den rechtsstaatlichen Aspekten siehe unten II, 1., d); im übrigen ist es Praxis des Gerichtshofes, Dritten auf Antrag eine Abschrift des Sitzungsberichts der mündlichen Verhandlung zukommen zu lassen: Schilling in ZeuS 1999, S. 95.

Demokratieprinzips dar, welches damit das Potential zur Anerkennung als allgemeiner Grundsatz des Gemeinschaftsrechts durch den Gerichtshof auch schon vor ihrer ausdrücklichen primärrechtlichen Normierung zur Verfügung stellt. Diese hohe Bedeutung als Defizitausgleich muß jedoch spiegelbildlich in dem Maße abnehmen, als gleichzeitig Maßnahmen zur Steigerung direkter demokratischer Legitimation mittels Sitzungsöffentlichkeit des Rates geschaffen werden. Dies würde, verglichen mit der klassischen Demokratiekonzeption, idealerweise so weit reichen, bis eine gundsätzliche Sitzungsöffentlichkeit lediglich einen fehlenden Identitätsausgleich zwischen Regierenden und Regierten vollzieht und aufgrund dieses Selbstverständnisses die defizitausgleichende Wirkung des Dokumentenzugangs zu einer Ergänzungsfunktion zurückdrängt. Zunächst ist aber durch die schwerpunktmäßige Schaffung eines Zugangsrechts zu Dokumenten bei bisher gleichzeitiger Vernachlässigung der Sitzungsöffentlichkeit den gleichsam herabgesetzten Demokratieanforderungen an eine supranationale Organisation Genüge getan.

II. Das Rechtsstaatsprinzip im Gemeinschaftsrecht als ungeschriebene Rechtserkenntnisquelle des Zugangsrechts

1. Ausprägung des Rechtsstaatsgedankens im Gemeinschaftsrecht

Seit der ausdrücklichen Anerkennung durch den *EuGH* gehört auch das Rechtsstaatsprinzip zu den allgemeinen Rechtsgrundsätzen des Gemeinschaftsrechts[578]. In der heutigen Präambel und in Art. 6 I EUV findet es ausdrückliche Erwähnung. Zwar ergeben sich Differenzen in bezug auf die Begriffswahl, schließlich handelt es sich bei der Union nicht um einen Staat, allerdings sind die inhaltlichen Ausprägungen nicht von einer Anknüpfung an die Staatlichkeit abhängig, sondern setzen lediglich das Handeln eines Hoheitsträgers voraus[579]. Inhaltliche Konkretisierungen bestehen im wesentlichen durch, mittels wertender Rechtsvergleichung gefundene, Rechtsgrundsätze nationalen Verfassungs- und Verwaltungsrechts[580].

---

578 RS 101/78 „Granaria BV/Hoofdproduktschap voor Akkerbouwprodukten" in Slg. 1979, S. 637; RS 155/79 „AM&S/Kommission" in Slg. 1982, S. 1610; siehe auch Scherzberg, S. 255.

579 Stumpf in Schwarze, Art. 6 EUV, RN 15.

580 Hinsichtlich der Verfassungsgrundsätze erkennt der EuGH die gesondert erwähnten Grundrechte an; weiterhin das Prinzip des Vertrauensschutzes, RS C-90/95 P „ Henri de Compte/Parlament" in Slg. I 1997, S. 1999; Rückwirkungsverbot, RS 98/78 „Firma A. Racke/Hauptzollamt Mainz" in Slg. 1979, S. 69 ff., LS 5; Bestimmtheitsgrundsatz, RS 169/80 „Zollverwaltung/Société anonyme Gonrand Frères, Garancini" in Slg. 1981, S. 1931, LS 1.

Die Entwicklung der Verfahrensrechte nahm ihren Anfang 1977 mit der Entschließung des Ministerkomitees des Europarates[581]. Diese subjektiven Verfahrensrechte des Bürgers werden in der französischen Tradition häufig unter der Bezeichnung „Verteidigungsrechte" (droits de la défense) zusammengefaßt[582].

Begonnen hatte die Entwicklung der Verfahrensgrundsätze mit dem Fall *„Algera"*[583] für die EGKS (bzw. der Rechtssache *„Hauer"* für die EWG[584]), in dem der *EuGH* erstmals die Möglichkeit der Rücknahme von Verwaltungsakten anerkannte, obwohl das Gemeinschaftsrecht eine ausdrückliche Regelung hierzu nicht vorsah[585].

Der Gerichtshof hat daraufhin verschiedene auch im deutschen Verwaltungs- bzw. Verfassungsrecht bekannte Grundsätze auf Gemeinschaftsrechtsebene anerkannt und ihnen zur Durchsetzung verholfen[586]. Hier interessieren im folgenden die formellen Verfahrensgrundsätze[587], insbesondere der Grundsatz des rechtlichen Gehörs[588]. Terminologisch setzt der Gerichtshof das rechtliche Gehör mit der Gesamtheit der oben angesprochenen Verteidigungsrechte gleich[589]. Konkretisiert wird dieser Grundsatz im wesentlichen durch zwei Rechtsgewäh-

---

581 Dort wird empfohlen, im nationalen Verwaltungsrecht fünf Grundsätze zu beachten: Anspruch des Bürgers auf Gehör, Akteneinsicht sowie Beratung und Vertretung; Begründungspflicht und Pflicht zur Rechtsbehelfsbelehrung der Behörde: Resolution Nr. (77) 31 Council of Europe; Information Bulletin on legal activities, June 1978, 45, näher dazu Schwarze, Verwaltungsrecht, Bd. II, S. 1271 ff., Schwarze in EuGRZ 1993, S. 381.

582 Due in CDE 1987, S. 383 ff.

583 Verb. RS 7/56, 3-7/57 „Algera u.a./Gemeinsame Versammlung" in Slg. 1957, S. 83 ff.

584 RS 44/79 „Hauer/Land Rheinland Pfalz" in Slg. 1979, S. 3745.

585 Verb. RS 7/56, 3-7/57 „Algera u.a./Gemeinsame Versammlung" in Slg. 1957, S. 83, LS 2.

586 Ebenso wie auf nationaler Ebene existieren auch auf Gemeinschaftsebene vier wesentliche Systemteile des Verwaltungshandelns: die legislative Steuerung der Exekutive (Gesetzmäßigkeit der Verwaltung), die Maßstäbe des Verwaltungshandelns (Gleichheit, Verhältnismäßigkeit, Rechtssicherheit), die Rechtsformen des Verwaltungshandelns (auf Gemeinschaftsebene insb. Art. 249 EGV) und die spezifisch verfahrensbezogene Komponente, die das Prozedere des behördlichen Handelns betrifft: siehe Schmidt-Aßmann in NJW 1989, S. 1786.

587 Beispielsweise Art. 253 EGV; Art. 11, 14 der VO 17/62 in Abl. der EG 1962, 204/62; siehe auch verb. RS 209-215/78 „Heintz van Sàrl u.a./Kommission" in Slg. 1980, S. 3244; verb. RS 19, 20/74 „Kali und Salz AG und Kali-Chemie AG/Kommission" in Slg. 1975, S. 519; verb. RS 8-11/66 „Cimenteries CBR SA u.a./Kommission" in Slg. 1967, S. 125; verb. RS T-80 u.a. „BASF AG u.a./Kommission" in Slg. II 1995, S. 730.

588 Haibach in NVwZ 1998, S. 457; ausgedrückt beispielsweise in Art. 19 der VO 17/62 in Abl. der EG 1962, 204/62.

589 Verb. RS 46/87, 227/88 „Hoechst AG/Kommission" in Slg. 1989, S. 2923; RS 374/87 „Orkem/Kommission" in Slg. 1989, S. 3351.

rungen für den Bürger: (1) Ein *Anhörungsrecht* gegenüber den Organen[590] und (2) das *Recht auf Akteneinsicht*[591].

a) Recht auf Akteneinsicht im mitgliedstaatlichen Vollzug

Im Bereich des indirekten Gemeinschaftsvollzugs richtet sich das Akteneinsichtsrecht nach wie vor nach den nationalen Verfahrensordnungen. Ausdrückliche gemeinschaftsrechtliche Regelungen hierzu existieren im Bereich des indirekten Verwaltungsvollzugs nicht, gleichwohl muß die nationale Behörde im Sinne einer wirksamen Durchsetzung und Nichtdiskriminierung des Gemeinschaftsrechts dessen Vorgaben beachten[592]. Als Beispiel eines gemeinschaftsrechtlichen Anspruchs auf Akteneinsicht gegenüber einer mitgliedstaatlichen Verwaltungsbehörde ist ursprünglich die RL 64/221 zur Koordinierung der Sondervorschriften für die Einreise und den Aufenthalt von Ausländern zu nennen[593]. Art. 9 I dieser RL[594] ist dahingehend auszulegen, daß der Betroffene vor der zuständigen Stelle seine Verteidigungsrechte in vollem Umfang wahrnehmen kann. Zu diesem Zweck sei es geboten, daß er Zugang zu allen Verfahrensakten habe, auf die die Verwaltungsbehörde ihre Entscheidungen stütze[595]. Als deutlichstes Beispiel eines bereichsbezogenen Einsichtsrechts sind aber die Regeln der UIRL zu nennen, die im UIG ihre mitgliedstaatliche Ausprägung gefunden haben. Auch dieser Anspruch ist gemeinschaftsrechtlich begründet, richtet sich aber gegen die Behörden der Mitgliedstaaten. Die Besonderheit dieser Richtlinie stellt die Abkoppelung von einem bestimmten Verwaltungsverfahren

---

590 RS C-143/95 P „Kommission/Socurte" in Slg. I 1997, S. 20.

591 S.o. im Wirtschaftsverwaltungsrecht; anerkannt als Ausprägung des Rechtlichen Gehörs in der Litertatur durch Gassner in DVBl 1995, S. 20 und Haibach in NVwZ 1998, S. 458, z.T. als eigener Verfahrensgrundsatz qualifiziert; Gornig/Trüe in JZ 1993, S. 886; Grabitz in NJW 1989, S. 1779; Weiß, S. 189 ff; in der Rechtsprechung: RS 85/76 „Hoffmann-La Roche & Co. AG/Kommission" in Slg. 1979, S. 461, LS 1; verb. RS 46/87, 227/88 „Hoechst AG/Kommission" in Slg. 1989, S. 2923; RS T-30/91 „Solvay SA/Kommission" in Slg. II 1995, S. 1802; RS 36, 37/91 „Imperial Chemical Industries pcl/Kommission in Slg. II 1995, S. 1848; RS T-25/95 u.a. „Cimenteries CBR SA u.a./Kommission", RN 106.

592 RS 33/76 „Rewe-Zentralfinanz eG und Rewe-Zentral AG/Landwirtschaftskammer für das Saarland" in Slg. 1976, S. 1989; RS 45/76 „Comet BV/Produktschap voor Siergewassen" in Slg. 1976, S. 2045; RS 68/79 „Hans Just I/S/Ministerium für das Steuerwesen" in Slg. 1980, S. 501, LS 2.

593 RL 64/221 EWG in Abl. der EG 1964, 850/64.

594 Gemäß dem die nationale Verwaltungsbehörde die Entscheidung über die Ausweisung eines EG-Bürgers unter bestimmten Voraussetzungen erst nach Erhalt einer Stellungnahme der zuständigen Stelle des Aufnahmelandes, vor der sich der Betroffene nach den innerstaatlichen Vorschriften verteidigen kann, treffen kann.

595 RS 98/79 „Josette Pecastaing/Belgien" in Slg. 1980, S. 717 f.; RS 131/79 „Regina/Secretary of State for Home Affairs" in Slg. 1980, S. 1602.

dar[596]. Die Kompetenz zur Regelung solcher mitgliedstaatlicher Einsichtsrechte ergibt sich aus einer Rechtsfortbildung zu Art. 10 EGV. Dieser erlaubt es, Regelungen gegenüber den Mitgliedstaaten zu treffen, die die verfahrens- oder organisationsrechtliche Verwirklichung der Ziele des materiellen Gemeinschaftsrechts enthalten[597]. Die verfahrensbezogenen Einsichtsrechte sind in dieser Funktion aber stets ein Mittel zur prozeduralen Steuerung der Mitgliedstaaten und regen zur öffentlichen Kontrolle des nationalen Vollzugs und zur Selbstkontrolle der mitgliedstaatlichen Instanzen an. Sie stellen sich damit als Instrument akzessorischer Funktionssicherung im Anwendungsbereich des Vertrages dar[598].

b) Recht auf Akteneinsicht im gemeinschaftseigenen Vollzug

Zunächst ist die funktionale Kompetenz zur Vollziehung des Gemeinschaftsrechts durch die Organe zu bestimmen. Wie schon dargestellt, läßt sich das klassische System der Gewaltenteilung nicht auf die Gemeinschaftsrechtsordnung übertragen. Deswegen muß anhand der jeweils übertragenen Kompetenz und des Handlungsaktes des Organs bestimmt werden, in welcher Funktion es tätig wird. Beispielhaft ist hier die Rechtssache *„Tradax"* zu nennen. Der Gerichtshof entschied, daß bei einem legislativen Tätigwerden der Kommission nicht der Grundsatz der ordnungsgemäßen Verwaltung gelte, auf den sich der Kläger hinsichtlich eines Anspruchs auf Zugang zu den den Rechtsakt betreffenden Dokumenten berief, auch wenn die Kommission gewöhnlich überwiegend Vollzugstätigkeiten wahrnimmt[599]. Unter dieser Einschränkung ist also stets auf die jeweils ausgeübte Funktion der Vollzugstätigkeit zu achten.

aa) Verfahrensakzessorische Einsichtsrechte als Konkretisierung des rechtlichen Gehörs

Akteneinsichtsrechte können unmittelbare oder mittelbare Defensivfunktionen innerhalb eines konkreten Verwaltungsverfahrens erfüllen. Sie dienen dann der Verteidigung der von Maßnahmen der Gemeinschaftsorgane direkt oder indirekt Betroffenen[600]. Diesem Verteidigungsrecht liegt der Gedanke zugrunde, daß der Betroffene seinen Anspruch auf rechtliches Gehör nur wirksam wahrnehmen kann, wenn er die Tatsachen und Beweismittel der Behörde kennt[601].

---

596 Näher dazu, Kommentierung zum UIG, UIRL in Röger, UIG; Schomerus/Schrader/Wegener, UIG; siehe auch Drescher in Verwaltungsrundschau 1991, S. 18 ff.; Eifert in DÖV 1994, S. 544 ff.; Ekhardt in NJ 1997, S. 175 ff.; Erichsen in NVwZ 1992, S. 409 ff.; König in DÖV 2000, S. 45 ff.

597 V. Bogdandy in Grabitz/Hilf, Art. 5, RN 13.

598 Scherzberg, S. 272; v. Bogdandy in Grabitz/Hilf, Art. 5, RN 13.

599 RS 64/82 „Tradax/Kommission" in Slg. 1984, S. 1376 ff.

600 RS T-25/95 u.a. „Cimenteries CBR SA u.a./Kommission", RN 106; Gassner in DVBl 1995, S. 20; Hix, S. 32.

601 Due in EuR 1988, S. 37; Hix, S. 32 f.; Weiß, S. 304 ff.

Soweit andere Interessen als die des unmittelbar Betroffenen tangiert sind, hat das Akteneinsichtsrecht auch eine Partizipationswirkung am Verwaltungsverfahren, insofern kann es neben dem Rechtsstaatsgebot auch aus dem Demokratieprinzip abgeleitet werden[602]. Auch die Fairneß im Verwaltungsverfahren kann durch das Akteneinsichtsrecht gefördert werden, insofern ist sie Ausdruck des Grundsatzes der ordnungsgemäßen Verwaltung. Die Hauptfunktion verfahrensakzessorischer Einsichtsrechte stellt aber klar die der Rechtsverteidigung dar.

Der Gerichtshof hat unter Zustimmung der Literatur den Grundsatz des rechtlichen Gehörs als wesentliche Regel für das Verwaltungsverfahren anerkannt[603]. Er gehört damit zum wesensmäßigen Kern gemeinschaftsrechtlicher Rechtsstaatlichkeit.

Die Anforderungen hinsichtlich der Mitteilung der Beschwerdepunkte hat er insofern präzisiert, als er die Verwaltung verpflichtet hat, den Betroffenen auf Anforderung weitere Einzelheiten, insbesondere den Wortlaut bestimmter Dokumente, zugänglich zu machen[604]. Hinsichtlich der Gründe dieser Verpflichtung ist zu berücksichtigen, daß eine wirksame Verteidigung ohne Kenntnis der Vorwürfe gar nicht möglich ist[605]. Aufgrunddessen hat der Gerichtshof die Verpflichtung der Kommission weiterentwickelt und die Pflicht zum Zugang auch auf Dokumente außerhalb der Behörden erweitert, wenn sich die Kommission auf diese stützen will[606]. Das Informationsdefizit des Betroffenen kann daher nur durch Kenntnisnahme der betreffenden Dokumente ausgeglichen werden. Die Akteneinsicht ist damit elementarer Bestandteil des rechtlichen Gehörs[607].

---

602 Schmitt Glaeser in VVDStRL 31 (1973), S. 221 ff., zum Rechtsstaatsgebot, S. 240 ff.

603 RS 17/74 „Transocean Marine Paint/Kommission“ in Slg. 1974, S. 1080; RS 85/76 „Hoffmann-La Roche & Co. AG/Kommission“ in Slg. 1979, S. 511; RS 136/79 „National Panasonic (UK) Ltd./Kommission“ in Slg. 1980, S. 2058; RS 322/81 „N.V. Nederlandsche Banden-Industrie Michelin/Kommission“ in Slg. 1983, S. 3498; Due in CDE 1987, S. 383 ff.; Goffin in CDE 1980, S. 127 ff.; Sedemund in Schwarze, Europäisches Verwaltungsrecht im Werden, S. 47.

604 RS 51/69 „Bayer/Kommission“ in Slg. 1972, S. 771; verb. RS 100-103/80 „S.A. Musique Diffusion Francaise u.a./Kommission“ in Slg. 1983, S. 1881.

605 So Generalanwalt Warner in RS 34/77 „Josef Oslizlok/Kommission“ in Slg. 1978, S. 1124: „Hat jemand ein Recht auf Gehör, dann muß er ein Recht haben zu wissen, wozu er gehört werden soll.“

606 „Die Gewährung des rechtlichen Gehörs stellt einen fundamentalen Grundsatz des Gemeinschaftsrechts dar, den die Kommission in ihrem Verwaltungsverfahren beachten muß, die zu Sanktionen nach den Wettbewerbsregeln des EWG-Vertrages führen können. Unter anderem muß dem betroffenen Unternehmen Gelegenheit gegeben werden, zu den von der Kommission für ihre Behauptung einer Rechtsverletzung herangezogenen Unterlagen Stellung zu nehmen.“ in RS 322/81 „N.V. Nederlandsche Banden-Industrie Michelin/Kommission“ in Slg. 1983, S. 3498.

607 RS T-25/95 u.a. „Cimenteries CBR SA u.a./Kommission“, RN 142: „Das Akteneinsichtsrecht stellt einen elementaren Bestandteil der Wahrnehmung der Verteidigungsrechte dar.“

Liest man beide Ergebnisse zusammen, das rechtliche Gehör als innere Zuordnung zur Rechtsstaatlichkeit deren wesensmäßiger Kern das Akteneinsichtsrecht darstellt, müssen die verfahrensakzessorischen Einsichtsrechte zum Kern der europäischen Rechtsstaatlichkeit im engeren Sinne gehören.

Aus den bisherigen Ausführungen deutete sich aber schon an, daß sich die überwiegende Anzahl der akzessorischen Zugangsrechte in Richtlinien und nach deren Umsetzung in nationalen Regelungen wiederfindet. Zwar beziehen sich diese meist nur auf das aktive Zugangsrecht. Dennoch kann auch hinsichtlich des passiven Zugangsrechts für verfahrensakzessorische Regelungen auf die mitgliedstaatlichen Verfahrensordnungen verwiesen werden. Dies erklärt sich aus der Tatsache heraus, daß strukturbedingt kein vollständig ausgeprägter eigener Verwaltungsunterbau zum Vollzug des Gemeinschaftsrechts existiert und sich demzufolge auch nur eine fragmentarische Kodifizierung von Verfahrensregeln finden läßt[608]. *Scherzberg* bezieht über die Kontrollfunktion der Akteneinsicht im Rahmen des Verwaltungsvollzugs, der strukturbedingt dezentral organisiert sein müsse, auch die Verfahrensrechtsordnungen der Mitgliedstaaten mit in die Betrachtung ein[609]. Hinsichtlich der Zugangsrechte des UIG kommt er zu einem hohen Bedeutungsgehalt dieser nach nationalstaatlichem Verfahrensrecht zu bewertenden Zugangsrechte[610]. Innerhalb der Gesamtbetrachtung ist dieser Einschätzung uneingeschränkt zuzustimmen; schon allein um der eingangs festgehaltenen Prämisse, es komme nur darauf an, daß die Rechtsquelle des Rechtsaktes im Gemeinschaftsrecht zu finden sei, zu entsprechen[611]. Es muß sogar darüber nachgedacht werden, ob die Bedeutung der verfahrensakzessorischen Zugangsrechte nicht auch die der verfahrensbegründenden rechtlich und tatsächlich überlagert. Bei alleiniger Betrachtung lediglich des Gemeinschaftsrechtskreises, wie es auch hinsichtlich der verfahrenskonstitutiven Zugangsrechte vorgenommen wurde, muß aber den fragmentarischen Regelungen des Verwaltungsverfahrens sowie der eingeschränkten Zugangsrechte des einzelnen zum *EuGH* Rechnung getragen werden. Die verfahrensabhängigen Zugangsrechte beschränken sich dann in der Tat im wesentlichen auf Regelungen im Bereich der Wirtschafts- und der Gerichtsverwaltung. Daher kommt ihnen eine, gegenüber den nationalen Rechtsordnungen mit ihren ausgestalteten verschiedenen Akteneinsichtsrechte für Prozeßbeteiligte[612], herabgesetzte praktische Bedeutung zu.

Zusammenfassend stellt aufgrund der Zuordnung der akzessorischen Zugangsrechte zum Kern des rechtlichen Gehörs dieses die wesensmäßige Ausprägung gemeinschaftsrechtlicher Rechtsstaatlichkeit dar. Betrachtet man isoliert

---

608 Chiti in EPL 1996, S. 372; Hatje, S. 173; Scheuing in NVwZ 1999, S. 479.

609 Scherzberg, S. 218, 256 ff.; ebenso wohl Kugelmann, S. 184 ff.

610 Scherzberg, S. 259.

611 Vgl. oben, a).

612 S. dort., I., d), sowie C., IV., 1.

den Zugang zu Dokumenten der Gemeinschaftsorgane, ergibt sich mangels eigenem Verwaltungsunterbau aber nur eine relativ geringe praktische Bedeutung dieser speziellen gemeinschaftseigenen Akteneinsichtsrechte.

bb) Verfahrenskonstitutive Einsichtsrechte als Ausprägung des rechtlichen Gehörs

Fraglich ist, ob sich die den schwerpunktmäßig untersuchten voraussetzungslosen Einsichtsrechten inhärente Funktion der allgemeinen Legitimation und Kontrolle der Arbeit der Organe auch außerhalb von Verfahren als Ausprägung des Rechtsstaatsgedankens darstellen läßt. Wenn allerdings eine Inbezugsetzung beider Teile des passiven Zugangsrechts zum rechtlichen Gehör vorgenommen wird, zeigt sich, daß die Konkretisierung des Rechtsstaatsgedankens nur einen Teil des Transparenzgedankens tragen kann. Festgehalten wurde, daß eine Überschneidung der Regelungskreise des verfahrensabhängigen und des allgemeinen Zugangsrechts möglich ist. Und nur im Bereich des Verwaltungsverfahren spielt der Rechtsstaatsgedanke seine prägende Rolle. Hier fehlt es an einer einheitlichen Kodifizierung des gemeinschaftsrechtlichen Verwaltungsverfahrens, so daß ein bereichsübergreifender voraussetzungsloser Zugang zu allen Dokumenten der Gemeinschaft nur schwerlich aus dem rechtsstaatlichen Bezug des Verwaltungsverfahrens abgeleitet werden kann. Den verfahrensunabhängigen Einsichtsrechten kommt daher nur eine schwache Ausprägung aus dem Rechtsstaatsgedanken zugute. Deren schwerpunktmäßige Ableitung findet sich wie gesehen im Demokratieprinzip. Eine Bezugnahme auf den Rechtsstaatsgedanken kann für die konstitutiven Zugangsrechte lediglich über deren Reichweite als Auffangtatbestand einer umfassenden lex generalis-Wirkung auch im Geltungsbereich der akzessorischen Zugangsrechte hergestellt werden.

c) Exkurs: Akteneinsicht im Gerichtsverfahren als Ausdruck des rechtlichen Gehörs

Bereits angedeutet wurden die im mitgliedstaatlichen Recht der Bundesrepublik bedeutsamen Vorschriften zur Akteneinsicht der Verfahrensbeteiligten, die in den verschiedenen Prozeßordnungen der Gerichtszweige verortet sind. §§ 147, 406 e StPO und § 299 I ZPO gewähren Akteneinsicht in die Justizakten der ordentlichen Gerichtsbarkeit[613]. § 100 VwGO und § 20 BVerfGG erfassen Prozeßakten der Verwaltungs- und Verfassungsgerichtsbarkeit[614]. Gemeinsamer Anknüpfungspunkt ist eine Beschränkung lediglich auf Verfahrensakten und den Beteiligtenkreis im Verfahren[615]. Die verfassungsrechtliche Grundlage der Ak-

---

613 Vgl. oben, I., 2., d); Meyer-Goßner, StPO, § 147, RN 13; § 406 e, RN 1; Thomas/Putzo, ZPO, § 299, RN 1.

614 Kopp, VwGO, § 100, RN 3; Lechner/Zuck, BVerfGG, § 20, RN 2.

615 Meyer-Goßner, StPO, § 147, RN 2-4, 13; Thomas/Putzo, ZPO, § 299, RN 1; Kopp, VwGO, § 100, RN 2, 3; Lechner/Zuck, BVerfGG, § 20, RN 2, 8.

teneinsicht leitet sich aus dem rechtsstaatlichen Gebot des rechtlichen Gehörs aus Art. 103 I GG ab[616].

Im Gemeinschaftsrecht fehlen vergleichbare Regeln des Prozeßaktenzugangs für Verfahrensbeteiligte[617]. Dennoch kann als gleiche Rechtsquelle analog zu den Verwaltungsakten das rechtliche Gehör herausgefiltert werden. Neben einer Prüfung der gegen den Betroffenen erhobenen Vorwürfe im Verwaltungsverfahren mittels Akteneinsicht, also der dortigen Erleichterung der Rechtsverteidigung, dient sie im Zusammenhang mit Gerichtsverfahren insoweit der Effizienz gerichtlichen Rechtsschutzes, als sie es dem Betroffenen erleichtert, die Erfolgsaussichten einer Klage einzuschätzen[618].

Auch der Verteidiger genießt den Grundsatz der Einsichtnahme in die verfahrensrelevanten Dokumente. Der Gerichtshof sieht hierin die Verwirklichung des fairen Verfahrens[619].

Bezüglich des Dokumentenzugangs für Personen außerhalb des Gerichtsverfahrens besteht, wie bereits dargestellt, in Deutschland ein solcher Anspruch nur eingeschränkt und nur bezüglich der Dokumente des *BVerfG*[620]. Ansonsten erkennt die Rechtsprechung einen voraussetzungslosen Anspruch Dritter nur bei Vorliegen eines rechtlichen Interesses an[621]. Das rechtliche Gehör der deutschen Rechtsordnung fordert ein derartig erweitertes Recht offensichtlich nicht. Dieser Rechtszustand hinsichtlich der Judikative wird, soweit ersichtlich, rechtsdogmatisch auch nicht angegriffen. Somit erscheint es, zumindest aufgrund der Kongruenz der Judikative, nicht verfehlt, wenn ein voraussetzungsloser Zugang zu Prozeßakten für nicht Verfahrensbeteiligte auch nicht aus dem gemeinschaftsrechtlichen rechtlichen Gehör geboten ist.

2. Gesamtergebnis zum Rechtsstaatsprinzip als Rechtsquelle des Transparenzgrundsatzes

Die Transparenz als Ausprägung des Rechtsstaatsprinzips, insbesondere des rechtlichen Gehörs im Verwaltungsverfahren, konkretisiert sich überwiegend in

---

616 Vgl. oben, C., IV., 2., im Gegensatz zur Ableitung der Akteneinsicht im Verwaltungsverfahren, die aus dem allgemeinen Rechtsstaatsgedanken und aus Art. 19 IV GG gewonnen wird; zur gerichtlichen Akteneinsicht: BVerwG in NJW 1976, S. 588; Fenchhofer in DVBl 1984, S. 170; zu den Akteneinsichtsrechten als Ausdruck des Rechtlichen Gehörs: BVerfGE 63, 45, 59; BVerwGE, 30, 154, 157; BVerwG in NJW 1990, 1313; BVerwG BayVBl 1988, 252; BGH in NJW 1990, 1614; BayVGH in BayVBl 1980, 94; Geiger in JA 1982, S. 316; Kopp, VwGO, § 100, RN 1; Schickedanz in ZRP 1975, S. 183.

617 So auch Schilling in ZeuS 1999, S. 87.

618 Gassner in DVBl 1995, S. 20; Hix, S. 33.

619 RS 115/80 „René Demont/Kommission" in Slg. 1981, S. 3157 f.; RS 206/81 „José Alvarez/Parlament" in Slg. 1982, S. 3374.

620 § 35 a ff. BVerfGG.

621 Beispielhaft in § 299 II ZPO.

verfahrensakzessorischen Einsichtsrechten. Diese zählen zum Kernbereich des gemeinschaftsrechtlichen Rechtsstaatsgebots, wenngleich nur eine geringe praktische Relevanz aufgrund des nach wie vor rudimentär vorhandenen gemeinschaftseigenen Vollzugs zu verzeichnen ist. Verfahrenskonstitutive Einsichtsrechte als Ausdruck des rechtsstaatlichen Verwaltungsverfahrens sind nur sehr schwach vorhanden. Bedingt durch den lex generalis-Charakter des voraussetzungslosen Zugangsrechts kann diesem aber aufgrund seiner Ausdehnung in den Bereich der gemeinschaftsrechtlichen Verwaltungsverfahren, in den Kernbereich europäischer Rechtsstaatlichkeit, ein ergänzendes Potential zur Herleitung eines allgemeinen Grundsatzes des Gemeinschaftsrechts attestiert werden.

III. Gemeinschaftsrechtliche Grundrechte als Rechtserkenntnisquelle des Zugangsrechts zu Dokumenten

1. Meinungs- und Informationsfreiheit aus globalem internationalem Recht

Einigkeit besteht darin, daß auf das Zugangsrecht zu Dokumenten bezogen die Informationsfreiheit das in Betracht kommende Grundrecht darstellt. Art. 19 der allgemeinen Erklärung der Menschenrechte beinhaltet das Recht auf Informationsbeschaffungsfreiheit. Ebenso sieht Art. 19 II IPBR die Informationsfreiheit vor. Ungeklärt bleibt allerdings die Ausdehnung des Schutzbereichs auch auf Informationen in der Hand öffentlicher Stellen. Einen Ansatzpunkt für die extensive Auslegung stellen die *„Johannesburg Principles of National Security, Freedom of Expression and Access of Information"* dar, die durch die Anerkennung des UNO-Hochkommissars *Hussain* Eingang in die Auslegungsmöglichkeiten des Art. 19 der allgemeinen Erklärung der Menschenrechte gefunden hat[622]. Diese Prinzipien basieren auf dem internationalen Recht der Menschenrechte, der staatlichen Praxis und den allgemeinen Rechtsgrundsätzen der Staatengemeinschaft und fordern einen möglichst weitgehenden Zugang zu staatlichen Informationen[623]. Die UNO Menschenrechtskommission bezog diese Prinzipien allerdings im Fortgang nicht in seine Betrachtung ein[624].

---

622 Nr. 4, Report Hussain E/CN.4/1996/39 vom 22.03.1996 in http://www.unhcr.ch/Huridocda/Huridoca.nsf/TestFrame/7011edbe0ec2be5b802566b1004fd129?Opendocument; Referenz vom 26.01.2002.

623 Siehe Sobotta, S. 328 f.

624 Resolution E/CN.4/RES/1996/53, 10. Erwägung, Entschließung 17; Resolution E/CN.4/RES/1997/27, 5. Erwägung, Entschließung 12; Resolution E/CN.4/RES/1998/42, 4. Erwägung, Entschließung 9; in http://www.unhcr.ch/huridocda/huridoca.nsf/Documents?OpenFrameset; Referenz vom 26.01.2002.

2. Informationsfreiheit in der Auslegung von Art. 10 EMRK

a) Rechtsgewährleistung des Art. 10 EMRK

Auf das europäische Grundrecht des Zugangs zu Dokumenten bezogen, kommt primär die EMRK als Anhaltspunkt in Betracht.

Der Schutzbereich des Art. 10 EMRK umfaßt das Recht, Mitteilungen zu empfangen, also die passive Informationsfreiheit[625]. Fraglich ist, ob über das Recht auf Informationsempfang auch die Verwaltung zur Erteilung von Auskünften über nicht allgemein zugängliche Vorgänge verpflichtet werden kann. Die inzwischen ersetzte Europäische Kommission für Menschenrechte (*EKMR*) hat in einem obiter dictum diese Möglichkeit als vom Schutzbereich der Informationsempfangsfreiheit in engen Grenzen mit umfaßt gesehen[626]. Argumentiert wurde mit der demokratietheoretischen Bedeutung der Meinungs- und Informationsfreiheit, die einen freien Meinungsaustausch gerade über die staatliche Herrschaftsausübung erfordere und dazu die grundsätzliche Zugänglichkeit von Verwaltungsinformationen voraussetze[627]. Allerdings müsse es sich um Daten handeln, deren Kenntnis für die Wahrnehmung der Rechte eines Betroffenen von besonderer Bedeutung ist[628]. Verneint hat sie darüber hinaus einen Anspruch des Beschwerdeführers, Auskünfte über die Mitglieder einer Verwaltungskommission zu erfahren, die über seine Einstufung im Justizvollzug zu entscheiden hatten. Argumentiert wurde mit Gründen vertraulicher Verwaltungsvorgänge[629]. Die Einschätzungen der *EKMR* sind daher insgesamt eher restriktiv zu sehen. Es wurde überwiegend lediglich ein Anspruch zu allgemein zugänglichen Quellen anerkannt, worunter jedoch Datenbestände öffentlicher Stellen aufgrund des Wortlautes des Normtextes und der Entstehungsgeschichte von Art. 10 EMRK, die die Annahme einer ungewollten Regelungslücke ausschließt, nicht fallen[630]. Des weiteren wird die Schrankenregelung des Art. 10 EMRK herangezogen, die die Einschränkung der Verbreitung, nicht aber die des Aufsuchens von Informationen vorsieht, und somit die zum Schutz der Entscheidungsvorbereitung der Behörden erforderlichen Zugangsbegrenzungen nicht bereithält[631]. Es fehlen

---

625 EGMR „Sunday Times" vom 26.04.1979 in EuGRZ 1979, S. 390; EGMR „Kjeldsen" vom 07.12.1976 in EuGRZ 1976, S. 485; EGMR „Observer & Guardian" vom 26.11.1991 in EuGRZ 1995, S. 20; Frowein, EMRK, Art. 10, RN 11, 13; Schwaighofer in Heckmann/Meßerschmidt, S. 286; Villiger, RN 599.

626 EKMR 8383/78, „X/Germany" in D.R. 17, S. 228; ihm folgend: BGE 107 I a, 304, 307, 311; Curtin/Meijers in CMLR 1995, S. 399.

627 Curtin/Meijers in CMLR 1995, S. 399.

628 EKMR 8383/78, "X/Germany" in D.R. 17, S. 228.

629 EKMR 8575/79, "X/UK" in D.R. 20, S. 203.

630 EKMR 10454/83 „Gaskin/UK" in EuGRZ 1987, S. 561; Berka in EuGRZ 1982, S. 419; Frowein, EMRK, Art. 10, RN 13; Kugelmann, S. 186; Scherzberg, S. 235; Villiger, RN 599; Vorbrodt Stelzer, S. 20.

631 Laeuchli Bosshard, S. 31, 36; Scherzberg, S. 235.

damit Anhaltspunkte für Inhalt und Grenzen eines solchen Zugangsrechts zu Behördenakten[632]. Die voraussetzungslose Öffnung der staatlichen Datenbestände ist nach Art. 10 EMRK deshalb nicht geboten[633]. Die diesbezüglich weitergehenden Forderungen in den Empfehlungen des Europarates bestätigen, daß sich eine solche Auslegung nicht bereits aus Art. 10 EMRK selbst herleiten läßt, es vielmehr bestimmt gefaßter Rechtsakte bedarf[634].

Unberührt davon sind aber staatliche Schutzpflichten, die sich aus der Reichweite von Art. 10 EMRK ergeben. Diese hat der Europäische Gerichtshof für Menschenrechte auch ausdrücklich anerkannt[635]. Art. 10 EMRK verbietet demnach den Mitgliedstaaten, den Informationsfluß zwischen Privaten zu behindern[636]. Es besteht vielmehr eine Schutzpflicht, die nicht auf die Abwehr von Freiheitsbeeinträchtigungen Dritter zielt, sondern darauf, die nationale Rechtsordnung so auszugestalten, daß das Risiko von Grundrechtsverletzungen vermindert wird[637]. Daraus folgt aber nicht, daß der Staat verpflichtet ist, einem In-

---

632 Berka in EuGRZ 1982, S. 419.

633 Unklar zunächst in EGMR „Leander/Schweden" in A 116, vom 26.03.1987; deutlich aber in EGMR „Guerra/Italien" in Reports 1998-I, vom 19.02.1998.

634 EKMR 8575/79, "X/UK" in D.R. 20, S. 203; EKMR 11854/85 "Clavel/Switzerland" in D.R: 54, S. 161; EKMR 10454/83 „Gaskin/UK" in EuGRZ 1987, S. 561; BGE 108 I a, 275, 277; Laeuchli Bosshard, S. 31, 36; Schwaighofer in Heckmann/Meßerschmidt, S. 287; Villiger, RN 599 mit FN 35; inzident die Organe des Europarates: Empfehlung des Ministerkomitees: Recommendation R (81) 19 vom 25.11.1981 in European Yearbook Bd. 29 (1981), S. 94 ff.: 8 Kernthesen: 1. Jeder sollte das Recht haben, auf Anfrage Informationen von öffentlichen Einrichtungen zu erhalten, mit Ausnahme von Einrichtungen der Judikative oder Legislative. 2. Dieser Zugang soll durch geeignete und effektive Mittel sichergestellt werden. 3. Der Zugang darf nicht mit der Begründung verweigert werden, der Anfragende habe kein spezifisches Interesse an der Information. 4. Zugang ist auf der Grundlage der Gleichheit zu gewähren. 5. Einschränkungen und Begrenzungen der genannten Prinzipien sind nur zulässig, soweit sie in einer demokratischen Gesellschaft für den Schutz berechtigter öffentlicher Interessen (wie etwa der nationalen Sicherheit, der öffentlichen Ordnung, dem wirtschaftlichen Wohlergehen des Landes, der Verbrechensverhütung, dem Schutz vertraulich erlangter Unterlagen) und für den Schutz der Privatsphäre oder anderer berechtigter privater Interessen notwendig sind, unter besonderer Beachtung jedoch derjenigen speziellen Interessen eines Individuums an den Informationen, die über ihn persönlich bei einer öffentlichen Stelle gehalten werden. 6. Über jede Nachfrage nach Informationen soll innerhalb vernünftiger Zeit entschieden werden. 7. Lehnt eine öffentliche Stelle die Auskunft ab, so sollen die Gründe für die Ablehnung entsprechend Recht und Übung mitgeteilt werden. 8. Jede Ablehnung soll einer Überprüfung unterworfen werden können.
Dies bedeutet im Umkehrschluß, daß sich diese Forderungen nicht aus Art. 10 EMRK herleiten lassen.

635 EGMR „Abhör-Urteil/Fall Klass" in EuGRZ 1979, S. 282; EGMR „Plattform „Ärzte für das Leben"/Österreich" in EuGRZ 1989, S. 524.

636 EGMR „Guerra u.a./Italien" in Reports 1998-I vom 19.02.1998.

637 Diese Pflicht zieht der EGMR aus den Ausnahmevorschriften in Art. 8 I, 11: EGMR "Gaskin/UK" in A 160 vom 07.07.1989, S. 20 ff.

dividuum bestimmte Informationen tatsächlich zu geben[638]. Art. 10 EMRK gebietet vielmehr lediglich, daß der Staat sein Informationssystem so einrichten muß, daß man sich tatsächlich über die wesentlichen Fragen informieren kann[639].

b) Fazit

Trotz enger Verknüpfung der Informationsfreiheit mit den demokratischen Bürgerrechten läßt sich der Zugang zu staatlichen Daten, die Kenntnisse über die Grundlagen und die Inhalte staatlichen Handelns vermitteln und damit die Ausübung demokratischer Kontrollrechte erst ermöglichen, aus dieser Verpflichtung ausnehmen[640]. Den Vertragsstaaten kann lediglich die angemessene Ausgestaltung der Informationsbeziehungen zur Pflicht gemacht werden. Dann müssen sie gewährleisten, daß das Informationsinteresse des Bürgers bei der Zugangsentscheidung berücksichtigt wird[641]. Dem entspricht angesichts der individualschützenden Wirkung der EMRK aber lediglich ein subjektives Recht auf Abwägung zwischen Zugangs- und Geheimhaltungsinteressen[642]. Kurz gesagt besteht bei Auslegung des Art. 10 I EMRK nach überzeugenderer wortlaut- und systemorientierter Ansicht kein subjektives Recht auf Zugang zu staatlichen Informationen. Art. 10 EMRK beinhaltet lediglich die objektive Verpflichtung der Mitgliedstaaten, die Rechtsordnungen zugangsfreundlich auszugestalten.

3. Übertragung ins Gemeinschaftsrecht

Unter Berücksichtigung der eigenständigen Rechtsordnung des Gemeinschaftsrechts folgt die Bestimmung des Schutzbereichs und der Schranken der EMRK einer gegenüber dem Recht der Mitgliedstaaten und dem Völkerrecht emanzipierten Auslegung[643]. Der Entwicklungsstand der Menschenrechte der EMRK bildet auch die Rechtsquellengrundlage für den Grundrechtsstandard im Gemeinschaftsrecht, wobei aber eine eher restriktivere Ausprägung der Geltungskraft der Grundrechte durch den *EuGH*, als durch den *EGMR* zu beobachten

---

638 EGMR „Leander/Schweden“ in A 116, vom 26.03.1987, Ziff. 74; EGMR “Gaskin/UK” in A 160 vom 07.07.1989, S. 20.

639 EGMR „Sunday Times“ vom 26.04.1979 in EuGRZ 1979, S. 390; EKMR „Z/Austria“ in D.R. 13, S. 56; Frowein, EMRK, Art. 10, RN 13; ihm folgend Angelov, S. 54; Partsch in NJ 1998, S. 346; Wyss in EuGRZ 1996, S. 10 ff.

640 Angelov, S. 54; Scherzberg, S. 236.

641 BGE 107 I a, 307, 311.

642 EKMR 10454/83 „Gaskin/UK“ in EuGRZ 1987, S. 562; BGE 107 I a, 307, 311; Frowein, EMRK, Art. 10, RN 13; Schwaighofer in Heckmann/Meßerschmidt, S. 287.

643 Bernhardt in FS Everling, S. 107; Bleckmann, RN 537; Busse in NJW 2000, S 1078 f.; Cassese, Clapham, Weiler, S. 56; Schwarze in EuGRZ 1993, S. 384.

ist[644]. Wie die teilnehmenden Staaten, legt auch der Gerichtshof die EMRK grundsätzlich autonom aus[645]. In der Rechtssache *„Protection of Unborn Children"* erkannte der *EuGH* die Informationsfreiheit als Grundrecht des Gemeinschaftsrechts ausdrücklich unter Bezugnahme auf die Auslegung zu Art. 10 EMRK an[646]. Auch hinsichtlich der Schranken des Informationsrechts folgt der *EuGH* Art. 10 II EMRK[647]. In der Rechtssache *„Niederlande/Rat"* diente die Auslegung des Art. 10 EMRK durch die Entschließungen und Empfehlungen der Parlamentarischen Versammlung und des Ministerkomitees dem Generalanwalt als Grundlage zum Hinweis auf die informierte öffentliche Meinung als Bestandteil des demokratischen Systems. Generalanwalt *Tesauro* zog den Schluß, das Zugangsrecht sei, unter anderem aufgrund der Übernahme der Auslegung von Art. 10 EMRK, immer deutlicher als staatsbürgerliches Grundrecht ausgestaltet[648]. In den in bezug genommenen Erklärungen werde insbesondere eine Verbindung zwischen Zugangsrecht und der in Art. 10 EMRK gewährleisteten Meinungs- und Informationsfreiheit hergestellt[649]. Aus zweierlei Gründen soll dieser Einschätzung *Tesauros* widersprochen werden. Zum einen findet sich in der gesamten Rechtsprechungslinie des *EuGH* zum allgemeinen Zugangsrecht kein Verweis auf den Rechtsrahmen des Art. 10 EMRK. Vielmehr dient die EMRK in der Rechtssache *„Gerard van der Wal"* unter Hinweis auf Art. 6 EMRK zur Rechtfertigung der Reichweite der Ausnahmebestimmung des Kommissionsbeschlusses[650]. Das Schweigen zur Rechtsquelle des Grundsatzes

---

644 Beispiele zur Entscheidungskonkordanz mit den Organen der EMRK, in verb. RS 46/87, 227/88 „Hoechst AG/Kommission" in Slg. 1989, S. 2860; RS 374/87 „Orkem/Kommission" in Slg. 1989, S. 3284; Philippi in ZeuS 2000, S. 122.

645 Siehe zusammenfassend für die Auslegungsbefugnis der Konventionsstaaten: Nolte, Beleidigungsschutz, S. 191 ff.

646 RS C-159/90 „Protection of Unborn Children" in Slg. I 1991, S. 4741, unter Verweis auf Art. 10 EMRK und auf die RS C-260/89 „Elleniki Radiophonia Tileorassi" in Slg. I 1991, S. 2925, RN 42: der EuGH hat im Vorabentscheidungsverfahren dann, wenn eine nationale Regelung in den Anwendungsbereich des Gemeinschaftsrechts fällt, dem vorlegenden Gericht alle Auslegungskriterien an die Hand zu geben, die es benötigt, um die Vereinbarkeit dieser Regelung mit den Grundrechten beurteilen zu können, deren Wahrung der Gerichtshof sichert und die sich insbesondere auch aus der EMRK ergeben.

647 RS C-219/91 „ Strafverfahren gegen Johannes Stephanus Wilhelmus Ter Voort" in Slg. I 1992, S. 5510.

648 Schlußanträge des Generalanwalts Tesauro in RS C-58/94 „Niederlande/Rat" in Slg. I 1996, S. 2180, unter Hinweis auf die Parlamentarische Versammlung des Europarates Nr. 854 (1979) vom 1.12.1979 und die Sitzung des Ministerkomitees R (81) 19 vom 25.11.1981.

649 Schlußanträge des Generalanwalts Tesauro in RS C-58/94 „Niederlande/Rat" in Slg. I 1996, S. 2180.

650 RS T-83/96 „van der Wal/Kommission" in Slg. II 1998, S. 564; und auch in der Rechtsmittelinstanz vor dem EuGH wurde nur die Auslegung der Reichweite der Ausnahmevorschrift unter Bezugnahme auf Art. 6 EMRK revidiert, eine Ableitung des Zugangsrechts

aus Art. 10 EMRK kann aber nicht als Argument zur Begründung eines solchen dienen. Zum anderen bezieht sich der Generalanwalt hinsichtlich der Herleitung auf die rechtlich unverbindlichen Entschließungen und Empfehlungen des Europarates und nicht auf die insoweit rechtlich durchzusetzende Auslegung des *EGMR*[651] und die älteren Urteile des *EuGH* zur Reichweite der Rezeption im Gemeinschaftsrecht. Somit kann eine Herleitung des Zugangs zu Informationen der Gemeinschaftsbehörden bei einer Übernahme der Auslegung des Art. 10 EMRK nicht aus diesem gewonnen werden. Weitergehende Zugangsrechte können sich dann nur ergeben, wenn die Gemeinschaft die bei den nationalen oder gemeinschaftsrechtlichen Behörden vorliegenden Informationen als allgemein zugänglich betrachtet. Gegen diese Annahme sprechen aber die aufgeführten Argumente und darüber hinaus Wortlaut und Systematik der Erklärung zu den Grundrechten und Grundfreiheiten des Europäischen Parlaments vom 12.04.1989[652]. Der Schutz des Informationsinteresses im Gemeinschaftsrecht hält sich damit in dem von der Rechtsentwicklung der EMRK vorgezeichneten Rahmen. Auch im EG-Kontext gewährt die Informationsfreiheit demnach lediglich einen Anspruch auf angemessene Abwägung zwischen den betroffenen individuellen und öffentlichen Interessen im Umgang mit den Informationen der Verwaltung. Eine aus den mitgliedstaatlichen Verfassungen gewonnene allgemeine Informationsfreiheit ist beim *EuGH* bis dato ebenfalls nicht zu verzeichnen, so daß auch die zweite Ableitungsquelle keine weiterführenden Erkenntnisse bietet.

4. Ergebnis

Zur Herleitung eines gemeinschaftseigenen Grundrechts auf Zugang zu staatlichen Informationen eignen sich die Verfassungsüberlieferungen und Art. 10 EMRK aufgrund des Schweigens des *EuGH* zu diesen Rechtsquellen und der Übernahme der restriktiven Interpretation der Menschenrechtskonvention ins EG-Recht nur bedingt. Aus ihnen lassen sich lediglich objektive Verpflichtun-

---

aus Art. 10 EMRK unterblieb auch hier: verb. RS C-174/98 P, C-189/98 P „van der Wal/Kommission" in Slg. I 2000, S. 61 f., RN 17.

651 Vgl. die Regelung des Art. 46 I EMRK mit denen des Art. 15 b) EuRat, Art. 23, 29 EuRat; siehe auch Oppermann, RN 87-90 bei dem hinsichtlich der Bindungswirkung der Urteile des EGMR von einem „supranationalen Überwachungsmechanismus" gesprochen wird, nach dem die Mitgliedstaaten verpflichtet sind, die Urteile des EGMR durchzusetzen, wohingegen die Weiterleitung an das Ministerkomitee durch die EKMR in der Praxis nur eine Veröffentlichung des Falls zur Folge hat, was lediglich einen „moralischen Pranger" darstellt.

652 Differenzierung zwischen Informationsfreiheit, Art. 5 der Erklärung und Recht auf Zugang zu staatlichen Informationen, Art. 18 der Erklärung, in EuGRZ 1989, S. 204 ff.; dazu Beutler in EuGRZ 1989, S. 185 ff.

gen an die Gemeinschaft herleiten, die Informationsordnung zugangsfreundlich auszugestalten.

IV. Gesamtergebnis und Bewertung

Als Rechtsquellen der Transparenzausprägung „Dokumentenzugang" lassen sich in unterschiedlich starker Ausprägung das Demokratieprinzip, das Rechtsstaatsgebot und ergänzend die Grundrechte festhalten. Die Öffentlichkeit der Sitzungen stellt sich als Kernproblem der Transparenz des Rates dar, die Geheimhaltungsregeln mit ausnahmsweiser Offenheit genügen aber den gemeinschaftsrechtlichen Demokratieanforderungen, da im Gegenzug das Zugangsrecht zu Dokumenten sowohl passiv als auch aktiv dieses Defizit auszugleichen geeignet ist. Das nach deutscher Rechtslage sekundär einzuordnende Zugangsrecht wurde auf Gemeinschaftsebene verstärkt ausgeprägt und repräsentiert damit genau die im Gesamtkonzept der Union zu sehende Übergangslösung des Staatenverbundes auch im Bereich der Offenheit. Solange sich kein vollwertiger Bundesstaat aus der Union entwickelt hat, genügen die Transparenzausprägungen trotz nur rudimentärer Gewährung offener Sitzungen dem europäischen Demokratiekonzept.

Hinsichtlich des Zugangsrechts zu Dokumenten sollte sinnvollerweise von einem verfahrensabhängigen und einem verfahrenskonstituierenden Zugangsrecht ausgegangen werden. Verfahrensakzessorische Einsichtsrechte sind als Konkretisierung des rechtlichen Gehörs überwiegend im Rechtsstaatsprinzip verankert. Verfahrenskonstitutive Einsichtsrechte leiten sich dagegen schwach aus den Gemeinschaftsgrundrechten, verstärkt aber aus dem Demokratieprinzip als Teil des Transparenzgebots ab. Die Gewährleistungen des Rechtsstaatsprinzips gehen im Vergleich zu denen des Demokratieprinzips auf nationalstaatlicher Ebene allerdings tiefer. Sie beinhalten Verfahrensrechte für die Betroffenen und Beteiligten. Demgegenüber greifen die Gewährleistungen des Demokratieprinzips mehr in die Breite. Zwar verlangt es keine bestimmten Rechtsgewährleistungen. Das Ziel der Verwirklichung eines transparenten Verwaltungsverfahrens tangiert aber, über die Betroffenen und Beteiligten hinaus, die Öffentlichkeit insgesamt[653].

Bei einem Binnenvergleich der Rechtsquellen ist zu verzeichnen, daß den verfahrensbegründenden Einsichtsrechten aufgrund des Legitimationsdefizits des Organhandelns erhöhte praktische Bedeutung, aber mangels Zuordnung zum Kerngehalt der gemeinschaftsrechtlichen Demokratie sukzessive weniger rechtliche Relevanz zukommt. Die verfahrensakzessorischen Einsichtsrechte als Kerngehalt der Verteidigungsrechte genießen mangels eigenen Verwaltungsunterbaus im Gemeinschaftsrecht eine geringere praktische Bedeutung. Durch die

[653] Kugelmann, S. 38.

wesensmäßige Zuordnung zum Rechtsstaatsgedanken stellt sich ihre rechtliche Relevanz aber als überproportional dar.

Dies mögen die Gründe für die insgesamt unbefriedigende Auseinandersetzung des Gerichtshofs mit der hier untersuchten gemeinschaftsrechtlichen Transparenzausprägung unter dem Aspekt eines gemeinschaftseigenen Generalprinzips sein. Die Ergebnisse der Rechtsquellenuntersuchung gebieten, trotz vereinzelt rudimentärer Zuordnung zu Demokratie, Rechtsstaat und Grundrechten, aber keinesfalls ein unterentwickeltes Interesse. Das Potential und die Möglichkeit, einen solchen Grundsatz unter Zuhilfenahme der europäisch anerkannten höherrangigen Gewährleistungen zu konstruieren, muß nach allem bisher Gesagten eindeutig bejaht werden.

4. TEIL: INHALT UND HÖHERRANGIGE ABLEITUNGEN DER AUSNAHMEVORSCHRIFTEN

A.: DIE RECHTSPRECHUNG DES GERICHTSHOFS ZUR REICHWEITE DER AUSNAHMEVORSCHRIFTEN DES VERHALTENSKODEX UND DER ORGANBESCHLÜSSE

Im Zusammenhang mit der Untersuchung der Ausnahmevorschriften bietet sich eine vertiefende Betrachtung der Rechtsprechung des Gerichtshofs an. Mehr als bei der oft marginalen Beschäftigung mit dem Grundsatz des Zugangsrechts[654] arbeitete der Gerichtshof Reichweite und Grenze der Ausnahmevorschriften genau heraus und verschaffte den oftmals sehr weit und unbestimmt gefaßten Begriffen Substanz.

I. Grundsatz des Art. 220 EGV

Die Kompetenz zur Auslegung und Anwendung des Gemeinschaftsrechts, also die abstrakte Ermittlung des Norminhalts und die Feststellung, daß dieser Norminhalt den zu beurteilenden Sachverhalt erfaßt, sind in Art. 220 EGV festgelegt[655].

Bei versagtem Zugang handelt es sich, wie festgestellt, stets um Entscheidungen im Sinne von Art. 249 EGV, die mit einer Nichtigkeitsklage gem. Art. 230 IV EGV angegriffen werden können. Die Reichweite des Art. 220 EGV muß daher in notwendigem Zusammenhang mit den vier Nichtigkeitsgründen des Art. 230 EGV gesehen werden, der den Prüfungsumfang des Gerichtshofs vorgibt.

Die Auslegungsmethoden des Gerichtshofs unterscheiden sich grundsätzlich nicht von denen der Mitgliedstaaten[656]. Allerdings ist die Besonderheit der Gemeinschaftsverfassung zu beachten, die auf eine schrittweise Verwirklichung der Gemeinschaftsziele ausgerichtet ist. Diese gebietet eine stärkere Betonung der systematischen Auslegung, bezogen auf die Vertragsziele und die teleologische Interpretation hinsichtlich des effet utile[657]. Ausdruck der teleologischen Auslegung von Normen stellt insbesondere die Tatsache der engen Auslegung

---

654 Siehe oben, 3. Teil, B., I. 2.

655 So der Unterschied zwischen Auslegung und Anwendung bei Krück in Groeben, Art. 164, RN 51.

656 Kutscher in Gerichtshof der Europäischen Gemeinschaften, Begegnung von Justiz und Hochschule, S. I/6.

657 RS 26/62 „van Gend & Loos“ in Slg. 1963, S. 26; RS 22/70 „Kommission/Rat“ in Slg. 1971, S. 274; Bleckmann in EuR 1979, S. 239; Kutscher, in Gerichtshof der Europäischen Gemeinschaften, Begegnung von Justiz und Hochschule, S. I/17, 38, 41; Zuleeg in EuR 1969, S. 102 ff.

von Ausnahmen zu grundlegenden Vertragsbestimmungen dar[658]. Schließlich spielt aufgrund der Verflechtung der Einheit von innerstaatlichem Recht und Gemeinschaftsverfassung die Rechtsvergleichung eine wichtige Rolle[659]. Zu orientieren hat sich diese an vertrags- und grundrechtskonformen Zielen, welche durch richterliche Zurückhaltung gewährleistet werden sollen[660], die sich in der Praxis in weiten Bereichen freilich nicht durchhalten ließ[661].

II. Kontrolldichte des EuGH bei einer Nichtigkeitsklage gem. Art. **230 IV** *EGV bei gemeinschaftseigenem Vollzug*

Die Kontrolldichte des Gerichtshofs bei der Überprüfung von Entscheidungen der Organe unterscheidet sich deutlich von der verwaltungsgerichtlichen Kontrolle in Deutschland. Um den Grad der Konkretisierung der unbestimmt gefaßten Ausnahmevorschriften der Organbeschlüsse durch den Gerichtshof rechtlich angemessen zu würdigen, ist es erforderlich, die Aussagen des *EuG*/*EuGH* in den Kontext ihres bisherigen Prüfungsumfangs zu stellen. Diese Vorgehensweise gewährleistet eine Antwort auf die Frage, ob der Gerichtshof die Ausnahmevorschriften restriktiv handhabt oder weit auslegt.

1. Konzeption der verwaltungsgerichtlichen Kontrolle in Deutschland

Die deutsche Konzeption der Verwaltungsgerichtsbarkeit geht formal von einer reinen Rechtskontrolle aus[662]. Die Praxis gewährt dem Bürger aber volle tatsächliche und rechtliche Überprüfbarkeit von staatlichen Eingriffen. Jeder Bürger, in dessen subjektive Rechte eingegriffen wird, hat nach Art. 19 IV GG einen Anspruch auf umfassenden gerichtlichen Rechtsschutz[663]. Dieser umfaßt eine Aufklärung des relevanten Sachverhaltes, die Interpretation der geltenden Normen und die Subsumtion des Sachverhaltes unter diese Normen[664]. Gewisse Ein-

---

658 Vgl. z.B.: RS 7/61 „Kommission/Italienische Republik“ in Slg. 1961, S. 720; RS 7/68 „Kommission/Italienische Republik“ in Slg. 1968, S. 644; RS 13/68 „Firma Salgoil/Außenhandelsministerium der Italienischen Republik“ in Slg. 1968, S. 694; RS 29/72 „Marimex/Italienische Finanzverwaltung“ in Slg. 1972, S. 1318; RS 46/76 „Bauhuis/Niederlande“ in Slg. 1977, S. 15; RS 113/80 „Kommission/Irland“ in Slg. 1981, S. 1638; RS C-205/89 „Kommission/Griechenland“ in Slg. I, 1991, S. 1377; RS 41/74 „van Duyn/Home Office“ in Slg. 1974, S. 1350; RS 222/84 „Johnston/Chief Constable...“ in Slg. 1986, S. 1686.

659 Häberle, in JZ 1989, S. 916; Pernice in Grabitz/Hilf, Art. 164, RN 28.

660 Pernice in Grabitz/Hilf, Art. 164, RN 32.

661 RS 7/56 „Algera u.a./Gemeinsame Versammlung“ in Slg. 1957, S. 118; Pernice in Grabitz/Hilf, Art. 164, RN 34.

662 Classen, Die Europäisierung der Verwaltungsgerichtsbarkeit, S.175.

663 BVerfGE 84, 49; 84, 77; Rausch, S. 33.

664 Classen, Die Europäisierung der Verwaltungsgerichtsbarkeit, S. 119; Papier in DÖV 1986, S. 624.

schränkungen dieser umfassenden Überprüfung auf Tatbestandsseite findet unter dem Stichwort „Beurteilungsspielraum“ statt[665]. Die Rechtsprechung hat hierzu Fallgruppen entwickelt, in denen der Verwaltung ausnahmsweise die Letztentscheidungskompetenz zugestanden wird[666]. Auf Rechtsfolgenseite findet dagegen nur eine eingeschränkte Kontrolle hinsichtlich der Grenzen des behördlichen Ermessens statt[667]. Aber auch hier kann sich das Ermessen im Einzelfall über das Verhältnismäßigkeitsprinzip und die Grundrechte bis auf Null reduzieren[668].

Jede Beschränkung der materiellen Prüfungsbefugnis ist daher legitimationsbedürftig. Im Gegensatz dazu ist die verwaltungsgerichtliche Kontrolle von Verfahrensfehlern auf die Normen begrenzt, die dem Bürger subjektive Rechte verleihen. Verfahrensfehler sind grundsätzlich nach § 46 VwVfG unbeachtlich.

2. Die europäische Kontrolldichte bei Entscheidungen der gemeinschaftseigenen Verwaltung

Das Gemeinschaftsrecht ist durch das Fehlen einer Begriffsbestimmung der eigenen Verwaltung gekennzeichnet[669]. Gleichwohl gehen sowohl der Gerichtshof als auch die Literatur von einem funktionalen Verständnis der gemeinschaftlichen öffentlichen Verwaltung aus[670]. Sie kann, im Gegensatz zum nationalen Recht, nur begrenzt bestimmten Organen zugewiesen werden. Soweit daher ein Organ im Bereich des Direktvollzugs Entscheidungen trifft, handelt es sich um den Vollzug von Gemeinschaftsrecht in konkreten Situationen und somit um materielle Verwaltungstätigkeit[671]. Die Entscheidung gem. Art. 249 EGV ist hierzu das typische Mittel zur Regelung von Einzelfällen. Die Grundsätze der Kontrolldichte des *EuGH* zu Verwaltungsentscheidungen der Gemeinschaft lassen sich daher auch auf Entscheidungen der Versagung von Zugangsrechten anwenden.

Das Gericht schenkt grundsätzlich den Klagegründen der Unzuständigkeit, des Verfahrensverstoßes oder des Ermessensmißbrauchs vorrangige Beachtung vor dem allgemeinen Klagegrund der Verletzung des Vertrages. Schwerpunkt-

---

665 Götz/Klein/Starck, S. 236; Maurer, § 7, RN 26 ff.; Ossenbühl in DÖV 1972, S. 401.

666 Weisungsfreie Ausschüsse: BVerwGE 39, 197, 203; 62, 339; 72, 330, 347; Prüfungsentscheidungen: BVerwG Buchholz, 421.0 Nr.104,121, Nr.187; Beamtenbewertung: BVerwGE 60, 245, 249f.; 61, 176, 185; Prognoseentscheidungen: BVerwGE 72, 300, 316; 78, 177, 180.

667 Ermessensnichtgebrauch, Ermessensüber-/unterschreitung, Ermessensfehlgebrauch.

668 BVerwGE 42, 137; Kopp,VwVfG, § 40, RN 6.

669 Rausch, S. 26; Art. 147 EGV erwähnt den Verwaltungsbegriff, ohne ihn zu definieren.

670 Everling in DVBl 1983, S. 649; Rengeling, Rechtsgrundsätze, S. 8, 9; Schwarze, Verwaltungsrecht, Bd. I, S. 21.

671 Rausch, S. 26.

mäßig stand hier das Verständnis der Kontrolldichte Frankreichs Pate[672]. Dieses versteht sich in der praktischen Handhabung grundsätzlich anders als das deutsche[673]. Die Kontrolle von Verwaltungsakten verlagert sich auf eine reine Rechtmäßigkeitskontrolle[674]. Diese gibt es zwar, wie erwähnt, formal auch in Deutschland, wie beispielhaft § 68 VwGO zeigt. Dieser Grundsatz bestimmt die Verwaltungsgerichte in Frankreich aber erheblich stärker als hierzulande[675]. Die Grenze zwischen Rechtmäßigkeits- und Zweckmäßigkeitskontrolle wird bestimmt durch das Ausmaß rechtlicher Bindung der Verwaltung[676]. Im Gegensatz zu Deutschland ist hier nicht die Einschränkung der verwaltungsgerichtlichen Kontrolle, sondern deren Ausweitung legitimationsbedürftig[677]. Als Ausgleich zur schwächeren Ausgestaltung der materiellen Überprüfung spielt die Einhaltung des Verfahrensrechts in Frankreich eine weit größere Rolle als in Deutschland[678].

Auch der *EuGH* sieht sich bezüglich der „verwaltungsgerichtlichen" Kontrolle gem. Art. 230 IV EGV schwerpunktmäßig als Organ, das die Entscheidungen anderer Organe am Maßstab des Rechts überprüfen darf, aber in der Reichweite dergestalt eingeschränkt ist, daß er deren Kompetenzen strikt achten muß[679]. Unterschiede zum deutschen Recht ergeben sich somit in bezug auf die Überprüfung von Tatsachenfeststellungen und Subsumtionsnachprüfungen bei Vertragsverletzungen. Zwar werden Tatsachen auch in der Gemeinschaftsrechtsprechung grundsätzlich auf ihre Richtigkeit überprüft; erweist sich dabei aber, daß der Sachverhalt wegen unzureichender Prüfung durch die Verwaltung, in der Regel also durch die Kommission, nicht ausreichend aufgeklärt ist, wird die Entscheidung wegen mangelnder Begründung und damit wegen Verletzung formeller Verfahrensanforderungen gem. Art. 253 EGV aufgehoben. Eine tatsächliche Nachprüfung der Tatsachen erfolgt grundsätzlich nicht[680].

---

672 „Recours pour excès de pouvoir" als französisches Pendant zur deutschen Anfechtungsklage, Bleckmann, RN 836; die Klagegründe des Art. 173 entsprechen ebenfalls denen des französischen Verwaltungsprozeßrechts, Bleckmann, RN 852; Classen in NJW 1995, S. 2461; Everling in NVwZ 1987, S. 9; Rengeling in VVDStRL 53 (1994), S. 215; vorsichtiger Schmidt-Aßmann in JZ 1994, S. 834, der von gleichrangiger Gewährung subjektiven und objektiven Rechtsschutzes ausgeht.

673 Classen, Die Europäisierung der Verwaltungsgerichtsbarkeit, S. 177.

674 Schlette, S. 74; Winter in Winter, S. 179.

675 Classen, Die Europäisierung der Verwaltungsgerichtsbarkeit, S.142.

676 Schlette, S. 354 f.

677 Nolte in Frowein, S. 291.

678 Classen, Die Europäisierung der Verwaltungsgerichtsbarkeit, S.161; siehe auch: Jarass in DÖV 1981, S. 815.

679 RS 280/80 „Bakke-D'Aloya/Rat" in Slg. 1981, S. 2900; RS 282/81 „Ragusa/Kommission" in Slg. 1983, S. 1257; RS 191/82 „Fediol/Kommission" in Slg. 1983, S. 1935; Krück in Groeben, Art. 164, RN 58, sowohl bezüglich des „Gesetzgebers" als auch gegenüber der Kommission bei der Durchführung von Gemeinschaftsrecht.

680 RS 294/81 „Control Data/Kommission" in Slg. 1983, S. 929.

Bezüglich der Subsumtion von exakt gefaßten Tatbeständen prüft das *EuG* diese zwar grundsätzlich nach. Komplexe wirtschaftliche Zusammenhänge haben es jedoch zu einer Beschränkung der Kontrolle auf offensichtliche Fehler veranlaßt[681].

Erst recht prüft der *EuGH* Entscheidungen nur begrenzt im Sinne eines Ermessensmißbrauchs nach, soweit das materielle Recht Spielräume zuerkennt. Die Unterscheidung zwischen Beurteilungsspielraum und Ermessensspielraum spielt für den Gerichtshof dabei keine Rolle[682]. Der Begriff des „Ermessens" auf Gemeinschaftsebene ist von einem anderen Verständnis der Prüfungskompetenz geprägt als im deutschen Recht. In Deutschland bezieht es sich auf das Verhältnis zwischen unbestimmten Rechtsbegriffen auf Tatbestandsseite und Ermessen auf Rechtsfolgenseite. Für den *EuGH* bilden die Verwendung unbestimmter Rechtsbegriffe und die Einräumung von Ermessen lediglich zwei Teilaspekte einer umfassenden Entscheidungs- und Gestaltungsfreiheit der Organe[683]. Der Begriff „Ermessen" kann somit nicht nur bei sogenannten „Kann-Bestimmungen", sondern auch bei der Anwendung unbestimmter Rechtsbegriffe in Betracht kommen[684].

Als Ausgleich dieser vergleichsweise schwachen Überprüfung materieller Verstöße gegen Gemeinschaftsrecht bei einem tatbestandlichen oder rechtsfolgenbezogenen Spielraum der Organe folgt eine strikte Überwachung der Einhaltung der Verfahrensvorschriften[685]. Diese findet im Hinblick auf offensichtliche Verstöße statt. Als Beispiele können die Begründungspflicht[686] oder die Verpflichtung des Organs, jeden Fall einzeln, sorgfältig und unparteiisch zu prüfen[687] genannt werden.

---

681 Im Sinne von Art. 33 I 2 1.HS EGKSV, so die herrschende Ansicht, Herdegen/Richter in Frowein, S. 225; Krück in Groeben, Art. 173, RN 10.

682 RS 55/75 „Balkan-Import-Export/Hauptzollamt Berlin-Packhof" in Slg. 1976, S. 30; Adam, S. 24; Herdegen/Richter in Frowein, S. 247; Krück in Groeben, Art. 164, RN 59; Rausch, S. 202; Schwarze, Verwaltungsrecht, Bd. I, S. 280.

683 Siehe Rengeling/Middeke/Gellermann, RN 191, unter Hinweis auf die verschieden verwandte Terminologie.

684 Beispiele für Vorbilder anderer mitgliedstaatlicher Rechtsordnungen, Oeter in Frowein, S. 269; besonders deutlich in RS T-20/99, „Denkavit/Kommission" in Slg. II 2000, S. 3027, RN 46; RS T-211/00 „Kuijer/Rat" in Slg. II 2002, S. 507; Schwarze, Abstraktion, S. 179 f.; allgemein: Nolte in Modern Law Review 1994, S. 196 f., 206 ff.

685 Everling in Frowein, S. 300; Herdegen/Richter in Frowein, S. 247.

686 Adam, S. 34, insofern korrespondiert eine erhöhte Pflicht zur Begründung und eine restriktivere Kontrolldichte bei Ermessensvorschriften mit einer weiten Anforderung an die Begründung und strengerem Kontrollmaßstab bei zwingenden Vorschriften.

687 Rausch, S. 181.

III. Entwicklung des generellen Verhältnisses zwischen Zugangsrecht und Ausnahmevorschriften

Der Wortlaut des Verhaltenskodex „Die Öffentlichkeit erhält möglichst umfassenden Zugang zu den Dokumenten der Kommission und des Rates“[688] und des Ratsbeschlusses „Der Grundsatz eines umfassenden Zugangs der Öffentlichkeit zu Ratsdokumenten, der sich in den Rahmen einer größeren Transparenz der Arbeit des Rates einfügt,...“[689] ist klares Indiz für das grundsätzlich zu gewährende Recht auf Dokumentenzugang[690]. Darüber hinaus ließ die systematische Stellung des allgemeinen Grundsatzes am Anfang sowie die Verortung der Ausnahmevorschriften in Art. 4 des Ratsbeschlusses bzw. im späteren Teil des Verhaltenskodex den Gerichtshof zu der Annahme kommen, der Zugang zu Dokumenten stelle den Grundsatz dar, nach dem jedermann Einsicht in jedes beliebige unveröffentlichte Dokument beantragen kann, ohne seinen Antrag begründen zu müssen[691]. Alle Urteile betonen darüber hinaus in ihrem rechtlichen Rahmen die Entwicklung des Zugangsrechts als grundsätzliches Recht des Bürgers. Ausgehend von der Erklärung 17 der Schlußakte von Maastricht, in der dieses Recht mit dem demokratischen Charakter der Organe verknüpft wird[692], und den Konferenzen von Birmingham und Edinburgh, die den allgemeinen Transparenzgrundsatz anerkannten[693], über die Kommissionsmitteilungen und den Verhaltenskodex wurde schließlich der Grundsatz des möglichst umfassenden Zugangsrechts fortentwickelt[694].

Schließlich führe eine Betrachtung des Zieles des Zugangsrechts, den demokratischen Charakter der Organe und das Vertrauen der Öffentlichkeit in die Verwaltung zu stärken, zu einer möglichst weiten Auslegung des Zugangsrechts zu Dokumenten[695]. Um den Sinn und Zweck dieses Grundsatzes nicht zu verei-

---

688 Allgemeiner Grundsatz des Verhaltenskodex, Beschluß 93/730: „Verhaltenskodex für den Zugang der Öffentlichkeit zu Rats- und Kommissionsdokumenten“ in Abl. der EG L 340/41 vom 31.12.1993.

689 4. Erwägungsgrund des Ratsbeschlusses 93/731.

690 RS T-194/94 „Carvel/Rat“ in Slg. II 1995, S. 2789.

691 RS T-124/96 „Interporc/Kommission“ in Slg. II 1998, S. 247; RS T-194/94 „Carvel/Rat“ in Slg. II 1995, S. 2788; RS T-174/95 „Svenska/Rat“ in Slg. II 1998, S. 2323.

692 RS C-58/94 „Niederlande/Rat“ in Slg. I 1996, S. 2197; RS T-14/98 „Hautala/Rat“ in Slg. II 1999, S. 2494, RN 1.

693 Dazu oben, 2. Teil, B., III.

694 Beispielhaft in RS T-83/96 „van der Wal/Kommission“ in Slg. II 1998, S. 549 ff.; nicht geklärt ist damit, ob dieses Recht bereits vorher existent war, aus seiner Natur als allgemeiner Rechtsgrundsatz.

695 Ausdrücklich in RS T-174/95 „Svenska/Rat“ in Slg. II 1998, S. 2290; Bezugnahme in RS T-14/98 „Hautala/Rat“ in Slg. II 1999, S. 2495, RN 5.

teln, müssen die Ausnahmen hiervon allerdings eng ausgelegt werden. Ziel sei es, der Öffentlichkeit möglichst umfassenden Zugang zu gewähren[696].
Das *EuG* hält damit an der restriktiveren Auslegung von Ausnahmevorschriften von gemeinschaftsrechtlich begründeten Rechten fest[697].

IV. Systematik der Ausnahmevorschriften

Für den Gerichtshof lassen sich die aufgezählten Ausnahmevorschriften des Verhaltenskodex auf zwei relevante Gruppen reduzieren. Zum einen existieren zwingende Ausnahmen und zum anderen solche, deren Vorliegen im Ermessen des jeweiligen Organs liegen[698]. Für jede Ausnahmegruppe legt das Gericht Verhaltensanforderungen an das jeweilige Organ fest, nach denen es den Antrag des Bürgers auf Dokumentenzugang zu prüfen hat. Beruft sich das Organ auf die fakultative Ausnahmegruppe, also die „Geheimhaltungen der Erörterungen des Rates" oder den „Schutz des Interesses des Organs in bezug auf die Geheimhaltung seiner Beratungen", ist es verpflichtet, das Interesse des Bürgers auf Zugang mit einem entgegenstehenden Interesse der internen Beratungen tatsächlich gegeneinander abzuwägen[699]. Will das Organ dagegen den Zugang aufgrund der ersten, zwingenden Ausnahmegruppe versagen, also aus Gründen des „öffentlichen Interesses", des „Schutzes des einzelnen und der Privatsphäre", des „Schutzes des Geschäfts- und Industriegeheimnisses", des „Schutzes der finanziellen Interessen der Gemeinschaft" oder der „Wahrung der Vertraulichkeit", ist es verpflichtet, den Zugang bei Nachweis der einschlägigen Ausnahme zu

---

696 RS T-610/97 R „Carlsen/Rat" in Slg. II 1998, S. 504; RS-T-174/95 „Svenska/Rat" in Slg. II 1998, S. 2323 für den Ratsbeschluß; RS T-124/96 „Interporc/Kommission" in Slg. II 1998, S. 247; RS T-83/96 „van der Wal/Kommission" in Slg. II 1998, S. 563 für den Kommissionsbeschluß.

697 Vgl. z.B.: RS 7/61 „Kommission/Italienische Republik" in Slg. 1961, S. 720; RS 7/68 „Kommission/Italienische Republik" in Slg. 1968, S. 644; RS 13/68 „Firma Salgoil/Außenhandelsministerium der Italienischen Republik" in Slg. 1968, S. 694; RS 29/72 „Marimex/Italienische Finanzverwaltung" in Slg. 1972, S. 1318; RS 46/76 „Bauhuis/Niederlande" in Slg. 1977, S. 15; RS 113/80 „Kommission/Irland" in Slg. 1981, S. 1638; RS C-205/89 „Kommission/Griechenland" in Slg. I 1991, S. 1377; RS 41/74 „van Duyn/Home Office" in Slg. 1974, S. 1350; RS 222/84 „Johnston/Chief Constable..." in Slg. 1986, S. 1686.

698 RS T-194/94 „Carvel/Rat" in Slg. II 1995, S. 2788; RS T-105/95 „WWF/Kommission" in Slg. II 1997, S. 314; RS T-124/96 „Interporc/Kommission" in Slg. II 1998, S. 232; RS T-174/95 „Svenska/Rat" in Slg. II 1998, S. 2324, der von Befugnisnorm spricht, dies kann im Kontext der anderen Urteile nur als Ermessen ausgelegt werden. Beispielhaft RS T-20/99 „Denkavit/Kommission" in Slg. II 2000, S. 3026, RN 39; so auch Cabral in ERA Tagung vom 12./13.7.01 in Trier, S. 2.

699 RS T-194/94 „Carvel/Rat" in Slg. II 1995, S. 2766; RS T-105/95 „WWF/Kommission" in Slg. II 1997, S. 314; Cabral in ERA Tagung vom 12./13.7.01 in Trier, S. 2.

verweigern[700]. Konkret verlangt das *EuG* eine Prüfung jedes einzelnen Dokuments zur Klärung, ob der Zugang geeignet ist, eines der vier Interessen zu beeinträchtigen, sog. *„harm test"*. Fällt diese Prüfung positiv aus, muß der Zugang zu den fraglichen Dokumenten verweigert werden[701].

Gründe für die Differenzierung der Prüfungsanforderungen liegen in der Natur der Ausnahmen. Die Gruppe der zwingenden Versagung des Zugangsrechts beruht sämtlich auf Interessen Dritter oder der Allgemeinheit, während die Ermessensversagung ausschließlich interne Beratungen des Organs betrifft und sich somit nur auf dessen Interessen auswirken kann[702].

1. Berufen auf mehrere Ausnahmevorschriften

In der *„WWF"*-Entscheidung begehrte der Kläger Zugang zu Dokumenten der Prüfung der Errichtung eines Informations- und Dokumentationszentrums in einem irischen Nationalpark unter dem Gesichtspunkt des Umweltschutzes, welches von der Kommission unter Hinweis auf die öffentlichen Interessen, sowie die Geheimhaltung der Beratungen versagt worden war[703]. Das *EuG* verwies auf den Wortlaut der Ausnahmevorschriften, der einer gleichzeitigen Anwendung beider Gruppen nicht entgegenstehe[704]. Später stellte es klar, daß es tatsächlich möglich sei, durch die Offenlegung bestimmter, umfangreicher Dokumente, sowohl das durch die erste Gruppe von Ausnahmen geschützte Interesse als auch das Interesse des Organs an der Geheimhaltung seiner Beratungen zu beeinträchtigen[705]. Diese Ausführungen übertrug das *EuG* in der Rechtssache *„Denkavit"*, in der der Kläger Zugang zu einem Inspektionsbericht der Kommission im Bereich Schweinepest begehrte, isoliert auf die erste Gruppe. Ein Organ ist danach befugt, sich zugleich auf mehrere Ausnahmen der ersten Gruppe zu berufen. Es sei nämlich nicht ausgeschlossen, daß die Verbreitung bestimmter Dokumente sowohl das öffentliche Interesse als auch spezielle Interes-

---

700 RS T-194/94 „Carvel/Rat" in Slg. II 1995, S. 2788; RS T-105/95 „WWF/Kommission" in Slg. II 1997, S. 314.

701 RS T-124/96 „Interporc/Kommission" in Slg. II 1998, S. 232; RS T-83/96 „van der Wal/Kommission" in Slg. II 1998, S. 563; RS T-174/95 „Svenska/Rat" in Slg. II 1998, S. 2324.

702 RS T-105/95 „WWF/Kommission" in Slg. II 1997, S. 314; angegriffen als schwammiges ungenaues Argument von Furrer in ZUR 1997, S. 155; wohl auch Curtin in CMLR 2000, S. 32.

703 RS T-105/95 „WWF/Kommission" in Slg. II 1997, S. 324.

704 RS T-105/95 „WWF/Kommission" in Slg. II 1997, S. 344.

705 RS T-174/95 „Svenska/Rat" in Slg. II 1998, S. 2324.

sen Dritter beeinträchtigen könne[706]. Schon die Beeinträchtigung eines dieser Interessen reiche dann aus, den Zugang zu verweigern[707].

2. Möglichkeit des teilweisen Zugangs zu Dokumenten

Die Prämisse, die Ausnahmevorschriften eng auszulegen, veranlaßte das *EuG* in der Rechtssache *„Hautala"*, eine Klarstellung der Gründe der Versagung des Zugangs zum Dokument bei positiver Prüfung der Beeinträchtigung eines der genannten Interessen der ersten Ausnahmegruppe vorzunehmen. Die Klägerin hatte die Nichtigerklärung der Entscheidung des Rates unter anderem deswegen begehrt, weil sie bereits eine Verletzung von Art. 4 I 93/731 des Rates darin sah, daß auch eine teilweise Öffnung der von der Klägerin begehrten Dokumente in bezug auf die Kriterien des Rates zu Exporten konventioneller Waffen abgelehnt worden war[708]. Der Gerichtshof stellte zunächst fest, daß im Beschluß die Möglichkeit des teilweisen Zugangs weder ausdrücklich vorgesehen noch verboten wurde[709]. Er nahm daher eine Prüfung des Art. 4 I 93/731 nach seinem Sinn und Zweck vor, nämlich einmal mehr der größtmöglichen Zugangsgewährung[710]. Dieses Prinzip verpflichtet den Rat zu prüfen, ob auch bei bloß teilweisem Zugang zu Dokumenten das öffentliche Interesse, in diesem Fall die internationalen Beziehungen, gewahrt bliebe[711].

Allerdings ist das Organ innerhalb der zwingenden Ausnahme nicht automatisch verpflichtet, den teilweisen Zugang zu gewähren. Es hat vielmehr vorher eine Abwägung vorzunehmen, in der das Interesse des Bürgers am teilweisen Zugang gegen das Interesse des Organs an einer ordnungsgemäßen Verwaltung angesichts der erhöhten Arbeitsbelastung, die sich aus der teilweisen Gewährung ergeben könnte, tatsächlich gegeneinander abgewogen wird[712]. Das überwiegende Interesse der übermäßigen Arbeitsbelastung schlägt dabei in den Fällen durch, in denen sich aus der Prüfung der fraglichen Dokumente ergibt, daß der teilweise Zugang sinnlos wäre, weil die Teile dieser Dokumente im Fall ihrer

---

706 RS T-20/99 „Denkavit/Kommission" in Slg. II 2000, S. 3026, RN 40; so auch Cabral in ERA Tagung vom 12./13.7.01 in Trier, S. 4.

707 RS T-20/99 „Denkavit/Kommission" in Slg. II 2000, S. 3026, RN 42.

708 RS T-14/98 „Hautala/Rat" in Slg. II 1999, S. 2507, RN 52.

709 In diesem Zusammenhang verwies die Klägerin auf die Umweltinformationsrichtlinie, die die Möglichkeit des teilweisen Zugangs in Art. 3 II UIRL ausdrücklich vorsieht und dieser Gedanke deswegen auch auf den Ratsbeschluß Anwendung finden müsse; das EuG griff diese Übertragung nicht auf.

710 RS T-14/98 „Hautala/Rat" in Slg. II 1999, S. 2515, RN 87.

711 RS T-14/98 „Hautala/Rat" in Slg. II 1999, S. 2513, RN 79; bestätigt in RS T-188/98 „Kuijer/Rat" in Slg. II 2000, S. 1980, RN 54 ff.

712 Relevant in RS T-188/98 „Kuijer/Rat" in Slg. II 2000, S. 1980, RN 56; RS T-204/99 „Olli Mattila/Rat und Kommission" in Slg. II 2001, S. 2294.

Zugänglichkeit für den Antragsteller aufgrund mangelndem verbleibenden Informationsgehalts völlig wertlos wären[713].

Die Verpflichtung zur Prüfung eines teilweisen Zugangs innerhalb der zwingenden Versagungsvorschriften zog der Gerichtshof neben dem organimmanenten Prinzip des größtmöglichen Zugangs überwiegend aus dem Verhältnismäßigkeitsgrundsatz[714]. Es handele sich dabei um einen Grundsatz, der unabhängig vom Urteil „*Hautala*", bereits vorher im Verhaltenskodex verhaftet gewesen sei[715].

V. Inhaltliche Anforderungen an die Ausnahmevorschriften im einzelnen

1. Zwingende Ausnahmen

a) Rechtssicherheit, Beständigkeit des Gemeinschaftsrechts, Funktionsfähigkeit der Gemeinschaftsorgane

Das *EuG* stellte in der Rechtssache „*Carlsen*" inhaltliche Anforderungen an die öffentlichen Interessen auf. Der Rat verweigerte dem Antragsteller den Zugang zu internen Stellungnahmen des Juristischen Dienstes des Rates unter Berufung auf die Rechtssicherheit, die Beständigkeit der Gemeinschaftsrechtsordnung und das öffentliche Interesse des Rates, Zugang zu unabhängiger Rechtsberatung zu haben[716]. Der Antragsteller machte in seiner Klage vor dem *EuG* unter anderem geltend, daß der Rat Ablehnungsgründe anführe, die im Ratsbeschluß 93/731 nicht ausdrücklich vorgesehen seien. Hierdurch werde das Verhältnis zwischen weiter Transparenzauslegung und Berücksichtigung enger Ausnahmevorschriften beeinträchtigt[717].

Das *EuG* bestätigte die Tatsache, daß es sich bei Stellungnahmen Juristischer Dienste um interne Dokumente handelt, was aber nicht gleichbedeutend mit einer automatischen Vertraulichkeit sei. Allerdings erkannte das *EuG* auf der anderen Seite auch an, daß die Rechtssicherheit, die Beständigkeit der Gemeinschaftsrechtsordnung und der Zugang des Organs zu unabhängiger Rechtsberatung öffentliche Interessen seien, deren Einhaltung ohne jeden Zweifel gewährleistet werden müsse[718]. Die Weitergabe dieser Dokumente hätte aber zur Folge, daß das Organ bei deren Publikwerden jedes Interesse daran verlieren könnte,

---

713 RS T-204/99 „Olli Mattila/Rat und Kommission" in Slg. II 2001, S. 2294 f.

714 RS T-14/98 „Hautala/Rat" in Slg. II 1999, S. 2515, RN 85; RS T-204/99 „Olli Mattila/Rat und Kommission" in Slg. II 2001, S. 2294.

715 RS T-204/99 „Olli Mattila/Rat und Kommission" in Slg. II 2001, S. 2294.

716 RS T-610/97 R „Carlsen/Rat" in Slg. II 1998, S. 492; siehe dazu Novak-Stief in ELR 1998, S. 496 ff.

717 RS T-610/97 R „Carlsen/Rat" in Slg. II 1998, S. 495-496

718 RS T-610/97 R „Carlsen/Rat" in Slg. II 1998, S. 503; auch erwähnt in RS C-2/88 Imm. „J.J. Zwartveld u.a." in Slg. I 1990, S. 3372; bestätigt in RS T-44/97 „Ghignone u.a./Rat", RN 47.

die Juristischen Dienste um Stellungnahmen zu bitten. Dies wäre dann eine Beeinträchtigung der Sicherheit der Rechtmäßigkeit von Gemeinschaftsakten, deren direkte Folge das Funktionieren der Gemeinschaftsorgane tangieren könnte[719]. Der Tatsache der fehlenden Auflistung im Beschluß 93/731 und im Kommissionsbeschluß 94/90 begegnet das *EuG* unter Hinweis auf Systematik und Sinn und Zweck dieser Ausnahmebestimmung. Dessen Formulierung sei zu entnehmen, daß diese zum einen im ersten Spiegelstrich fünf Gruppen von Interessen nennt, die einen absoluten Schutz genießen, zum anderen aber am Anfang dieses Spiegelstrichs der allgemeine Begriff des öffentlichen Interesses stehe[720], entsprechend den anderen vier Interessen[721]. Nach dem Inhalt der Bestimmung sei es jedoch der Schutz des öffentlichen Interesses im allgemeinen, der die Ablehnung des Zugangs rechtfertigen könne. Daher sei es unzutreffend, die Bedeutung des Begriffs entgegen dem Wortlaut auf die fünf in Klammern stehenden Fälle zu beschränken[722].

Dem Einwand der ständigen Rechtsprechung zur engen Auslegung von Ausnahmevorschriften hält das *EuG* die erarbeitete systematische und inhaltliche Deutung entgegen[723], nachdem die Ausnahmebestimmung zu allererst durch die ausdrückliche Nennung des allgemeinen Erfordernisses des Schutzes des öffentlichen Interesses gekennzeichnet ist und danach einige besondere Anwendungsfälle in Klammern anführt, ihnen aber klar und unzweideutig geringere Bedeutung beimißt[724].

b) Inspektionstätigkeiten, insbesondere Problematik der „mit Gründen versehenen Stellungnahme"

In der Rechtssache *„WWF"* äußerte sich der Gerichtshof inhaltlich zu den „Inspektionstätigkeiten" als Teil der öffentlichen Interessen[725]. Das Gericht erkannte an, daß Dokumente im Zusammenhang mit Untersuchungen von Verstößen gegen Gemeinschaftsrecht, die zur Einleitung eines Vertragsverletzungsverfahrens nach Art. *169* EGV führen können, der Ausnahme der Inspektionstätigkeiten unterfallen dürfen. Begründet wurde dies mit der Vertraulichkeit, die die

---

719 RS T-610/97 R „Carlsen/Rat" in Slg. II 1998, S. 503.

720 RS T-610/97 R „Carlsen/Rat" in Slg. II 1998, S. 503-504.

721 Einschub vom Verfasser: Dies sagt das EuG in der Einleitung zu dieser Erwägung und stellt das systematische Argument des EuG dar.

722 RS T-610/97 R „Carlsen/Rat" in Slg. II 1998, S. 504; bestätigt in RS T-44/97 „Ghignone u.a./Rat", RN 47

723 Erstaunlicherweise spricht das EuG hier wieder von wörtlicher Auslegung der Bestimmung, nachdem es eine RN zuvor gerade eine wörtliche Auslegung mittels Erwägungen über den Sinn und Zweck negiert hat: vgl. RS T-610/97 R „Carlsen/Rat" in Slg. II 1998, S. 504.

724 RS T-610/97 R „Carlsen/Rat" in Slg. II 1998, S. 504.

725 RS T-105/95 „WWF/Kommission" in Slg. II 1997, S. 345; dennoch erfolgte eine Aufhebung der Entscheidung im Ergebnis aufgrund eines Begründungsmangels.

Mitgliedstaaten in solchen Situationen von der Kommission erwarten dürfen, auch wenn seit dem Abschluß dieser Untersuchungen einige Zeit verstrichen ist[726]. Diese inhaltliche Konkretisierung der Inspektionstätigkeiten griff das *EuG* in der *„Bavarian Lager"*-Entscheidung wieder auf und bestätigte sie ausdrücklich[727]. Die englische Klägerin führte in das Vereinigte Königreich deutsches Bier ein, dessen Absatz aufgrund englischer Bierlieferungsverträge hinderlich war. Die Klägerin sah darin eine mit Art. 30 EGV unvereinbare Maßnahme mit gleicher Wirkung wie eine mengenmäßige Einfuhrbeschränkung und erhob Beschwerde bei der Kommission, die ein Untersuchungsverfahren einleitete[728]. Der britische Handelsminister kündigte daraufhin die Lockerung der restriktiven Bierlieferungsbestimmungen an, woraufhin die Kommission die Untersuchung einstellte, die mit Gründen versehene Stellungnahme aber nicht übersandte. Zu dieser begehrte die Klägerin daraufhin Zugang[729]. Das *EuG* verneinte jedoch sowohl die von der Klägerin, als auch der Kommission vorgenommene rechtliche Einordnung des Dokuments als eine „mit Gründen versehene Stellungnahme". Vielmehr handele es sich zum Zeitpunkt der Einstellung der Untersuchungen durch die Kommission lediglich um einen Entwurfstext. Nur dieser sei im Hinblick auf Untersuchungen der Kommission erstellt worden und daher von der Ausnahme der Inspektionstätigkeiten erfaßt[730]. Eine Entscheidung darüber, ob auch eine die Untersuchung abschließende „mit Gründen versehene Stellungnahme" von der Ausnahme gedeckt gewesen wäre, brauchte das *EuG* daher nicht zu treffen. Fraglich ist, ob der Umkehrschluß aus dieser Deutung durch das Gericht erster Instanz dann heißen muß, daß nicht alle Dokumente im Zusammenhang mit der Einleitung eines Vertragsverletzungsverfahrens von der Ausnahme gedeckt sein können, sondern nur diese, die mit der unmittelbaren Untersuchungstätigkeit in Zusammenhang stehen. Die die Untersuchung abschließende „mit Gründen versehene Stellungnahme" würde dann nicht mehr der Ausnahme unterfallen[731]. Ein Präzedenzfall hierzu steht bislang noch aus; das Gebot der engen Auslegung von Ausnahmevorschriften könnte aber für diese Einschränkung sprechen.

---

726 RS T-105/95 „WWF/Kommission" in Slg. II 1997, S. 345.

727 RS T-309/97 „Bavarian Lager/Kommission" in Slg. II 1999, S. 3236, RN 41.

728 Vgl. Sachverhalt in RS T-309/97 „Bavarian Lager/Kommission" in Slg. II 1999, S. 3224, RN 9 ff.

729 Vgl. Sachverhalt in RS T-309/97 „Bavarian Lager/Kommission" in Slg. II 1999, S. 3224, RN 9 ff.

730 RS T-309/97 „Bavarian Lager/Kommission" in Slg. II 1999, S. 3236, RN 42, unter Hinweis auf den Untersuchungscharakter, den das Dokument seit der Entscheidung RS T-105/95 „WWF/Kommission" in Slg. II 1997, S. 313 ff. haben muß.

731 So eventuell RS T-309/97 „Bavarian Lager/Kommission" in Slg. II 1999, S. 3236, RN 41; das EuG meint wohl, daß mit Gründen versehene Stellungnahmen nicht unter die Ausnahme fallen, obgleich sie mit einem Vertragsverletzungsverfahren im Zusammenhang stehen, aber eben nicht mehr mit Untersuchungstätigkeiten.

Andererseits forderte der Kläger in der Rechtssache *„Denkavit"* Zugang zu einem Gesundheitsbericht der Kommission, der die Ergebnisse einer landwirtschaftlichen Untersuchung von Betrieben eines Mitgliedstaates enthält. Zum Zeitpunkt der ablehnenden Entscheidung hatte die Kommission ihre materielle Untersuchungstätigkeit bereits abgeschlossen[732].

Das *EuG* betonte, daß der bloße Umstand, daß das fragliche Dokument eine Inspektionstätigkeit betraf, wegen der Verpflichtung zur engen Auslegung noch nicht ausreiche, um die geltend gemachte Ausnahme rechtfertigend heranzuziehen[733]. Unter Hinweis auf die eingeschränkte Überprüfung auf Ermessensfehler stellte das *EuG* aber fest, daß es nicht offensichtlich fehlerhaft ist, den Zugang zu verweigern, auch wenn der Bericht bezüglich der konkreten Inspektion abgeschlossen ist, wenn -bezogen auf den Bericht- weiterhin die Einhaltung von Gemeinschaftsvorschriften überprüft wird[734]. Diese Auslegung sei erforderlich, um die Fortsetzung des störungsfreien Ablaufs eines derartigen Untersuchungsverfahrens im Klima des gegenseitigen Vertrauens aufrechtzuerhalten[735].

Eine Übertragung dieser Entscheidungsgründe auf eine „mit Gründen versehene Stellungnahme", wie von der Kommission praktiziert, könne dann erfolgen, wenn berücksichtigt wird, daß das *EuG* den Schwerpunkt dieser Ausnahme nicht auf die Untersuchungstätigkeit selbst legt, sondern auf deren Auswirkungen auf die Effizienz noch bestehender oder künftiger Untersuchungen der Kommission in einem Mitgliedstaat, die nur in einem Klima gegenseitigen Vertrauens möglich seien. Hierfür spricht zum einen die zeitliche Anforderung der *„WWF"*-Entscheidung. Die Untersuchungstätigkeit kann bereits abgeschlossen und dennoch geeignet sein, die Vertraulichkeit, die der betreffende Mitgliedstaat erwarten kann, zu beeinträchtigen[736]. Zum anderen betont das *EuG* in beiden Entscheidungen, *„Bavarian Lager"* und *„Denkavit"*, das Gebot zur engen Auslegung von Ausnahmen bei gleichzeitiger Wahrung des Zwecks derselben, hier der Effektivität der Untersuchungstätigkeiten. Um diesen Zweck zu gewährleisten, erkannte das *EuG* in beiden Urteilen die Einschätzung der konkreten Situation durch die Kommission an, unabhängig vom zeitlichen und tatsächlichen Abschluß der Untersuchung das Vorliegen der Ausnahmevorschrift zu bejahen.

Unter Berücksichtigung dieser Zusammenhänge erscheint es nicht ausgeschlossen, daß das *EuG* auch eine die Untersuchung abschließende „mit Gründen versehene Stellungnahme" unter die Ausnahmevorschrift der Inspektionstätigkeiten fallen lassen würde, wenn der Zweck der Ausnahmevorschrift beeinträchtigt werden könnte. Der Umkehrschluß aus der *„Bavarian Lager"* - Ent-

---

[732] Vgl. Sachverhalt RS T-20/99 „Denkavit/Kommission" in Slg. II 2000, S. 3016, RN 5 ff.

[733] RS T-20/99 „Denkavit/Kommission" in Slg. II 2000, S. 3027, RN 45.

[734] RS T-20/99 „Denkavit/Kommission", in Slg. II 2000, S. 3028, RN 48, auch im Hinblick auf die endgültige finanzielle Zuwendung.

[735] RS T-20/99 „Denkavit/Kommission" in Slg. II 2000, S. 3028, RN 49.

[736] RS T-105/95 „WWF/Kommission" in Slg. II 1997, S. 345.

scheidung läßt sich daher nicht zwingend in dem Sinne ziehen, daß nur Entwurfstexte der Ausnahme der Untersuchungstätigkeiten zugerechnet werden können. Jüngst bekam das *EuG* in der Rechtssache *„Petrie"* erstmals Gelegenheit, sich zum versagten Zugang zu einer „mit Gründen versehenen Stellungnahme" der Kommission zu äußern. Diese betraf Untersuchungen bezüglich der Diskriminierung von Lektoren nicht italienischer Muttersprache gegenüber anderen Lehrgebieten durch den Abschluß lediglich befristeter Arbeitsverträge durch italienische Universitäten[737]. Das Gericht bestätigte die vorgenannte Entwicklung. Die Mitgliedstaaten dürfen während der Untersuchungsphase von der Kommission Vertraulichkeit erwarten, die sich unter Umständen auch auf die „mit Gründen versehene Stellungnahme" beziehen kann, wenn dies zur gütlichen Beilegung der Differenzen zwischen Mitgliedstaat und Kommission dienlich ist[738]. Somit findet sich, neben den öffentlichen Interessen, auch hinsichtlich der Inspektionstätigkeiten die Betonung der Wahrung der Effizienz der Ausnahmen.

c) Rechtspflege

Der Rechtssache *„Gerard van der Wal"* lag die Bekanntmachung 93/C 39/05[739] über die Zusammenarbeit der Kommission mit nationalen Gerichten bei der Anwendung der Art. *85, 86* EGV zugrunde. Der nationale Richter kann sich innerhalb der Grenzen seines innerstaatlichen Verfahrensrechts an die Kommission wenden, um Auskünfte darüber zu erhalten, ob die Kommission ein Wettbewerbsverfahren behandelt. Der Kläger ersuchte die Kommission um Übermittlung von Dokumenten betreffend Wettbewerbsverfahren, die diese, aufgrund der Bekanntmachung 93/C 39/05, an das *OLG Düsseldorf* auf Nachfrage in der Rolle als *amicus curiae* übersandte[740]. Die Einsicht wurde dem Kläger aber mit der Begründung versagt, daß diese Teil des nationalen Gerichtsverfahrens seien, sobald die Dokumente von der Kommission an das nationale Gericht versandt wurden[741]. Das *EuG* bestätigte im Ergebnis die Argumentation der Kommission. Zweck des öffentlichen Interesses der Rechtspflege nach Art. 4 II 93/731 sei es, die allgemeine Wahrung des grundlegenden Rechts jeder Person sicherzustellen, in billiger Weise von einem unabhängigen Gericht gehört zu werden. Diese Auslegung gebiete Art. 6 EMRK, der über die allgemeinen Rechtsgrundsätze aus den gemeinsamen Verfassungstraditionen und Art. *F* II EUV Teil der Gemeinschaftsrechtsordnung sei[742]. Um den Anspruch auf rechtliches Gehör effektiv umsetzen zu können, müsse es daher sowohl den Gemeinschaftsgerichten als auch den nationalen Gerichten freistehen, ihre eigenen Verfahrensregeln allge-

---

737 RS T-191/99 „Petrie/Kommission" in Slg. II 2001, S. 3687 ff.
738 RS T-191/99 „Petrie/Kommission" in Slg. II 2001, S. 3706 f.
739 Abl. der EG 1993, C 39/6 ff.
740 RS T-83/96 „van der Wal/Kommission" in Slg. II 1998, S. 555.
741 RS T-83/96 „van der Wal/Kommission" in Slg. II 1998, S. 556.
742 Siehe dazu RS T-83/96 „van der Wal/Kommission" in Slg. II 1998, S. 564 f.

mein, und über die Vertraulichkeit der Akten im besonderen, anzuwenden[743]. In einem solchen Fall könne die Kommission nicht mehr über den Zugang entscheiden.

Die Kommission müsse sich auch dann auf diese Ausnahme berufen, wenn sie an einem Verfahren, das eine Ausnahme zum Schutz des öffentlichen Interesses rechtfertige, nicht selbst beteiligt sei[744]. Diese Auslegung gilt aber nur für den Dokumentenbereich, der von der Kommission ausschließlich im Hinblick auf und für die Dauer eines bestimmten mitgliedstaatlichen Gerichtsverfahrens erstellt wurde[745]. Diese Auslegung der „Rechtspflege" wurde in der Literatur scharf kritisiert. Eine derart weite Interpretation der öffentlichen Interessen, wenn ein Aspekt der Justizverwaltung betroffen sei, lasse keinerlei Schlußfolgerung zu, wessen rechtliches Gehör dabei konkret betroffen sei[746]. Eine derart weite Auslegung der Rechtspflege stelle vielmehr einen fundamentalen Fehler dar[747]. Auch der Gerichtshof korrigierte seinen Standpunkt in den Folgeentscheidungen. In der Rechtssache *„Interporc II"* unterstrich das *EuG* zunächst einmal mehr den Standpunkt, daß die Öffnung von Dokumenten, die die Kommission für ein bestimmtes Gerichtsverfahren erstellt habe, den Grundsatz des rechtlichen Gehörs, verletzt, indem nationale Verfahrensregeln modifiziert werden[748]. Es betonte aber gleichzeitig, daß der Begriff der „Rechtspflege" eng ausgelegt werden müsse. Dies habe zur Konsequenz, daß alle Dokumente, die nicht im Hinblick auf ein solches Gerichtsverfahren erstellt wurden, wie interne Schriftstücke, Schriftwechsel der Generaldirektionen und der Juristischen Dienste, also alle reinen Verwaltungsangelegenheiten, nicht in den Anwendungsbereich der Ausnahme fallen dürften[749]. Die Rechtsmittelentscheidung des *EuGH* in der Rechtssache *„Gerard van der Wal II"* hob die ursprüngliche Auslegung schließlich ganz auf. Zwar gewährt Art. 6 EMRK einen fairen Prozeß. Daraus folgt aber nicht, daß allein das Gericht, bei dem der Rechtsstreit anhängig ist, befugt ist, den Zugang zu den fraglichen Verfahrensunterlagen zu gewähren. Auch aus den gemeinsamen Verfassungstraditionen kann ein solcher Grundsatz nicht hergeleitet werden[750]. Berücksichtigung muß vielmehr das zwischen Kommission und nationalem Gericht stattfindende Zusammenarbeitsverfahren finden. Die an die Gerichte übermittelten Schriftstücke sind meist solche, die

---

743 Und damit auch über Zugang zu den fraglichen Dokumenten entscheiden: RS T-83/96 „van der Wal/Kommission" in Slg. II 1998, S. 565; siehe dazu Novak-Stief in ELR 1998, S. 200.

744 RS T-83/96 „van der Wal/Kommission" in Slg. II 1998, S. 565.

745 RS T-83/96 „van der Wal/Kommission" in Slg. II 1998, S. 565.

746 Curtin in CMLR 2000, S. 34.

747 Curtin in CMLR 2000, S. 34.

748 RS T-92/98 „Interporc/Kommission" in Slg. II 1999, S. 3541, RN 41.

749 RS T-92/98 „Interporc/Kommission" in Slg. II 1999, S. 3542, RN 42.

750 Verb. RS C-174/98 P, C-189/98 P „van der Wal/Kommission" in Slg. I 2000, S. 61 f., RN 17.

sich bereits im Besitz der Kommission befinden. Folglich muß, wie in jedem anderen Anwendungsfall des 94/90-Beschlusses auch, einzeln geprüft werden, ob die „Rechtspflege" in Form des Verstoßes gegen nationale Verfahrensvorschriften betroffen ist. Zur Einhaltung dieser ist bereits ausreichend, wenn die Kommission sicherstellt, daß die Bekanntgabe nicht gegen nationales Recht verstößt. Um Zweifel daran auszuräumen, reicht es aus, das nationale Gericht zu konsultieren[751]. Die Kommission muß daher, um eine Versagung aus Gründen der Rechtspflege annehmen zu können, stets prüfen, ob sie als quasi Rechtsberater für das nationale Gericht tätig geworden ist, und sich bei positiver Prüfung vergewissern, daß die Übermittlung nicht gegen nationales Verfahrensrecht verstößt[752].

d) Zwischenstand

Auffallend an der Rechtsprechung sowohl bezüglich der Untersuchungstätigkeiten als auch der Rechtspflege ist, daß eine inhaltliche Konkretisierung dieser Begriffe dann stattfand, wenn es um Zugangsrechte zu Dokumenten der Justizverwaltung der Organe im Zusammenhang mit erfolgter oder geplanter Übermittlung an einen Mitgliedstaat ging[753]. Das Gericht gesteht den Mitgliedstaaten in diesen Fällen die Wahrung der Vertraulichkeit hinsichtlich der Tätigkeiten der Organe[754] zu bzw. garantiert ihnen die vollständige Wahrung nationalen Verfahrensrechts[755] mittels expliziter Betonung der Effizienz der Ausnahmevorschriften, die durch weite Auslegung des Zugangsgrundsatzes nicht vereitelt werden dürfen.

e) Öffentliche Sicherheit

Bezüglich der Entwicklung des Zugangsrechts zu Dokumenten nutzte das *EuG* in der Rechtssache „*Svenska*" die Gelegenheit, den Begriff der öffentlichen Sicherheit inhaltlich auf den Ratsbeschluß zu übertragen. Danach umfaßt diese neben der inneren und äußeren Sicherheit eines Mitgliedstaates, auch solche Sachverhalte, in denen der Zugang zu bestimmten Dokumenten unmittelbar die

---

751 Verb. RS C-174/98 P, C-189/98 P „van der Wal/Kommission" in Slg. I 2000, S. 64, RN 28.

752 Verb. RS C-174/98 P, C-189/98 P „van der Wal/Kommission" in Slg. I 2000, S. 63, RN 25.

753 Curtin in CMLR 2000, S. 34.

754 So bei RS T-105/95 „WWF/Kommission" in Slg. II 1997, S. 345.

755 Vgl. die nachgezeichnete Entwicklung von RS T-83/96 „van der Wal/Kommission" in Slg. II 1998, S. 545 ff. über RS T-92/98 „Interporc/Kommission" in Slg. II 1999, S. 3521 ff., zu Verb. RS C-174/98 P, C-189/98 P „van der Wal/Kommission" in Slg. I 2000, S. 1 ff.; Respektierung der Verteilung der Zuständigkeiten zwischen Gemeinschaftsbehörden und nationalen Behörden in RS C-2/88 Imm. „J.J. Zwartveld u.a." in Slg. I 1990, S. 3372.

Bemühungen der Behörden beeinträchtigen würde, Straftaten zu verhindern[756]. Dies impliziere aber gleichzeitig, daß eine solche Beeinträchtigung nur in bezug auf das Tätigwerden der Behörden, wie im vorliegenden Fall EUROPOL, vorliegen kann. Betreffen die Dokumente dagegen lediglich die Einrichtung solcher Behörden, wie den Erlaß des EUROPOL-Übereinkommens, ist deren Zugänglichkeit nicht geeignet, die öffentliche Sicherheit zu beeinträchtigen[757].

f) Internationale Beziehungen

In der Rechtssache *„Hautala"* machte das *EuG* Aussagen über seine eigene Prüfungskompetenz in diesem Bereich und legte damit zugleich die Reichweite dieser Ausnahmevorschrift fest. Der Rat verweigerte dem Antragsteller den Zugang zu Dokumenten über die Ausfuhr konventioneller Waffen unter Hinweis auf die Gefährdung der internationalen Beziehungen, deren Festsetzung im Ermessen des Rates selbst stehe[758]. Das *EuG* bestätigte dieses Vorbringen. Der Rat besitze aufgrund seiner politischen Verantwortlichkeit, übertragen durch den Titel V des EUV, ein Ermessen über die Beurteilung der Frage, welche Konsequenzen eine Öffnung von Dokumenten für die internationalen Beziehungen der EU brächte[759]. Unter diesen Umständen beschränkt sich eine Überprüfung des *EuG* darauf, ob den Verfahrensregeln entsprochen wurde, ob sie vernünftig begründet wurden und die Tatsachen exakt wiedergegeben wurden, oder ob es bei ihrer Bewertung grundlegende Fehler gab[760].

g) Sonderproblem: Urheberregel

Wie bereits dargestellt, qualifizierte das *EuG* die Urheberregel nicht ausdrücklich als Ausnahmevorschrift vom Grundsatz des allgemeinen Zugangsrechts. Aufgrund der Systematik und des Sinn und Zwecks wurde sie als Bereichsausnahme beschrieben[761]. Das *EuG* hielt aber fest, daß dies nur zulässig sei, wenn eine der Behandlung der Ausnahmevorschriften entsprechende Auslegung dieser Regel gesichert würde, um nicht eine zusätzliche Ausnahme außerhalb der Systematik zwischen Zugangsrecht und Ausnahme zu schaffen[762]. Das *EuG* ordne-

---

756 RS T-174/95 „Svenska/Rat" in Slg. II 1998, S. 2326; siehe dazu auch Novak-Stief in ELR 1998, S. 438 ff.

757 RS T-174/95 „Svenska/Rat" in Slg. II 1998, S. 2326 f.

758 Vgl. Sachverhalt in RS T-14/98 „Hautala/Rat" in Slg. II 1999, S. 2498, RN 13 ff.

759 RS T-14/98 „Hautala/Rat" in Slg. II 1999, S. 2511, RN 71; deswegen auch keinerlei Beachtung der inhaltlichen Anforderungen der Internationalen Beziehungen in RS T-188/98 „Kuijer/Rat" in Slg. II 2000, S. 1973, RN 28 ff.

760 RS T-14/98 „Hautala/Rat" in Slg. II 1999, S. 2512, RN 72; beispielhafte Prüfung in RS T-204/99 „Olli Mattila/Rat und Kommission" in Slg. II 2001, S. 2292.

761 S.o., 2. Teil, A., II., 3., a), bb).

762 RS T-188/97 „Rothmans/Kommission" in Slg. II 1999, S. 2482, RN 55; RS T-92/98 „Interporc/Kommission" in Slg. II 1999, S. 3549, RN 69; Curtin in CMLR 2000, S. 22, das Motiv des EuG für diese Aussage analysierend.

te die Urheberregel damit wieder in das bereits dargestellte System des weiten Grundsatzes mit eng auszulegenden Ausnahmen ein, so daß sich Besonderheiten nur bezüglich der Qualifizierung und nicht hinsichtlich der Behandlung ergeben[763].

2. Fakultative Ausnahme der Beratungen der Organe

Inhaltlich beschränkte sich das *EuG* sowohl in der Rechtssache *„Carvel"*, in der der Kläger *John Carvel* in seiner Eigenschaft als Redakteur für Europaangelegenheiten des *Guardian* unter anderem Zugang zu Dokumenten der Sitzungen des AStV des Rates begehrte, als auch in der Rechtssache *„Svenska"* darauf, aus dem Wortlaut von Art. 4 II 93/731 und dem Ziel der größtmöglichen Zugangsgewährung zu folgern, daß der Rat aus der Natur der Ermessensentscheidung heraus verpflichtet sei, das Interesse des Bürgers am Zugang zu Dokumenten tatsächlich gegen sein Interesse an der Geheimhaltung seiner Beratungen abzuwägen[764]. Im übrigen klärte es das Verhältnis zwischen Art. *5 I* GO Rat von 1993, der die grundsätzliche Geheimhaltung der Beratungen des Rates vorsah, und dem Ratsbeschluß dahingehend, daß ein Ermessensnichtgebrauch nicht unter Hinweis auf Art. *5 I* GO Rat von 1993 möglich ist, da dieser nur gilt, wenn der Rat nicht anders entscheidet[765]. Kritisiert wird an dieser Entscheidung die Kürze der Begründung und das Fehlen von Auslegungsansätzen[766]. Zugebilligt wurde dem Kläger ein gerichtlich durchsetzbarer Anspruch auf ermessensfehlerfreie Entscheidung des Organs, was noch keinen Rückschluß auf die inhaltliche Reichweite zuläßt[767].

3. Begründungsanforderungen an eine versagte Zugangsentscheidung

a) Allgemeine Anforderungen an die Begründungspflicht

Welche Anforderungen an die Begründung zu stellen sind, ist unter Berücksichtigung von Sinn und Zweck dieser Pflicht zu beurteilen[768]. Die wesentlichere Funktion, neben der Selbstkontrolle des Organs[769], stellt die Fremdkontrolle

---

763 RS T-188/97 „Rothmans/Kommission" in Slg. II 1999, S. 2482, RN 54 ff.; RS T-92/98 „Interporc/ Kommission" in Slg. II 1999, S. 3549, RN 67 ff.

764 RS T-194/94 „Carvel/Rat" in Slg. II 1995, S. 2789; RS T-174/95 „Svenska/Rat" in Slg. II 1998, S. 2324.

765 RS T-194/94 „Carvel/Rat" in Slg. II 1995, S. 2766.

766 Vassilaki in CR 1996, S. 370.

767 Calliess in ZUR 1996, S. 144; Kugelmann in EuR 1996, S. 212; Stein in Hummer, S. 152.

768 Schmidt in Groeben, Art. 190, RN 3.

769 Ipsen, Europäisches Gemeinschaftsrecht, S. 517, Schwarze, Verwaltungsrecht, Bd. II, S. 1349.

dar[770]. Den Parteien soll die Wahrnehmung ihrer Rechte, dem Gerichtshof die Ausübung seiner Rechtskontrolle und den Mitgliedstaaten die Unterrichtung darüber ermöglicht werden, in welcher Weise die Exekutive den Vertrag angewandt hat[771]. Die Anforderungen an den Umfang richten sich nach der Rechtsnatur der zugrundeliegenden Rechtshandlung, nach der bei abstrakt generellen Maßnahmen, wie der Verordnung, die Begründung allgemeiner gehalten werden kann als bei Maßnahmen individuell-konkreten Charakters, wie einer Entscheidung[772].

Weiterhin differenziert der *EuGH* danach, ob dem Organ ein Ermessen zusteht - dann bestehen ebenfalls höhere Anforderungen an die Begründung - oder ob eine zwingende Rechtsfolge vorgesehen ist[773]. Inhaltlich fordert Art. 253 EGV, daß die Begründung alle Tatsachen, von denen die Rechtmäßigkeit der Maßnahme abhängt, sowie die Erwägungen, die zum Erlaß der Entscheidung geführt haben, enthält[774]. Erforderlich ist aber auch hier kein detailliertes Einlassen auf alle einzelnen im Verwaltungsverfahren gemachten Sach- und Rechtsausführungen[775]. Weitere Inhaltsanforderungen richten sich nach dem Gesamtzusammenhang, in dem der Rechtsakt steht, und den Erwägungen, mit denen das Organ seine Auffassung darlegt. Begrenzt werden kann die Begründung durch die Kenntnis der Betroffenen, durch praktische Gesichtspunkte sowie aufgrund von Interessen Dritter[776].

b) Besondere Anforderungen an die Begründungspflicht

Für die Rechtssachen der Versagung des Zugangs zu Dokumenten werden regelmäßig zwei Zwecke aus der Entwicklung der Begründungspflicht aufgegriffen und auf die Besonderheiten des Zugangsrechts übertragen. Der Betroffene soll erstens die tragenden Gründe für die getroffenen Maßnahmen erkennen, um seine Rechte wahrnehmen zu können. Zum zweiten soll aber auch der Gemein-

---

770 Terminologie bei Calliess in Calliess, Auflage 2, Art. 253, RN 4; Schmidt in Groeben, Art. 190, RN 5.

771 RS 18/57 „Nold/Hohe Behörde" in Slg. 1958, S. 114; RS 24/62 „Deutschland/Kommission" in Slg. 1963, S. 131; Bleckmann, RN 493; Grabitz in Grabtz/Hilf, Art. 190, RN 3; Ipsen, Europäisches Gemeinschaftsrecht, S. 517.

772 Calliess in Calliess, Auflage 2, Art. 253, RN 13; Grabitz in Grabitz/Hilf, Art. 190, RN 5; Ipsen, Europäisches Gemeinschaftsrecht, S. 518; Schmidt in Groeben, Art. 190, RN 8; Schwarze, Verwaltungsrecht, Bd. II, S. 1354.

773 RS 36/59 „Ruhrkohlen-Verkaufsgesellschaft mbH u.a./Hohe Behörde" in Slg. 1960, S. 921; RS 185/85, „Usinor/Kommission" in Slg. 1986, S. 2098; in der Literatur ebenfalls anerkannt durch Müller-Ibold, S. 89; Scheffler in DÖV 1977, S. 769.

774 Calliess in Calliess, Auflage 2, Art. 253, RN 9.

775 RS 41/69 „Chemiefarma/Kommission" in Slg. 1970, S. 661; verb. RS 209-215, 218/78 „ van Landewyck, FEDETAB/Kommission" in Slg. 1980, S. 3125.

776 Schmidt in Groeben, Art. 190, RN 7 ff.

schaftsrichter in der Lage sein, die getroffene Entscheidung auf seine Rechtmäßigkeit hin zu überprüfen[777].

Der Grundsatz der größtmöglichen Gewährung des Zugangs zu Dokumenten und die damit korrespondierende Enge der Ausnahmetatbestände konkretisieren Art. *190* EGV dahingehend, daß die Gründe für eine solche Ablehnung genau darzulegen sind[778]. Dafür spricht auch der durchweg individuell-konkrete Charakter ablehnender Zugangsbegehren.

aa) Begründungsanforderungen bei Berufung auf die zwingende Ausnahmegruppe

Die allgemeinen Anforderungen an die Begründung ließen eine Tendenz zu weniger strengen Anforderungen an die Begründungspflicht bei zwingender Rechtsfolge erkennen sowie die Möglichkeit, daß praktische Gesichtspunkte die Anforderungen an den Inhalt der Begründungspflicht begrenzen können. Diese Überlegungen griff der Gerichtshof auch in der Rechtsprechungslinie zum Zugangsrecht auf. Die Zweckmäßigkeit gebiete es, als Begrenzung der Begründungspflicht die Enge der Ausnahmevorschriften nicht übermäßig streng zu handhaben. Nicht für jedes Dokument einzeln, sondern vielmehr lediglich für jede Gruppe von Dokumenten seien die Gründe für eine Zugangsverweigerung anzugeben[779]. Zweckmäßig an dieser Einschränkung sei es, die Ausnahmevorschriften zwar eng zu lesen, sie aber nicht auszuhöhlen. Eine Begründung jedes einzelnen Dokuments könne sich nämlich als unmöglich erweisen, weil dadurch unter Umständen gleichzeitig ihr Inhalt, dessen Öffnung gerade verweigert werden soll, bekannt gemacht werden müßte, um die Versagung für Bürger und Gericht nachvollziehbar zu machen[780]. Folglich ist es ausreichend für Art. *190* EGV, wenn der Adressat der Entscheidung anhand der Gründe für jede Einheit von Dokumenten[781] nachvollziehen kann, daß die Prüfung der Beeinträchtigung von Interessen auch tatsächlich stattgefunden hat und er die Stichhaltigkeit der Ablehnungsgründe beurteilen kann[782].

---

777 RS T-610/97 R „Carlsen/Rat" in Slg. II 1998, S. 486; RS T-83/96 „van der Wal/Kommission" in Slg. II 1998, S. 546; RS T-174/95 „Svenska/Rat" in Slg. II 1998, S. 2291.

778 Das Erfordernis der zwingenden Gründe im Zusammenhang mit Übermittlung von Dokumenten erstmals aufgegriffen in RS C-2/88 Imm. „J.J. Zwartveld u.a." in Slg. I 1990, S. 3372.

779 RS T-105/95 „WWF/Kommission" in Slg. II 1997, S. 314, 345; beispielhaft vom Rat nicht vorgenommen in RS T-188/98 „Kuijer/Rat" in Slg. II 2000, S. 1976, RN 41 ff.

780 RS T-105/95 „WWF/Kommission" in Slg. II 1997, S. 345; RS T-124/96 „Interporc/Kommission" in Slg. II 1998, S. 268.

781 Begriff bei Furrer in ZUR 1997, S. 155.

782 RS T-124/96 „Interporc/Kommission" in Slg. II 1998, S. 268.

bb) Begründungsanforderungen bei Berufung auf die fakultative Ausnahmegruppe

Im allgemeinen strenger werden hingegen die Anforderungen an die Begründungspflicht bei einer Ermessensentscheidung des Organs gehandhabt[783]. Diese Anforderungen konkretisierte das *EuG* bezüglich der „Geheimhaltung der Beratungen“ in der „*WWF*“ - Entscheidung. Unter Bezugnahme auf die zuvor in der Rechtssache „*Carvel*“ aufgestellten Inhaltsanforderungen an eine Ermessensausnahme, eine Abwägung vorzunehmen, stellte es im letzten Leitsatz klar, daß die Begründung dem Antragsteller und dem Gericht ermöglichen müsse, für jede Gruppe von Ausnahmen zu prüfen, ob das Organ die genannte Verpflichtung eingehalten habe[784]. Aus dem ablehnenden Schreiben müsse hervorgehen, daß die Kommission die ihr obliegende Verpflichtung, die widerstreitenden Interessen tatsächlich gegeneinander abzuwägen, eingehalten hat. Ein Verweis auf den Wortlaut der Ermessensausnahme, ohne daß auf irgendeine Abwägung der widerstreitenden Interessen hingewiesen wurde, reiche nicht aus[785]. Das *EuG* legt damit den Schwerpunkt in dieser Rechtsprechungslinie auf die Differenzierung des Umfangs der Begründungsanforderungen nach der Rechtsfolge der Norm. Daß eine in der Norm vorgegebene Abwägung durch das Organ erfolgt ist, muß in der Begründung dargelegt werden[786]. Dies ist bei Berufung auf zwingende Ausnahmevorschriften nicht der Fall.

cc) Begründungsanforderungen bei gleichzeitigem Berufen auf zwingende und fakultative Ausnahmetatbestände

Nicht ausreichend für eine rechtmäßige Begründung der Versagung ist es, wenn das Organ bei gleichzeitigem Berufen auf die fakultative und die zwingende Ausnahme für seine Entscheidung lediglich angibt, daß die Verbreitung der betreffenden Dokumente das öffentliche Interesse beeinträchtigen könne[787] und daß diese Dokumente Erörterungen des Organs[788] einschließlich der von dessen Mitgliedern vertretenen Ansichten beträfen und daher der Geheimhaltungspflicht unterlägen. Hier verlangt das Gericht vom betreffenden Organ, Gründe anzugeben, nach denen die Offenlegung tatsächlich einen Aspekt der öffentlichen Sicherheit beeinträchtigen könnte. Erfolgt dies nicht, kann der Kläger die Gründe der Versagung nicht erkennen und das Gericht seine Kontrollfunktion

---

783 S.o., unter a).

784 RS T-105/95 „WWF/Kommission“ in Slg. II 1997, S. 314.

785 RS T-105/95 „WWF/Kommission“ in Slg. II 1997, S. 347; fortgesetzt in RS T-174/95, „Svenska/Rat“ in Slg. II 1998, S. 2292.

786 Stein in Hummer, S. 153, unter Verweis auf die „WWF“-Entscheidung; mißverständlich Furrer in ZUR 1997, S. 155, der das Abwägungsgebot an sich schon als Anforderung des Begründungsumfangs einstuft.

787 In diesem Fall der öffentlichen Sicherheit, RS T-174/95 „Svenska/Rat“ in Slg. II 1998, S. 2292.

788 In diesem Fall der Rat, RS T-174/95 „Svenska/Rat“ in Slg. II 1998, S. 2292.

nicht ausüben[789]. Erkennbar muß sein, warum bestimmte Dokumente unter den Aspekt der öffentlichen Sicherheit fallen und andere unter die Geheimhaltung der Beratungen, und ob das Organ bei letzterem abgewogen hat[790].

dd) Ergebnis

Das *EuG* bleibt auf seiner bisherigen Linie zum Umfang und der Begrenzung der Begründungsanforderungen. Es transferiert die Anforderungen lediglich auf das Zugangsrecht. Auffallend ist die Tendenz in der ersten Hälfte des untersuchten Zeitraums der Entscheidungen von 1996 bis 2000, trotz Aufhebung negativ beschiedener Zugangsentscheidungen wenig Inhaltsanforderungen an die Ausnahmevorschriften zu stellen. Die Aufhebung wird statt dessen mit ausführlichen Hinweisen auf die mangelnde Begründung gem. Art. 253 EGV gestützt[791].

VI. Verhältnis zwischen Begründungs- und Inhaltserwägungen als Ausdruck einer speziellen Konzeption des europäischen Rechtsschutzes

Aus den bisherigen Entscheidungen kristallisiert sich heraus, daß eine Aufhebung des versagten Zugangs oftmals als Folge mangelnder Begründung durch das jeweilige Organ erfolgte. Die Kritik an dieser Rechtsprechungslinie geht dahin zu sagen, das *EuG* habe nichts Substanzielles zum Zugangsrecht judifiziert, es habe nur ein ordnungsgemäßes Verfahren gesichert[792]. Beispielhaft bemängelt *Stein* für die Rechtssache *„Interporc I"*, daß die Verteidigung der Kommission vom *EuG* unberücksichtigt bleibt. Im Rahmen eines laufenden Verfahrens könne

---

789 RS T-174/95 „Svenska/Rat" in Slg. II 1998, S. 2324 ff.

790 RS T-105/95 „WWF/Kommission" in Slg. II 1997, S. 344 f. für den Kommissionsbeschluß; RS T-174/95 „Svenska/Rat" in Slg. II 1998, S. 2324 ff. für den Ratsbeschluß, so auch von Stein interpretiert in Hummer, S. 153.

791 Aufhebung der Entscheidungen des Rates/der Kommission wg. Begründungsmängeln, RS T-105/95 „WWF/Kommission" in Slg. II 1997; ausdrücklich bei Chiti in CMLR 1998, S. 198; RS T-124/96 „Interporc/Kommission" in Slg. II 1998; RS T-174/95 „Svenska/Rat" in Slg. II 1998; ausdrücklich bei Stein in Hummer, S. 153.
Nur RS T-194/94 „Carvel/Rat" in Slg. II 1995 befaßte sich dagegen mit den Anforderungen an eine Versagung aufgrund der fakultativen Ausnahme und RS T-610/97 R „Carlsen/Rat" in Slg. II 1998 befaßte sich mit der Auslegung der öffentlichen Interessen, diese Klage wurde aber zurückgewiesen. Ebenso RS T-83/96 „van der Wal/Kommission" in Slg. II 1998, S. 545 ff. auch hier ging es um die Auslegung der öffentlichen Interessen; erst ab 1999 ist eine Wende in der diesbezüglichen Rechtsprechung auszumachen, RS T-14/98 „Hautala/Rat" in Slg. II 1999, S. 2489 ff. erweiterte den Anwendungsbereich erfolgreich auf den teilweisen Zugang; RS T-188/97 „Rothmans/Kommission" in Slg. II 1999, S. 2463 ff. befaßte sich mit der Urheberregel.
RS T-92/98 „Interporc/Kommission" in Slg. II 1999, S. 3521 ff. und Verb. RS C-174/98 P, C-189/98 P „van der Wal/Kommission" in Slg. I 2000, S. 1 ff. die sich inhaltlich mit der Ausnahme der Rechtspflege befaßten.

792 Österdahl in ELR 1998, S. 349.

der Verhaltenskodex sie nicht zwingen, der Gegenpartei des Rechtsstreits sie betreffende Dokumente zu liefern. Anstatt sich mit der Frage auseinanderzusetzen, ob die Kommission damit die Bedeutung des „fair - trial"-Grundsatzes in Form der Waffengleichheit der Parteien unterstreichen wolle, habe sich das *EuG* auf die fehlende Begründung zurückgezogen und sei einer interpretativen Auslegung der Ausnahmen ebenso ausgewichen wie einer Entscheidung über den Vorwurf der Verletzung der Verteidigungsrechte[793]. *Stein* kommt insgesamt zu dem Schluß, daß die Rechtsprechung zum Transparenzgrundsatz bzw. dem Zugangsrecht der Bürger zu Gemeinschaftsdokumenten insgesamt sehr starke Zurückhaltung erkennen läßt[794]. Zwar werde ein grundsätzlicher Anspruch des Bürgers auf Zugang zu Informationen aus den Beschlüssen abgeleitet, der sich in Ausnahmefällen auf einen bloßen Anspruch auf ermessensfehlerfreie Prüfung reduziere. Eine Überprüfung von Ermessensfehlern sei bis jetzt jedoch nur hinsichtlich eines Ermessensnichtgebrauchs erkennbar[795]. Inwieweit sich das Gericht in die Abwägung der Interessen der Organe an der Geheimhaltung mit den Interessen des Bürgers einmischen würde, wenn diese einmal offengelegt würden, bliebe unbeantwortet. Die bisherigen Urteile enthielten auch keinerlei Hinweise auf die Reichweite dieser unterschiedlichen Interessen[796]. Auch *Curtin* kritisiert, daß für die zwingende Ausnahmegruppe kein Abwägungsgebot wie bei der fakultativen Ausnahme, entwickelt worden ist[797]. Gerade weil die Rechtsfolgen für das Organ zwingend seien, sei es um so erforderlicher, auch hier ein striktes Prüfungsschema zu entwerfen[798].

Eine Erklärungshilfe könnte aber die Reichweite der Kontrollbefugnis des Gerichtshofs geben. Die Struktur der Auslegung des Rechts wurde dem deutschen Selbstverständnis grundsätzlich gleichgestellt. Ein entscheidender Unterschied liegt in der Tendenz des *EuGH*, Beurteilungsspielräume der Verwaltung bei der Subsumtion anzuerkennen[799]. Hierzu wurde festgestellt, daß sich das Selbstverständnis des Gerichtshofs bei Verwaltungsermessen sowohl auf Tatbestandsseite als auch auf Rechtsfolgenseite darauf beschränkt, offensichtliche Verstöße zu überprüfen. Da der Gerichtshof keinen Unterschied zwischen Beurteilungsspielraum und Ermessen macht, ergibt sich als Konsequenz sowohl für die zwingenden Versagungsgründe des Art. 4 I 93/731, der ersten Gruppe des Verhaltenskodex aufgrund der unbestimmten Rechtsbegriffe als auch für das Ermessen auf Rechtsfolgenseite des Art. 4 II, der zweiten Ausnahmegruppe ein Spielraum der Verwaltung bei der Beurteilung der Versagung. Somit darf nach

---

793 Stein in Hummer, S. 154.
794 Stein in Hummer, S. 154.
795 Stein in Hummer, S. 154.
796 Stein in Hummer, S. 154.
797 Curtin in CMLR 2000, S. 35.
798 Curtin in CMLR 2000, S. 35.
799 Der EuGH folgt wie gesehen dem französischen Vorbild.

dem Selbstverständnis des Gerichtshofs das *EuG* trotz zwingender Rechtsfolge der ersten Ausnahmegruppe nur eine beschränkte Kontrolle der Subsumtion der Organe vornehmen[800]. Dies wäre nach deutschem Verwaltungsgerichtsverständnis nicht der Fall[801].

Beispielhaft kann hierzu die Rechtssache *„Carvel"* angeführt werden, in der das *EuG* den Rat verpflichtete, bei Berufung auf fakultative Ausnahmegründe eine Abwägung vorzunehmen. Diese Inhaltsanforderung stellte das Gericht erster Instanz aus Gründen des kompletten Fehlens einer inhaltlichen Prüfung seitens des Rates auf[802]. Die Inhaltsanforderung erfolgte daher aufgrund eines offensichtlichen Verstoßes gegen den Ratsbeschluß, dessen Überprüfung, wie dargestellt, zur Reichweite der Kontrolle des *EuG* bei Entscheidungsspielräumen der Verwaltung gehört.

Die Entscheidungen der Rechtssachen *„WWF"*, *„Interporc"* und *„Svenska"* hoben die Versagung des Zugangs aufgrund mangelnder Begründung gem. Art. 253 EGV auf. Auf die Kontrolldichte des *EuG* bezogen, erlaubt ihm diese eine vollständige Überprüfung von Verfahrensfehlern. Zuerst wird auf die Rechtsnatur des Kodex bzw. des 93/731 - Beschlusses eingegangen, bevor das grundsätzliche Auslegungsmuster des *EuGH* bezüglich des Rechtsgrundsatzes und der dazugehörigen Ausnahmevorschrift bestätigt wird, nach dem Ausnahmevorschriften zwecks optimaler Verwirklichung des Grundsatzes eng auszulegen sind. Das spezielle Verhältnis zwischen den Ausnahmegruppen wird dargestellt, bevor an dieser Stelle der inhaltliche Schnitt gemacht wird und im folgenden die Begründungsanforderungen näher behandelt werden. Somit ist auch in diesen Urteilen die Wahrung der bisherigen Kontrollgrundsätze der intensiven Prüfung von Verfahrensfehlern als korrespondierendes Element einer eingeschränkten inhaltlichen Überprüfung zu verzeichnen.

Ausdrücklich bezeichnet die Rechtssache *„Hautala"* die Grenzen des Kontrollumfangs, indem explizit die Trennung zwischen Politik und rechtlicher Kontrolle zugunsten des letzteren Bereichs gefordert wird. Ob die Interessen der internationalen Beziehungen betroffen sind, stellt sich dagegen als politische Entscheidung des Rates dar, die nach seinem gerichtlich überprüfbaren Ermessen getroffen wird, welches sich nur auf Verfahrensfehler, Begründungsmaßstäbe, Tatsachenüberprüfung und grundlegende Fehler bezieht[803]. Auch die Entscheidung *„Denkavit"* spricht wörtlich von einer Überprüfung von Ermessens-

---

800 Ausdrücklich RS T-20/99 „Denkavit/Kommission" in Slg. II 2000, S. 3027, RN 46, „Das Gericht hat daher zu prüfen, ob die Kommission im vorliegenden Fall einen Ermessensfehler begangen hat, als sie die Ansicht vertrat, daß sich durch die Verbreitung des Berichts eine Beeinträchtigung in bezug auf den Schutz des öffentlichen Interesses ergeben könnte".

801 S.o., II., 1.

802 Stein in Hummer, S. 154, der von einem Ermessensnichtgebrauch spricht.

803 RS T-14/98 „Hautala/Rat" in Slg. II 1999, S. 2511, RN 70 ff.

fehlern im Rahmen zwingender Rechtsfolgen[804]. Der Vorwurf der nicht substanziellen Behandlung der Ausnahmegründe ist daher nicht dem Gerichtshof zu machen. Vielmehr haben die Organe durch die überproportional starke Verwendung unbestimmter Rechtsbegriffe und fakultativer Rechtsfolgen die Überprüfungskompetenz von vornherein eingeschränkt.

Zu berücksichtigen ist in diesem Zusammenhang, daß die Entscheidungen *„Carlsen"*, *„Bavarian Lager"* und *„Interporc II"* trotz dieser beschränkten Überprüfungskompetenz auch inhaltliche Anforderungen an die Ausnahmetatbestände aufstellen[805], so daß festgehalten werden kann, daß die Reichweite der Kontrolldichte bezüglich der Überprüfung von Verwaltungsentscheidungen in diesen Urteilen zugunsten einer, über die Prüfung von offensichtlichen Fehlern hinausgehenden, mehr inhaltlichen Prüfung verschoben wird.

Bezüglich der fakultativen Ausnahmegründe erschöpft sich zusammenfassend die Kontrolldichte in einem Anspruch des Klägers auf ermessensfehlerfreie Prüfung. Die Inhaltskontrolle der unbestimmten Rechtsbegriffe im Rahmen der zwingenden Ausnahmegründe wird begrenzt auf eine Evidenzkontrolle[806].

In Anbetracht des Verhältnisses zwischen Begründungsmängeln und Inhaltsvorgaben und unter Berücksichtigung des Selbstverständnisses des *EuGH* bezüglich seiner Kontrolldichte fügen sich die Urteile zum Zugangsrecht zu Dokumenten aber nicht nur in die bisherige Kontrolldichte ein, sondern gehen, wie gesehen, zum Teil darüber hinaus. Es werden konkrete Anforderungen an die unbestimmten Rechtsbegriffe gestellt, deren Rechtsfolge eine zwingende Versagung bedeuten würde.

Der Kritik, das *EuG* habe es versäumt die Ausnahmetatbestände inhaltlich auszufüllen, kann daher, unter Berücksichtigung der generellen Überprüfung des Gerichtshofs bei Entscheidungsspielräumen der Gemeinschaftsverwaltung und der Handhabung der konkret untersuchten Rechtsprechungslinie, nicht zugestimmt werden.

VII. Bereich der Gemeinsamen Außen- und Sicherheitspolitik sowie der Polizeilich-Justiziellen Zusammenarbeit

Eine differenzierte Handhabung der Ausnahmen des Zugangsrechts sieht *Burkert* für den 2. und 3. Pfeiler der Union[807]. Insbesondere den Bereich der Zusammenarbeit in Fragen der Justiz und Inneren Sicherheit sieht er aufgrund des wachsenden Potentials der Vergemeinschaftung als problematisch an. Gerade dann müßten auch die informationellen Verpflichtungen und Garantien in glei-

---

804 RS T-20/99 „Denkavit/Kommission" in Slg. II 2000, S. 3027, RN 46.
805 S.o., V., I.
806 So Kugelmann in EuR 1996, S. 212; Calliess in ZUR 1996, S. 143.
807 Burkert in Lamnek/Tinnefeld, S. 125.

chem Maße anwachsen[808]. Es wäre eigenartig, wenn gerade in einem sensiblen, die Bürgerrechte betreffenden Regelungsbereich eine solche Entwicklung verhindert würde[809]. Auch für *Curtin* darf die Anwendung der Ausnahmevorschriften nicht dazu führen, komplette Bereiche wie die Polizeilich-Justizielle Zusammenarbeit oder die Gemeinsame Außen- und Sicherheitspolitik aus dem Anwendungsbereich des Zugangsrechts auszuklammern[810].

Für die Außen- und Sicherheitspolitik könnten diese Befürchtungen unter Umständen dadurch gestützt werden, daß, wie dargestellt, die Rechtssache *„Hautala"* von einer explizit eingeschränkten Prüfungsdichte ausgeht, wohingegen die anderen Urteile, auch die Rechtssachen im Zusammenhang mit der justiziellen Zusammenarbeit, hierzu keine Aussagen machen. Aber auch im Urteil *„Hautala"* stellte das *EuG* bezüglich seiner Überprüfung auf die Verfahrensregeln ab, insbesondere auf die Begründung, die Tatsachenüberprüfung und die Ermittlung grundlegender Fehler. Die allgemeine Kontrolldichte sieht aber ebenfalls lediglich die Tatsachenüberprüfung, die Verfahrensüberprüfung und die Kontrolle auf offensichtliche Fehler bei Entscheidungsspielräumen der Gemeinschaftsverwaltung vor. Dem Einwand, einen Entscheidungsspielraum könne es aufgrund der Verortung der „internationalen Beziehungen" innerhalb der zwingenden Ausnahmevorschriften nicht geben, kann wiederum unter Hinweis auf die fehlende Differenzierung zwischen Beurteilungsspielraum bei unbestimmten Rechtsbegriffen und Ermessen durch den Gerichtshof begegnet werden. Die Kontrolldichte ist damit deckungsgleich mit der allgemeinen Kontrolldichte des *EuG*/*EuGH* bei Entscheidungsspielräumen der Gemeinschaftsverwaltung.

Die Darstellung der Reichweite der Überprüfung des Vorliegens eines beeinträchtigten Interesses der „internationalen Beziehungen" durch das *EuG* gibt daher lediglich die gängige Praxis des Gerichtshofs wieder und hat somit keine engeren Anforderungen als die anderen beiden Unionspfeiler.

Unabhängig von der Frage, ob tatsächlich eine engere Handhabung des Zugangsrechts auf den beiden intergouvernementalen Unionspfeilern durch extensive Anwendung der Ausnahmevorschriften stattfindet, stellt die Darstellung der Prüfungsreichweite zumindest rechtsdogmatisch keine konstitutive Einschränkung für den 2. oder gar den 3. Pfeiler dar, sondern gibt deklaratorisch die allgemeine Reichweite der *EuG*-Befugnis zur Überprüfung von Organentscheidungen im Bereich der Vollzugstätigkeit wieder.

---

808 Burkert in Lamnek/Tinnefeld, S. 125.

809 Burkert in Lamnek/Tinnefeld, S. 125.

810 Curtin in CMLR 2000, S. 37.

VIII. Zusammenfassung

(1) Unter einer grundsätzlich engen Kontrolldichte bei unbestimmten Rechtsbegriffen und Ermessensentscheidungen der Gemeinschaftsorgane erreicht das *EuG* eine relativ hohe Konkretisierung der Ausnahmevorschriften.
(2) Die tatsächliche Prüfung jedes einzelnen Dokuments daraufhin, ob es geeignet ist, eines der Interessen der zwingenden Ausnahmen zu beeinträchtigen, stellt den Ausgleich dafür dar, daß es sich um zwingende Ausnahmen handelt.
(3) Die Pflicht, das Zugangsinteresse gegen das Beratungsgeheimnis der Organe bei gleichzeitig strengeren Begründungsanforderungen abzuwägen, ist Ausdruck der fakultativen Ausnahmevorschriften.
(4) Die Verpflichtung des Organs, zu prüfen, ob die Möglichkeit eines teilweisen Zugangs zu Dokumenten gewährt werden kann, drückt das Gebot zur engen Auslegung der zwingenden Versagungstatbestände aus. Noch deutlicher wird dies in der Verpflichtung, innerhalb der zwingenden Versagungsgruppe eine Abwägung zwischen Arbeitsaufwand und teilweisem Zugang vorzunehmen, die vom *EuG* explizit als Ausdruck der Verhältnismäßigkeit bezeichnet wurde[811].
(5) Die Einbeziehung der Urheberregel in die enge Auslegung von Ausnahmevorschriften gewährleistet ein weites Verständnis der Urheberschaft von Dokumenten und somit ein weites Verständnis des Anwendungsbereichs der Kodizes.
(6) Auch die Anforderungen an Art. 253 EGV leiten sich aus dem Gebot der engen Auslegung der Ausnahmevorschriften ab: je größer das Ermessen der Organe, um so strenger die Anforderungen an die Begründung der Versagung.
(7) Keine gegenläufige Tendenz zu diesem Verständnis ist in der Rechtssache *„Carlsen"* zu sehen, mit der eine scheinbare Ausweitung der Ausnahmen der öffentlichen Interessen erfolgte. Unter obiger Prämisse kann das Berufen auf die Entwicklungsoffenheit der öffentlichen Interessen nur der Sicherung des effektiven Verwaltungsablaufs dienen. Die Feststellung der tatsächlichen Beeinträchtigung öffentlicher Interessen bleibt auch hier dem Organ und nicht dem Gerichtshof überlassen.
(8) Auch die Rechtsprechungslinie zu den Inspektionstätigkeiten der Kommission ist gekennzeichnet durch die Anwendung der Ausnahmevorschriften im Hinblick auf die Sicherstellung der Effektivität des Gemeinschaftsverfahrens des Art. *169* EGV durch Wahrung der Zusammenarbeit von Mitgliedstaat und Kommission. Eine enge Auslegung der Ausnahmevorschriften findet seine Grenze an der effektiven Durchsetzung des Zwecks der Ausnahmevorschrift.
(9) Die Möglichkeit des pauschalen Verweises auf das öffentliche Interesse der Rechtspflege bei Dokumenten, die im Hinblick auf ein bestimmtes Gerichtsverfahren erstellt wurden, wurde durch den *EuGH* in der Rechtssache *„Gerard van der Wal II"* abgelehnt. Vielmehr müsse aufgrund der engen Auslegung wiederum eine Einzelprüfung bei jedem Dokument erfolgen, ob die Inspektionstätig-

---

[811] RS T-14/98 „Hautala/Rat" in Slg. II 1999, S. 2515, RN 85.

keiten bzw. die Rechtspflege im Verhältnis zwischen nationalem Recht und Gemeinschaftsrecht beeinträchtigt sind.

(10) Der Ansicht, der *EuG* handhabe das Zugangsrecht restriktiv, kann daher grundsätzlich nicht zugestimmt werden. Unter der Prämisse der Effektivität des Gemeinschaftshandelns wird das Zugangsrecht großzügig gewährt, indem trotz eingeschränkter Überprüfungsmöglichkeiten die Einhaltung der Verfahrensvorschriften überwacht oder gar inhaltliche Anforderungen an die Ausgestaltung gestellt werden. Ausnahmen könnten Titel V und VI des Unionsvertrages darstellen. Dies ist aber nicht durch die eingeschränkte Prüfungskompetenz des *EuGH*, sondern allenfalls tatsächlich bedingt. Die Überprüfung der Voraussetzungen der Ausnahmevorschriften gilt unabhängig von den drei Pfeilern. Die Kritik der zu weiten Ausnahmen kann sich daher nicht gegen den Gerichtshof, sondern allenfalls gegen die Organe richten, die durch die Mischung von unbestimmten Tatbestandsmerkmalen und fakultativer Rechtsfolge eine begrenzte Prüfungsdichte herbeigeführt haben.

B.: GRENZEN UND AUSNAHMEN VERFAHRENSAKZESSORISCHER AKTENEINSICHTSRECHTE

I. Grenzen der Akteneinsicht im Kartellverfahren nach der KartVO

1. Allgemeine Grenze der Akteneinsicht: Interne Dokumente

Im Kartellverfahren schließt die Kommission interne Dokumente von der Akteneinsicht aus[812]. Darunter fallen exemplarisch die Stellungnahmen des beratenden Ausschusses für Kartellfragen, der aus Vertretern der Mitgliedstaaten nach Art. 10 IV KartVO zusammengesetzt ist. Die Stellungnahmen werden gem. Art. 10 VI KartVO nicht veröffentlicht[813]. Gem. Art. 14 KartVO ist ebenfalls keine Einsicht der Unternehmen in Berichte des beauftragten Kommissionsbeamten zulässig, soweit diese Beurteilungen enthalten[814]. Schließlich qualifizieren Kommission und Gerichtshof den Abschlußbericht der Inspektoren als internes Dokument[815]. Argumente für diese Grenzen lassen sich aus dem Einsichtsbegehren im Gerichtsverfahren finden. Die Einsichtsversagung gründet sich auf eine effiziente Verwaltungsführung, die mit den Verteidigungsrechten des Einsichtsbegehrenden in Einklang gebracht werden muß. Bei unüberbrückbaren Gegensätzen ist auf die, dem Gerichtsprozeß entlehnte *„in camera* – Methode" zurückzugreifen, bei der lediglich dem Richter im Prozeß die internen Dokumente offenbart werden, bei gleichzeitigem Verschluß gegenüber den übrigen Prozeßbeteiligten[816].

---

812 12. Wettbewerbsbericht 1982, Ziff. 35, S. 40; 13. Wettbewerbsbericht 1983, Ziff. 74 b), S. 65; 14. Wettbewerbsbericht 1984, Ziff. 46, S. 54.

813 13. Wettbewerbsbericht 1983, RN 35; Verb. RS 100-103/80 „S.A. Musique Diffusion Francaise u.a./Kommission" in Slg. 1983, S. 1887; RS 212/86 „ICI/Kommission" vom 11.12.1986.

814 Verb. RS 100-103/80 „S.A. Musique Diffusion Francaise u.a./Kommission" in Slg. 1983, S. 1886.

815 RS 212/86 „ICI/Kommission" vom 11.12.1986; Verb. RS 100-103/80 „S.A. Musique Diffusion Francaise u.a./Kommission" in Slg. 1983, S. 1887, mit dem Argument, diese Berichte dienten ebenfalls nur der internen Willensbildung und hätten keine Auswirkungen auf die Rechtsverteidigung des Betroffenen oder des Beschwerdeführers.

816 RS 212/86 „ICI/Kommission" vom 11.12.1986; zu aktuellen Problemen im deutschen Verfassungsprozeß und den gegenläufigen Auswirkungen, daß der Betroffene zu möglicherweise prozeßentscheidenden Gründen keine Stellung nehmen kann und damit der Grundsatz des rechtlichen Gehörs trotz *„in camera"*-Methode verletzt ist, siehe Grimm in FAZ vom 22.02.2002, S. 8.

2. Grenze der Akteneinsicht des Betroffenen eines Kommissionsverfahrens: Geschäftsgeheimnisse und sonstige vertrauliche Angaben

Den zweiten großen Bereich der Ausnahmen von der Akteneinsicht stellen die Geschäftsgeheimnisse und andere vertrauliche Angaben, also der Schutz externer privater Dokumente, dar[817].

Art. 20 II KartVO nennt als Grenze der Anhörungsrechte des Betroffenen das Berufsgeheimnis, welches aber über den Verweis in Art. 20 II 2. HS KartVO auch die gesonderte Erwähnung des Geschäftsgeheimnisses in Art. 19 und 21 KartVO einbezieht.

Das Geschäftsgeheimnis selbst wird vom *EuGH* nicht definiert. Ein Rückgriff auf die Kommissionspraxis oder die Literatur läßt aber eine Ableitung aus Art. 287 EGV erkennen[818]. Danach stellt das Geschäftsgeheimnis eine besondere Form des Berufsgeheimnisses dar[819], und sein Vorliegen beurteilt sich nach objektiven Gesichtspunkten. Der Bezeichnung durch Dritte kommt lediglich Indizwirkung zu[820].

Der Gerichtshof, die Praxis der Kommission und die überwiegende Ansicht in der Literatur handhaben die Akteneinsicht des Betroffenen bei Geschäftsgeheimnissen insgesamt restriktiv[821]. Bezug genommen wird auf die systematische

---

[817] Begriff bei Hix, S. 83; zu den Geschäftsgeheimnissen, RS 45/69 „Boehringer Mannheim GmbH/Kommission" in Slg. 1970, S. 800; RS 85/76 „Hoffmann-La Roche & Co. AG/Kommission" in Slg. 1979, S. 512; RS 107/82 „AEG AG/Kommission" in Slg. 1983, S. 3192; Verb. RS T-10-12,15/92 „Cimenteries CBR SA u.a./Kommission", in Slg. II 1992, S. 2680.

[818] Dazu näher unten unter C.

[819] Lieberknecht in WuW 1988, S. 845; Schwarze in Der Gemeinsame Markt, S. 174.

[820] Verb. RS 142, 156/84 „BAT/Kommission" in Slg. 1987, S. 4573; RS 264/82 „Timex Corporation/Rat und Kommission" in Slg. 1985, S. 870; GA Lenz in RS 53/85 „AKZO Chemie/Kommission" in Slg. 1986, S. 1977; im Kartellverfahren, wo eine zwangsweise Ermittlung der Kommission stattfindet, kommt der Bezeichnung als Geschäftsgeheimnis eine geringere Bedeutung zu als im Antidumpingverfahren, wo die Information freiwillig übermittelt wird, und sich die Kommission somit eher an den Vorstellungen des Übermittlers orientieren kann.

[821] RS 85/76 „Hoffmann-La Roche & Co. AG/Kommission" in Slg. 1979, S. 512; RS 41/69 „ACF Chemiefarma N.V./Kommission" in Slg. 1970, S. 688, 690; RS 45/69 „Boehringer Mannheim GmbH/Kommission" in Slg. 1970, S. 801; Hix, S. 90; explizit: Lavoie in ELR 1992, S. 34; Lieberknecht in WuW 1988, S. 846; Schwarze, Verwaltungsrecht, Bd. II, S. 1298 ff.; anders Weiß: dieser verneint rechtsdogmatische Konsequenzen für die Grenzen der Akteneinsicht. Art. 19 III und 21 II KartVO beziehen sich nur auf die Veröffentlichung der Kommissionsentscheidungen. Anders als diese betrifft die Akteneinsicht aber auch die Verteidigungsrechte des Betroffenen. In bezug auf diesen lasse sich daher keine unterschiedliche Behandlung von Geschäftsgeheimnissen und anderen vertraulichen Unterlagen rechtfertigen. Weiß zieht deshalb die Grenze der Einsicht gleichermaßen bei den vertraulichen Angaben und den Geschäftsgeheimnissen Dritter. Eine Ausnahme von diesem Grundsatz ist aber zulässig, wenn dies zum effektiven Nachweis eines Wettbewerbs-

Argumentation des Verweises in Art. 20 II KartVO auf Art. 19 III und 21 II KartVO, die das Geschäftsgeheimnis gesondert hervorheben. Der *EuGH* macht daraus einen allgemeinen Grundsatz des Verwaltungsverfahrens, der somit auch für die Akteneinsicht zu gelten habe[822]. Auch wenn nicht explizit vom Gerichtshof gefordert, wird aus den Urteilen überwiegend gefolgert, daß das Geschäftsgeheimnis aufgrund der Systematik der KartVO die absolute Grenze der Akteneinsicht auch für Betroffene darstellt[823]. Zwar ist die Kommission aus Effizienzgesichtspunkten berechtigt, ohne Einschränkung Informationen zu sammeln. Aufgrund der Beeinträchtigung des rechtlichen Gehörs darf sie aber bei einer Versagung der Einsicht aus Gründen des Geschäftsgeheimnisses die Informationen gegen das betroffene Unternehmen nicht verwenden[824]. Will die Kommission die Akteneinsicht aufgrund geschäftlicher Geheimhaltungsinteressen ablehnen, muß sie andere Unternehmen zur Stellungnahme auffordern[825]. Bestehen die anderen Unternehmen auf Vertraulichkeit, muß ein angemessener Ausgleich mit den Interessen des Einsichtsbegehrenden gefunden werden. Sekundärrechtlich übertragen auf die KartVO muß Art. 20 KartVO gem. Art. 19 KartVO mit dem rechtlichen Gehör in Einklang gebracht werden[826]. Liegt nach einer Abwägung ein Geheimnis vor, besteht ein absolutes Verwertungsverbot der gewonnenen Informationen[827]. Dies gebietet die volle Gewährleistung der Ausübung der Verteidigungsrechte durch den Betroffenen, welche bei versagter Akteneinsicht

---

verstoßes notwendig ist. Eine Wahrung der Vertraulichkeit erreicht er dadurch, daß er die aus dem Antidumpingverfahren vorgesehene Lösung der nichtvertraulichen Zusammenfassung oder der Einsichtnahme lediglich der Rechtsanwälte des Betroffenen ohne Weitergabe an diesen zuläßt, S. 266 ff., 309 ff.

822 RS 53/85 „AKZO Chemie/Kommission" in Slg. 1986, S. 1992; Verb. RS 142, 156/84 „BAT/Kommission" in Slg. 1987, S. 4487, LS 1; RS C-36/92 „SEP/Kommission" in EuZW 1994, 631 ff.

823 Kerse, S. 255; Lieberknecht in WuW 1988, S. 846; kritisch Girnau, S. 142; Hix, S. 90.

824 RS 85/76 „Hoffmann-La Roche & Co. AG/Kommission" in Slg. 1979, S. 512 f.; RS 107/82 „AEG AG/Kommission" in Slg. 1983, S. 3192.

825 RS 41/69 „ACF Chemiefarma N.V./Kommission" in Slg. 1970, S. 688, 690; RS 45/69 „Boehringer Mannheim GmbH/Kommission" in Slg. 1970, S. 800.

826 RS 85/76 „Hoffmann-La Roche & Co. AG/Kommission" in Slg. 1979, S. 512; RS 264/82 „Timex Corporation/Rat und Kommission" in Slg. 1985, S. 868 f.; Verb. RS 296, 318/82 „Niederlande, Papierwarenfabriek BV/Kommission" in Slg. 1985, S. 825; RS T-30/91 „Solvay SA/Kommission" in Slg. II 1995, S. 1814; RS T-36/91 „Imperial Chemical Industries pcl/Kommission" in Slg. II 1995, S. 1892; RS T-170/94 „Shanghai Bicycle Corporation (Group)/Rat" in Slg. II 1997, S. 1423; Hix, S. 86.

827 RS 85/76 „Hoffmann-La Roche & Co. AG/Kommission" in Slg. 1979, S. 512; RS 107/82 „AEG AG/Kommission" in Slg. 1983, S. 3192; Verb. RS 209-215, 218/78 „van Landewyck, FEDETAB/Kommission" in Slg. 1980, S. 3239; RS T-170/94 „Shanghai Bicycle Corporation (Group)/Rat" in Slg. II 1997, S. 1386 ff.; RS C-36/92 „SEP/Kommission" in EuZW 1994, S. 633.

und gleichzeitigem Verwenden dieser Akten gegen den Betroffenen teilweise vereitelt wäre[828].

Zu sonstigen vertraulichen Angaben außerhalb des Geschäftsgeheimnisses existieren hinsichtlich der Einsichtsrechte Betroffener bisher keine eindeutigen Aussagen des Gerichtshofs. Die Literatur entnimmt der Rechtssache *„AKZO"*, die sich mit den Einsichtsrechten des Beschwerdeführers befaßt, Indizien dafür, daß zugunsten des Betroffenen der Schutz vertraulicher Angaben nicht die gleiche absolute Grenze darstellt wie das Geschäftsgeheimnis[829]. Bei sonstigen vertraulichen Angaben, für die Art. 20 II KartVO gilt, ist im systematischen Umkehrschluß eine Einsichtnahme zum Zweck der wirkungsvollen Durchsetzung des Verfahrens eher zulässig[830].

3. Grenze der Akteneinsicht für den Beschwerdeführer eines Kommissionsverfahrens: Geschäftsgeheimnisse und sonstige vertrauliche Angaben

Hinsichtlich des Einsichtsbegehrens des Beschwerdeführers in Akten des betroffenen Unternehmens oder Dokumente Dritter ist die unterschiedliche Stellung innerhalb des Verfahrens gegenüber dem vom Verfahren betroffenen Unternehmen zu berücksichtigen. Schon Art. 19 I und II der KartVO lassen eine unterschiedliche Behandlung von Betroffenem und Beschwerdeführer im Hinblick auf die Ausübung des rechtlichen Gehörs erkennen[831]. Die Rechtssache *„AKZO"* hat sich mit der Grenzziehung der Reichweite beim Beschwerdeführer beschäftigt. Dieser begehrte vollständige Einsicht in die Stellungnahme des betroffenen Unternehmens. Der Gerichtshof stellte fest, daß der Schutz des Geschäftsgeheimnisses weiter gehe als die Vertraulichkeit sonstiger Dokumente. Wegen der gesonderten Erwähnung in Art. 19 III und 21 II KartVO genießt das Geschäftsgeheimnis gegenüber dem Beschwerdeführer einen weitergehenden Schutz. Sonstige vertrauliche Unterlagen können zum Zwecke des ordnungsgemäßen

---

828 Hatje in Schwarze, Art. 287, RN 12.

829 Girnau, S. 142; Hix, S. 89; Joshua in ELR 1986, 409, 423; Lavoie in ELR 1992, S. 34, 36; Lieberknecht in WuW 1988, 846; offengelassen durch Weiß, S. 208 f.; siehe auch Verb. RS 142, 156/84 „BAT/Kommission" in Slg. 1987, S. 4573; RS C-36/92 „SEP/Kommission" in EuZW 1994, S. 633.

830 Hix, S. 91 mit der Kritik mangelnder Einzelfallgerechtigkeit durch starre Abwägungsstrukturen; Lavoie in ELR 1992, S. 34; als Indiz RS 53/85 „AKZO Chemie/Kommission" in Slg. 1986, S. 1992 obwohl das Urteil für das Einsichtsrecht des Beschwerdeführers gilt; RS C-36/92 „SEP/Kommission" in EuZW 1994, S. 633.

831 Art. 19 I KartVO enthält eine Verpflichtung der Kommission, das betroffene Unternehmen anzuhören, ihm nach Interpretation des Gerichtshofes Akteneinsicht zu gewähren; Art. 19 II KartVO statuiert für Dritte, worunter dann auch der Beschwerdeführer fällt, ein solches Recht nur auf Antrag unter Geltendmachung eines ausreichenden Interesses.

Ablaufs des Verwaltungsverfahrens offengelegt werden[832]. Im Gegensatz zur Rechtslage beim Betroffenen läßt der Gerichtshof hier explizit die Abstufung der Grenzen der Akteneinsicht erkennen[833]. Begründet wird die restriktivere Handhabung beim Beschwerdeführer mit der vergleichsweise herabgesetzten Schutzbedürftigkeit hinsichtlich des rechtlichen Gehörs im Verfahren. Das Kartellverfahren richtet sich gegen den Betroffenen, wohingegen der Beschwerdeführer das Verfahren lediglich anstößt. Dem Betroffenen müssen daher weitergehende Verteidigungsrechte zugebilligt werden als dem Antragsteller[834].

II. Grenzen der Akteneinsicht im Antidumping- und Fusionskontrollverfahren

Im Fusionskontrollverfahren nach Art. 18 III 3 VO 4064/89[835] haben die unmittelbar betroffenen Unternehmen ein Akteneinsichtsrecht in Verfahrensdokumente unter Wahrung ihrer Geschäftsgeheimnisse. Zu weiteren Grenzen schweigt die Verordnung. Unter Hinzuziehung der Durchführungsverordnung sieht jedoch Art. 12 III 2 VO 2367/90[836] entsprechend den Ausführungen im Wettbewerbsverfahren die Grenze im Schutz des Geschäftsgeheimnisses, sonstiger vertraulicher Informationen und interner Dokumente. Im übrigen ist die allgemeine Grenze des Berufsgeheimnisses aus Art. 17 VO 4064/89 zu beachten, die wie Art. 20 II KartVO auf Art. 287 EGV gestützt wird. Aufgrund der gesonderten Erwähnung in Art. 18 III 3 VO 4064/89 ist aber, ähnlich wie im Kartellverfahren von einem besonderen Schutz des Geschäftsgeheimnisses auszugehen.

Hinsichtlich der Akteneinsichtsrechte der Beschwerdeführer enthalten Art. 18 III VO 4064/89 sowie die VO 2367/90 keine Regelung. Weiterhin besteht im

---

832 RS 53/85 „AKZO Chemie/Kommission" in Slg. 1986, S. 1992, insofern wird der bisherigen Praxis der Kommission, dem Beschwerdeführer die vollständige Übermittlung der Stellungnahmen des Betroffenen zu ermöglichen, eine Absage erteilt. Siehe aber noch Kommission in Verb. RS 209-215, 218/78 „van Landewyck, FEDETAB/Kommission" in Slg. 1980, S. 3239 ff. und RS 53/85 „AKZO Chemie/Kommission" in Slg. 1986, S. 1986 ff. in dem die Kommission die Öffnung mit der Wahrung des rechtlichen Gehörs und dem öffentlichen Interesse an der Durchsetzung des Verfahrens begründete und so eine weitergehende Einsicht als beim Betroffenen ermöglichen wollte.

833 Kevekordes in DB 1989, S. 2524; Vesterdorf in CMLR 1994, S. 88.

834 Verb. RS 142, 156/84 „BAT/Kommission" in Slg. 1987, 4487, LS 1, Die Verteidigungsrechte des Beschwerdeführers enden dort, wo die des Betroffenen beginnen; unberücksichtigt bleibt für Weiß, S. 275 daran aber, daß das Wettbewerbsverfahren im Hinblick auf den Beschwerdeführer mehr verwirklicht als bloße Anstoßwirkung. Über Art. 3 II KartVO gilt es, die besondere Rechtsstellung des Beschwerdeführers im Kartellverfahren zu berücksichtigen, der ebenfalls effektive Verteidigungsrechte erfordert. Der Leitsatz des EuGH müsse daher auch umgekehrt gelten. Im Ergebnis stimmt er der Rechtsprechung allerdings aus systematischen Gründen zu. Siehe auch Due in EuR 1988, S. 41.

835 In Abl. der EG 1990, L 395/1; berichtigt in Abl. der EG 1990, L 257/13.

836 In Abl. der EG 1990, L 219/5.

Fusionskontrollverfahren auch keine dem Wettbewerbsverfahren vergleichbare Regelung der Drittbeteiligung nach Art. 3 II KartVO[837]. Somit ist hinsichtlich des Antragstellers auf Art. 18 IV VO 4064/89 zurückzugreifen, wonach die Gewährung der Akteneinsicht zugunsten Dritter im Ermessen der Kommission steht. Hinsichtlich der Grenzen kann von einem Erst-Recht-Schluß ausgegangen werden[838].

Im Antidumpingverfahren ist der Blick auf die VOen 2176/84[839], 2423/88[840] und 3283/94[841] zu lenken, die in bezug auf die Grenzen der Akteneinsicht insoweit unverändert geblieben sind. Art. 6 VII VO 3283/94 sieht sowohl für den Antragsteller als auch für die betroffenen Ein- und Ausführer das Recht der Akteneinsicht in alle zur Verfügung gestellten Unterlagen vor, mit Ausnahme der von der Gemeinschaft oder ihren Mitgliedstaaten erstellten internen Dokumente. Art. 19 VO 3283/94 enthält weitere Vertraulichkeitsgesichtspunkte, die auf Antrag des Übermittelnden gem. Art. 19 II VO 3283/94 oder aus der Natur der Sache, also objektiv nach Art. 19 I VO 3283/94 geprüft werden und sich letztlich wieder auf Art. 287 EGV gründen[842]. Die Begründung der Vertraulichkeit und objektive Anhaltspunkte sind keine Voraussetzungen der Vertraulichkeit, vielmehr bleiben die Schriftstücke in einem solchen Verfahren unberücksichtigt. Art. 19 III VO 3283/94 sieht eine Berücksichtigung nur bei Zustimmung des Informanten oder durch nichtvertrauliche Zusammenfassung der Informationen vor. Der Betroffene kann in diesem Verfahren somit selbst über die Geheimhaltungsbedürftigkeit bestimmen, obwohl zusätzlich die Kommission auch ohne Antrag gem. Art. 287 EGV zur Geheimhaltung verpflichtet ist[843]. Gründe für

837 Was, wie oben angedeutet, dazu geführt hat, dem Beschwerdeführer ebenfalls einen Anspruch auf rechtliches Gehör entsprechend dem Betroffenen zuzubilligen.

838 Weiß, S. 273.

839 In Abl. der EG 1984, L 201/1.

840 In Abl. der EG 1988, L 209/1.

841 In Abl. der EG 1994, L 349/1.

842 Siehe bereits Junckerstorff, S. 88.

843 RS 264/82 „Timex Corporation/Rat und Kommission“ in Slg. 1985, S. 870; Assmann in ZVglRW 80 (1981), S. 334 , Hix, S. 156; Schwarze in Der Gemeinsame Markt, S. 176.

eine Nichtverwendung der Informationen liegen im Zweck des Antidumpingverfahrens, in dem der Antragsteller regelmäßig ein direktes und stärkeres Interesse an der Verurteilung des Betroffenen haben wird. Eine Berücksichtigung der vertraulichen Dokumente dient hier, anders als im Kartellverfahren, nicht der ordnungsgemäßen Durchführung des Verfahrens, vielmehr würde hierdurch der Zweck der Dumpingkontrolle zur Ausforschung von Interna mißbraucht werden[844]. Dem Übermittler der Informationen ist es daher aus Gründen des rechtlichen Gehörs zuzumuten, daß seine Informationen dem Betroffenen nur entgegengehalten werden, wenn die Vertraulichkeit aufgehoben wird[845].

844 Schwarze, Verwaltungsrecht, Bd. II, S. 1302.
845 Riesenfeld in CMLR 1984, S. 553 ff.

C.: HÖHERRANGIGE ABLEITUNGEN DER AUSNAHMEVORSCHRIFTEN

I. Grenzen verfahrensakzessorischer Einsichtsrechte

1. Grundsatz der Amtsverschwiegenheit aus Art. 287 EGV

Gem. Art. 287 EGV dürfen die Mitglieder der Organe und Ausschüsse der Gemeinschaft Auskünfte, die ihrem Wesen nach unter das Berufsgeheimnis fallen, nicht preisgeben. Dies gilt insbesondere für Auskünfte über Unternehmen sowie deren Geschäftsbeziehungen oder Kostenelemente. Allerdings ist die Regelbeispielaufzählung nicht abschließend[846]. Eingeschlossen sind alle kollektiven öffentlichen Interessen wie Fiskalität, militärische Geheimnisse oder allgemein die Wahrung der öffentlichen Sicherheit[847]. Art. 287 EGV sichert damit den Grundsatz der Amtsverschwiegenheit im Gemeinschaftsrecht[848]. Diese ist nötig, da ein reibungsloser Informationsfluß in Wirtschaftsverfahren oft nur dann funktionsfähig bleibt, wenn die Kommission vertrauliche Informationen erhält und deren Weitergabe an unbefugte Dritte ausgeschlossen ist[849]. Ein Berufsgeheimnis liegt dann vor, wenn dieses dem jeweiligen Geheimnisschutzverpflichteten in amtlicher oder beruflicher Eigenschaft bekannt geworden und, unter Berücksichtigung gegenläufiger Interessen an ihrer Verbreitung, Geheimhaltung objektiv geboten ist[850]. Derart erweitert liegt ein Berufs-, Geschäfts- oder Amtsgeheimnis bei Tatsachen oder Ereignissen vor, die nur einem begrenzten Personenkreis bekannt sind und die entsprechend dem Willen der Personen, die ein Recht oder Interesse an der Geheimhaltung haben, nicht allgemein oder außerhalb eines bestimmten Personenkreises zugänglich gemacht werden dürfen[851]. Ist ein derartiges Geheimnis mittels Abwägung[852] festgestellt worden, obliegt es nicht mehr

---

846 RS 145/83 „Stanley George Adams/Kommission" in Slg. 1985, S. 3539, LS 1.

847 Hinsichtlich militärischer und sonstiger Staatsgeheimnissen, Schwarze, Verwaltungsrecht, Bd. II, S. 1297.

848 Grunwald in Groeben, Art. 214, RN 1; Hatje in Schwarze, Art. 287, RN 1; Hummer in Grabitz/Hilf, Art. 214, RN 2; Wegener in Calliess, Auflage 2, Art. 287, RN 1.

849 Hatje in Schwarze, Art. 287, RN 1.

850 So überwiegend Geiger, Art. 287, RN 3; Hatje in Schwarze, Art. 287, RN 5, 6; Wegener in Calliess, Auflage 2, Art. 287, RN 2; anders Hummer in Grabitz/Hilf, Art. 214, RN 20, der die Einschränkung des Geheimnisses nicht aus dem Begriff selbst herleitet, sondern sie als ungeschriebenes Merkmal der „befugten" Preisgabe sieht, ohne daß damit ein Unterschied in der Sache besteht.

851 Aus Hatje in Schwarze, Art. 287, RN 5.

852 Oder nach Hummer in Grabitz/Hilf, Art. 214, RN 20, die Unbefugtheit der Preisgabe; insoweit ist aber zunächst bei Art. 287 EGV selbst nicht von einem Rangverhältnis zwischen Geschäftsgeheimnis und sonstigen vertraulichen Angaben auszugehen. Einschränkend ist aber anzumerken, daß sich die zitierten Urteile alle mit Geschäftsgeheimnissen beschäftigt haben, so daß dieser Schluß nur bedingt zu ziehen ist.

den Behörden zu beurteilen, ob das Schriftstück der Verteidigung des betroffenen Unternehmens dienlich wäre; es besteht dann ein absolutes Verwertungsverbot[853]. Unübersehbar ist also, daß Art. 287 EGV für die sekundärrechtlichen Präzisierungen der Vertraulichkeitsvorschriften im Wirtschaftsverwaltungsrecht Pate stand[854]. Als erste Rechtsquelle der Grenzen der Akteneinsicht kann somit der Vertraulichkeitsgrundsatz zugunsten natürlicher und juristischer privater Personen festgestellt werden, der über Art. 287 EGV Primärrechtscharakter besitzt und vom Gerichtshof als allgemeiner Rechtsgrundsatz auch für den Bereich der Akteneinsicht ausgestaltet wurde.

2. Grundsatz der Effizienz der Verwaltung

a) Interna der Kommission

Als weitere Grenze verfahrensbezogener Einsichtsrechte klang der Grundsatz des reibungslosen Verfahrensablaufs an.

Gem. Art. 211 EGV wird die Kommission tätig, um das ordnungsgemäße Funktionieren und die Entwicklung des Gemeinsamen Marktes zu gewährleisten. Zu den Aufgaben gehört insbesondere auch die Anwendung und Durchsetzung der Wettbewerbsregeln gem. Art. 81 EGV. Diese Vorschriften setzen voraus, daß die Kommission ihre Aufgaben wirkungsvoll und unter Berücksichtigung der Wirtschaftlichkeit der Mittel wahrnimmt[855]. Nach Art. 83 II b) EGV ist bei Anwendung des Art. 81 III EGV dem Erfordernis einer wirksamen Überwachung bei möglichst einfacher Verwaltungskontrolle Rechnung zu tragen. Der Gerichtshof hat diesen Rechtsgrundsatz zwar bisher nicht ausdrücklich anerkannt, bei der Bestimmung der Verfahrensgarantien der Betroffenen eines Verwaltungsverfahrens jedoch stets die Erfordernisse einer leistungsfähigen Verwaltung als Begrenzung berücksichtigt[856].

Hinsichtlich der Versagung der Akteneinsicht bei internen Dokumenten der Kommission kann damit als zweiter Grundsatz das primärrechtliche Gebot der effizienten Verwirklichung des Wettbewerbsverfahrens festgehalten werden, der eine ungestörte interne Willensbildung der Kommission ermöglicht.

---

853 RS 107/82 „AEG AG/Kommission" in Slg. 1983, S. 3151, LS 1; RS 85/76 „Hoffmann-La Roche & Co. AG/Kommission" in Slg. 1979, S. 461, LS 1.

854 Sinngemäße Übereinstimmung von Art. 287 EGV mit Art. 20 II, sowie Art. 19 III, 21 II VO 17/62; Art. 19 VO 3283/94; Art. 17 II, Art. 18 III, 20 II VO 4064/89, bzw. Art. 12 III VO 2367/90.

855 Hix, S. 74.

856 RS 9/83 „Eisen und Metall AG/Kommission" in Slg. 1984, S. 2086; RS 60/81 „IBM/Kommission" in Slg. 1981, S. 2654; RS 155/79 „AM&S/Kommission" in Slg. 1982, S. 1614; Verb. RS 100-103/80 „S.A. Musique Diffusion Francaise u.a./ Kommission" in Slg. 1983, S. 1887.

b) Grenze der vertraulichen Angaben Dritter und Informanten

Die vertraulichen Angaben Dritter und von Informanten können neben der Verwirklichung des Schutzes juristischer und privater Personen[857] ebenfalls mittelbar der Gewährleistung einer effizienten Verwaltung dienen. Einerseits sichern Art. 11 und Art. 14 KartVO der Kommission den Informationsfluß zugunsten der Gemeinschaft, da die Adressaten eines Informationsverlangens seitens der Kommission kein Auskunftsverweigerungsrecht haben[858]. Die Kommission hat an diesem weiten Informationsfluß ein Interesse, da sie im Kartellverfahren auf Anregungen von Seiten Dritter angewiesen ist[859]. Insoweit ist der Informationsfluß zwischen Bürger und Verwaltung auch Ausdruck einer sachgerechten Zusammenarbeit[860]. Die Informanten werden eher bereit sein, Informationen an die Kommission zu übermitteln, wenn sie wissen, daß Beteiligte am Verfahren, denen im Rahmen des rechtlichen Gehörs die Unterlagen zur Einsicht zur Verfügung gestellt werden müssen, keinen Zugang zu ihren Geheimnissen oder vertraulichen Daten haben[861]. Andererseits kann ein wirksames Verfahren auch die vollständige Verwendung vertraulicher Informationen gebieten, insbesondere wenn sich die Vorwürfe ausschließlich auf diese gründen lassen. Die Vertraulichkeit kann somit durch das Verwertungsverbot auch eine Hemmung der Leistungsfähigkeit der Verwaltung bedeuten. Durch erhöhte Kooperationsbereitschaft mit der Wirtschaft dient sie aber zumindest auch der Effizienz des Verfahrensablaufes.

Das primärrechtliche Gebot der effektiven Durchsetzung von Wettbewerbsverfahren, welches aus Art. 81 EGV gelesen werden kann[862], gebietet daher die vollständige Verwendung allen belastenden Materials bei gleichzeitigem Schutz des Informanten, um den hohen Informationsfluß nicht zu gefährden.

3. Interessenkollision mit den Verteidigungsrechten des Einsichtsbegehrenden

Diesen primärrechtlichen Grundsätzen steht das rechtliche Gehör des Einsichtsbegehrenden gegenüber. Art. 287 EGV scheint die Kollision zwar zugunsten der Vertraulichkeitsgesichtspunkte zu lösen[863], allerdings ist unter Konkordanzgesichtspunkten zu berücksichtigen, daß alle drei herausgearbeiteten Kollisionsgrundsätze Primärrechtscharakter besitzen und die jeweiligen Prinzipien jeweils nur unter hinreichender Berücksichtigung der entgegenstehenden Grundsätze

---

857 S.o., aufgrund der RS 145/83 „Stanley George Adams/Kommission" in Slg. 1985, S. 3539 ff. gilt der Schutz der Vertraulichkeit auch für natürliche Personen.

858 RS 85/76 „Hoffmann-La Roche & Co. AG/Kommission" in Slg. 1979, S. 512.

859 Weiß, S. 259.

860 RS 264/82 „Timex Corporation/Rat und Kommission" in Slg. 1985, S. 869.

861 Werner in FS Pfeiffer, S. 838.

862 S.o., 2.; explizit Hix, S. 74.

863 Girnau S. 137, Lieberknecht in WuW 1988, S. 846.

Geltungskraft entfalten dürfen[864]. Auch die sekundärrechtlichen Präzisierungen geben nur bedingt Maßstäbe einer Subordination vor, die im Rahmen der praktischen Konkordanz zu berücksichtigen sind. Zu nennen ist allein das Binnenrangverhältnis innerhalb der Vertraulichkeit zugunsten eines erhöhten Schutzes von Geschäftsgeheimnissen, welches damit auch mittelbar zur Hierarchisierung der kollidierenden Interessen eine Aussage trifft[865]. Die Vorgabe der Abwägung der kollidierenden Interessen allein favorisiert aber noch keinen Grundsatz gegenüber den jeweils anderen. Somit ist von einer gleichgewichtigen Konkordanz aller drei Interessen auszugehen.

Von der Literatur werden verschiedene Lösungsansätze aus den Aussagen des Gerichtshofs herausgelesen. Bei alleiniger Berücksichtigung der Vertraulichkeit gegenüber dem rechtlichen Gehör stellt sich die Lösung des absoluten Verwertungsverbotes als tauglich dar. Bei einer Nichtverwendung vertraulicher Unterlagen ist das rechtliche Gehör mangels Einbeziehung in die Untersuchung bei gleichzeitiger voller Wahrung der Vertraulichkeit des Informanten nicht tangiert[866]. Allerdings bleibt bei dieser Lösung die effiziente Verwaltungsführung völlig außer Betracht[867]. *Hix* schlägt deswegen eine flexible Abwägungslösung unter Beachtung der Schutzpräferenz von Geschäftsgeheimnissen in Art. 19 III, 21 II KartVO vor[868]. Kritisiert wird der Ansatz der fallbezogenen Abwägungspflicht von *Weiß*, der für ihn große Rechtsunsicherheit beinhalte. Damit werde noch keine Aussage über die Maßstäbe getroffen. Für ihn verwirklicht sich eine gleichmäßige Berücksichtigung aller Interessen, wenn eine Ausnahme vom Verwertungsverbot dergestalt vorgenommen wird, daß zum Zweck der optimalen Geltungskraft der Vertraulichkeit gegenüber den Informanten die „*in camera* - Methode" auf das Verwaltungsverfahren übertragen wird. Damit erhalten nur die Rechtsanwälte oder Fachberater des Betroffenen Akteneinsicht und sichern damit die wirksame Rechtsverteidigung[869]. Die weitere Möglichkeit der nichtvertraulichen Zusammenfassungen kritisiert er im Hinblick auf die Schlüssigkeit für den Betroffenen und die Problematik, daß die Zusammenfassungen von der Kommission erstellt werden[870]. Unter Berücksichtigung der jeweiligen Vorteile soll hier grundsätzlich dem Ansatz von *Weiß* zugestimmt werden, daß zugunsten der Rechtssicherheit im Kollisionsfall jeweils eine „*in camera*"-Einsichtnahme in dieser Form ermöglicht wird[871]. Die besondere Stellung des Geschäftsge-

---

864 Hix, S. 91 ff.; Weiß, S. 268 ff.

865 Lavoie in ELR 1992, S. 33; Schmidt, Drittschutz, S. 102.

866 Weiß, S. 269.

867 Zu deren Auswirkungen bei einem absolutem Verwertungsverbot, s.o. unter B., I.

868 Hix, S. 91 ff.; so auch Rohlfing, S. 176, die in extremen Ausnahmefällen auch die Offenlegung von Geschäftsgeheimnissen in die Abwägung einbeziehen will.

869 Weiß, S. 313 ff.

870 Weiß, S. 309 ff.

871 Eine echte Übertragung der „*in camera*"-Methode, aus dem Gerichtsprozeß bekannt, bei dem ausschließlich die Richter Einsicht in vertrauliche Unterlagen der Verwaltung erhal-

heimnisses soll dagegen nicht in Abrede gestellt werden. Dies wird auch nicht erst durch die KartVO oder ergänzend durch die Verordnungen im Bereich der Fusions- und Antidumpingkontrolle gestützt, sondern geht bereits aus dem das gesamte Gemeinschaftsrecht erfassenden Art. 287 EGV hervor[872]. An dieser Stelle setzen die Vorteile der herrschenden Literaturansicht an[873]. Durch das absolute Verwertungsverbot von Geschäftsgeheimnissen wird mangels Einbeziehung dieser Informationen der Reichweite des rechtlichen Gehörs kein Abbruch getan. Grundsätzlich sollte aber, um dem rechtlichen Gehör und der effizienten Verwaltungsführung im Einzelfall nicht die wesentliche Geltung abzusprechen, neben dem „*in camera*"–Verfahren noch eine fallbezogene Abwägung vorgenommen werden, die aber die Geschäftsgeheimnisse im wesentlichen unberührt läßt.

Hinsichtlich der Verwirklichung des rechtlichen Gehörs des Beschwerdeführers ist an obige Aussagen zu erinnern, wonach die unterschiedliche Verfahrensstellungen von Betroffenem und Antragsteller zu berücksichtigen sind. Zwar ist innerhalb des Spannungsfeldes der drei Interessen das insoweit zunächst gleichberechtigte Einsichtsinteresse des Beschwerdeführers in die Betrachtung einzubeziehen, so daß nicht nur die Einsichtsinteressen des Betroffenen mit den Vertraulichkeits- und Effizienzgesichtspunkten kollidieren, sondern sich gleichzeitig jeweils entgegengesetzte Einsichtsinteressen in Form der Übermittlung der Stellungnahmen Betroffener an den Beschwerdeführer gegenüberstehen. In dieses Binnenverhältnis sind dann die jeweils anderen Interessen einzubeziehen. Berücksichtigt man auf dieser Grundlage die unterschiedlichen Verfahrenspositionen, kommt man zu dem Schluß, daß die Gewichtung klar zugunsten des Betroffenen ausschlägt, obwohl die Rolle des Beschwerdeführers gem. Art. 3 II KartVO weiter reicht als sich auf eine bloße Anstoßwirkung zu beschränken. Die Verfahrensrechte des Beschwerdeführers enden daher dort, wo diejenigen des Betroffenen beginnen[874]. Er kann die Einsichtsrechte nur insoweit geltend machen, wie es zur Verteidigung seiner Interessen zwingend erforderlich ist[875].

4. Gesamtergebnis

Die Abwägung der kollidierenden Interessen läßt damit nach der hier entwickelten Lösung den absoluten Schutz des Geschäftsgeheimnisses in allen drei Verfahren grundsätzlich unangetastet. Lediglich in Ausnahmefällen und hinsichtlich

ten würden, würde dagegen Kollisionen mit dem Grundsatz des rechtlichen Gehörs verursachen. Das BVerfG hat daher lediglich für den Fall der Verbesserung der Rechtstellung des Betroffenen durch die „*in camera*"-Methode ein solches Verfahren für zulässig erklärt, siehe BVerfGE 101, 106, 130.

872 Beispielhafte Aufzählung des Geschäftsgeheimnisses vgl. oben unter 1.

873 Hix, S. 91; Lavoie in ELR 1992, S. 31; Schwarze in Der Gemeinsame Markt, S. 174 ff.

874 Verb. RS 142, 156/84 „BAT/Kommission" in Slg. 1987, S. 4487, LS 1.

875 Weiß, S. 306.

sonstiger vertraulicher Informationen wird man allen drei Interessen am besten gerecht, indem eine Einbeziehung der vertraulichen Informationen über die „*in camera*–Methode" erfolgt. Um der Einzelfallgerechtigkeit genüge zu tun, sollte aber eine Abwägung nicht ausgeschlossen werden. Zugunsten des rechtlichen Gehörs darf die insoweit schwächere Stellung des Beschwerdeführers nicht ausgeblendet werden.

II. Grenzen verfahrenskonstitutiver Einsichtsrechte

1. Unterschiede zu den verfahrensakzessorischen Einsichtsrechten

Der grundlegende Unterschied beider Zugangsrechte wirkt sich deutlich im Rahmen der praktischen Konkordanz aus. Im Gegensatz zur Prüfung unter B. eignet sich das rechtliche Gehör als Gegenpol zu den primärrechtlichen Interessen der Vertraulichkeit und der Effizienz der Verwaltung nur bedingt. Allein soweit die Generalwirkung des voraussetzungslosen Zugangsrechts auch in den Spezialbereich der akzessorischen Einsichtsrechte hineinreicht[876], kann die Ableitung des konkreten Einsichtsinteresses aus dem rechtlichen Gehör erfolgen. Im originären Regelungsbereich wurde dagegen die mangelnde tatsächliche Anerkennung als primärrechtlicher Grundsatz durch den Gerichtshof konstatiert. Demzufolge verwies die Untersuchung auf die Möglichkeit der höherrangigen Ableitung des voraussetzungslosen Zugangsrechts zum einen aus wertender Rechtsvergleichung, zum anderen auch aus dem Gemeinschaftsrecht selbst.

Hinsichtlich der Effizienz der Verwaltung muß zweierlei berücksichtigt werden. Die effiziente Verwaltung kann im Regelungsbereich genereller Zugangsrechte zum einen bei der Ermessensausnahme der Geheimhaltung von Beratungen der Organe angesiedelt werden. Zum anderen muß neben der eben angesprochenen möglichen Übergewichtung in der Abwägung auch berücksichtigt werden, daß das voraussetzungslose Dokumentenzugangsbegehren aus Sicht der Kommission, im Gegensatz zum Verfahrenseinsichtsrecht, das Wettbewerbsmoment der besten Argumente durch offenen Gedankenaustausch für sich verbuchen kann[877]. Weiterhin wird in diesem Kontext das Überraschungsmoment angeführt, welches geeignet ist, aufgrund der unerwarteten Einsichtsbegehren in alle Verwaltungsbereiche, hierfür partiell die gläserne Verwaltung zu verwirklichen. Da die Verwaltungsarbeit, unter öffentlicher Beobachtung stehend, der Verhinderung von Korruption und Machtmißbrauch dienen soll[878], kann mit

---

876 Vgl. dazu oben, 2. Teil, B., I.

877 Vgl. dazu bereits oben im 3. Teil, C., IV., 2., a), bb) als Gedanke der liberalen Staatsidee.

878 So die Motivation der Kommission angedeutet in „Zugang der Öffentlichkeit zu Dokumenten, die sich im Besitz der Gemeinschaftsorgane befinden" in Abl. der EG 1993, C 156/7 f.; ganz explizit Bericht des Institutionellen Ausschusses vom 08.12.1998, DOK A 4-0476/98.

Transparenzmaßnahmen in diesem Bereich auch eine effiziente Arbeit bewirkt werden.

2. Effizienz der Verwaltung im Kontext des voraussetzungslosen Zugangsrechts

Für den Bereich der Wirtschaftsverwaltung wurde ein primärrechtliches Gebot zur effizienten Durchsetzung von Kommissionsverfahren aus Art. 81 ff EGV anerkannt. Im vorliegenden Zusammenhang ist auf den allgemeinen Effizienzgrundsatz des Handelns der Organe zurückzugreifen, deren Ableitung aus Art. 10 EGV erfolgt[879].

Die Leistungsfähigkeit der Verwaltung stellt die wichtigste öffentliche Grenze des Informationszugangs dar und beeinflußt sämtliche öffentlichen Interessen, da bei deren Beeinträchtigung stets auch die Leistungsfähigkeit der Verwaltung herabgesetzt ist[880]. Konkretisiert hat sich dieses entgegenstehende Interesse durch die Geheimhaltung der Beratungen der Organe. Beispielhaft ausgedrückt hat das *EuG* diese Kollision in der Rechtssache *„Hautala"*, wo es den Arbeitsaufwand des Rates gegen den teilweisen Zugang zu Dokumenten als Konkretisierung dieser Grundsätze aufgezeigt und zugunsten von letzterem gelöst hat[881]. Die Bevorzugung des vom *EuG* nicht primärrechtlich anerkannten Interesses des Dokumentenzugangs spricht in diesem Urteil aber dafür, daß das *EuG* unausgesprochen den Zugang zu Dokumenten als gleichwertig zu dem Interesse an der Verwirklichung der Effizienz der Verwaltung sieht. Ansonsten hätte es sich auf das Rangverhältnis der Normen stützen und der Effizienz der Durchsetzung der Verwaltungsarbeit den Vorzug geben müssen. So allerdings muß es davon ausgehen, daß auch ein teilweiser Zugang zu Dokumenten einen gleichberechtigten Interessenausgleich herbeiführen kann. Ein gleichwertiges entgegenstehendes Interesse am Zugang kann aber in diesem Kontext ebenfalls nur die Verwirklichung der Effizienz durch eine möglichst weite Öffnung der Verwaltungsdokumente des Rates bedeuten. Zu berücksichtigen sind die eingangs angesprochenen Elemente des überraschenden Einsichtsbegehrens und des Ideenwettbewerbs, welches effiziente Verwaltungsarbeit aufgrund partieller öffentlicher Kontrolle sichern soll. Somit relativiert sich aufgrund fehlendem gleichrangigem entgegenstehendem Interesse die erhöhte Bedeutung der Effizienz der Verwaltung. Dies dadurch, daß die Effizienz der Verwaltung bei voraussetzungslosen Zugangsrechten in beide Richtungen wirken kann. Bei Geltendmachung des Art. 4 II 93/731 stehen sich im Ergebnis zwei entgegengesetzte, aus einer Rechtsquelle gespeiste, Interessen gegenüber, die mittels verhältnismäßiger Konkor-

---

879 Siehe oben unter I, 2.: Effizienz der Wettbewerbsverfahren und 3. Teil, D., I., 2., b), aa), eee), Allgemeines Effizienzgebot.

880 So im Ergebnis auch Kahl in ZG 1996, S. 235.

881 RS T-14/98 „Hautala/Rat" in Slg. II 1999, S. 2512, RN 75 ff.

danz aufzulösen sind[882]. Diese Tatsache mag des weiteren eine Erklärung dafür sein, warum im Rechtsetzungsverfahren die Geheimhaltung der Beratungen der Organe nicht unter den zwingenden Versagungsgründen, sondern unter dem Ermessenstatbestand der Ausnahmevorschriften angesiedelt wurde.

3. Grundsatz der Amtsverschwiegenheit aus Art. 287 EGV

a) Schutz von Geschäfts- und Industriegeheimnissen

Diese sowohl öffentliche als auch private Interessen schützende Grenze der Akteneinsicht wurde bereits im speziellen Kontext des Verfahrensakteneinsichtsrechts erörtert[883]. Vorliegend nennt Art. 4 I 3. Spiegelstrich 93/731 und Abs. 1, 3. Spiegelstrich der Regelung der Ausnahmen des Verhaltenskodex diese Grenze ebenfalls als eine zwingende des allgemeinen Dokumentenzugangs. Darüber hinaus ist in diesem Zusammenhang die sehr weite Bereichsausnahme der Urheberregel auch für Privatdokumente zu nennen, die zum Schutz von Dokumenten Dritter diese bereits aus dem Anwendungsbereich der Organbeschlüsse heraushält[884]. Inhaltlich bestehen hinsichtlich der Reichweite des Schutzes, soweit ersichtlich, keine Unterschiede[885]. Es gilt aber zu berücksichtigen, daß eine differenzierte Handhabung von Betroffenem und Beschwerdeführer mangels akzessorischen Verwaltungsverfahrens entbehrlich ist. Zu den materiell im einzelnen ausgestalteten Grenzen und deren Rechtsquellen kann auf Teil B und C., I. verwiesen werden[886].

b) Interesse am Erfolg bestimmter, auf Geheimhaltung angewiesener behördlicher Maßnahmen

Auch die Sicherung der Untersuchungs- und Inspektionstätigkeiten gem. Art. 4 I 1. Spiegelstrich des Ratsbeschlusses 93/731 bzw. Abs. 1, 1. Spiegelstrich der Regelung der Ausnahmen des Verhaltenskodex sind Ausdruck des allgemeinen Vertraulichkeitsgrundsatzes. *Scherzberg* verweist hierzu auf die parallele Auslegung des Art. 3 I, UA 1, 3. Spiegelstrich der UIRL, der insoweit Ausdruck der Vertraulichkeit straf-, disziplinar- und verwaltungsbehördlicher Ermittlungen

---

882 Schlußfolgerung aus RS T-14/98 „Hautala/Rat“ in Slg. II 1999, S. 2489 ff.

883 Vgl. oben, B., I.; es wird hier von einer Gleichsetzung von Betriebs- und Geschäftsgeheimnissen mit den Geschäfts- und Industriegeheimnissen ausgegangen. Die insoweit weitergehende Formulierung der Organbeschlüsse wird vom Verfasser auf den weiter ausgreifenden Regelungsbereich des voraussetzungslosen Zugangsrechtes zurückgeführt.

884 Vgl. oben 1. Teil; Schlußfolgerung aus Curtin in CMLR 2000, S. 22; dies wohl aus Gründen der auf bloß intern wirkenden Ermächtigungsgrundlagen erlassenen Folgebeschlüssen, die es nicht erlauben, die Organe zu ermächtigen, auch Dokumente außerhalb der Geschäftsordnungsreichweite zu öffnen.

885 So auch Scherzberg, S. 283.

886 Zu den Unterschieden im Rahmen der Abwägung, s. unten unter 5.

ist[887]. Im Kontext der einheitlichen Auslegung des Gemeinschaftsrechts kann daher auch in den Organbeschlüssen diese Grenze des Dokumentenzugangs als eine solche aus Gründen des allgemeinen Grundsatzes der Vertraulichkeit aus Art. 287 EGV gesehen werden.

c) Kollektive öffentliche Interessen

Oben wurde bereits angedeutet, daß sich die in Art. 4 I 1. Spiegelstrich 93/731 und Abs. 1, 1. Spiegelstrich manifestierten Grenzen der öffentlichen Sicherheit, der internationalen Beziehungen, der Landesverteidigung und der fiskalischen Interessen letztlich alle auf den allgemeinen Grundsatz der Amtsverschwiegenheit aus Art. 287 EGV gründen. Somit ist materiell ebenfalls auf obige Ausführungen zur Geheimhaltung im Gemeinschaftsrecht zu verweisen.

d) Sachgerechte Zusammenarbeit zwischen Verwaltung und Bürger

Die geheimhaltungsbedürftigen Informationen fördern, wie gesehen, das Vertrauen des Informanten in die Zusammenarbeit mit der Kommission[888]. Auch im Verhaltenskodex und Ratsbeschluß findet sich, konkretisiert in Art. 4 I, 5. Spiegelstrich des 93/731-Beschlusses bzw. Abs. 1, 5. Spiegelstrich der Regelung der Ausnahmen des Verhaltenskodex, der Vertraulichkeitsgrundsatz im Hinblick auf die Zusammenarbeit von natürlichen oder juristischen Personen bzw. Mitgliedstaaten mit dem jeweiligen Gemeinschaftsorgan. Auch diese Ausnahmevorschrift gründet sich damit überwiegend auf den Vertraulichkeitsgrundsatz des Art. 287 EGV.

4. Störungsfreiheit gerichtlicher und behördlicher Verfahren

Art. 3 I UA 1, 3. Spiegelstrich UIRL ermöglicht den Ausschluß des Informationszugangs zu Daten, die ein laufendes gerichtliches Verfahren oder den Gegenstand von Vorverfahren betreffen[889]. *Scherzberg* nahm diese Untersuchung zum Anlaß, um daraus einen eigenen Rechtsgrundsatz des Schutzes der Funktionsfähigkeit von Verfahren und Justiz zu formulieren[890]. Aber auch die untersuchten Aussagen des Gerichtshofs zum voraussetzungslosen Zugangsrecht unter A. hinsichtlich des Ausnahmetatbestandes der Rechtspflege zeigen, daß eine inhaltliche Konkretisierung der Ausnahmebestimmungen restriktiv dann stattfindet, wenn es um Zugangsrechte zu Dokumenten der Justizverwaltung der Or-

---

887 RS C-321/96 (Mecklenburg) in DVBl 1998, S. 1176 ff.; Erichsen, Umsetzung, S. 64 f.; Scherzberg in DVBl 1994, S. 738; Turiaux, UIG, § 7, RN 10.

888 S.o. unter C., I., 1., RS 264/82 „Timex Corporation/Rat und Kommission" in Slg. 1985, S. 869; RS 145/83 „Stanley George Adams/Kommission" in Slg. 1985, S. 3539; Hix, S. 99.

889 Erichsen, Umsetzung, S. 64 f.; Schomerus/Schrader/Wegener, § 7, RN 12.

890 Scherzberg, S. 280 f.

gane im Zusammenhang mit erfolgter oder geplanter Übermittlung an einen Mitgliedstaat geht[891]. Das Gericht gesteht den Mitgliedstaaten in diesen Fällen die Wahrung der Vertraulichkeit der Tätigkeiten der Organe[892] zu bzw. garantiert ihnen die vollständige Wahrung nationalen Verfahrensrechts[893] mittels expliziter Betonung der Effizienz der Ausnahmevorschriften, die durch weite Auslegung des Zugangsgrundsatzes nicht vereitelt werden dürfen.

Für laufende gemeinschaftliche Verwaltungsverfahren zieht *Scherzberg* wiederum die Parallele zu Art. 3 I UA 1, 3. Spiegelstrich UIRL, obgleich das Recht auf Zugang zu Umweltinformationen verfahrensunabhängig ausgestaltet ist[894]. Und auch hier läßt sich hinsichtlich der Untersuchungstätigkeiten der Kommission auf die unter A. untersuchte Rechtsprechung des Gerichtshofs verweisen. Zwar betrifft das voraussetzungslose Zugangsrecht in Teilen auch das verfahrensbezogene Einsichtsrecht. Für Fälle, in denen weder Betroffener noch Beschwerdeführer ein Einsichtsrecht in Akten, beispielsweise des Wirtschaftsverwaltungsverfahrens, geltend machen, ist aber allein der Anwendungsbereich der Organbeschlüsse einschlägig. Und auch bezüglich der Untersuchungstätigkeiten wurde eine inhaltliche Konkretisierung dieses Begriffes für die Fälle festgehalten, in denen es um Zugangsrechte zu Dokumenten der Justizverwaltung der Organe im Zusammenhang mit effizienter Übermittlung an einen Mitgliedstaat geht[895]. Auch hier wurde eine strikte Abgrenzung beider Rechtsordnungen festgestellt.

Warum aber diese erweiterte Auslegung der Rechtsquellen der Ausnahmen im Vergleich zu den akzessorischen Einsichtsrechten, die lediglich mit zwei statt mit drei gegenläufigen Geheimhaltungsgrundsätzen konkurrieren? Die Lösung ist im parallelen Anwendungsbereich von voraussetzungslosen Zugangsrechten auch im Anwendungsbereich spezieller Zugangsrechte zu finden. Um die Kohärenz der Gemeinschaftsrechtsordnung zu gewährleisten und gleichzeitig die weite Auslegung des Anwendungsbereichs allgemeiner Zugangsrechte bis in die

---

891 Curtin in CMLR 2000, S. 34.

892 So bei RS T-105/95 „WWF/Kommission" in Slg. II 1997, S. 345.

893 Vgl. die nachgezeichnete Entwicklung von RS T-83/96 „van der Wal/Kommission" in Slg. II 1998, S. 545, über RS T-92/98 „Interporc/Kommission" in Slg. II 1999, S. 3521 ff., zu verb. RS C-174/98 P, C-189/98 P „van der Wal/Kommission" in Slg. I 2000, S. 1 ff.; Respektierung der Verteilung der Zuständigkeiten zwischen Gemeinschaftsbehörden und nationalen Behörden in RS C-2/88 Imm. „J.J. Zwartveld u.a." in Slg. I 1990, S. 3372; vgl. oben, A., V., 1., b), c).

894 Pitschas/Lessner in DVBl 1999, S. 226; Scherzberg, S. 280 unter Hinweis auf: RS C-321/96 (Mecklenburg) in DVBl 1998, S. 1176 ff.; Turiaux in EuZW 1998, S. 716.

895 Curtin in CMLR 2000, S. 34; vgl. die nachgezeichnete Entwicklung von RS T-83/96 „van der Wal/Kommission" in Slg. II 1998, S. 545 ff., über RS T-92/98 „Interporc/Kommission" in Slg. II 1999, S. 3521 ff., zu verb. RS C-174/98 P, C-189/98 P „van der Wal/Kommission" in Slg. I 2000, S. 1 ff.; Respektierung der Verteilung der Zuständigkeiten zwischen Gemeinschaftsbehörden und nationalen Behörden in RS C-2/88 Imm. „J.J. Zwartveld u.a." in Slg. I 1990, S. 3372; vgl. oben, A., V., 1., c).

subsidiäre Fortgeltung im Regelungsbereich spezieller akzessorischer Zugangsrechte anzuerkennen, ist fraglich, wie dem Anwendungsbereich mit engeren personellen Voraussetzungen der speziellen Einsichtsrechte Rechnung getragen werden kann. Bei gleichzeitiger Rückgriffsmöglichkeit auf generelle voraussetzungslose Zugangsrechte bliebe die Spezialregel diesbezüglich ansonsten weitgehend wirkungslos. Hier bietet sich der Schutz über eine erweiterte Auslegung der Ausnahmen hinsichtlich der Störungsfreiheit spezieller Verfahren bei konstitutiven Zugangsrechten an. Damit wird zweierlei erreicht. Zum einen ist die subsidiäre Fortgeltung gesichert. Die erweiterte Auslegung der Ausnahmen kann dann unter Hinweis auf die immerhin bestehenden Rechtsschutzmöglichkeiten kompensiert werden. Diese kommen dem Antragsteller im speziellen Verfahren bei Nichteröffnung des Schutzbereichs nicht zugute. Zum anderen wird damit der personell engere Schutz bei speziellen Verfahren gesichert. Der Antragsteller, der in den Anwendungsbereich akzessorischer Zugangsrechte fällt, bedarf dieses Schutzes nicht. Ihm werden bei Schutzbereichseröffnung weitgehende verfahrensbezogene Einsichtsrechte gewährt. Fällt der Antragsteller dagegen nicht in den Anwendungsbereich spezieller Einsichtsrechte, bleibt ihm der Rückgriff auf das voraussetzungslose Zugangsrecht. Deren inhaltliche Gewährung erreicht dann jedoch nicht den Grad der speziellen Zugangsrechte aufgrund der erweiterten Ausnahmevorschriften. Vereinfacht zusammengefaßt stellt sich das Verhältnis zwischen speziellen Einsichtsrechten und allgemeinem Dokumentenzugang bei der Einbeziehung der hier untersuchten höherrangigen Rechtsquelle wie folgt dar. Spezielle verfahrensakzessorische Zugangsrechte genießen einen personell engen Schutzbereich mit umfassenden Zugangsmöglichkeiten. Allgemeine Einsichtsrechte sind persönlich unbeschränkt, inhaltlich bestehen aber aufgrund der zusätzlichen Ausnahmeregelung der Störungsfreiheit spezieller Verfahren in diesem Regelungsbereich extensivere Einschränkungsmöglichkeiten.

5. Modifizierte Interessenkollision gegenüber verfahrensbezogenen Einsichtsrechten

Herausgearbeitet worden sind zusammenfassend und im Gegensatz zu den drei kollidierenden Interessen beim verfahrensbezogenen Einsichtsrecht (1) die Effizienz der Verwaltung aus Art. 10 EGV, (2) der Vertraulichkeitsgrundsatz aus Art. 287 EGV und (3) die Störungsfreiheit von Verwaltungs- und Gerichtsverfahren anhand der Rechtsprechung des Gerichtshofs. Diese kollidieren (4.) mit dem bisher nicht ausdrücklich anerkannten Generalprinzip des Dokumentenzugangs. Eine Abwägung dieser Interessen fällt nach bisher Gesagtem dennoch eindeutig aus. Dem Zugangsrecht wurde das Potential eines höherrangigen Generalprinzips attestiert, so daß grundsätzlich von gleichrangigen Interessen auszugehen ist. Gleichwohl können sich Abwägungsunterschiede ergeben. Einmal fand sich bis dahin, im Gegensatz zu den gegenläufigen Interessen, kein positiv verankertes Generalprinzip des Dokumentenzugangs im Gemeinschaftsrecht wieder und ein solches wurde vom Gerichtshof auch bislang nicht anerkannt. Weiterhin sieht sich das voraussetzungslose Zugangsrecht einem, im Vergleich zum akzessorischen Zugangsrecht, erweiterten Geheimhaltungsinteresse gegenüber.

Dies dadurch entstehende praktische Ungleichgewicht ist allein bei einer Kollision mit der Gefährdung der Effizienz der Verwaltung zu modifizieren. Festgestellt wurde, daß die öffentliche Kontrolle mittels offenen Wettbewerbs der Argumente und unvorhersehbaren Zugangsbegehrens geeignet ist, stärker als beim verfahrensabhängigen Zugangsrecht, die Effizienz nicht nur zu hemmen, sondern sie gleichfalls generell zu steigern.

Eine in beide Richtungen wirkende Effizienz zwingt das jeweilige Organ, genau die jeweiligen Auswirkungen der Geheimhaltung bzw. Offenlegung in bezug auf eine effiziente Arbeitsweise auszutarieren. Dieser Konflikt wurde auch unter systematischer Deutung des Art. 4 II 93/731, den Geheimhaltungen der Beratungen der Organe als fakultative Ausnahme, bestätigt. Allerdings kann dieses Argument lediglich theoretisch herangezogen werden. Denn zu berücksichtigen ist, daß die Abwägung im Ermessensspielraum allein des jeweiligen Organs liegt. Der Gerichtshof darf die Entscheidung des Organs in tatsächlicher Hinsicht nicht mehr überprüfen[896]. Rat oder Kommission werden jedoch im Zweifel nicht objektiv ihren Willen zur Geheimhaltung anhand des Maßstabes der Effizienzverhinderung überprüfen und ihre Dokumente zugunsten der Leistungsfähigkeit öffnen. Dem Rat oder der Kommission muß in diesem Zusammenhang eine tatsächliche Befangenheit zugunsten der Geheimhaltung als einzig effizienzförderndem Mittel unterstellt werden, so daß das systematische Argument der Verortung der effizienzsichernden Ausnahmevorschrift innerhalb der Ermessenstatbestände nur unterstützend herangezogen werden kann. Gleichwohl bleibt aber in rechtlicher Hinsicht die Doppelwirkung der Effizienz zugunsten und zu Lasten der Öffentlichkeit von Organdokumenten bestehen, die beide Primärrechtsqualität besitzen, da sie derselben Rechtsquelle entlehnt sind. Bei Berufen auf die Ausnahmevorschrift zugunsten der Geheimhaltung der Beratungen der Organe gibt es daher, aufgrund gleichzeitiger Gegenwirkung, kein Übergewicht zugunsten der Geheimhaltungseffizienz. In diesen Fällen ist vielmehr von einer praktischen Konkordanz im Einzelfall auszugehen, welche der Gerichtshof den Organen auch als Voraussetzung einer rechtlich unbedenklichen Abwägung vorgeschrieben hat[897]. Bei Berufen auf die zwingenden Ausnahmevorschriften spielen dagegen Effizienzgesichtspunkte der Dokumentenöffnung nur mittelbar eine Rolle, so daß die Doppelwirkung in diesen Fällen grundsätzlich nicht eintreten wird. Nun kann dieser Differenzierung freilich entgegengehalten werden, daß die Steigerung der Effizienz der Organarbeit durch Öffnung

---

[896] Vgl. oben unter A., II., 2.
[897] Vgl. oben unter A., V., 2.

seiner Akten jedem entgegenstehenden (auch zwingenden) Interesse gegenüber geeignet ist, dem Zugang höherrechtlichen Halt zu geben. Somit wäre die angesprochene modifizierte Interessenkollision stets zugunsten einer gleichwertigen Konkordanz vorzunehmen. Diese Betrachtungsweise liefe aber unter Umständen auf eine unzulässige Rechtsfortbildung hinaus. Im Zusammenhang mit dem Versuch, einen allgemeinen Grundsatz zu statuieren, wurde festgehalten, daß das Schweigen des Gerichtshofs nicht geeignet sein kann, einen Rechtsgrundsatz anzuerkennen. Eine Anknüpfung an den Grundsatz der Effizienz der Organarbeit, um mit dessen Hilfe ein Generalprinzip des Dokumentenzugangs quasi durch die Hintertür zu konstruieren, stünde im übrigen auf rechtlich unsicherem Fundament. Derart abgeleitet würde sich dieses Prinzip dann lediglich einer peripheren Funktion des Dokumentenzugangs bedienen, nachrangig dem der Legitimation und der Kontrolle.

Lediglich im Bereich der Effizienz der Verwaltung kann somit von einem in beide Richtungen gleich wirkenden Effizienzgrundsatz des Primärrechts ausgegangen werden. Diese gleichrangige Konkordanz besteht allerdings eher rechtstheoretisch, als daß sie im Einzelfall eine positive Zugangsentscheidung auslösen kann. Hinsichtlich der übrigen Grenzen (Vertraulichkeit und ordnungsgemäße Durchführung von Verwaltungs- und Gerichtsverfahren), kann diesen ein zwar den Prinzipien der Demokratie und der Rechtsstaatlichkeit sowie den Grundrechten zuzuordnender, aber noch nicht ausdrücklich anerkannter Grundsatz gegenübergestellt werden, der bei Abwägung der gegenläufigen positiven Interessen durch den Gerichtshof, auch unter dem Blickwinkel der Formulierung als zwingende Ausnahmen, stets unterliegen wird. Daher ist nur im Bereich der fakultativen Ausnahmebestimmung von echten gleichgeordneten Interessen zu sprechen, welche sich durch öffentlichkeitsfreundlichere Normtextformulierung und das Abwägungsgebot des *EuG* ausdrücken.

III. Bewertung und Gesamtergebnis

Im Bereich des verfahrensakzessorischen Einsichtsrechts stehen zwei Interessen einem gleichwertigen Einsichtsinteresse gegenüber. Für den Bereich der Rechtsverteidigung ist damit ein echtes Einsichtsprinzip, begrenzt auf Verwaltungsverfahren, festgeschrieben worden. Für den schwerpunktmäßig untersuchten Bereich der voraussetzungslosen Akteneinsicht wurde dagegen, neben den Vertraulichkeits- und Effizienzgesichtspunkten, noch ein weiteres primärrechtliches Interesse an der Störungsfreiheit behördlicher und gerichtlicher Verfahren hinzugefügt. Weiterhin fehlt bislang eine ausdrückliche Anerkennung eines Generalprinzips durch den Gerichtshof. Das Potential eines Generalprinzips des Gemeinschaftsrechts kann sich demzufolge in seiner Anwendung nicht seiner Bedeutung entsprechend entfalten. Ausnahmen hierzu bestehen lediglich bei Tangieren des effizienten Organhandelns.

Erklärungshilfe kann die Systematik der Rechtsgewährung geben. Innerhalb des Wirtschaftsverfahrens besteht, zumindest personell, von vornherein ein enger Anwendungsbereich des Grundsatzes der Akteneinsicht[898]. Aus rechtsstaatlichen Erwägungen und unter Berücksichtigung der Handhabung des Regel-/Ausnahmeverhältnisses durch den *EuGH* ist daher eine gleichfalls enge Reichweite der Ausnahmevorschriften und ihrer Rechtsquellen geboten. Dies mag als Erklärung dafür dienen, daß den Verteidigungsrechten „nur" zwei gegenläufige Rechtsgrundsätze gegenüberstehen. Die Reichweite des voraussetzungslosen Zugangsrechts ist personell und sachlich ungleich höher verwirklicht als im verfahrensabhängigen Bereich. Legitim erscheint es daher, einem in der Reichweite überlegenen subjektiven Zugangsrecht auch gleichbleibend proportional erweiterte Ausnahmetatbestände zur Seite zu stellen. Solange das Regel-/Ausnahmeverhältnis innerhalb dieses Anwendungsbereichs durch den Gerichtshof gewahrt ist[899], stehen einem solchen Vorgehen im Kontext des Gemeinschaftsrechts keine Bedenken entgegen. Eine in der praktischen Anwendung verhältnismäßige Abwägung wäre aber idealerweise erst dann erreicht, wenn das voraussetzungslose Zugangsrecht auch positiv als Generalprinzip vom Gerichtshof anerkannt wird. Allerdings ist zu bedenken, daß trotz dieser tatsächlichen Schieflage der Gerichtshof den voraussetzungslosen Dokumentenzugang bis dahin in seinem Regelungsbereich schon großzügig gehandhabt hat.

Im folgenden ist zu untersuchen, inwieweit die Amsterdamer Reform die bisherige tatsächliche und rechtliche Entwicklung des Verhältnisses von Zugangsrecht und Ausnahmen primär- und sekundärrechtlich gefestigt hat.

---

[898] Vgl. oben, 2. Teil, B., III., 1., a) und 4. Teil, B., I.: Akteneinsicht zugunsten des Betroffenen; zugunsten Dritter, worunter auch der Beschwerdeführer fällt, zumeist nur auf Antrag unter Berücksichtigung berechtigter Einsichtsinteressen.

[899] Was unter A., VII. positiv konstatiert wurde.

5. TEIL: NEUERUNGEN DURCH DIE REGIERUNGSKONFERENZEN VON AMSTERDAM UND NIZZA

Zunächst gilt es, das Augenmerk hinsichtlich der Amsterdamer Reformen schwerpunktmäßig auf die primärrechtlichen Inhalts- und Rechtsänderungen in Art. 1 II EUV und Art. 255 EGV zu lenken. Hierbei ergeben sich möglicherweise Klarstellungen hinsichtlich des Dokumentenzugangs als allgemeiner Grundsatz des Gemeinschaftsrechts oder als allgemeiner Rechtsgrundsatz aus wertender Rechtsvergleichung. Bejahen läßt sich diese Annahme aber nur dann, wenn beide Normen inhaltlich und formell geeignet sind, der Entwicklung eines höherrangigen Generalprinzips ihre (möglicherweise endgültige) Konkretisierung zu bieten. Dann stellt sich jedoch die Frage nach dem Zweck der Aufnahme des Dokumentenzugangs in die Grundrechtscharta mit der Regierungskonferenz von Nizza.

Sekundärrechtlich wird die Entwicklung der Verordnung 1049/2001 vom 30.05.2001[900] unter der Prämisse der von den Organen gewünschten Umsetzungsänderungen im Vergleich zur bisherigen Rechtslage nachgezeichnet.

A.: PRIMÄRRECHTLICHE NEUERUNGEN DES AMSTERDAMER VERTRAGES UND DEREN AUSWIRKUNGEN AUF EINEN ALLGEMEINEN GRUNDSATZ DES GEMEINSCHAFTSRECHTS

I. Neufassung des Art. A II *EUV durch Art. 1 II EUV*

1. Materielle Klarstellung eines allgemeinen Grundsatzes der Offenheit

In der Literatur fehlt es nicht an Hinweisen, daß Art. 1 II EUV das an der Spitze der Union stehende Prinzip der offenen Entscheidungsfindung, eingeordnet in den Kontext der Entwicklung des demokratischen Prinzips auf Unionsebene, mit der Reform durch den Amsterdamer Vertrag festgeschrieben bzw. eingeführt hat[901]. Die Einfügung der Worte „möglichst offen" in den Entscheidungsprozeß der Union legt primärrechtlich erstmals ausdrücklich das Transparenzprinzip für

---

[900] Siehe Anhang: VO 1049/2001 in Abl. der EG 2001 vom 31.05.2001 L 145/13.

[901] Curtin in CMLR 2000, S. 15; Curtin in Essays for an open Europe, S. 5; Hilf in integration 1997, S. 252; Hetmeier in Lenz/Hetmeier, Art. 255, RN 1; Kahl in ZG 1996, S. 237; Piepenschneider, S. 71; Schweitzer/Hummer, RN 942; Söderman in Deckmyn/Thomson, S. 83; Stein in Hummer, S. 148; Stumpf in Schwarze, Art. 1 EUV, RN 25; siehe auch Bericht über den AV vom 5.11.97 PE 223.314 endg./A 4-0347/97; somit ist der Ansicht von Gündisch/Mathijsen zu widersprechen, die Änderung wäre fast unbemerkt von der kommentierenden Literatur erfolgt: Gündisch/Mathijsen, S. 187.

den Geltungsbereich des Unionsrechts fest[902]. Art. 1 II EUV, als Gegenstand und Zweck der Union, drückt dies durch die nunmehrige Gleichstellung mit anderen Grundsätzen der Union, wie Bürgernähe und Subsidiarität, aus[903]. Das Transparenzprinzip hat sich damit zu einem Verfassungsprinzip der Union entwickelt, welches nicht nur speziell das Zugangsrecht zu Dokumenten, sondern auch die gesamte Publizität der aktuellen Entscheidungsvorgänge im Blick hat[904]. Zugleich reicht vielen Beobachtern aber die alleinige Änderung von Art. *A II* EUV ohne primärrechtliche Mitberücksichtigung des EGV nicht aus, zu der der Gerichtshof dann auch eindeutige Stellungnahmen abgeben kann[905]. Die Reform des Art. *A II* EUV sei vielmehr eine bloße Konsolidierung als eine echte Reform[906]. Auch schränke die Formulierung „möglichst" den Anwendungsbereich bereits aus sich heraus derart ein, daß sich daraus kein fundamentales Recht mehr konstruieren lasse[907]. Diesen kritischen Stimmen kann aber unter Berücksichtigung des oben festgelegten Differenzierungsmaßstabes nicht gefolgt werden. Der Hinweis auf die fehlende Auslegungskompetenz des Gerichtshofs im Bereich des reinen Unionsrechts spielt auf die Reichweitenfestlegung in Art. 46 EUV an. Nichts gesagt wird damit aber zur inhaltlichen Reichweite von Unionsvorschriften. Letztlich klärt sich mit der Kritik der mangelnden Kompetenz des Gerichtshofs zur Interpretation lediglich die formale Ausweitung der Rechtsprechungskompetenz des *EuGH* vom Gemeinschaftsrecht auf den Unionsbereich. Art. 1 II EUV und seine systematische Stellung in den „Grundlagen" der Union legen dagegen materiell die Prinzipien der Union fest, wozu jetzt auch ausdrücklich die Offenheit gehört. Verwiesen werden soll des weiteren auf die inhaltlich überzeugende Untersuchung von *Stein*, die der Offenheit eine weitgehende Gleichstellung zur Subsidiarität und Bürgernähe bescheinigt hat, welche beide den Rang eines allgemeinen Grundsatzes des Gemeinschaftsrechts genießen[908]. Zudem wurde bereits in der Ursprungsfassung des Art. *A II* EUV das Potential für ein solches Generalprinzip anerkannt. Insgesamt kann Art. 1 II EUV inhalt-

---

902 Bergmann/Lenz, S. 219.

903 Curtin in CMLR 2000, S. 15; Bergmann/Lenz, S. 219; Öberg in eiop 1998 in http://eiop.or.at/eiop/texte/1998-008.htm, Referenz vom 26.01.02, S. 14; Stein in Hummer, S. 148; Thun-Hohenstein, S. 99.

904 Calliess in Calliess, Auflage 2, Art. 1 EUV, RN 38; Curtin in Essays for an open Europe, S. 5; Geiger, Art. 1 EUV, RN 14; Stumpf in Schwarze, Art. 1, RN 28; Wegener, Art. 255, RN 1.

905 Explizit Guggenbühl in Deckmyn/Thomson, S. 10; Öberg in eiop 1998 in http://eiop.or.at/eiop/texte/1998-008.htm, Referenz vom 26.01.02, S. 15; O'Neill in EPL 1998, S. 430 ff.

906 Westlake in Deckmyn/Thomson, S. 127; ähnlich vorsichtig und unter Hinweis der Verknüpfung normativer und deskriptiver Elemente, Scherzberg, S. 254; auch Stein in Hummer, S. 156.

907 Guggenbühl in Deckmyn/Thomson, S. 10.

908 Stein in Hummer, S. 141, ausführliche Behandlung bereits oben, 3. Teil, A., I.

lich relativ unbestritten die Bündelung verschiedener Transparenzforderungen im Unionsrecht durch Schaffung eines Generalprinzips der Publizität der Entscheidungsfindung attestiert werden, worunter sich nach oben entwickelter Systematik auch der Dokumentenzugang subsumieren läßt.

2. Kompetenzrechtliche Konstituierung eines allgemeinen Grundsatzes des Gemeinschaftsrechts?

Strikt zu trennen von diesem Ergebnis ist aber die Frage, ob sich der zur Bildung eines allgemeinen Rechtsgrundsatzes oder eines allgemeinen Grundsatzes des Gemeinschaftsrechts befugte Gerichtshof[909] diese inhaltlichen Neuerungen künftig nutzbar machen kann, indem er aus dem materiellen Potential des Art. 1 II EUV auch tatsächlich einen gemeinschaftsrechtlich verbindlichen Grundsatz des Dokumentenzugangs kreieren könnte.

Die materielle Anerkennungsmöglichkeit eines Generalprinzips des Dokumentenzugangs reicht dem Bürger insofern nicht, als daß er sich vor dem *EuG* subjektiv nicht auf dieses berufen kann. Dem Bürger bleibt in Art. 1 II EUV trotz Transparenzverpflichtung nicht mehr als ein politisches Bekenntnis, zumindest aber keine supranational verbindliche Regel, sondern reines Völkervertragsrecht[910].

Die Zuständigkeit des *EuGH* im Bereich des Unionsrechts ist durch den Amsterdamer Vertrag gegenüber Art. *L* EUV zwar ausgebaut worden[911]. Unbestritten ist aber auch, daß Art. 46 EUV die Kompetenzen des Gerichtshofs im Unionsbereich insoweit abschließend festlegt[912]. Da sich aber auch nach den Amsterdamer Reformen kein Hinweis auf eine Auslegungskompetenz des Art. 1 II EUV findet, kann hinsichtlich dieser Anknüpfungsmöglichkeit nur auf das oben gefundene Ergebnis verwiesen werden, daß auch nach geltendem Unionsrecht dem *EuGH* keine Kompetenz zur Interpretation des Art. 1 II EUV oder der Präambel des EUV zusteht[913]. Die außerhalb von Art. 46 EUV gebildeten Prinzipien können im Unionsrecht allein insoweit Bedeutung entfalten, als daß das Ge-

---

909 Krück in Groeben, Art. 164, RN 22 ff.

910 Cremer in Calliess, Auflage 2, Art. 46 EUV, RN 7; wohl bestätigt in RS T-191/99 „Petrie/Kommission" in Slg. II 2001, S. 3697 ff.

911 Statt vieler, Herrnfeld in Schwarze, Art. 46, RN 2; Wölker in EuR Beiheft 1/99, S. 110, 116. Neben den Änderungen für den Bereich der Polizeilich-Justiziellen Zusammenarbeit in Art. 46 b) EUV wurde vor allem der hier interessierende Bereich der Grundrechte gem. Art. 6 II EUV über Art. 46 d) EUV auf den Unionsbereich ausgeweitet. Somit kann nunmehr eine Herleitung Allgemeiner Grundsätze kompetenziell auch aus den Grundrechten erfolgen (siehe dazu unten, B., III.).

912 Cremer in Calliess, Auflage 2, Art. 46 EUV, RN 1; Geiger, Art. 46 EUV, RN 6; Herrnfeld in Schwarze, Art. 46, RN 3.

913 Vgl. hinsichtlich Art. B EUV: RS C-167/94 „Strafverfahren gegen Juan Carlos Grau Gomis u.a." in Slg. I 1995, S. 1023, LS 1.

meinschaftsrecht innerhalb der Union gleichzeitig deren ersten Pfeiler darstellt[914]. Somit kann der Gerichtshof, außer über eine Ableitung aus den Grundrechten gem. Art. 46 lit. d) EUV in Verbindung mit Art. 6 II EUV, die verfahrenskonstitutive Transparenz weiterhin nur aus dem Gemeinschaftsrecht zu einem allgemeinen Grundsatz verdichten[915].

II. Einführung des Art. 255 EGV in das Gemeinschaftsrecht

1. Allgemeine Bedeutung von Art. 255 EGV

Art. 255 EGV bietet dem Bürger eine primärrechtliche Gemeinschaftsnorm, welche das Zugangsrecht zu Dokumenten des Europäischen Parlaments, des Rates und der Kommission erstmals verankert hat. Art. 255 EGV stellt dabei die wesentlichste Konkretisierung des Transparenzprinzips aus Art. 1 II EUV dar[916]. Als Maßstab für dessen Entwicklung stellen die bereits erreichten Organbeschlüsse und die dazu ergangene Rechtsprechung einen nicht zu unterschreitenden Mindeststandard dar[917], bzw. gehen unter Hinzuziehung der Gedanken des Art. 1 II EUV noch darüber hinaus[918]. Dies ist unter Berücksichtigung der oben gefundenen Ergebnisse zum materiellen Rechtsgrundsatz wohl auch nicht ernstlich zu bestreiten und muß in die Auslegung der Reichweite von Art. 255 EGV einfließen.

2. Inhaltliche Neuerungen im Vergleich zur bisherigen Rechtslage

a) Modifizierungen des Dokumentenbegriffs

Nach bisheriger Rechtslage waren grundsätzlich alle Dokumente im Anwendungsbereich des Zugangsrechts erfaßt, unabhängig von ihrem organinternen Status[919]. Trotz der Pflicht zur Mehrgewährung aus Art. 1 II EUV wird Art. 255

---

914 Vgl. zu dieser Trennung im Hinblick auf die Kompetenzen des EuGH: Griller in EuR Beiheft 1/99, S. 45; Vedder in EuR Beiheft 1/99, S. 8.

915 Was hieße, sie lediglich aus der Demokratie, dem Rechtsstaatsprinzip herzuleiten, was im 3. Teil, D., I., II. bereits unternommen wurde.

916 Geiger, Art. 255, RN 1; Bergmann/Lenz, S. 219; Scherzberg, S. 99; siehe auch BT Drs. 9339, 159 – Ziff. 45 zu Art. 2 AV; Schrader spricht von einer Wandlung des Charakters administrativer Gewährung zu einem primärrechtlichen Informationsrecht in NVwZ 1999, S. 42.

917 So Curtin in CMLR 2000, S. 15; Hetmeier in Lenz/Hetmeier, Art. 255, RN 6.

918 Hetmeier in Lenz/Hetmeier, Art. 255, RN 4; Wegener in Calliess, Auflage 2, Art. 255, RN 1 ff.; Öberg hinsichtlich eingehender Dokumente, S. 19; siehe dazu im folgenden, 2., c).

919 Curtin in CMLR 2000, S. 18; Curtin in Essays for an open Europe, S. 6; Draft Communication to the Commission from the President on Public Access to Commission Documents vom 22.1.99; SG.C.2/VJ.CD/D(98)12: II. Policy of Access to Commission docu-

EGV einschränkend gelesen. Zwar müsse der Anwendungsgegenstand „Dokument“ wie schon nach jetziger Praxis unter der Einschränkung weit ausgelegt werden, daß keine Beschaffungspflicht für nicht vorhandene Dokumente besteht[920]. Interne Dokumente sollen aber fortan, bis sie einen bestimmten Grad an Finalität erreichen oder an Dritte weitergegeben werden[921], bereits aus dem Anwendungsbereich von Art. 255 EGV herausfallen. Argumentiert wird mit der Wahrung der Effizienz der Entscheidungsfindung, welche den Organen Freiraum zur Überlegung außerhalb öffentlicher Beobachtung gewähren muß[922].

b) Voraussetzungslosigkeit des Zugangsbegehrens und teilweiser Zugang zu Dokumenten

Die Voraussetzungslosigkeit des Zugangsbegehrens frei von rechtlichen oder berechtigten Interessen als das eigentliche Charakteristikum des verfahrenskonstituierenden Zugangsrechts[923] bleibt von der primärrechtlichen Verortung in Art. 255 EGV konsequenterweise unberührt.

Deklaratorisch neu ist aber die Forderung, die in der Rechtssache *„Hautala“* aufgestellten Grundsätze des Teilzugangs aus Gründen der Verhältnismäßigkeit, der guten Verwaltungspraxis und des größtmöglichen Zugangs bereits in der inhaltlichen Reichweite des Art. 255 EGV und nicht erst in einem Sekundärrechtsakt festzuschreiben[924].

c) Verabschiedung der Urheberregel durch Ausweitung des Anwendungsbereichs

aa) Einbeziehung organfremder Dokumente in den Anwendungsbereich des Art. 255 EGV

Der bisherige Rechtszustand wurde mit Einführung des Art. 255 EGV teilweise geändert. Unter anderem aus der Historie der Entstehung dieser Norm wird ge-

---

ments in force since February 1994; Discussion Paper on Public Access to Commission Documents, S. 3 ff.

920 Thun Hohenstein, S. 99.

921 Öberg in eiop 1998 in http://eiop.or.at/eiop/texte/1998-008.htm, Referenz vom 26.01.02, S. 16.

922 Öberg in eiop 1998 in http://eiop.or.at/eiop/texte/1998-008.htm, Referenz vom 26.01.02, S. 16; Curtin in Essays for an open Europe, S. 6, mit der Kritik, daß der Anwendungsbereich der UIRL die Reichweite auf interne Dokumente erstreckt; aber: Draft Communication to the Commission from the President on Public Access to Commission Documents vom 22.1.99, SG.C.2/VJ.CD/D(98)12: III. Guidelines and framework proposed for the new post-Amsterdam legislation, die eine differenzierte Auslegung vornimmt, dergestalt, daß reine Arbeitsdokumente aus dem Anwendungsbereich von Art. 255 EGV bzw. der Verordnung herausfallen sollen; so auch im Fortgang, Discussion Paper on Public Access to Commission Documents, S. 6.

923 Burkert in Lamnek/Tinnefeld, S. 114.

924 Curtin in CMLR 2000, S. 17.

folgert, daß künftig nicht nur die von den Organen stammenden, sondern alle eingehenden Dokumente, also tatsächlich alle im Besitz der Organe befindlichen Dokumente in den Anwendungsbereich des Zugangsrechts einbezogen werden[925]. Für diese Ausweitung kann systematisch der Umkehrschluß aus der 35. Schlußerklärung zum Vertrag von Amsterdam angeführt werden. *„Die Konferenz kommt überein, daß die in Artikel 255 Absatz 1 des Vertrages zur Gründung der Europäischen Gemeinschaft genannten Grundsätze und Bedingungen es einem Mitgliedstaat gestatten, die Kommission oder den Rat zu ersuchen, ein aus dem betreffenden Mitgliedstaat stammendes Dokument nicht ohne seine vorherige Zustimmung an Dritte weiterzuleiten"*. Umgekehrt müssen sich zumindest die Dokumente der Mitgliedstaaten ursprünglich im Anwendungsbereich des Art. 255 EGV befunden haben, sonst mache die Existenz der Erklärung keinen Sinn[926]. So aber impliziert die 35. Schlußerklärung, daß es im Prinzip legale Hindernisse im Vertrag gibt, die aber nur dann wirken können, wenn Art. 255 EGV die eingehenden Dokumente in seinen Anwendungsbereich einbezieht[927]. Ob auch Dokumente sonstiger dritter Urheber von Art. 255 EGV erfaßt sein sollen, geht aus der 35. Schlußerklärung allerdings nicht hervor. Begründend kann lediglich die Entstehungsgeschichte angeführt werden. Ergänzend wird auch die materielle Erhöhung zu einem allgemeinen Grundsatz des Gemeinschaftsrechts in Art. 1 II EUV angeführt, der eine Ausdehnung der Rechtsgewährung gebietet, zumindest aber einen Rückschritt hinter den erreichten Standard verbietet[928]. Der gegenteiligen Auffassung von *Lenz*, der von einer Fortgeltung der jetzigen rechtlichen und tatsächlichen Praxis ausgeht, kann daher nicht gefolgt werden[929].

---

925 Der Vorentwurf zu Art. 255 EGV ging noch von Dokumenten „originated from" den Organen aus, während die verbindliche Textfassung von Dokumenten „held by" den Organen spricht; Curtin in CMLR 2000, S. 22; Öberg in eiop 1998 in http://eiop.or.at/eiop/texte/1998-008.htm, Referenz vom 26.01.02, S. 16.

926 Curtin in CMLR 2000, S. 22; Curtin in Deckmyn/Thomson, S. 114; Dryberg in ELR 1999, S. 157; Geiger, Art. 255, RN 2; Österdahl in ELR 1998, S. 350; Thun-Hohenstein, S. 99; Wegener in Calliess, Auflage 1, Art. 255 RN 9, in Auflage 2 auf die entsprechende Verordnungsnorm übertragen, s. RN 12; undifferenziert und ohne Erwähnung der 35. Schlußerklärung, statt dessen Hinweis auf das „Bavarian Lager" Urteil, Kugelmann, S. 181; beachte bei allem aber die eingeschränkte Heranziehungsmöglichkeit der 35. Schlußerklärung, da diese nur für Rat und Kommission und nicht für das Parlament gelten, so auch Bericht des Institutionellen Ausschusses vom 08.12.1998, DOK A 4-0476/98.

927 Dryberg in ELR 1999, S. 157.

928 Hetmeier in Lenz/Hetmeier, Art. 255, RN 1 ff; Öberg in eiop 1998 in http://eiop.or.at/eiop/texte/1998-008.htm, Referenz vom 26.01.02, S. 16.

929 Unabhängig von sekundärrechtlichen Änderungen gesteht er der Auslegung des Art. 255 EGV lediglich solche Dokumente zu, deren Urheber und Verfasser die jeweiligen Gemeinschaftsorgane sind. Es bestehe kein Zugangsanspruch für Dokumente, die von Privatpersonen, Mitgliedstaaten oder Drittstaaten stammen und den Gemeinschaftsorganen lediglich zur Verfügung gestellt worden sind. Er spricht in seiner Kommentierung aber

bb) Konsequenzen dieser Ausweitung für die Existenz der Urheberregel als Bereichsausnahme des Verhaltenskodex und der Organbeschlüsse

Konkret stellt sich die Frage, ob durch die Ausweitung des Dokumentenzugangs durch die 35. Schlußerklärung auch auf den Bereich, der zuvor mittels Bereichsausnahme ausgeschlossen war, die Urheberregel bedeutungslos geworden ist.

Fakt ist zunächst, daß eine sinngemäße Übereinstimmung der den Ausnahmevorschriften der Organbeschlüsse zuzuordnenden Vertraulichkeitsforderung Dritter einerseits und der 35. Schlußerklärung zum Vertrag von Amsterdam andererseits zu verzeichnen ist[930]. Fest steht auch, daß die Auslegung dieser Ausnahmevorschrift des Kodex aufgrund zwingenden Wortlautes und dem Selbstverständnis der Kommission zugunsten einer die Organe verpflichtenden Handlungsweise gedeutet wurde. Bei dahingehenden Vertraulichkeitsbegehren der natürlichen oder juristischen Personen bzw. bei entgegenstehenden Rechtsvorschriften der Mitgliedstaaten ist zwingend der Zugang zu verweigern[931].

Nicht übersehen werden darf demgegenüber gleichfalls, daß die 35. Schlußerklärung primär die Auslegung der Anwendungsreichweite im Blick hat. Dafür spricht schon die Tatsache, daß mit der Auslegung künftiger Ausnahmevorschriften unter Umständen eine Kollision mit der Rechtsetzungstätigkeit des Gemeinschaftsnormgebers entstünde, die nicht konform mit der Funktionsordnung der Organkompetenzen wäre[932].

Faßt man diese zunächst entgegengesetzten Ergebnisse zusammen, so ergibt sich, daß die 35. Schlußerklärung auf die Ausdehnung der Reichweite des Anwendungsbereichs abzielt, aber auf eine in der jetzigen Praxis zwingende Aus-

---

weder die Entstehungsgeschichte noch den systematischen Hinweis auf die 35. Schlußerklärung an, so daß seine Auslegung nicht mit Argumenten untermauert werden kann. Im übrigen geht er selbst davon aus, daß Art. 255 EGV eine Rechtserweiterung geschaffen hat, was einer derartigen Auslegung widersprechen würde: Hetmeier in Lenz/Hetmeier, Art. 255, RN 5.

930 Siehe dazu oben, 2.Teil, A., II., 8., b)): Art. 4 I 5. Spiegelstrich des Ratsbeschlusses 93/731: „Der Zugang zu einem Ratsdokument darf nicht gewährt werden, wenn durch die Verbreitung des Dokuments folgendes verletzt werden könnte: (...) - die Wahrung der Vertraulichkeit, wenn dies von der natürlichen oder juristischen Person, die eine in dem Dokument enthaltende Information zur Verfügung gestellt hat, beantragt wurde oder aufgrund der Rechtsvorschriften des Mitgliedstaats, der eine der betreffenden Informationen bereitgestellt hat, erforderlich ist."; insoweit sinngemäß gleichlautend, Kommissionsbeschluß 94/90 bzw. Verhaltenskodex; Wortlaut der 35. Schlußerklärung: „Die Konferenz kommt überein, daß die in Artikel 255 Absatz 1 des Vertrages zur Gründung der Europäischen Gemeinschaft genannten Grundsätze und Bedingungen es einem Mitgliedstaat gestatten, die Kommission oder den Rat zu ersuchen, ein aus dem betreffenden Mitgliedstaat stammendes Dokument nicht ohne seine vorherige Zustimmung an Dritte weiterzuleiten."

931 Vgl. oben, 2. Teil, A., II., 8., b).

932 Ähnlich auch Bericht des EP über den Amsterdamer Vertrag vom 5.11.97 PE 223.314 endg./ A4-0347/97.

nahmevorschrift rekurriert und darüber hinaus ihren wesentlichen Inhalt sogar noch expliziter formuliert. Somit kann daraus allein der Schluß gezogen werden, daß sich der Charakter der Urheberregel, die eine Bereichsausnahme hinsichtlich eingehender Dokumente geschaffen hat, nun zugunsten der bereits bestehenden Ausnahmeregelung in Form eines zwingenden Anspruchs auf vertrauliche Behandlung ihrer, den Organen übermittelten, Dokumente geändert hat[933]. Die Urheberregel ist damit in ihrer bisherigen Form bedeutungslos geworden. Die doppelte Sicherung organfremder Dokumente durch die Bereichsausnahme der Urheberregel und den zwingenden Anspruch Dritter auf Versagung des Zugangs hat sich vielmehr durch die 35. Schlußerklärung zugunsten einer einfachen Sicherung mittels zwingender Ausnahmevorschrift gewandelt[934].

Rein rechtlich ist damit zweierlei erreicht. Zum einen verdrängt eine normierte Klarstellung die Rechtsunsicherheit hinsichtlich der Einordnung der Urheberregel zugunsten einer Qualifizierung als Ausnahmevorschrift. Zum anderen wird eine rechtsqualitative Neuerung erreicht, nämlich daß bei Beachtung der engen Auslegung der Ausnahmevorschriften eine Ausweitung des Anwendungsbereichs des Zugangsrechts zu Dokumenten zu verzeichnen ist.

Und auch in tatsächlicher Hinsicht wird durch eine derartige Auslegung von Art. 255 I EGV das gemeinschaftsrechtliche Zugangsrecht dem mitgliedstaatlichen Standard des Fehlens einer Urheberregel als Ergebnis der Rechtsvergleichung angepaßt[935].

d) Binnenreichweite des Zugangsrechts

Der Anwendungsbereich der Organbeschlüsse wurde durch zwei Entscheidungen des *EuG* auf die intergouvernementalen Pfeiler der Union ausgedehnt[936]. Art. 28 und 41 EUV der Amsterdamer Fassung sehen nun direkt in den Unionspfeilern[937] die Anwendung von Art. 255 EGV im Bereich der Außen- und

---

933 Öberg in eiop 1998 in http://eiop.or.at/eiop/texte/1998-008.htm, Referenz vom 26.01.02, S. 17 f., bestreitet, daß es aus der 35. Schlußerklärung einen zwingenden Versagungsanspruch auf Dokumentenzugang für die Organe gibt. Er geht lediglich von einer Konsultationspflicht der Organe aus. Die 35. Schlußerklärung soll kein Vertraulichkeitsrecht in allen Kommunikationsbeziehungen eines Mitgliedstaates mit den Organen begründen. Dies widerspricht aber nach bisherigen Aussagen den Auslegungen der Ausnahmevorschrift im Verhaltenskodex, es fehlen auch plausible Anzeichen, warum es hier einen Auslegungswandel gegeben haben soll. Im Gegenteil wurde die insoweit noch verstärkende Wortwahl als Argument für einen Erst - Recht - Schluß herangezogen.

934 So ohne Begründung auch Bergmann/Lenz, S. 220; Thun-Hohenstein, S. 99.

935 S.o., 3. Teil, C., I., 5. Vgl. zur sekundärrechtlichen Präzisierung und insb. den verbleibenden Konsultationspflichten unten VO 1049/2001, F., II., 1., 2.

936 RS T-174/95 „Svenska/Rat“ in Slg. II 1998, S. 2289, LS 4; RS T-14/98 „Hautala/Rat“ in Slg. II 1999, S. 2504, RN 41.

937 Zu den Verweisungsketten siehe die Rechtssachen RS T-174/95 „Svenska/Rat“ in Slg. II 1998, S. 2289; RS T-14/98 „Hautala/Rat“ in Slg. II 1999, S. 2489 ff.

Sicherheitspolitik und der Polizeilich-Justiziellen Zusammenarbeit vor[938], ohne mittelbare Rückschlüsse auf die anwendbaren Vorschriften des Gemeinschaftsrechts ziehen zu müssen. Materiell sind damit allerdings keine Neuerungen erzielt. Art. 28 und 41 EUV schreiben vielmehr die Ergebnisse der „*Svenska*“ und „*Hautala*“ -Entscheidungen des *EuG* fest.

Deklaratorisch[939] ist weiterhin eine den Vorschriften des Art. 255 EGV entsprechende Auslegung von Organhandlungen in den Bereichen der EGKSV und EAGV[940]. Erklärung 41 der Schlußakte von Amsterdam sieht vor, daß „*...sich das Europäische Parlament, der Rat und die Kommission, wenn sie aufgrund des Vertrages über die Gründung der Europäischen Gemeinschaft für Kohle und Stahl und des Vertrages zur Gründung der Europäischen Atomgemeinschaft handeln, von den im Rahmen des Vertrages zur Gründung der Europäischen Gemeinschaft geltenden Vorschriften über die Transparenz, den Zugang zu Dokumenten und die Bekämpfung von Betrügereien leiten lassen sollten.*“[941].

e) Berechtigte Anspruchsteller des Dokumentenzugangs

Die personell sehr weite Handhabung der bisherigen Praxis, die das Zugangsrecht praktisch jedem Nachfragenden eröffnete[942], erhält durch Art. 255 EGV eine Begrenzung auf Unionsbürger und natürliche und juristische Personen mit Wohnsitz oder Sitz in einem Mitgliedstaat[943]. Vereinzelt findet sich die Begründung einer nunmehr erreichten einheitlichen Verleihung subjektiver Rechte ver-

---

938 So auch Bergmann/Lenz, S. 220; Öberg in eiop 1998 in http://eiop.or.at/eiop/texte/1998-008.htm, Referenz vom 26.01.02, S. 16; Stumpf in Schwarze, Art. 1 EUV, RN 26; für die Außen-und Sicherheitspolitik: Curtin in Deckmyn/Thomson, S. 116.

939 Beschluß 94/90 der Kommission, Beschluß 97/632 des Parlaments in Abl. der EG 1997, L 263/27; hinsichtlich des Ratsbeschlusses 93/731 ist die Ausweitung durch den Beschluß 96/705 in Abl. der EG 1996, vom 14.12.1996 zu beachten; des weiteren RS T-14/98 „Hautala/Rat“ in Slg. II 1999, S. 2489 ff.; RS T-174/95 „Svenska/Rat“ in Slg. II 1998, S. 2289 ff.

940 Bergmann/Lenz, S. 220; Öberg in eiop 1998 in http://eiop.or.at/eiop/texte/1998-008.htm, Referenz vom 26.01.02, S. 16; Kugelmann, S. 181; Scherzberg, S. 254.

941 41. Erklärung zu den Vorschriften über die Transparenz, den Zugang zu Dokumenten und die Bekämpfung von Betrügereien.

942 Vgl. oben 2. Teil, A., II., 4.

943 Explizit Wägenbaur in EuZW 2000, S. 193, mit der Kritik der nunmehr publikumsfeindlicheren Formulierung; im Ergebnis auch Curtin in Deckmyn/Thomson, S. 112; Geiger, Art. 255, RN 2; Hetmeier in Lenz/Hetmeier, Art. 255, RN 5; unter Hinweis auf die primärrechtliche Forderung in Art. 255 EGV: Draft Communication to the Commission from the President on Public Access to Commission Documents vom 22.1.99 SG.C.2/VI.CD/D(98)12: III. Guidelines and framework proposed for the new post-Amsterdam legislation; Statewatch Secret Europe Page in http://www.statewatch.org/secreteurope.html unter News, Developments & Debates: EEB Comments on the European Commission`s Proposal for a Regulation; Referenz vom 26.01.2002.

gleichbar dem Petitionsrecht gem. Art. 194 EGV oder der Beschwerde beim Bürgerbeauftragten gem. Art. 195 EGV[944]. Diese Begründung erscheint jedoch keineswegs zwingend und dient nur bedingt als Argument einer Einschränkung des personellen Anwendungsbereichs. Allerdings wurde bereits im zweiten Teil die leichte praktische Umgehbarkeit einer möglichen personellen Einschränkung dargestellt, die sich nun auswirken kann[945].

f) Verpflichtete Organe des Zugangsrechts

aa) Horizontale Beschränkung auf die Organe Parlament, Rat und Kommission

Art. 255 EGV grenzt die Verpflichteten des primärrechtlichen Zugangsrechts auf die drei Hauptorgane Parlament, Rat und Kommission ein. Dies erscheint um so unverständlicher, als sowohl die Organe wie auch der Gerichtshof in der Vergangenheit bemüht waren, die Reichweite der Verpflichtung immer mehr in die Breite zu ziehen. Die Kritiker dieser Eingrenzung befürchten einen Dominoeffekt, der die Gefahr einer Dezentralisierung der Organaufgaben und damit einer Umgehungsmöglichkeit der institutionellen Verpflichtung in sich bergen würde[946]. Des weiteren stellt die Einschränkung, außer einer primärrechtlichen Erhöhung der drei Hauptorgane in diesem Kontext, keinen echten Ausbau des Zugangsrechts dar. Die bisherigen internen Beschlüsse wurden von den weitaus meisten Organen verabschiedet[947]. Wenn man Art. 1 II EUV und dessen Wirkung als materieller Rechtsgrundsatz hinzuzieht, ist im Hinblick auf Art. 255 EGV ein umfassenderes Zugangsrecht als bisher abzuleiten, welches mit der Verpflichtetenbeschränkung schwerlich vereinbar ist[948].

bb) Vertikale Ausweitung auf die Hilfs- und Nebenorgane

Gleichzeitig wird die Verpflichtung in die Tiefe, die Art. 255 EGV vermittelt, im Lichte der Rechtsprechung des *EuG* ausgelegt. Der Versuch der Kommission, Dokumente der KOMITOLOGIE-Ausschüsse vom Zugangsrecht des Beschlusses 94/90 der Kommission fernzuhalten, wurde vom *EuG* als unzulässige Einschränkung des weitest möglichen Zugangs gesehen[949]. Diese vertikale Klar-

---

944 Schoo in Schwarze, Art. 255, RN 11, der die Formulierung des Art. 255 EGV sogar für eine Ausdehnung des Anwendungsbereiches hält.

945 Bergmann/Lenz, S. 221. S.o. 2. Teil, A., II., 4.

946 Öberg in eiop 1998 in http://eiop.or.at/eiop/texte/1998-008.htm, Referenz vom 26.01.02, S. 16; nicht ganz so pessimistisch Söderman in Deckmyn/Thomson, S. 88 ff.

947 Vgl. Untersuchung von Söderman in Der Europäische Bürgerbeauftrage, Sonderbericht in Abl. der EG 1998, C 44/9; inhaltlich weitgehende Entsprechung der Organbeschlüsse im Vergleich zum Verhaltenskodex, Wägenbaur in EuZW 1998, S. 2.

948 Schoo in Schwarze, Art. 255, RN 1 ff.

949 RS T-188/97 „Rothmans/Kommission“ in Slg. II 1999, S. 2483, RN 59.

stellung muß auch nach Inkrafttreten des Amsterdamer Vertrages Anwendung in allen Organen finden[950].

Gesichert werden kann der Zugang zu diesen Dokumenten, indem hinsichtlich der vertikalen Tiefe von jedem Organ eigene organisatorische Verfahrensvorschriften festgelegt werden[951].

Im Ergebnis stellt diese Auslegung von Art. 255 EGV aber keine konstituierende Neuerung dar.

g) Verfahren und Rechtsschutz

Hinsichtlich der Verfahrensvorschriften und des Rechtsschutzes schweigt Art. 255 I EGV. Insofern ist auf die Konkretisierungsanforderungen in Art. 255 II, III EGV hinzuweisen. Allein aufgrund von Art. 255 EGV kann nicht von einer Änderung der geltenden Praxis ausgegangen werden[952].

h) Ausnahmevorschriften

Auch hinsichtlich der Ausnahmebestimmungen gilt es, den Vorbehalt in Art. 255 I EGV zu berücksichtigen, der das Zugangsrecht nur vorbehaltlich der Grundsätze und Bedingungen gewährt, die nach den Absätzen II und III festzulegen sind. Aber unter Berücksichtigung der Prämisse, daß das geltende Recht zumindest einen nicht zu unterschreitenden Mindeststandard darstellen soll, kann auch hier auf die bestehende Praxis verwiesen werden, die der Auslegung von Art. 255 EGV erste Anhaltspunkte bietet. Art. 255 II EGV stellt hierzu keine höhere Anforderung, als öffentliche und private Interessen, die dem Zugangsrecht entgegenstehen, festzulegen.

i) Verhältnis von Art. 255 II zu III EGV

Die einzelnen Organe müssen sich bei der Festlegung ihrer Sonderbestimmungen in Art. 255 III EGV an die nach Art. 255 II EGV festzulegenden Sonderbestimmungen halten[953]. Es muß aber beachtet werden, daß Art. 255 II EGV nur die Festlegung allgemeiner Grundsätze gestattet. Den Organen muß ein nennenswerter Spielraum für eigenständige Modifizierungen bleiben. Der Befürchtung, die Organe werden die Chance nutzen, um von den bisherigen Regeln des Kodex abzuweichen[954], kann dabei unter Hinweis auf die zugangsfreundliche Rechtsprechung begegnet werden, nach der es sich kein Organ leisten kann, eine

---

950 Curtin in CMLR 2000, S. 31.

951 Draft Communication to the Commission from the President on Public Access to Commission Documents vom 22.1.99 SG.C.2/VI.CD/D(98)12: III. Guidelines and framework proposed for the new post-Amsterdam legislation.

952 So auch hinsichtlich der Ablehnungsfiktion, Thun-Hohenstein, S. 99.

953 Bergmann/Lenz, S. 222; Thun-Hohenstein, S. 99.

954 So Stein in Hummer, S. 156; diese Befürchtung schien durch vorauseilene restriktivere Modifizierung des Ratsbeschlusses 93/731 bestätigt zu werden; siehe dazu unter E.

restriktive Linie bei seinen Sonderbestimmungen zu verfolgen[955]. Weiterhin schreibt der Sekundärrechtsakt nach Art. 255 II EGV einen einheitlichen inhaltlichen Mindeststandard vor[956].

k) Bewertung der Zielvorgabe der materiellen Stärkung des Zugangsrechts

Faßt man die vorstehende Darstellung zusammen, so lassen sich im Vergleich zur bisherigen Rechtslage des Dokumentenzugangs bei der Auslegung des Art. 255 EGV vier qualitativ unterschiedliche Rechtsänderungen herausfiltern, die alle vor dem Hintergrund der normenhierarchischen Aufwertung ins Primärrecht zu betrachten sind. Im Bereich des sachlichen Anwendungsbereichs hinsichtlich der Beschränkung des Dokumentenbegriffs, im Bereich des persönlichen Anwendungsbereichs und hinsichtlich der horizontalen Verpflichtung lediglich der drei Hauptorgane, ist jeweils mittels Einengung des Anwendungsbereichs ein Rückschritt zu verzeichnen. Bezüglich der Voraussetzungslosigkeit des Zugangsbegehrens, des Teilzugangs sowie der innergemeinschaftlichen und unionsweiten Anwendungsreichweite sieht Art. 255 EGV dagegen zum Teil deklaratorisch eine Beibehaltung des status quo vor. Echte konstitutive Rechtsfortschritte sind dagegen bei der Anwendungsausweitung des Dokumentenbegriffs auch auf die bei den Organen eingehenden urheberfremden Dokumente zu erkennen. Insgesamt sind daher sowohl Fort- als auch Rückschritte im Vergleich zum bisher erreichten Standard zu verzeichnen. Die Frage, ob die Amsterdamer Neuerungen eine Stagnation oder gar einen Rückschritt gebracht haben, also das Gegenteil dessen, was mit Einführung von Art. 1 II EUV bezweckt war, kann allein auf dieser Vergleichsbasis nicht von vornherein verneint werden. Allerdings ist die Normaufwertung dabei bislang unberücksichtigt geblieben. Setzt man diese Tatsache ins Verhältnis zu den Rückschritten und zu dem beibehaltenen status quo[957], so ergibt sich, daß einzig die Beschränkung der horizontalen Verpflichtung sich als rechtsdogmatisch problematisch darstellt. Wenn aber diese praktischen Rückschritte mit der primärrechtlich normierten Aufwertung ins Verhältnis gesetzt werden und gleichzeitig berücksichtigt wird, daß mit der Schaffung des Art. 255 EGV die Weitergeltung der Organbeschlüsse nicht außer Kraft gesetzt ist, erscheint der möglicherweise drohende praktische Rückschritt zumindest rechtsdogmatisch aufgefangen und für den Bereich der drei Hauptorgane auch ausgebaut[958]. Die Änderungen des Art. 255 EGV, die von einer Fort-

---

[955] Hetmeier in Lenz/Hetmeier, Art. 255, RN 6; Bergmann/Lenz, S. 219 f.; Schoo in Schwarze, Art. 255, RN 19.

[956] Blanchet in RTDE 1997, S. 925; Chiti in CMLR 1998, S. 203 f.; Dehousse in CMLR 1998, S. 619 f; Thun-Hohenstein, S. 99.

[957] Die Stagnationsaspekte von Art. 255 EGV sind ebenfalls mitzuberücksichtigen, da Art. 1 II EUV eine materielle Mehrgewährung forderte.

[958] Ob sich hieraus Konsequenzen für die materielle Anerkennung eines allgemeinen Grundsatzes ergeben, ist damit aber noch nicht beantwortet. Siehe hierzu im folgenden unter 3.

schreibung des status quo ausgehen, erhalten ebenfalls unproblematisch eine automatische Aufwertung durch die primärrechtliche Festschreibung. In bezug auf die dargestellten Erweiterungen der Rechtsgewährung, die Art. 255 EGV enthält, ergibt sich schon aus der materiellen Änderung selbst der durch Art. 1 II EUV gebotene Fortschritt.

Im Ergebnis kann damit festgehalten werden, daß trotz mancher Einschränkungen im Anwendungsbereich mit Schaffung des Art. 255 EGV insgesamt eindeutig eine aus Zugangsrechtssicht positive Weiterentwicklung erreicht wurde[959].

3. Art. 255 EGV als Konkretisierung eines allgemeinen Grundsatzes des Gemeinschaftsrechts auf Dokumentenzugang

a) Auslegungs- und Entwicklungsbefugnis des Gerichtshofs

Anders als bei Art. 1 II EUV steht dem Gerichtshof bei Art. 255 EGV nicht die Kompetenzabgrenzung des Art. 46 EUV auslegungshindernd entgegen. Art. 255 EGV unterliegt der vollen Jurisdiktion gem. Art. 220 EGV. Der *EuGH* kann Art. 255 EGV daher künftig nutzen, um aus ihm einen allgemeinen Grundsatz des Gemeinschaftsrechts deklaratorisch anzuerkennen. Fraglich ist allerdings, ob auch Art. 255 EGV für sich genommen geeignet ist, trotz seiner dargestellten Einschränkungen, ein allgemeines Generalprinzip zu tragen.

b) Materielle Eignung des Art. 255 EGV zur Bildung eines Gemeinschaftsgrundsatzes

Bei einer isolierten inhaltlichen Betrachtung von Art. 255 EGV fällt zunächst die horizontale Beschränkung auf drei Organe ins Auge. Ein Generalprinzip des Gemeinschaftsrechts hingegen verlangt eine einheitliche Geltung des aus dem Primärrecht entwickelten Grundsatzes im gesamten Gemeinschaftsrecht bei allen relevanten Institutionen. Eine solche erweiterte Auslegung des Art. 255 EGV als konstitutionelles generelles Recht schließt der Wortlaut aber eindeutig aus[960]. Weiterhin spricht die systematische Entscheidung, das Zugangsrecht bei den gemeinsamen Vorschriften für mehrere Organe zu platzieren anstatt bei der Unionsbürgerschaft, gegen dessen fundamentalen Status. Statt dessen soll dadurch die Fortgeltung der internen Funktionsweise der Organe in dieser Form

---

[959] Vorsichtiger Novak-Stief in ELR 1998, S. 103.

[960] Curtin in CMLR 2000, S. 13; Curtin in Deckmyn/Thomson, S. 111 ff.; Öberg in eiop 1998 in http://eiop.or.at/eiop/texte/1998-008.htm, Referenz vom 26.01.02, S. 1 ff.; Statewatch amendments in Statewatch Secret Europe Page in http://www.statewatch.org/secreteurope.html unter News, Developments & Debates: Amendments; Referenz vom 26.01.2002: Ausdehnung auf alle Organe ist Voraussetzung, um Kohärenz zu gewährleisten; angedeutet bei Hetmeier in Lenz/Hetmeier, Art. 255, RN 1; Piepenschneider, S. 71; Schroeder in KritV 98, S. 425; Stein in Hummer, S. 155 ff.

sichergestellt werden[961]. Wesentlicher Regelungsgehalt der Norm ist die Anerkennung eines individuellen Rechts auf Zugang zu den Dokumenten. Insofern müßte Art. 255 EGV systematisch eher dem 2. Teil des Vertrages mit den Regelungen über die Unionsbürgerschaft zugeordnet werden[962]. Aber auch die Binnensystematik von Art. 255 EGV unter doppeltem Legislativvorbehalt spricht scheinbar gegen die Anerkennung eines Generalprinzips. Das in Art. 255 EGV enthaltene subjektive Recht steht unter dem doppelten Legislativvorbehalt in Art. 255 II und III EGV. Zwar ist es auch im deutschen Verfassungsrecht nicht unbekannt, die Ausgestaltung und Abwägung dem einfachen Gesetzgeber zu überlassen, insofern ist der Vorbehalt in Art. 255 II EGV nicht zu beanstanden. Die Entscheidung *„van Gend & Loos"* sieht für die unmittelbare Anwendbarkeit von Primärrecht allerdings deren Unbedingtheit vor, die aufgrund der zweifachen Vermittlung in Art. 255 EGV fehlt[963]. Insofern ist eine direkte Anwendung im Verhältnis zwischen Bürger und EG-Organ mangels Unbedingtheit ausgeschlossen, der einzelne auf sekundärechtliche Präzisierungen angewiesen[964].

Diese Kritikpunkte zusammengenommen sprechen damit auf den ersten Blick gegen die materielle Eignung des Art. 255 EGV, eine abschließende Konkretisierung eines allgemeinen Grundsatz des Gemeinschaftsrechts zu formulieren. Unberücksichtigt geblieben ist bei diesem Ergebnis allerdings, daß mit Art. 255 EGV erstmals eine primärrechtliche Festschreibung des Zugangsrechts zu Dokumenten erfolgte und sich daraus materielle Anforderungen zur Ausweitung des Zugangsrechts im Vergleich zur bisherigen Rechtslage ergeben haben. Mit der primärrechtlichen Erhöhung wurde weiter die Balance zugunsten einer auch faktisch verwirklichten Konkordanz zu den primärrechtlichen Geheimhaltungsinteressen erreicht. Und letztlich ist das bereits vorhandene Potential eines Generalprinzips des Dokumentenzugangs aus gemeinschaftsrechtlicher Demokratie, Rechtsstaat und Grundrechten in die Auslegung von Art. 255 EGV einzubeziehen. Reichert man Art. 255 EGV mit den im dritten Teil gefundenen Ergebnissen an, lassen sich die aufgeworfenen Kritikpunkte zugunsten eines allgemeinen Grundsatzes des Gemeinschaftsrechts verwerfen. Die höherrangige Ableitung aus den Verfassungsprinzipien der Gemeinschaft, sowie die Tatsache der Verortung des Dokumentenzugangs im Primärrecht selbst, sind damit die entscheidenden Argumente für die primärrechtliche (deklaratorische) Anerkennung eines Generalprinzips des Gemeinschaftsrechts in Art. 255 EGV.

---

961 Curtin in CMLR 2000, S. 14; Curtin in Deckmyn/Thomson, S. 111.

962 Hetmeier in Lenz/Hetmeier, Art. 255, RN 1.

963 RS 26/62 „van Gend & Loos" in Slg. 1963, S. 3; für Art. 255 anerkannt und Bezugnahme auf „van Gend & Loos" in RS T-191/99 „Petrie/Kommission" in Slg. II 2001, S. 3697.

964 Vgl. näher dazu unten unter F., sowie Bieber in integration 1997, S. 237; Hilf in integration 1997, S. 252; Sobotta, S. 282; Thun-Hohenstein, S. 99; siehe auch RS T-191/99 „Petrie/Kommission" in Slg. II 2001, S. 3698.

c) Ergebnis

Vorliegend sprechen Kompetenz und Inhalt des Art. 255 EGV isoliert betrachtet zunächst unter genau umgekehrten Vorzeichen gegen die Verortung eines allgemeinen Grundsatzes in Art. 255 EGV. Formell bestehen im Gegensatz zu Art. 1 II EUV keinerlei Bedenken, da der Gerichtshof das gesamte Gemeinschaftsrecht auszulegen befugt ist. Hier sprechen vielmehr inhaltliche und systematische Gründe gegen die Erhöhung der primärrechtlichen Neuerung zu einem allgemeinen Grundsatz des Gemeinschaftsrechts allein aus sich heraus. Gemeinschaftsrechtlich wird damit auch künftig eine Anknüpfung an die höherrangigen Rechtssätze Demokratie, Rechtsstaat und Grundrechte nicht entbehrlich, welche aber unter Zusammenschau mit der primärrechtlichen Erhöhung ausreichend sind, um aus Art. 255 EGV materiell die Existenz eines allgemeinen Grundsatzes des Gemeinschaftsrechts anzuerkennen.

III. Behandlung der Ratsdokumente nach Art. 207 III UA 2 EGV

Die Geschäftsordnung des Rates von 1993 in Verbindung mit dem Verhaltenskodex von 1995 zu den Protokollerklärungen des Rates brachte für die Protokolle, die sich auf legislative Rechtsakte des Rates[965] beziehen, ein Veröffentlichungsgebot unter dem Vorbehalt eines dahingehenden Ratsbeschlusses. Dies wurde mit den legislativen Kompetenzen des Rates begründet, deren mangelnde Sitzungsöffentlichkeit mit erweitertem Dokumentenzugang kompensiert wird[966]. Art. 207 III UA 2 EGV, durch den Amsterdamer Vertrag ins Primärrecht eingeführt, modifizierte diese Regelungen zugunsten konstitutiver Neuerungen[967]. Art. 207 III UA 2 EGV ist zusammen mit Art. 255 III EGV zu lesen, der entsprechende interne Beschlüsse für alle Organe im Anwendungsbereich des Art. 255 EGV vorsieht[968]. Inhaltlich wird der Rat in Art. 207 III UA 2 EGV einerseits verpflichtet, die Bedingungen für den Zugang zu Ratsdokumenten in der Geschäftsordnung zu regeln. Andererseits gibt er die Veröffentlichung der Abstimmungsergebnisse, der Erklärungen zur Stimmabgabe und der Protokollerklärungen vor[969]. Damit betrifft Art. 207 III UA 2 EGV zum einen den Zugang der Öffentlichkeit zu Ratsdokumenten (das passive Zugangsrecht), zum anderen die Veröffentlichungspflicht des Rates (das aktive Zugangsrecht)[970]. Erforderlich für eine Veröffentlichung der Abstimmungsergebnisse und Protokollerklärungen ist stets eine gesetzgeberische Tätigkeit des Rates[971]. Materiell war dies bisher

---

965 Definition im Anhang der Geschäftsordnung von 1993 im Abl. der EG 1993, L 304/7.
966 Vgl. oben, 2. Teil, B., III., 2., a), bb).
967 Hix in Schwarze, Art. 207, RN 20.
968 Thun-Hohenstein, S. 99.
969 Stein in Hummer, S. 155; Thun-Hohenstein, S. 99.
970 Hix in Schwarze, Art. 207, RN 22 ff.
971 Hix in Schwarze, Art. 207, RN 25: Eine Definition gesetzgeberischen Handelns enthält der Anhang zur Geschäftsordnung. Somit entscheidet der Rat weiterhin selbst, wann er

schon bei den Abstimmungsergebnissen in Art. *7 V 1. Spiegelstrich* GO Rat von 1993 vorgesehen, wonach er als Gesetzgeber tätig wird[972]. Allerdings konnte der Rat stets mit einfacher Mehrheit entscheiden, von einer Veröffentlichung abzusehen. Diese Einschränkung wird nun durch die unbedingte Verpflichtung in Art. 207 III UA 2, 3 EGV verdrängt[973]. Hinsichtlich der Veröffentlichung der Protokolle außerhalb des Anwendungsbereichs des Art. *7 V* GO Rat von 1993 galt bislang der Verhaltenskodex von 1995. Dieser sah bei entsprechendem Ratsbeschluß die Veröffentlichung anderer legislativer Protokolle als der Abstimmungsergebnisse vor. Die in den Kodizes vorgesehenen Beschränkungen werden nun ebenfalls von Art. 207 III UA 2, 3 EGV verdrängt, von dem Erfordernis eines dahingehenden Ratsbeschlusses befreit und zugleich auf die primärrechtliche Ebene gehoben[974]. Die Art. 7 - 9 GO Rat 2000 setzten diese Anforderungen organintern um, und sehen jetzt die automatische Veröffentlichung bei gesetzgeberischer Tätigkeit vor.

Wird der Rat nicht als Gesetzgeber tätig, gelten Art. 9 II, III GO Rat 2000, die insbesondere Regeln für die Veröffentlichung von Abstimmungsergebnissen und Erklärungen für Rechtsakte im Rahmen der Titel V und VI des EUV enthalten[975].

Bezüglich des passiven Zugangs zu sämtlichen Ratsdokumenten enthält Art. 207 EGV insoweit keine Konkretisierungen. Somit ist weiterhin auf Art. 255 III EGV in Verbindung mit Art. 10 GO Rat von 2000 zurückzugreifen, die eine Aufforderung an den Rat enthalten, die Bedingungen für den Zugang der Öffentlichkeit zu Ratsdokumenten durch Beschluß mit einfacher Mehrheit gem. Art. 205 EGV zu regeln[976]. Allerdings ist der doppelten primärrechtlichen Absicherung Rechnung zu tragen. Art. 255 III EGV gilt zwar auch für Dokumente des Rates. Dennoch fügte der Amsterdamer Vertrag in Art. 207 III UA 2 EGV, 2 primärrechtlich für den Fall ein umfassenderes Zugangsrecht hinzu, daß der Rat als Gesetzgeber tätig wird[977]. Die Regelung des Art. 207 III UA 2 EGV erklärt sich, wie bereits bei der bisherigen Rechtslage angedeutet, mit der besonderen supranationalen Stellung des Rates, dessen demokratische Legitimität einerseits

---

als Gesetzgeber beschließt (Stein in Hummer, S. 155; Kritik und Vorschlag einer interinstitutionellen Vereinbarung, wann der Rat als Gesetzgeber tätig ist, wurde noch im Bericht über den Amsterdamer Vertrag PE 223.314/endg.; A4-0347/97 vorgeschlagen.). Ansonsten muß die Geschäftsordnung aber an die neuen Anforderungen angeglichen werden (Breier in Lenz/Hetmeier, Art. 205, RN 12; Wichard in Calliess, Auflage 2, Art. 207, RN 7 ff.).

972 Hix in Schwarze, Art. 207, RN 25.

973 Breier in Lenz/Hetmeier, Art. 205, RN 12; Sobotta, S. 145; Thun-Hohenstein, S. 99.

974 Breier in Lenz/Hetmeier, Art. 205, RN 12 ff.; Guggenbühl in Deckmyn/Thomson, S. 16 ff.; Hilf in integration 1997, S. 252.

975 Hix in Schwarze, Art. 207, RN 27.

976 Wichard in Calliess, Auflage 2, Art. 207, RN 7 ff.

977 Geiger, Art. 207, RN 6; Hix in Schwarze, Art. 207, RN 22; Bergmann/Lenz, S. 220.

ohne Sitzungsöffentlichkeit auskommt. Allerdings muß andererseits voller Dokumentenzugang gewährt werden, der sich bei einem Vergleich gegenüber Kommission und Parlament in der Erweiterung des aktiven Zugangsrechts bei Legislativprotokollen niederschlägt[978]. Gleichzeitig müsse aber die Wirksamkeit des Beschlußfassungsverfahrens gewahrt bleiben. Dem Rat wird ein gewisser Gestaltungsspielraum hinsichtlich der Abwägung zwischen Transparenz und Effizienz im Gesetzgebungsverfahren zugebilligt, wonach er in Fällen außerhalb seiner Gesetzgeberrolle das passive Zugangsrecht weniger umfassend ausgestalten kann, es aber nicht gänzlich ausschließen darf[979].

Hinsichtlich der Anwendung auf die anderen Verträge enthalten EGV und EUV keine Regelung. Somit ist auf die 41. Schlußerklärung des Amsterdamer Vertrages zurückzugreifen, die eine Anwendung der Transparenzregeln auch im Bereich der EGKSV und EAGV vorsieht[980]. Für die beiden Unionspfeiler ist die Anwendung des Art. 207 III UA 2 EGV unter Hinweis auf Art. 28 und 41 EUV unproblematisch[981].

In diesem Zusammenhang soll nicht unerwähnt bleiben, daß der Amsterdamer Vertrag in bezug auf den Grundsatz der Geheimhaltung von Ratssitzungen gem. Art. 5 GO Rat von 2000 keine Neuerungen gebracht hat[982].

IV. Datenschutz aus Art. 286 EGV

Die wirtschaftliche Integration und der damit einhergehende grenzüberschreitende Datenaustausch erforderte im Zuge der Binnenmarktentwicklung einen europaweit einheitlichen Standard. Diesen Schutz personenbezogener Daten gewährte die Gemeinschaft mittels der Datenschutzrichtlinie 95/46[983] und der Telekommunikationsrichtlinie 97/66[984]. Durch die im Laufe der Zeit zunehmende Kompetenzverlagerung auf die Gemeinschaft wurde die alleinige Verpflichtung der Mitgliedstaaten rechtfertigungsbedürftig, da auch die Kommission von

---

978 Verkürzt, Hix in Schwarze, Art. 207, RN 20.

979 Hix in Schwarze, Art. 207, RN 22; Bericht über den Amsterdamer Vertrag PE 223.314/endg./A4-0347/97.

980 Thun-Hohenstein, S. 100.

981 Stein in Hummer, S. 155; Bericht der Bundesregierung in BT Drs. 9339, 157, Ziff. 39 zu Art. 2 AV; Guggenbühl in Deckmyn/Thomson, S. 16 ff.

982 Breier in Lenz/Hetmeier, Art. 205, RN 12; Geiger, Art. 207, RN 6; Guggenbühl in Deckmyn/Thomson, S. 16 ff.; Hix in Schwarze, Art. 207, RN 20 ff., der aber noch auf andere Transparenzbestimmungen außerhalb des Dokumentenzugangs und der Sitzungsöffentlichkeit eingeht.

983 Abl. der EG 1995, L 281/31.

984 Abl. der EG 1997, L 24/1; zu beiden näher, Garstka in DVBl 1998, S. 985; Kopp in DuD 1995, S. 204 ff.; Lavranos in DuD 1996, S. 400 ff.; Simitis in NJW 1997, S. 281 ff.; Simitis in NJW 1998, S. 2473 ff.; Trute in JZ 1998, S. 829 ff.

nun an verstärkt mit personenbezogenen Daten arbeitete[985]. Die Organe beschlossen daraufhin, sich den materiellen Bestimmungen der beiden Richtlinien freiwillig zu unterwerfen[986]. Art. 286 EGV, durch die Amsterdamer Reformen in das Primärrecht eingeführt, legt nunmehr den, beiden Richtlinien innewohnenden, Standard für die Organe auch vertraglich fest[987]. Allerdings wird Art. 286 EGV nach bisheriger Auslegung der Literatur nicht als eine Kompetenznorm für die Gemeinschaft oder gar als subjektives Recht auf informationelle Selbstbestimmung gelesen[988]. Art. 286 EGV klärt also nicht die Zuständigkeiten[989], sondern sichert lediglich den materiellen Inhalt der Richtlinien auch für die Organe primärrechtlich ab. Zu beachten ist weiterhin, daß gem. Art. 28 und 41 EUV diese Geltung allein im Gemeinschaftsrecht Bedeutung erlangt und im Bereich der Außen- und Sicherheitspolitik sowie der Polizeilich-Justiziellen Zusammenarbeit nicht die Anwendung spezieller datenrechtlicher Vorschriften verdrängt[990].

Als bisherige, dem Zugangsrecht entgegenstehende, private Interessen der Bürger wurde aus dem Grundsatz der Amtsverschwiegenheit lediglich das Geschäfts-, Betriebs- und Industriegeheimnis herausgefiltert. Sonstige Interessen aus Art. 287 EGV, wie das Vertrauensverhältnis zwischen Verwaltung und Bürger, wurden immer auch als öffentliche Interessen qualifiziert[991]. Mit Art. 286 EGV werden den privaten, meist wirtschaftlichen Interessen bereichsübergreifende private Datenschutzinteressen zur Seite gestellt. Dies ist bei der Bewertung der Amsterdamer Neuerungen im Hinblick auf das Verhältnis zwischen dem Dokumentenzugangsgrundsatz und deren Rechtsquellen und den Ausnahmen vom Zugang und deren Rechtsquellen einzubeziehen[992].

---

985 Brühann in AfP 1998, S. 352; Hatje in Schwarze Art. 286, RN 2; Schild in EuZW 1996, S. 549.

986 Dammann/Simitis, Art. 34, RN 3; Simitis in NJW 1997, S. 281.

987 Hatje in Schwarze Art. 286, RN 1; Röttinger in Lenz/Hetmeier, Art. 286, RN 1 f.

988 Kingreen in Calliess, Auflage 2, Art. 6 EUV, RN 138.

989 Dammann/Simitis, Einl., RN 3.

990 Hatje in Schwarze, Art. 286, RN 2; Kingreen in Calliess, Auflage 2, Art. 286, RN 4.

991 Vgl. oben, 4.Teil, C., I., 1.

992 Siehe dazu unten, C.

B.: DIE ENTSTEHUNG DER GRUNDRECHTSCHARTA, DIE NEUERUNGEN DES ART. 6 II, 46 LIT. D) EUV UND DIE BEDEUTUNG DER SCHLUSSANTRÄGE DES GENERALANWALTS LÉGER IM HINBLICK AUF DIE KÜNFTIGE ANERKENNUNG DES GENERALPRINZIPS DES GEMEINSCHAFTSRECHTS

I. Entstehung, Zweck und rechtliche Verbindlichkeit der Grundrechtscharta

Die Idee der Charta der Grundrechte der Europäischen Union geht zurück auf die Initiative des deutschen Außenministers *Fischer* vom 12.01.1999. Der Europäische Gipfel in Köln vom 03./04.06.1999 faßte den Entschluß, einen Konvent mit der Ausarbeitung einer Grundrechtscharta zu beauftragen, deren Besetzung auf dem Europäischen Rat von Tampere im Oktober 1999 beschlossen wurde. Unter Vorsitz des ehemaligen Bundespräsidenten *Herzog* begann der Konvent mit der Ausarbeitung der Charta. Nach elektronischer Beteiligung der europäischen Öffentlichkeit legte er am 26.09.2000 einen Entwurf vor, der die Zustimmung des Europäischen Rates in Biarritz am 13./14.10.2000 fand und anläßlich des Gipfels von Nizza am 07.12.2000, nach Zustimmung aller betroffenen Institutionen, feierlich proklamiert wurde. Weiterhin wurde in Erklärung 5 zur Schlußakte von Nizza beschlossen, in naher Zukunft zu prüfen, ob die Charta in die Gründungsverträge aufzunehmen sei[993]. Die 4. und 5. Erwägung der Grundrechtscharta[994] legen den Zweck der Charta, die Zusammenfassung der bisher erreichten Freiheits-, Gleichheits- und Verfahrensrechte aus der EMRK, die

---

993 Vgl. zum Ganzen, v. Bogdandy in JZ 2001, S. 157; Däubler-Gmelin in EuZW 2000, S. 1; Grabenwarter in DVBl 2001, S. 1; Lindner in DÖV 2000, S. 543 f.; Magiera in DÖV 2000, S. 1017; Mahlmann in ZeuS 2000, S. 425; Tettinger in NJW 2001, S. 1010; Schmuck in integration 2000, S. 48, 51.

994 4. Erwägung: „Zu diesem Zweck ist es notwendig, angesichts der Weiterentwicklung der Gesellschaft, des sozialen Fortschritts und der wissenschaftlichen und technologischen Entwicklungen den Schutz der Grundrechte zu stärken, indem sie in einer Charta sichtbarer gemacht werden."
5. Erwägung: „ Diese Charta bekräftigt unter Achtung der Zuständigkeiten und Aufgaben der Gemeinschaft und der Union und des Subsidiaritätsprinzips die Rechte, die sich vor allem aus den gemeinsamen Verfassungstraditionen und den gemeinsamen internationalen Verpflichtungen der Mitgliedstaaten, aus dem Vertrag über die Europäische Union und den Gemeinschaftsverträgen, aus der Europäischen Konvention zum Schutz der Menschenrechte und Grundfreiheiten, aus den von der Gemeinschaft und dem Europarat beschlossenen Sozialchartas sowie aus der Rechtsprechung des *Gerichtshofs der Europäischen Gemeinschaften* und des *Europäischen Gerichtshofs für Menschenrechte* ergeben."

Verfassungsüberlieferungen der Mitgliedstaaten[995], die Rechte der Unionsbürger, die Wirtschafts- und Sozialrechte[996] und die Grundfreiheiten des EGV fest[997].

Abgesehen von vereinzelten Stimmen erblickt die ganz überwiegende Meinung in der Literatur in der Charta richtigerweise keine Rechtsverbindlichkeit[998]. Dafür spricht zuallererst die fehlende Aufnahme ihres Inhalts in die Gründungsverträge[999]. Die bloße feierliche Proklamation läßt der Charta rechtsdogmatisch nicht einmal die Bedeutung eines Sekundärrechtsakts zukommen. Vielmehr handelt es sich um eine politische Absichtserklärung ohne rechtliche Verbindlichkeit. Dem Bürger fehlt weiterhin die Möglichkeit, sich vor Gericht auf sie zu berufen und die nationalen Gerichte können die Charta auch nicht im Wege eines Vorabentscheidungsverfahrens nach Art. 234 EGV überprüfen lassen[1000]. Eine Gleichstellung mit der EMRK und den Verfassungsüberlieferungen der Mitgliedstaaten als Rechtsquelle zur Grundrechtsbildung in Art. 6 II EUV wurde von der Regierungskonferenz in Nizza explizit abgelehnt[1001]. Somit ist der Ansicht der Inkorporation durch den *EuGH* eindeutig entgegenzutreten. Rechtsdogmatisch ist er allenfalls befugt, die Charta subsidiär heranzuziehen und als eine dem soft law vergleichbare Auslegungshilfe zu verwenden[1002]. Eine mittelbare Rechtswirkung kann allerdings aufgrund der erwarteten Akzeptanz der politischen Selbstbindung der Organe bei der Rechtsetzung konstatiert werden[1003].

---

995 Schon 1989 erließ das EP eine schlichte Resolution der Grundrechte (Abl. der EG 1989, C 120/51); der heutige Grundrechtsschutz resultiert im wesentlichen aus der Rechtsprechung des EuGH, angefangen im Fall *„Stauder"* (RS 29/69 „Stauder/Stadt Ulm" in Slg. 1969, S. 419 ff); dieser reicherte die Dogmatik des Gemeinschaftsrechts um die Grundrechte an, die er als Allgemeine Rechtsgrundsätze aus der EMRK und den gemeinsamen Verfassungsüberlieferungen der Mitgliedstaaten zog; diese Praxis mündete in der Einführung des Art. 6 II EUV mit dem Vertrag von Maastricht: siehe dazu im speziellen: Müller-Graff in integration 2000, S. 34, 40; Zuleeg in EuGRZ 2000, S. 511, 513.

996 Aus der Europäischen Sozialcharta von 1961 und der Gemeinschaftscharta der sozialen Grundrechte der Arbeitnehmer von 1989.

997 So Grabenwarter in DVBl 2001, S. 10; v. Bogdandy in JZ 2001, S. 160; Magiera in DÖV 2000, S. 512 ff.; Müller-Graff in integration 2000, S. 48.

998 Siehe nur Alber/Widmaier in EuGRZ 2000, S. 498; Castenholz in EWS 2001, S. 531; Däubler-Gmelin in EuZW 2000, S. 1; Grabenwarter in DVBl 2001, S. 11; Hilf in Charta der Grundrechte der EU, Sonderbeilage zu NJW, EuZW, NVwZ und JuS; Magiera in DÖV 2000, S. 1019.

999 Alber/Widmaier in EuGRZ 2000, S. 498; Däubler-Gmelin in EuZW 2000, S. 1; Mahlmann in ZeuS 2000, S. 425, 440.

1000 Mahlmann in ZeuS 2000, S. 440.

1001 Vgl. dazu Alber/Widmaier in EuGRZ 2000, S. 498.

1002 So auch Grabenwarter in DVBl 2001, S. 11; Zuleeg in EuGRZ 2000, S. 514.

1003 Künftig wäre nur eine Aufnahme des Volltextes der Charta in die Gründungsverträge eine Lösung, um diesen rechtsdogmatisch unbefriedigenden Zustand zu beseitigen; so auch Däubler-Gmelin in EuZW 2000, S. 1; Magiera in DÖV 2000, S. 1019; zu den Alter-

II. Bedeutung des Art. 42 GR-Charta

1. Materielle Neuerungen

Läßt man die vorstehenden Anmerkungen außer acht, scheint Art. 42 GR-Charta zunächst einen enormen Fortschritt für das Zugangsrecht zu Dokumenten zu verzeichnen. Aufgrund der Verortung unter Kapitel V, den Bürgerrechten, erteilt diese Norm der systematischen Stellung des Art. 255 EGV als bloße Organvorschrift eine Absage. Er gestaltet das Zugangsrecht durch die Aufnahme in die Charta und die Verortung in diesem Teil zu einem Unionsbürgergrundrecht aus, welches neben der bisher herangezogenen allgemeinen Informationsfreiheit einen selbständigen Charakter hat. Diesem vermeintlichen Vorstoß wird aber bereits in den Erläuterungen zu Art. 42 GR-Charta entgegengetreten. Danach geht Art. 42 GR-Charta in seinem Gehalt nicht über den Inhalt von Art. 255 EGV hinaus. Dem Einwand der Unverbindlichkeit der Erläuterungen zur Charta kann zwar erwidert werden, diese lasse insgesamt eine solche Bindung vermissen. Allerdings verweisen die Erläuterungen auf Art. 52 II GR-Charta, *„Die Ausübung der durch diese Charta anerkannten Rechte, die in den Gemeinschaftsverträgen oder im Vertrag über die Europäische Union begründet sind, erfolgt im Rahmen der darin festgelegten Bedingungen und Grenzen."* Art. 52 II GR-Charta schafft damit eine das Primärrecht akzessorisch begleitende Schrankenregelung[1004]. Selbst bei einer Verbindlichkeitsfiktion der von Art. 52 GR-Charta betroffenen Artikel würde daher keine Änderung der Rechtslage eintreten[1005]. Der Schrankenregelung des Art. 51 I GR-Charta kommt insoweit lediglich eine Auffangfunktion unter vorrangiger Beachtung von II und III zu[1006]. Art. 42 GR-Charta enthält im Ergebnis somit eine in seinem Gehalt unveränderte Übertragung des primärrechtlichen Art. 255 EGV in die Grundrechtscharta, welche materielle Fortschritte, trotz systematisch treffenderer Einordnung als Bürgergrundrecht nicht verzeichnen kann[1007].

2. Abgrenzung zu Art. 11 und Art. 41 II, 2. Spiegelstrich GR-Charta

Art. 42 GR-Charta muß aber auch im Zusammenhang mit der aus Art. 11 GR-Charta garantierten allgemeinen Informationsfreiheit und Art. 41 II, 2. Spiegelstrich GR-Charta gesehen werden, der das Recht auf eine gute Verwaltung und das Recht einer jeden Person auf Zugang zu den sie betreffenden Akten als Bür-

---

nativen der Bezugnahme in Art. 6 II EUV oder des Beitritts der Union zur EMRK siehe: Grabenwarter in DVBl 2001, S. 1; Müller-Graff in integration 2000, S. 44.

[1004] Mahlmann in ZeuS 2000, S. 440.

[1005] Grabenwarter in DVBl 2001, S. 2; Tettinger in NJW 2001, S. 1010.

[1006] Mahlmann in ZeuS 2000, S. 440; kritischer Tettinger in NJW 2001, S. 1010.

[1007] So im Ergebnis auch Mahlmann in ZeuS 2000, S. 431.

gergrundrecht vorsieht. Für die Informationsfreiheit aus Art. 11 GR-Charta gilt die Entsprechungsklausel des Art. 52 III GR-Charta[1008] und damit die Ausführungen zu Art. 10 EMRK und deren Auslegung im Gemeinschaftsrecht. Hinsichtlich Art. 41 GR-Charta wird in den Erläuterungen auf Art. 52 II GR-Charta verwiesen. Für den Gehalt dieser Norm kann nichts anderes gelten als schon für Art. 42 GR-Charta. Interessant ist dennoch die systematische Nähe und gleichzeitige Abgrenzung zum Zugangsrecht zu Dokumenten. Der Zugang zu Akten und zu Dokumenten stellt damit eine nunmehr auch direkt gegenübergestellte rechtliche Ungleichheit dar. Auch die unterschiedliche Zuordnung der Begrifflichkeiten zu den differierenden Materien „Aktenzugang im Verwaltungsverfahren“ und „bereichsübergreifender Dokumentenzugang“[1009] findet damit ihre bisher deutlichste Ausprägung in diesen beiden Artikeln der Charta. Gleiches muß auch für den Inhalt der Informationsfreiheit gelten. Die Schaffung von Art. 42 GR-Charta bestätigt die enge Auslegung des Art. 10 EMRK bzw. Art. 11 GR-Charta, die gerade keine Informationen öffentlicher Stellen vom Schutzbereich erfaßt sieht[1010].

III. Bedeutung der Charta für die Existenz eines allgemeinen Grundsatzes des Gemeinschaftsrechts vor dem Hintergrund des Art. 6 II, 46 lit. d) EUV

Aus Vorstehendem kann daher zunächst nur ein nüchternes Fazit gezogen werden. Zum einen ist schon Art. 255 EGV unter Mitberücksichtigung der Grundsätze der Demokratie, der Rechtsstaatlichkeit und der Grundrechte geeignet, ein das Gemeinschaftsrecht prägendes Generalprinzip zu gewähren. Zum anderen geht Art. 42 GR-Charta in seiner Gewährleistung nicht über den Inhalt von Art. 255 EGV hinaus. Wozu dann die Aufnahme des Dokumentenzugangs in die Grundrechtscharta?

In seinen Schlußanträgen zur Rechtsmittelsache *„Hautala“*, in der der Rat die Verpflichtung des *EuG* angriff, Teilzugang zu Dokumenten zu gewähren, vertritt Generalanwalt *Léger* die Auffassung, Art. 42 GR-Charta beinhalte die deklaratorische Anerkennung eines Generalprinzips[1011]. Zwar erkennt er die tatsächliche Unverbindlichkeit der Charta an. Unabhängig von deren legislativer Reichweite verhindere aber ihre Rechtsnatur, daß die in ihr enthaltenen Rechte als bloße Moralprinzipien abgewertet würden[1012]. Mit Aufnahme in die Grundrechtscharta müsse dem Zugangsrecht damit der Charakter eines Fundamen-

---

[1008] Vgl. Erläuterungen zu Art. 11 GR-Charta.
[1009] Siehe oben, 2. Teil, A., II., 1., c).
[1010] Offengelassen von Wägenbaur in EuZW 2001, S. 680.
[1011] Siehe dazu schon oben, 3. Teil, B.:, 2.
[1012] Schlußanträge des Generalanwalts Léger in RS C-353/99 P „Rat/Hautala“ in Slg. I 2001, S. 9587.

talprinzips zukommen[1013]. Dem Einwand der Bezugnahme auf Art. 52 II GR-Charta begegnet *Léger* mit dem Hinweis, diese Abgrenzung sei die logische Konsequenz des Unterschiedes zwischen Charta und verbindlichen Vorbehalten des EGV[1014]. Allein die Tatsache der rechtlichen Unverbindlichkeit genügt allerdings zunächst, der Charta lediglich ergänzenden und nicht schwerpunktmäßigen Charakter bei der Auslegung durch den *EuGH* zukommen zu lassen. Auch die Tatsache der materiell unveränderten Übernahme des Art. 255 EGV in Art. 42 GR-Charta spricht gegen die Argumentation *Légers*, allein durch die Schaffung des Art. 42 GR-Charta habe die Union den Fundamentalcharakter anerkannt.

Wie bereits dargestellt, sieht *Léger* sowohl Art. 42 GR-Charta, als auch Art. 255 EGV aber lediglich deklaratorisch an[1015]. Die Herleitung des Art. 42 GR-Charta erfolgte für ihn bereits aus der wertenden Rechtsvergleichung und führte zu einer schrittweisen Anerkennung als Gemeinschaftsgrundrecht[1016].

Diese Argumentation läßt sich modifiziert in das bisher entwickelte System einfügen. Zunächst ist erneut auf das Urteil des *EuGH* in der Rechtsmittelentscheidung *„Hautala"* hinzuweisen[1017]. Der Gerichtshof hat bezüglich der Prä-Amsterdam-Dekade die Anerkennung des Grundsatzes des Rechts auf Information explizit offengelassen[1018]. Dennoch sind die Erwägungen *Légers* durch die Einbeziehung der GR-Charta, aber auch der Art. 1 II EUV und Art. 255 EGV vorausschauend auf die Amsterdamer Neuerungen gemünzt, auf die der *EuGH* in dieser Rechtssache aber nicht einzugehen brauchte[1019].

Für Art. 255 EGV kam die Untersuchung zu dem Schluß, daß ein allgemeiner Grundsatz des Gemeinschaftsrechts vom Gerichtshof fortan auf diesen gestützt werden kann. Ergänzend muß er aber auch nach wie vor die allgemeinen Rechtsgrundsätze der Demokratie und der Rechtsstaatlichkeit berücksichtigen. Vor allem ist er über Art. 6 II EUV berechtigt, die Grundrechtsqualität des Zugangsrechts festzustellen. An dieser Stelle vermag die Auffassung *Légers* bezüglich der Ableitung aus der GR-Charta Einfluß zu nehmen. Generell kann von einer Aufwertung der Grundrechte als Rechtsquelle aber nicht erst mit Verab-

---

1013 Schlußanträge des Generalanwalts Léger in RS C-353/99 P „Rat/Hautala" in Slg. 2001, S. 9587.

1014 Schlußanträge des Generalanwalts Léger in RS C-353/99 P „Rat/Hautala" in Slg. I 2001, S. 9587.

1015 Vgl. 3. Teil, B.:, 2.

1016 Schlußanträge des Generalanwalts Léger in RS C-353/99 P „Rat/Hautala" in Slg. I 2001, S. 9585; zur Frage der vorherigen Existenz als Allgemeiner Rechtsgrundsatz, s.o., 3. Teil, B., III.

1017 RS C-353/99 P „Rat/Hautala" in Slg. I 2001, S. 9594 ff.

1018 RS C-353/99 P „Rat/Hautala" in Slg. I 2001, S. 9616.

1019 Dies erkennt auch Léger an, Schlußanträge des Generalanwalts Léger in RS C-353/99 P „Rat/Hautala" in Slg. I 2001, S. 9587; bestätigt in RS C-353/99 P „Rat/Hautala" in Slg. I 2001, S. 9616.

schiedung der GR-Charta, sondern bereits durch die Reform von Amsterdam ausgegangen werden. Die explizite Kompetenz des *EuGH* zur Auslegung der Grundrechte nach Art. 46 lit. d) EUV auch über den Gemeinschaftsbereich hinaus macht es dem Gerichtshof wesentlich leichter, einen allgemeinen Grundsatz, abgeleitet aus den Grundrechten, für die gesamte Union zu schaffen[1020]. Der Demokratie- und Rechtsstaatsgedanke findet sich zwar ebenfalls im Unionsrecht in Art. 6 I EUV verankert. Dies bewirkt aber keine Auslegungskompetenz des Gerichtshofs im Unionsbereich. Diese Aufwertung resultiert aber gerade nicht aus der potentiellen Inkorporation der GR-Charta in das Unions- oder Gemeinschaftsrecht, sondern bereits aus der Schaffung von Art. 6 II, 46 lit. d) EUV. Der materiellen Entwicklung einzelner Grundrechte kann die Charta dann aber jedenfalls unterstützend dienen. Dies gilt für den Dokumentenzugang schon deswegen, weil die Untersuchung zu dem Schluß kam, daß sich aus dem Völkervertragsrecht ein solches Grundrecht nicht ausdrücklich ablesen läßt[1021]. Insofern kann mittels Art. 6 II EUV in Verbindung mit Art. 46 lit. d) EUV unter Hinzuziehung der GR-Charta von einer Aufwertung der Grundrechte innerhalb des Dreiklangs der Rechtsquellen des Zugangsrechts zu Dokumenten ausgegangen werden, die sich dem Gerichtshof zur Anerkennung eines allgemeinen Grundsatzes anbieten. Art. 42 GR-Charta verschiebt damit letztlich den Begründungsansatz für ein Generalprinzip des Dokumentenzugangs aus Art. 255 EGV. Mit den Amsterdamer Reformen wurde ein Dokumentenzugangsrecht geschaffen, welches sich unter schwerpunktmäßiger Zuhilfenahme des Demokratiegrundsatzes als allgemeiner Grundsatz des Gemeinschaftsrechts ausgedrückt hat. Aus Art. 6 II, 46 lit. d) EUV ließ sich bis zur Verabschiedung der GR-Charta, aufgrund entgegenstehender Auslegung von Art. 10 EMRK durch den *EuGH*, ein Generalprinzip des Dokumentenzugangs überwiegend lediglich objektiv begründen. Mit Schaffung des Art. 42 GR-Charta besteht nun ein Anknüpfungspunkt für eine subjektivierte Auslegung, so daß über Art. 6 II, 46 lit. d) eine verstärkte Begründung des Generalprinzips des Dokumentenzugangs aus den Grundrechten möglich wird.

Bezüglich der schon vorher ausdrücklich anerkannten Existenz des allgemeinen Rechtsgrundsatzes aus den Verfassungsüberlieferungen der Mitgliedstaaten, die *Léger* unterstellt, kann an die Untersuchung im dritten Teil erinnert werden, aus der sich unter Einbeziehung der gemeinschaftsrechtlichen Judikatur und Literatur ebenfalls ein diesbezügliches Potential herausfiltern ließ.

[1020] So auch der Ansatz Sobottas, S. 290 ff; siehe allgemein, Alston/Weiler, S. 18.

[1021] 3. Teil, D.:, III.; anerkannt auch von Léger in Schlußanträge des Generalanwalts Léger in RS C-353/99 P „Rat/Hautala“ in Slg. I 2001, S. 9582.

IV. Ergebnis

Eine eigene Auslegung der Charta durch den *EuGH* in Form der Aufnahme ins Primärrecht hieße, die Bildung eines allgemeinen Grundsatzes des Gemeinschaftsrechts direkt aus der Charta zuzulassen. Dies meint *Léger*, wenn er von einem „Fundamentalprinzip“ spricht. Zwar zieht er als Argument die Verfassungsüberlieferungen der Mitgliedstaaten heran, den Fundamentalcharakter begründet er aber im wesentlichen aus Art. 42 GR-Charta und seiner Funktion als führende Auslegungsregel. Das kann der *EuGH* aus Gründen mangelnder materieller Neuerungen und rechtlicher Unverbindlichkeit nicht leisten. Es bleibt aber die Anerkennung eines allgemeinen Grundsatzes des Gemeinschaftsrechts aus Art. 255 EGV, unter bisheriger Zuhilfenahme des Demokratie- und des Rechtsstaatsprinzips, und insbesondere auch aus den Gemeinschaftsgrundrechten gem. Art. 6 II EUV. Bei letzterem Anknüpfungspunkt kommt Art. 42 GR-Charta verstärkende und unterstützende Wirkung bei der Begründung eines Zugangsgrundrechts zu.

C.: ZUSAMMENFASSENDE BEDEUTUNG DER AMSTERDAMER NEUERUNGEN IM HINBLICK AUF DIE EXISTENZ EINES ALLGEMEINEN GRUNDSATZES DES GEMEINSCHAFTSRECHTS

(1) Aus Art. 1 II EUV ließe sich ein allgemeiner Grundsatz der Transparenz im Gemeinschaftsrecht formulieren. Dem *EuGH* fehlt aber aufgrund von Art. 46 EUV die Kompetenz, aus Art. 1 II EUV einen allgemeinen Grundsatz auf Dokumentenzugang abzuleiten.
(2) Art. 255 EGV erhebt die bislang geltenden Organbeschlüsse und die bisherige Praxis in Teilen ins primäre Vertragsrecht. Er enthält damit materiell die Verpflichtung, den erreichten Mindeststandard zu gewährleisten bzw. sogar darüber hinauszugehen. Wenn auch in Teilbereichen inhaltliche Restriktionen zu verzeichnen sind, so reicht diese Aufwertung, zusammen mit der Auslegung auch organfremde Dokumente in den Anwendungsbereich einzubeziehen, aus, um dieses Ergebnis zu stützen.
(3) Dennoch genügt diese Aufwertung nicht, um allein aus Art. 255 EGV einen allgemeinen Grundsatz des Gemeinschaftsrechts zu kreieren. Zwar bestehen aus Sicht des Gerichtshofs keine kompetenziellen Hindernisse, aufgrund mangelnder Verallgemeinerungsfähigkeit des Inhalts und aufgrund der Anforderungen aus Art. 255 EGV scheidet diese Möglichkeit aber materiell aus. Somit muß auch weiterhin auf die Anknüpfungspunkte Demokratie, Rechtsstaatlichkeit und Grundrechte zur Unterfütterung des Art. 255 EGV zurückgegriffen werden
(4) Art. 42 GR-Charta schuf aufgrund der Unverbindlichkeit der Charta und inhaltlicher Beibehaltung des status quo des Art. 255 EGV keine inhaltlichen Neuerungen. Dementsprechend läßt sich aus ihm allein ebenfalls kein allgemeiner Grundsatz des Gemeinschaftsrechts ableiten.
(5) Die Schaffung der Art. 6 II, 46 lit. d) EUV durch die Amsterdamer Vertragsreformen und die ergänzende Hinzuziehung der GR-Charta als Auslegungshilfe sprechen aber dafür, künftig vorrangig zur Begründung eines allgemeinen Grundsatzes des Dokumentenzugangs aus Art. 255 EGV auf den Charakter dieses Generalprinzips auch als Grundrecht abzustellen.
(6) Art. 207 III UA 2 EGV brachte die deklaratorische Festschreibung des doppelten Legislativvorbehalts des Art. 255 II, III EGV für den Rat. Konstitutive Neuerungen sind beim aktiven Zugangsrecht dergestalt zu verzeichnen, daß künftig kein Veröffentlichungsbeschluß des Rates mehr erforderlich sein wird. Hinsichtlich des passiven Zugangsrechts schreibt Art. 207 III UA 2 EGV einen erweiterten Zugang zu den Dokumenten vor, die im Zusammenhang mit der Rechtsetzungstätigkeit des Rates stehen.

Diese Systematik stellt die Umsetzung der erhöhten Anforderungen an die Transparenz des Rates dar, die die mangelnde Sitzungsöffentlichkeit ausgleicht und so die supranationalen Legitimationsanforderungen verwirklicht.
(7) Art. 286 I EGV hebt den persönlichen Datenschutz als allgemeine Grenze des Zugangs auf primärrechtliche Ebene. Dieser war bisher nur in Ansätzen aus

Art. 287 EGV, der allgemeinen Verschwiegenheitspflicht in Form der Betriebs- und Geschäftsgeheimnisse als entgegenstehende private Interessen, anerkannt. Damit eröffnet sich eine weitere allgemeine Grenze privater Interessen gegen den Zugang zu Dokumenten.

(8) Ein Gesamtfazit läßt sich zugunsten der Aufwertung des Zugangsrechts zu Dokumenten ziehen. Die Normierung im Primärrecht hebt dessen Bedeutung stark hervor. Für die kollidierenden Interessen, die im vorherigen Teil dargestellt wurden, bedeutet dies nun, daß das primäre Zugangsrecht nunmehr auch faktisch als voll ausgeprägter allgemeiner Grundsatz des Gemeinschaftsrechts den allgemeinen Grundsätzen der Effizienz der Verwaltung, der Amtsverschwiegenheit, des Datenschutzes und der Störungsfreiheit gerichtlicher und behördlicher Verfahren gegenübersteht[1022]. Im Prinzip ist damit die gleiche Interessenkollision wie beim akzessorischen Zugangsrecht erreicht. Zwar ist bis heute die Existenz eines allgemeinen Grundsatzes durch den Gerichtshof nicht explizit festgestellt. Der Druck auf den *EuGH* ist aber sowohl rechtsdogmatisch über Art. 255 EGV, Art. 1 II, Art. 6 II, Art. 46 lit. d) EUV als auch rechtspolitisch über die Einführung der GR-Charta größer, diesen aus den Gemeinschaftsgrundrechten und der Demokratie, sowie ergänzend aus rechtsstaatlichen Erwägungen, anzuerkennen.

[1022] Vgl. zu den kollidierenden Interessen allgemeiner Zugangsrechte, 4. Teil, C., II.

D.: ZUSAMMENFASSENDE BEDEUTUNG DER AMSTERDAMER NEUERUNGEN IM HINBLICK AUF DIE EXISTENZ EINES ALLGEMEINEN RECHTSGRUNDSATZES AUS WERTENDER RECHTSVERGLEICHUNG

Zur Existenz eines allgemeinen Rechtsgrundsatzes kann auf die im dritten Teil gefundenen Ergebnisse verwiesen werden. Bislang hat der Gerichtshof, trotz Forderungen der Literatur und der oben anerkannten materiellen Eignung, welcher auch *Léger* folgt, einen solchen ausdrücklich noch nicht anerkannt. Insofern ist die Ausgangssituation vergleichbar mit derjenigen der Rechtssache „*Niederlande/Rat*". Hinsichtlich der Verfassungen der Mitgliedstaaten haben sich auch nach Amsterdam keine einschneidenden Veränderungen ergeben. Eher ist jedoch ein Trend zur Verstärkung einzelner allgemeiner Zugangsrechte zu beobachten[1023]. Der Druck auf den *EuGH*, diesem Potential durch die ausdrückliche Anerkennung eines allgemeinen Rechtsgrundsatzes Rechnung zu tragen, ist damit noch verstärkt worden. Dies umso mehr, als daß nun auch durch die Aufhebung der gemeinschaftsrechtlichen Urheberregel in der Auslegung von Art. 255 I EGV eine weitere Angleichung an den mitgliedstaatlichen Standard erfolgt ist.

[1023] Vgl. die Entwicklung auf Bundesebene in Deutschland, 3. Teil, C., IV., 1.

E.: SEKUNDÄRRECHTLICHE ÄNDERUNGEN BEIM RAT

I. Änderung des Ratsbeschlusses im August 2000 gestützt auf Art. 207 III UA 2 EGV

Bereits vor Erlaß der neuen Verordnung nach Art. 255 II EGV reformierte der Rat im Juli/August 2000 seinen Organbeschluß 93/731. Zum einen erließ das Generalsekretariat einen vorbereitenden Beschluß[1024] (sog. *„Solana-Entscheidung"*)[1025], der auf Art. 23 II UA GO Rat von 2000 gestützt wurde, wonach der Generalsekretär alle erforderlichen Maßnahmen für das reibungslose Arbeiten des Generalsekretariats trifft. Zum anderen wurde der Beschluß 93/731 direkt durch den Ratsbeschluß 2000/527[1026] modifiziert, der auf Art. 207 EGV und Art. 10 GO Rat von 2000 als interne Maßnahme gestützt wurde[1027].

Durch die *„Solana-Entscheidung"* wurde zunächst die Neueinstufung der Verschlußsachen in *„TRÈS SECRET/TOP SECRET" (streng geheim); „SECRET" (geheim), "CONFIDENTIEL" (vertraulich)* und *„RESTREINT" (nur für den Dienstgebrauch)*[1028] und deren organinterne Handhabung geregelt. Begründet wurde dies mit der verstärkten europäischen Sicherheits- und Verteidigungspolitik, deren reibungsloser Ablauf durch den Schutz von Verschlußsachen gesichert werden soll[1029]. Art. 3 sieht vor, daß bei umfangreichen Dokumenten, die mehrere Informationen enthalten, für das gesamte Dokument mindestens die Geheimhaltungsstufe der am höchsten eingestuften Information gilt (sog. *„Kontaminierung"* des Dokuments)[1030]. Hier, sowie an diversen anderen Stellen des Beschlusses[1031] kommt klar zum Ausdruck, daß sich der Anwendungsbereich entgegen den Beschluß 93/731 nicht auf Dokumente beschränkt,

---

1024 Siehe Anhang: „Beschluß des Generalsekretärs des Rates/Hohen Vertreters für die Gemeinsame Außen- und Sicherheitspolitik vom 27. Juli 2000 über die im Generalsekretariat des Rates anzuwendenden Maßnahmen zum Schutz der als Verschlußsachen einzustufenden Informationen"

1025 Beschluß 2000/C239/01 in Abl. der EG 2000, C 239/1; entgegen der herkömmlichen Terminologie wird nur dieser Beschluß des Generalsekretariats im folgenden als *„Solana-Entscheidung"* bezeichnet. Der Beschluß des Rates vom 14.08.2000, der auf die Anwendung der *„Solana-Entscheidung"* verweist, wird aufgrund des förmlichen Ratsbeschlusses und der fehlenden Unterzeichnung durch *Javier Solana* als „Beschluß 2000/527" bezeichnet.

1026 „Zur Änderung des Beschlusses 93/731/EG über den Zugang der Öffentlichkeit zu Ratsdokumenten und des Beschlusses 2000/23/EG zur Verbesserung der Information über die Gesetzgebungstätigkeit des Rates und das öffentliche Register der Ratsdokumente"

1027 In Abl. der EG 2000, L 212/9.

1028 Art. 2 Nr. 1 a)-d) Beschluß 2000/C-239/01 in Abl. der EG 2000, C 239/1.

1029 Erwägung 1, Beschluß 2000/C-239/01 in Abl. der EG 2000, C 239/1.

1030 Art. 3, Beschluß 2000/C-239/01 in Abl. der EG 2000, C 239/1.

1031 Art. 2, Art. 11, in dem ausdrücklich auch Disketten unter den Beschluß gefasst werden, Art. 14, Art. 15, Beschluß 2000/C-239/01 in Abl. der EG 2000, C 239/1.

sondern auf, nicht zwingend abschließend, in Dokumenten enthaltene Informationen ausgedehnt wird.

Direkt ergänzt und modifiziert wurde der Ratsbeschluß 93/731 durch den Ratsbeschluß 2000/527, der in Erwägung 2 und Art. 1 Nr. 1 auf die *„Solana-Entscheidung"* Bezug nimmt. Der politische Anstoß für diese Änderungen folgte aus den Ergebnissen des Europäischen Rates von Helsinki, die eine verstärkte europäische Sicherheits- und Verteidigungspolitik und deren Mittelausstattung im militärischen und nichtmilitärischen Krisenmanagement vorsahen[1032]. Art. 1 93/731, 2000/527 erhielt eine Einschränkung des Anwendungsbereichs dergestalt, daß die Öffentlichkeit keinen Zugang zu Ratsdokumenten erhält, die als „TRÈS SECRET/TOP SECRET" (streng geheim), „SECRET" (geheim) oder „CONFIDENTIEL" (vertraulich) eingestuft sind und Fragen der Sicherheit und der Verteidigung der Union oder eines oder mehrerer ihrer Mitgliedstaaten oder die militärische und nichtmilitärische Krisenbewältigung betreffen. Richtet sich ein Zugangsbegehren auf eines dieser Dokumente, so wird der Antragsteller unterrichtet, daß das gewünschte Dokument nicht in den Anwendungsbereich des Beschlusses fällt[1033]. Inhaltlich forderte zwar auch Art. 8 93/731 bereits vor Einführung des Beschlusses 2000/527 die Beachtung der Bestimmungen für den Schutz von Verschlußsachen. Der Vertraulichkeitsgrad eines Dokuments führte jedoch nach dieser Regel nicht dazu, daß dieses vom Regelungsbereich des Zugangsrechts ausgenommen ist[1034].

Eine weitere inhaltliche Modifizierung findet sich in einem neuen Art. 2 III 93/731[1035]. Danach dürfen Dokumente, die, unbeschadet der Reichweite des Ratsbeschlusses, Fragen der Sicherheit und der Verteidigung der Union, der Mitgliedstaaten, der militärischen oder nichtmilitärischen Krisenbewältigung betreffen und es ermöglichen, Schlüsse über den Inhalt von Verschlußsachen zu ziehen, die von einem in Art. 2 II 93/731 genannten Urheber stammen, nur mit dessen vorheriger Zustimmung zugänglich gemacht werden[1036]. In diesem Zusammenhang erscheint aufgrund der Rechtsgrundlage des Art. 207 EGV bedeutsam, daß diese Regelung trotz der Forderung in Art. 207 III UA 2 EGV[1037] keinen Unterschied zwischen Dokumenten, welche die Rechtsetzung betreffen und

---

1032 Erwägung 1, 2, Beschluß des Rates 2000/527 in Abl. der EG 2000, L 212/9.

1033 Art. 1 Nr. 1, Beschluß des Rates 2000/527 in Abl. der EG 2000, L 212/10.

1034 Bericht über die Durchführung des Beschlusses des Rates über den Zugang der Öffentlichkeit zu Ratsdokumenten, in http://register.consilium.eu.int/utfregister/frames/introfsDE.htm; Referenz vom 26.01. 2002.

1035 Vgl. oben, 2. Teil, A., 3., in Art. 2 II 93/731 ist die Urheberregel verankert.

1036 Art. 1 Nr. 2, Beschluß des Rates 2000/527 in Abl. der EG 2000, L 212/10; Analysis of the decision of 14 August 2000 to amend the 1993 code of access to EU documents, in Statewatch Secret Europe Page in http://www.statewatch.org/secreteurope.html unter Analysis; Referenz vom 26.01.2002.

1037 Vgl. oben., A., III.

solchen anderer Tätigkeiten macht[1038]. Auch ist wiederum der Gedanke der Kontaminierung des Art. 3 aus der *„Solana-Entscheidung"* zu beachten. Dokumente, die Teilinformationen von Dritten enthalten, die entsprechende Rückschlüsse zulassen, werden dennoch als Gesamtdokument unter das besondere Vetorecht gefaßt[1039].

Art. 4 I, 1. Spiegelstrich 93/731 mit den Ausnahmeregelungen wird ergänzt durch die Sicherheit und Verteidigung der Union oder eines oder mehrerer ihrer Mitgliedstaaten und militärische und nichtmilitärische Krisenbewältigung. Eine Konkretisierung der nichtmilitärischen Krisenbewältigung erfolgt nicht.

Art. 1 Nr. 5 2000/527 ergänzt Art. 5 93/731, der die Zuständigkeit zur Beantwortung der Anfragen, die im Falle des Erstantrags beim Generalsekretariat und bei Zweitanträgen beim Rat liegen, dergestalt, daß künftig vom Ausschuß der ständigen Vertreter die erforderlichen Maßnahmen getroffen werden, um dafür zu sorgen, daß mit der Ausarbeitung der entsprechenden Beschlüsse Personen betraut werden, die befugt sind, Einblick in die betreffenden Dokumente zu nehmen[1040].

Mit Art. 2 2000/527 wurde der Registerbeschluß vom Dezember 1999 geändert[1041]. Mit der Ergänzung dürfen künftig keine Verweise auf Dokumente, die nach Art. 1 93/731, 2000/527 als Verschlußsache klassifiziert sind sowie die militärische oder nichtmilitärische Krisenbewältigung betreffen, in das Dokumentenregister des Rates aufgenommen werden[1042].

Am 28.02.2001 folgte ein noch weiterführender Beschluß des Rates über die Annahme seiner Sicherheitsvorschriften, schwerpunktmäßig gestützt auf Art. 207 III EGV[1043], der in Art. 4 5775/01 unter anderem auch die *„Solana-Entscheidung"* ab dem Tag der Anwendung am 01.12.01 ersetzen sollte[1044]. Dieser Beschluß erweitert den Anwendungsbereich der *„Solana-Entscheidung"* vom Generalsekretariat auf den Rat und die Mitgliedstaaten[1045]. Zweck dieses Beschlusses war es, alle bisherigen Geheimhaltungsvorschriften in einem Be-

---

1038 Analysis of the decision of 14 August 2000 to amend the 1993 code of access to EU documents, in Statewatch Secret Europe Page in http://www.statewatch.org/secreteurope.html unter Analysis; Referenz vom 26.01.2002.

1039 Analysis of the decision of 14 August 2000 to amend the 1993 code of access to EU documents, in Statewatch Secret Europe Page in http://www.statewatch.org/secreteurope.html unter Analysis; Referenz vom 26.01.2002.

1040 Art. 1 Nr. 5, Beschluß des Rates 2000/527 in Abl. der EG 2000, L 212/10.

1041 Beschluß 2000/23 zur Verbesserung der Information über die Gesetzgebungstätigkeit des Rates und das öffentliche Register der Ratsdokumente, in Abl. der EG 2000 L 9/22.

1042 Näher dazu sogleich unter II.

1043 Beschluß 5775/01 des Rates vom 20.02.01.

1044 Vgl. Art. 4 b) und 5 II des Ratsbeschlusses 5775/01.

1045 Erwägung 1, Ratsbeschluß 5775/01.

schluß zusammenzufassen[1046]. Unberührt davon sollten allerdings Art. 255 EGV sowie die zur Durchführung erlassenen Rechtsakte bleiben[1047].

II. Entwicklung des Dokumentenregisters mit dem Ratsbeschluß 2000/23

Am 19.03.1998 hatte der Rat als erstes der drei Hauptorgane die Einrichtung eines Registers beschlossen, welches ursprünglich sämtliche Verschlußsachen unberücksichtigt lassen sollte[1048]. Am 06.12.1999 erließ der Rat unter Zugrundelegung des Art. *8* GO Rat von 1993 eine Ergänzung dahingehend[1049], daß zum einen Art. 1 2000/23 vorsieht, das Generalsekretariat zu verpflichten, der Öffentlichkeit eine Liste der Punkte der vorläufigen Tagesordnungen für Ratstagungen und Sitzungen der vorbereitenden Gremien zugänglich zu machen, wenn der Rat nach Art. 7 GO Rat von 2000 als Gesetzgeber tätig wird. Die Liste umfaßt auch Verweise auf die zu diesen Punkten geprüften Dokumente. Art. 2 2000/23 sieht vor, das öffentliche Register der Ratsdokumente mit Verweisen auf die Dokumentennummer und den Betreff von Verschlußsachen auszustatten. Ein Verweis auf den Betreff soll nicht aufgenommen werden, wenn die Preisgabe dieser Information den Anliegen der zwingenden Ausnahmevorschriften des Art. 4 I 93/731 zuwiderläuft. Allerdings wurde der aus dem Blickwinkel des Zugangsrechts unbestreitbare Fortschritt durch ein Register durch Art. 3 2000/23 und die Praxis wieder entkräftet. Der Beschluß sollte erst im Juli 2000 in Kraft treten. Technische Gründe hinderten den Rat aber auch nachfolgend daran, das Register zugänglich zu machen. Durch den 2000/527-Beschluß wurde Art. 2 2000/23 schließlich durch einen neuen Art. 2 II ergänzt. Die Ursprungsversion ist damit nie zur Anwendung gekommen. Das öffentliche Register soll nun keinen Verweis mehr auf die durch die *„Solana-Entscheidung"* und den 2000/527-Beschluß klassifizierten Dokumente enthalten und das Verweisverbot bei Beeinträchtigung der Interessen der zwingenden Ausnahmevorschriften des Art. 4 I 93/731 um militärische und nichtmilitärische Krisenbewältigung ergänzt werden.

III. Vereinbarkeit mit geltendem Gemeinschaftsrecht?

Eine summarische Prüfung der Verstöße des Ratsbeschlusses gegen Gemeinschaftsrecht durch *Peers* unterstützt den Beschluß der *Niederlande* und des Par-

---

[1046] Erwägung 2, Ratsbeschluß 5775/01.

[1047] Erwägung 7, Ratsbeschluß 5775/01.

[1048] Dritter Bericht über die Durchführung des Beschlusses 93/731 13275/00 vom 22.12.00, in http://register.consilium.eu.int/utfregister/frames/introfsDE.htm; Referenz vom 26.01. 2002.

[1049] 2000/23/EG, Beschluß des Rates zur Verbesserung der Information über die Gesetzgebungstätigkeit des Rates und das öffentliche Register der Ratsdokumente, in Abl. der EG 2000, L 9/22.

laments, die Nichtigkeit der Beschlüsse 2000/527 und der *„Solana-Entscheidung"* vor dem *EuGH* geltend zu machen[1050].

Geltend gemacht werden Verstöße gegen die Prinzipien des allgemeinen Rechtsgrundsatzes der Demokratie aus Art. 6 I EUV, der Pflicht zur loyalen Zusammenarbeit gem. Art. 10 EGV sowie des Grundsatzes des institutionellen Gleichgewichts aufgrund des Verfahrens[1051]. Hauptargument für einen Verfahrensverstoß stelle die mangelnde Kompetenz des Rates zum Erlaß der Beschlüsse dar. Art. 255 EGV als alleinige Befugnis der Organe zum Erlaß interner Regeln sei jetzt durch die Einführung genereller Regeln beschränkt. Obwohl zum Zeitpunkt der Änderungen des Ratsbeschlusses erst ein Verordnungsvorschlag der Kommission vorlag, hat der *EuGH* klargestellt, daß die Kompetenz der Mitgliedstaaten, einen Rechtsakt zu erlassen, in den Fällen beschränkt ist, in denen in naher Zukunft ein Gemeinschaftsrechtsakt in Aussicht steht[1052]. Dies müsse auch innerhalb der Organe aus Gründen der Wahrung der praktischen Wirksamkeit des Art. 255 EGV Anwendung finden[1053]. Die Klagegründe der *Niederlande* und des Parlaments sprechen sich gegen die Rechtsgrundlage des Art. 207 EGV aufgrund der Existenz des Art. 255 EGV aus[1054].

Inhaltlich werden vor allem Verstöße gegen Art. 1 II EUV und das Verhältnismäßigkeitsprinzip angeführt[1055]. Bezogen auf die bisherige Rechtsprechung des Gerichtshofs und insbesondere auf Art. 5 III EGV müsse jede Versagung des Zugangs ein legitimes Ziel verfolgen, begrenzt auf die Handlungen, die erforderlich sind, um dieses Ziel zu erreichen. Dabei dürfe das Zugangsrecht letzt-

---

[1050] Entscheidung des Juristischen Dienstes des EP vom 13.09.00; ihm folgend Niederlande am 22.09.00: RS C-369/00 „Niederlande/Rat" in Abl. der EG 2000; C 316/19 und RS C-387/00 „Parlament/Rat" in Abl. der EG 2000 C 355/15.

[1051] Peers in Statewatch Secret Europe Page in http://www.statewatch.org/secreteurope.html unter Netherlands to take EU to Court/ Statewatch legal analysis of the case against the Council; Referenz vom 26.01.2002; wesentliches Argument des EP in RS C-387/00 "Parlament/Rat" in Abl. der EG 2000, C 355/16.

[1052] Verb. RS 3, 4, 6/76 „Kramer u.a." in Slg. 1976, S. 1279, LS 3, 4.

[1053] Peers in Statewatch Secret Europe Page in http://www.statewatch.org/secreteurope.html unter Netherlands to take EU to Court/ Statewatch legal analysis of the case against the Council; Referenz vom 26.01.2002; Wesentliche Argumente des EP in RS C-387/00 „Parlament/Rat" in Abl. der EG 2000, C 355/16 und der Niederlande in RS C-369/00 „Niederlande/Rat" in Abl. der EG 2000, C 316/20.

[1054] Wesentliche Argumente des EP in RS C-387/00 „Parlament/Rat" in Abl. der EG 2000, C 355/16 und explizit der Niederlande in RS C-369/00 „Niederlande/Rat" in Abl. der EG 2000, C 316/20.

[1055] Peers in Statewatch Secret Europe Page in http://www.statewatch.org/secreteurope.html unter Netherlands to take EU to Court/ Statewatch legal analysis of the case against the Council; Referenz vom 26.01.2002.

lich nur so gering wie möglich beeinträchtigt werden[1056]. Die vorgenommenen Maßnahmen der Einschränkung des Anwendungsbereichs in Kombination mit der *„Kontaminierungsmöglichkeit"* aller Dokumente sind nach *Peers* und *Curtin* aber im Hinblick auf die Erforderlichkeit als gemeinschaftsrechtswidrig zu betrachten. Die mehrjährige Erfahrung mit dem geltenden Ratsbeschluß sowie die dazu ergangene Rechtsprechung haben gezeigt, daß der Schutz der Politik der Sicherheit und Verteidigung bzw. sämtlicher sensibler Informationen auch bisher schon ausreichend gewährleistet wurde[1057]. Zu beachten sei hier insbesondere die in der Rechtssache *„Carlsen"* aufgezeigte Erweiterungsmöglichkeit des Schutzes der öffentlichen Interessen[1058]. Des weiteren verstoße zum einen die Bereichsausnahme, zum anderen das Vetorecht des Urhebers in Art. 2 III 93/731, 2000/527, jeweils in Verbindung mit der *„Kontaminierungsregel"*, gegen die Urteile *„Hautala"* und *„Kuijer"*. Diese haben für einzelne Zugangsbegehren das Prinzip des Teilzugangs abgeleitet. Dieses Prinzip müsse konsequenterweise nicht nur für die Ablehnungsentscheidungen einzelner Dokumente gelten, sondern auch das Gesamtsystem einer automatischen Klassifizierung umfassen. Hiergegen werde aber verstoßen, wenn aufgrund der Kontaminierungsregel und des verkürzten Anwendungsbereichs einerseits und dem Vetoverfahren des Urhebers andererseits eine automatische Ausdehnung dieser Regeln auf alle Dokumente ermöglicht werde.

Einen Verstoß gegen das Verhältnismäßigkeitsprinzip und die Erforderlichkeit erblickt *Peers* darüber hinaus im Ausschluß des Verweises auf derart klassifizierte Dokumente im Register durch die Veränderung des Beschlusses 2000/23 durch 2000/57[1059]. Diese Einschränkung stellt gleichzeitig einen doppelten Verstoß gegen das Gebot des effektiven Rechtsschutzes dar, weil dem Antragsteller zum einen durch ein derart beschränktes Register eine unverhältnismäßig geringe Chance eingeräumt wird, herauszufinden, ob das von ihm gewünschte Dokument überhaupt existiert. Zweitens existiert kein formelles Verfahren der Klassifizierung, so daß der Antragsteller nicht gegen eine fehlerhafte Einstufung vorgehen kann.

In formeller Hinsicht bestehen gegen die Regelungen der *„Solana-Entscheidung"* und des Beschlusses 2000/527 jedoch keine Bedenken. Art. 207

1056 Peers in Statewatch Secret Europe Page in http://www.statewatch.org/secreteurope.html unter Netherlands to take EU to Court/ Statewatch legal analysis of the case against the Council; Referenz vom 26.01.2002.

1057 Peers in Statewatch Secret Europe Page in http://www.statewatch.org/secreteurope.html unter Netherlands to take EU to Court/ Statewatch legal analysis of the case against the Council; Referenz vom 26.01.2002; Curtin in Essays for an open Europe, S. 2.

1058 RS T-610/97 R „Carlsen/Rat" in Slg. II 1998, S. 503 f.

1059 Peers in Statewatch Secret Europe Page in http://www.statewatch.org/secreteurope.html unter Netherlands to take EU to Court/ Statewatch legal analysis of the case against the Council; Referenz vom 26.01.2002.

III UA 2 EGV konkretisiert letztlich Art. 255 III EGV für das Organ Rat[1060]. Das Vorbringen der *Niederlande*, Art. 255 EGV stelle die alleinige Rechtsgrundlage für Regelungen des Rechts auf Zugang zu Dokumenten dar, berücksichtigt die Verweisung in Art. 255 III EGV aber nur unvollständig. Der Erlaß genereller Regeln ist tatsächlich nur aufgrund von Art. 255 I, II EGV möglich. Der doppelte Legislativvorbehalt in Art. 255 III EGV bleibt hiervon aber unberührt. Da der Rat gleichsam keine allgemeinen Regeln aufstellt, sondern allein den Zugang zu seinen eigenen, besonderen Dokumenten regelt, ist Art. 255 III EGV in Verbindung mit Art. 207 III EGV einschlägige Rechtsgrundlage.

Inhaltlich genügt die Kombination von Bereichsausnahme und Kontaminierungsregel, potentiell jedes Dokument vom Anwendungsbereich auszuschließen. Eine solche Maßnahme gebietet aber der effektive Schutz der Sicherheits- und Verteidigungspolitik aufgrund bisheriger Erfahrungen gerade nicht. Insofern ist der Analyse *Peers*` zuzustimmen. Insbesondere die bei der Verkürzung des Anwendungsbereichs entstehenden Rechtsschutzlücken erscheinen nicht verhältnismäßig. Hierin liegt gleichzeitig ein Verstoß gegen das Gebot der praktischen Wirksamkeit des Teilzugangsgebots.

Zum einen hat das *EuG* das Teilzugangsprinzip nicht aus dem Organbeschluß, sondern aus dem gemeinschaftsrechtsimmanenten Prinzip der Verhältnismäßigkeit abgeleitet. Insofern ist es verallgemeinerungsfähig. Zum anderen ist die Bereichsausnahme in Kombination mit der *„Kontaminierungsregel"* der *„Solana-Entscheidung"* zu sehen. Bei einer potentiellen Möglichkeit der Klassifizierung für *jedes* Ratsdokument wird die Frage des Teilzugangs bei einer automatischen Folge der Bereichsausnahme auch innerhalb des Systems des Ratsbeschlusses Wirkung zeigen. Die praktische Wirksamkeit des Teilzugangs wäre dann für diese Fälle ebenfalls nicht mehr gegeben. Somit bewirkt die Kombination aus Bereichsausnahme und *„Kontaminierungsregel"* im Ergebnis einen Verstoß gegen das Verhältnismäßigkeitsgebot in Form des praktischen Unmöglichwerdens des Teilzugangsrechts zu Dokumenten. Ob darüber hinaus ein Verstoß gegen diesen Grundsatz auch durch das Vetorecht des Urhebers bewirkt wird, soll aufgrund seiner vergleichbaren Problemstellung und der durch die verallgemeinernde Wirkung erhöhten praktischen Bedeutung im Rahmen der Behandlung sensibler Dokumente des Urhebers im Anwendungsbereich der Verordnung 1049/2001 geklärt werden. An dieser Stelle genügt bereits der Hinweis, daß durch den geänderten Ratsbeschluß ein Verstoß gegen das allgemeine Erforderlichkeitsgebot sowie gegen das spezielle Prinzip des Teilzugangs aufgrund des eingeschränkten Anwendungsbereichs und der potentiellen Ausdehnung auf sämtliche Ratsdokumente vorliegt.

Zuzustimmen ist *Peers* weiterhin in seinen Einschätzungen, die Einschränkung des Umfangs des Ratsregisters tangiere das Gebot des effektiven Rechtsschutzes und die Einschränkung des Anwendungsbereichs verhindere aufgrund

---

[1060] S.o., A., III.

von tatsächlicher Deckungsgleichheit die praktische Wirksamkeit des Art. 28 EUV. Die Einschätzung einer Nichterforderlichkeit der Aufnahme in die Ausnahmevorschriften kann aber unter Hinweis auf das Urteil „*Carlsen*" und der daraus folgenden deklaratorischen Klarstellung widersprochen werden. Die nicht abschließende Auslegung der öffentlichen Interessen muß auf derart erweiterte Ausnahmen dergestalt reagieren, daß eine wörtliche Ausweitung lediglich als eine deklaratorische Klarstellung qualifiziert werden muß.

Im Ergebnis widersprechen die Kombination von Bereichsausnahme und Kontaminierungsregel inhaltlich dem Erforderlichkeitsgebot und verstoßen gegen das Gebot eines teilweisen Zugangs zu Dokumenten. Die Verengung des Dokumentenregisters ist problematisch im Hinblick auf das Gebot effektiven Rechtsschutzes. Und schließlich verstößt die Deckungsgleichheit der Bereichsausnahme mit der Registeraufnahme gegen das Verbot, einzelne Kategorien von Dokumenten automatisch auszuschließen.

IV. Ausweitung des aktiven Zugangsrechts durch den Beschluß 2001/320

Der Beschluß des Rates vom 09.04.2001, mit dem bestimmte Kategorien von Ratsdokumenten der Öffentlichkeit zugänglich gemacht werden[1061], sollte die Anforderungen des Art. 255 III und 207 III UA 2 EGV konkretisieren[1062]. Unabhängig vom künftigen Sekundärrechtsakt und dem reformierten Ratsbeschluß 93/731, 2000/527 sollte mit diesem Beschluß umfassenderer Zugang zu Ratsdokumenten bei Gesetzgebungstätigkeiten gewährleistet werden[1063]. Art. 1 2001/320 legt den Anwendungsbereich auf alle Dokumente, außer auf die Verschlusssachen, fest. Ein Mitgliedstaat hat dabei gegenüber dem Generalsekretariat ein Vetorecht bei der Entscheidung über Dokumente des betreffenden Staates und somit einen Anspruch auf Vertraulichkeit. Gemäß Art. 3 2001/320 macht das Generalsekretariat bestimmte Dokumente, zwingend und umgehend nach ihrer Verteilung[1064], der Öffentlichkeit zugänglich[1065]. Art. 4 2001/320 sieht

---

[1061] Beschluß 2001/320 in Abl. der EG 2001, L 111/29.

[1062] Vgl Analysis: Decision on making certain categories of Council documents available to the public in Statewatch Secret Europe Page in http://www.statewatch.org/secreteurope.html unter Decisions; Referenz vom 26.01.2002.

[1063] Erwägung 2 und 5, Beschluß des Rates 2001/320 in Abl. der EG 2001, L 111/29.

[1064] Gem. Art. 2, 2. Spiegelstrich, Beschluß 2001/320 in Abl. der EG 2001, L 111/29 meint „Verteilung" die Weitergabe der endgültigen Fassung eines Dokuments an die Mitglieder des Rates, ihrer Vertreter oder Beauftragten.

[1065] Weder vom Rat noch von einem Mitgliedstaat verfaßte Dokumente, die von ihrem Verfasser oder mit dessen Zustimmung veröffentlicht wurden; vorläufige Tagesordnungen für Tagungen des Rates in seinen verschiedenen Formationen; alle Texte, die vom Rat angenommen worden sind und die im Amtsblatt veröffentlicht werden sollen. Ein Ermessensspielraum der Zugänglichmachung bleibt dem Generalsekretariat, wenn gewährleistet ist, daß die betreffenden Dokumente nicht unter die Ausnahmen des reformierten Art. 4

spezifische Regeln für Rechtsetzungsdokumente vor. Art. 2 2001/320 definiert diese als die Prüfung und Annahme eines Rechtsaktes gem. Art. 7 GO Rat von 2000. Um einen besseren Zugang zu gewährleisten, sieht dieser, zusätzlich zu den in Art. 3 2001/320 aufgeführten Dokumenten, bestimmte Rechtsetzungsdokumente vor, die vom Generalsekretariat, ebenfalls zwingend, umgehend zugänglich gemacht werden müssen[1066].

Erfaßt werden mit dem Beschluß 2001/320 gleichsam nur die Dokumente, die im Anwendungsbereich des passiven Zugangsrechts liegen, mit Ausnahme bestimmter Dokumente bei Vorliegen der Voraussetzungen des Art. 4 93/731.

Somit ist das Verhältnis zwischen aktivem und passivem Zugangsrecht neu auszuloten. Durch den Beschluß 2001/320 werden im wesentlichen alle Dokumente des verbliebenen Anwendungsbereichs des passiven Zugangsrechts durch aktive Veröffentlichungsmaßnahmen von seiten des Rates eingeschlossen. Durch diese Maßnahme könnte sich unter Hinweis darauf, daß dem passiven Zugangsrecht bloßer Ergänzungscharakter im Vergleich zum aktiven Zugangsrecht eingeräumt wird[1067], die Frage nach der praktischen Wirksamkeit des noch verbliebenen Anwendungsbereichs des passiven Zugangsrechts stellen. Verschärft wird diese Frage noch durch die künftige technische Verbreitung des Internets auf sämtliche Privathaushalte. Erhält jeder Unionsbürger Zugang zum elektronischen Register des Rates, mit der ein direktes Abrufen des Dokuments möglich ist, verschwimmt unter Hinzuziehung oben erwähnter Deckungsgleichheit der beiden aktiven und passiven Anwendungsbereiche zusätzlich die Grenze zwischen aktiver Veröffentlichung und passiver Nachfrage seitens des Bürgers.

93/731 fallen; bei der vorläufigen Tagesordnung für Ausschuß- oder Arbeitsgruppensitzung; bei informatorischen Vermerken, Berichten, Zwischenberichten und Berichten über den Stand der Beratungen im Rat oder in einem seiner Vorbereitungsgremien, in denen keine Standpunkte einzelner Delegationen wiedergegeben sind, mit Ausnahme von Gutachten und Beiträgen des Juristischen Dienstes; siehe auch Handbuch des Rates, S. 13 f.

1066 Die Rechtsetzungsakte betreffenden Übermittlungsvermerke und Kopien von an den Rat gerichteten Schreiben anderer Organe oder Einrichtungen der EU oder vorbehaltlich der vorherigen Zustimmung eines Mitgliedstaates; dem AStV oder dem Rat vorgelegte Annahmevermerke (A Punktvermerke) sowie die Entwürfe von Rechtsetzungsakten, auf die sie sich beziehen; vom Rat im Laufe des Mitentscheidungsverfahrens angenommene Beschlüsse und dazugehörige Texte, die vom Vermittlungsausschuß gebilligt wurden. Im Zusammenhang mit dem zuletzt genannten Mitentscheidungsverfahren werden nach der endgültigen Annahme des betreffenden Aktes zwingend alle mit diesem Akt zusammenhängenden Dokumente, die vor dem betreffenden Beschluß verfaßt wurden und die nicht unter die Ausnahmen des Art. 4 93/731 fallen, wie informatorische Vermerke, Berichte, Zwischenberichte und Berichte über den Stand der Beratungen im Rat oder in einem seiner Vorbereitungsgremien (Beratungsergebnisse) mit Ausnahme von Gutachten und Beiträgen des Juristischen Dienstes, der Öffentlichkeit zugänglich gemacht. Die Mitgliedstaaten können hierbei verlangen, daß der individuelle Standpunkt nicht zugänglich wird; siehe hierzu auch Handbuch des Rates, S. 13 f.

1067 Vgl. oben, 2. Teil, B., II.

Hierin liegt aber die Gefahr, daß das Überraschungsmoment der passiven Nachfrage entwertet wird, wenn die Organe über eine zwar weitgehend aktive Veröffentlichungspflicht die Freiheit zur vollständigen oder bearbeiteten Zurverfügungstellung von Dokumenten besitzen[1068]. Auf diese Frage wird im Rahmen der Regelungen des aktiven Zugangsrechts durch die neue Verordnung 1049/2001 zurückzukommen sein.

V. Jüngste Änderungen durch Einführung des Ratsbeschlusses 2001/840

Die vorgenannten Verstöße gegen die Erforderlichkeit, die praktische Wirksamkeit des Teilzugangsprinzips, sowie die Verkürzung effektiven Rechtsschutzes sind jedoch nicht nur durch eine möglicherweise erfolgreiche Klage vor dem *EuGH* entschärft. Auch durch die jüngste Anpassung des Ratsbeschlusses 2001/840/EG vom 29.11.2001[1069] sind in deren Art. 2 die jetzigen Beschlüsse 93/731, 2000/527 und 2000/320 aufgehoben und durch den aktuellen Beschluß ersetzt worden. Ohne einen Vorgriff auf die Analyse der Verordnung zu nehmen, können sich die Ratsbeschlüsse vom Sommer 2000 damit materiell als bedeutungslos erweisen, wenn der aktuelle Ratsbeschluß 2001/840, der die Verordnung 1049/2001 gem. Art. 255 III EGV konkretisiert[1070], als mit höherrangigem Gemeinschaftsrecht vereinbar anzusehen ist[1071]. Allerdings dienen die Ratsbeschlüsse 93/731, 2000/527 und 2000/320 der Untersuchung weiterhin als Vergleichspunkt hinsichtlich der Behandlung sensibler Daten und des Verhältnisses

---

[1068] So auch Bunyan in Die Zeit Diskussion vom 12.4.00 in Statewatch Secret Europe Page in http://www.statewatch.org/secreteurope.html unter The debate; Referenz vom 26.01.2002; Beleg dafür, daß ein Beharren auf ausschließlicher aktiver Informationspolitik nicht ausreichend ist, scheint auch zu sein, daß bei mangelndem Register und größerer Publikation im Internet die Anfragen zurückgingen, während sie im gleichen Zeitraum beim Rat, der ein Register besitzt, stiegen: Vgl. Erster und Zweiter Bericht über die Durchführung des Beschlusses des Rates über den Zugang der Öffentlichkeit zu Ratsdokumenten, in http://register.consilium.eu.int/utfregister/frames/introfsDE.htm; Referenz vom 26.01. 2002; Dritter Bericht über die Durchführung des Beschlusses 93/731 13275/00 vom 22.12.00, in http://register.consilium.eu.int/utfregister/frames/introfsDE.htm; Referenz vom 26.01. 2002; Statistische Bilanz zum 31.12.1996 (Für den Anwendungszeitraum 1994, 1995, 1996), SG-2000-08159-00-00-DE-TRA-00 (FR); Statistische Bilanz für das Jahr 1997, SG-2000-08159-00-01-DE-TRA-00 (EN); Statistische Bilanz für das Jahr 1998, SG-2000-08159-00-02-DE-TRA-00 (EN).

[1069] Beschluß des Rates vom 29.11.2001 zur Änderung der Geschäftsordnung des Rates (2001/840/EG) in Abl. der EG vom 30.11.2001, L 313/40.

[1070] Erwägung 2 Beschluß 2001/840/EG in Abl. der EG vom 30.11.2001, L 313/40.

[1071] Dazu unter F., IV.

zwischen aktivem und passivem Zugangsrecht durch die Verordnung 1049/2001 und sind daher als Auslegungsmaßstab im Rahmen der VO bedeutsam[1072].

[1072] Dazu im folgenden, F., II., 15., 16.

F.: VERORDNUNG 1049/2001 DES EUROPÄISCHEN PARLAMENTS UND DES RATES VOM 30. MAI 2001 ÜBER DEN ZUGANG DER ÖFFENTLICHKEIT ZU DOKUMENTEN DES EUROPÄISCHEN PARLAMENTS, DES RATES UND DER KOMMISSION

I. Entstehungsverfahren zur Verordnung 1049/2001

Für den Erlaß der Durchführungsvorschrift zum Zugangsrecht sieht Art. 255 II EGV das Verfahren der Mitentscheidung nach Art. 251 EGV vor. Den Ausgangspunkt stellt ein Initiativvorschlag der Kommission dar, der jeweils Rat und Parlament zugeleitet wird. Das Parlament gibt in erster Lesung seine Stellungnahme ab und übermittelt diese dem Rat, der mit qualifizierter Mehrheit die unveränderte oder veränderte Stellungnahme des Parlaments annehmen kann[1073].

Tatsächlich wurden die Änderungen im Verfahren zum Erlaß des Durchführungsaktes nach Art. 251, 255 II EGV trotz teilweise großer Differenzen der drei Organe über die inhaltliche Ausgestaltung vom Rat bereits nach erster Lesung des Parlaments gebilligt. Der Vorschlag der Kommission vom 21.02.2000[1074] wurde im Parlament in einem internen Verfahren über die relevanten Ausschüsse diskutiert[1075], woraufhin der Rat in mehreren *Non Papers* seine inhaltliche Position zum Ausdruck brachte[1076]. Anfang 2001 fanden dann zwischen dem inzwischen unter schwedischer Präsidentschaft geführten Rat und dem Parlament mehrere informelle, außerhalb des förmlichen Mitentscheidungsverfahrens anzusiedelnde Absprachen zum Zweck der Annäherung der Positionen statt[1077]. Erst am 03.05.2001 kehrten die Organe zum förmlichen Mitentscheidungsverfahren zurück. In erster Lesung verabschiedete das Parlament einen Gemeinsamen Standpunkt mit 400 Stimmen der Konservativen, der Sozialisten und der

---

1073 Billigt der Rat dagegen die Änderungsvorschläge nicht, legt er einen Gemeinsamen Standpunkt zum Kommissionsvorschlag fest, und leitet diesen zur zweiten Lesung ans Parlament weiter. Dann bietet sich dem Parlament die Möglichkeit, den Gemeinsamen Standpunkt zu billigen, ihn mit der absoluten Mehrheit der Mitglieder abzulehnen, was gleichbedeutend mit seinem Scheitern ist, oder seinerseits Änderungsvorschläge zu machen, die der Rat wiederum mit qualifizierter Mehrheit oder bei Ablehnung durch die Kommission einstimmig billigen kann. Lehnt er die Änderungen des Parlaments dagegen ab, wird ein Vermittlungsausschuß einberufen, der sich aus gleichberechtigten Mitgliedern des Rates und des Parlaments zusammensetzt und von der Kommission unterstützt wird. Kommt der Vermittlungsausschuß zu einer Kompromißlösung, erlassen Rat und Parlament den Rechtsakt in dieser Form jeweils mit qualifizierter bzw. absoluter Mehrheit. Schafft der Ausschuß keine Einigung, gilt der Rechtsakt als endgültig gescheitert. vgl. Art. 251 EGV; dazu Übersicht bei Schweitzer/Hummer, RN 387.

1074 KOM (2000) 30 endg./2.

1075 PE 285.961, Teil 1 und 2.

1076 SN 5249/00 Non-Paper vom 01.12.00; Kompromißvorschlag des Rates 14938/00 vom 22.12.00.

1077 Triloque Verfahren; siehe hierzu Castenholz in EWS 2001, S. 531.

Liberalen gegen 85 Stimmen der Grünen bei 12 Enthaltungen[1078] und leitete die Position an den Rat weiter, der dem Kompromiß am 14.05.2001 zustimmte. Die aus diesem förmlichen und den nicht förmlichen Verfahren gewonnenen Ergebnisse wurden am 31.05.2001 im Amtsblatt der EG als Verordnung (EG) Nr. 1049/2001 des Europäischen Parlaments und des Rates über den Zugang der Öffentlichkeit zu Dokumenten des Europäischen Parlaments, des Rates und der Kommission veröffentlicht. Sie trat gem. Art. 19 VO 1049/2001 am dritten Tag nach ihrer Veröffentlichung in Kraft und gilt seit dem 03.12.2001.

II. Inhaltliche Entwicklung der Verordnungsvorschriften im Vergleich zur bisherigen Rechtslage

1. Verhältnis zum mitgliedstaatlichen Zugangsrecht

Die Gemeinschaftsorgane haben sich einheitlich für den Erlaß einer Verordnung als Durchführungsakt nach Art. 255 II EGV entschieden[1079]. Eine Verordnung hat nach Art. 249 II EGV allgemeine Geltung, ist in allen ihren Teilen verbindlich und gilt unmittelbar in jedem Mitgliedstaat. Unberührt von der Verordnung 1049/2001 sind gleichwohl, trotz des weiten Anwendungsbereichs, Anträge auf Zugang zu nationalen Dokumenten bei nationalen Behörden zu stellen. Ebenfalls keiner Klärung bedarf die Frage nach der Kompetenz, Anträge auf Zugang zu Gemeinschaftsdokumenten bei dem jeweiligen Urheber innerhalb der Gemeinschaft zu bescheiden. Denkbar sind aber zwei verschiedene Kollisionspunkte der Rechtskreise, die durch die Verordnung geschaffen wurden. Allein aus Gründen der Ausweitung des Anwendungsbereichs der Verordnung auf alle eingehenden Dokumente reicht der Anwendungsbereich der Verordnung in das mitgliedstaatliche Recht dergestalt, daß deren Dokumente unter Umständen zwei verschiedenen Regeln unterworfen werden können. Zur Auflösung dieser Überschneidung soll im Rahmen der Anwendungsreichweite eingegangen werden. Das andere Spannungsfeld betrifft Anträge auf Gemeinschaftsdokumente, die sich im Besitz der Mitgliedstaaten befinden, welche gleichzeitig Empfänger von Zugangsanträgen sind. Sehr allgemein gehalten sah die Kommission in ihrem Vorschlag vor, den Zweck oder die Wirkung der Verordnung nicht auf die Änderung nationalen Rechts abzielen zu lassen. Insoweit stellt diese Klarstel-

---

[1078] Konsolidiertes Legislativdokument PE 297.811 des Parlaments vom 03.05.01, welches inhaltlich deckungsgleich mit der Verordung 1049/2001 ist; Abstimmung siehe Plenarsitzung vom 03.05.01 bei Statewatch Secret Europe Page in http://www.statewatch.org/secreteurope.html unter EP Vote; Referenz vom 26.01.2002.

[1079] Kritik und statt dessen die Forderung einer Entscheidung: Öberg in eiop 1998 in http://eiop.or.at/eiop/texte/1998-008.htm, Referenz vom 26.01.02, S. 13 ff.; Statewatch Vorschlag vom 16.05.00 in Statewatch Secret Europe Page in http://www.statewatch.org/secreteurope.html unter News, Developments & Debates: Amendments; Referenz vom 26.01.2002.

lung die Beachtung des Subsidiaritätsgrundsatzes sicher. Gleichwohl haben die Mitgliedstaaten das allgemeine Loyalitätsgebot zur Durchsetzung der Verordnung gegenüber der Gemeinschaft zu beachten[1080]. Beide Grundsätze berücksichtigend, hatte das Parlament den Hinweis gefordert, die Verordnung zeige keine innerstaatliche Wirkung und fordere keine Rechtsangleichung nationalen Rechts, das Loyalitätsgebot nach Art. 10 EGV bleibe davon aber unberührt. Dieses Verhältnis ausdrückend müsse bei einem Antrag auf Zugang zu einem Gemeinschaftsdokument bei einer mitgliedstaatlichen Behörde, welches nach dem Verordnungsvorschlag als vertraulich eingestuft ist, nach mitgliedstaatlichem Recht aber zugänglich wäre, diese das betreffende Gemeinschaftsorgan lediglich informieren. Eine verbindliche Entscheidung auf Zugang oder Teilzugang werde gleichwohl bei der mitgliedstaatlichen Behörde getroffen[1081]. Der Rat verwies dagegen weitgehend auf das Loyalitätsgebot. Zwar bezwecke nach seinem Vorschlag die Verordnung ebenfalls keine Harmonisierung nationalen Rechts. Ein Antrag auf Zugang bei einer mitgliedstaatlichen Behörde oder einem anderen Gemeinschaftsorgan, der ein von diesen differierendes Gemeinschaftsdokument betrifft, soll aber stets an das betreffende Gemeinschaftsorgan, welches Autor des Dokuments ist, weitergeleitet werden. Diese umgekehrte Urheberregel berücksichtigt derart ausgestaltet jedoch nicht das Subsidiaritätsgebot. So erklärt sich auch Erwägungsgrund 15 VO 1049/2001, wonach die Verordnung weder auf eine Änderung des Rechts der Mitgliedstaaten abzielt noch eine solche bewirkt, ungeachtet der Beachtung des allgemeinen Loyalitätsgebots. Art. 5 I VO 1049/2001 schreibt den Vorschlag des Parlaments fest, wonach bei einem Antrag auf ein Gemeinschaftsdokument in einem Mitgliedstaat dieser das betreffende Organ konsultieren muß, es sei denn, die Veröffentlichung oder die Vertraulichkeit ist offensichtlich. Unter diesen Voraussetzungen kann die nationale Behörde dann aber eine abschließende Entscheidung treffen. Die Konsultationspflicht konkretisiert dabei das Loyalitätsgebot, die Letztentscheidung mitgliedstaatlicher Organe verwirklicht den Subsidiaritätsgrundsatz. Eine leichte Überbetonung des Loyalitätsprinzips findet sich in Art. 5 II VO 1049/2001. Diese Norm sieht vor, daß ein Mitgliedstaat, statt einer Entscheidung über den Zugang, den Antrag an das betreffende Organ weiterleiten *kann*. Dennoch ist im Ergebnis beim Verhältnis der Verordnungsvorschriften zu nationalen Zugangsbestimmungen von einer stärkeren Geltung des Subsidiaritätsgebots auszugehen, welches die Fortgeltung nationaler Zugangsregeln auch für den Bereich der Gemeinschaftsdokumente in ihrem Besitz sichert. Das Loyalitätsgebot verwirklicht sich durch bloße Konsultation des betreffenden Gemeinschaftsorgans oder fa-

---

[1080] Erwägung 12 KOM (2000) 30 endg./2, sowie allgemein: RS C-54/91 „Deutschland/Kommission" in Slg. I 1993, S. 3399, RN 38; RS C-52/95 „Kommission/Frankreich" in Slg. I 1995, S. 4466.

[1081] Begründung 6 PE 285.961, Teil 2 des Parlaments vom 27.10.00.

kultativer Weiterleitung eines Antrags auf Zugang zu einem Gemeinschaftsdokument bei einer nationalen Behörde[1082].

2. Anwendungsreichweite hinsichtlich organfremder Dokumente und Urheberregel

Die unbestritten innovativste Neuerung stellt die Forderung der Kommission nach einer Ausweitung des Zugangsrechts auf alle im Besitz der Organe befindlichen Dokumente dar[1083]. Nach der bisherigen Rechtslage der Organbeschlüsse wurden die Dokumente Dritter mittels der Urheberregel als Bereichsausnahme völlig aus dem Anwendungsbereich ausgeschlossen und über die zwingende Wahrung der Vertraulichkeit auch als Ausnahmevorschrift gesichert[1084]. Mit Art. 255 EGV wurde diesbezüglich eine Kehrtwendung konstatiert, der auch die Verordnung 1049/2001 unter dem Hinweis auf die 35. Schlußerklärung folgt[1085]. Es sollten nicht mehr wie bisher nur die von den Organen produzierten Schriftstücke vom Anwendungsbereich umfaßt sein. Auch die von Dritten, hauptsächlich den Mitgliedstaaten, erstellten und den Organen übersandten Dokumente sollten künftig der Verordnung unterfallen[1086]. Diese Positionsfestlegung wurde, soweit ersichtlich, auch innerhalb der anderen Organe nicht angegriffen, vielmehr als Fortschritt begrüßt und in Erwägung 10 sowie Art. 2 III VO 1049/2001 festgeschrieben[1087]. Umstritten blieb aber im Mitentscheidungsverfahren, wie die Schutzvorschriften der Mitgliedstaaten oder Dritter bei einer solchen Ausdehnung des Anwendungsbereichs gewahrt bleiben könnten. Mit Hinweis auf die 35. Schlußerklärung wird klargestellt, daß Dokumente anderer Mitgliedstaaten, statt als Bereichsausnahme, lediglich noch über die Ausnahmevorschriften zu schützen sind. Die primärrechtlichen Vorgaben unter Einbeziehung der 35. Schlußerklärung wurden an obiger Stelle zugunsten eines zwingenden Anspruchs der Mitgliedstaaten auf vertrauliche Behandlung ausgelegt[1088]. Die

---

1082 So wohl auch Castenholz in EWS 2001, S. 533.

1083 So schon die Forderung des Berichts des Institutionellen Ausschusses vom 08.12.1998, DOK A 4-0476/98 unter Hinweis auf die schwedische Rechtslage; Inkorporierung in den Kommissionsvorschlag durch das Discussion Paper on Public Access to Commission Documents, S. 7; begrüßt von Kugelmann, S. 184; Schoo in Schwarze, Art. 255, RN 14; Wägenbaur in EuZW 2000, S. 193.

1084 Siehe oben, 2. Teil, A., II., 3., a) sowie 8., b).

1085 Erwägung 10 VO 1049/2001.

1086 Begründung 4 KOM (2000) 30 endg./2.

1087 Bericht des Institutionellen Ausschusses, Stellungnahme des Ausschusses für Recht und Bürgerrechte, des Ausschusses für Grundfreiheiten und innere Angelegenheiten, in Bericht des Institutionellen Ausschusses vom 08.12.1998, DOK A 4-0476/98; Art. 2 I PE 285.961, Teil 1 des Parlaments vom 27.10.00; Art. 2 I Kompromißvorschlag des Rates 14938/00 vom 22.12.00.

1088 S.o., A., II., 2., c).

Kommission ging noch von einer bloßen Konsultation der Urheber in Zweifelsfällen mit einem abschließenden Entscheidungsvorbehalt zugunsten des Gemeinschaftsorgans aus[1089]. Auch das Parlament befürwortete eine Regelung, die die Stellungnahmen des Verfassers des Dokuments bei dessen Übermittlung berücksichtigt, den Organen aber eine abschließende Entscheidungsbefugnis vorbehält[1090]. Der Rat griff zwar die Einbeziehung von Dokumenten Dritter in den Anwendungsbereich nicht an, gestand den Mitgliedstaaten aber ein zwingendes Recht zur Verweigerung des infrage stehenden Dokuments im Rahmen der Ausnahmebestimmungen zu[1091], womit er sich im Ergebnis weitgehend durchsetzen konnte. Gem. Art. 4 IV VO 1049/2001 entscheiden künftig grundsätzlich zwar die Organe abschließend über Anträge auf Zugang zu eingegangenen Dokumenten. Ist jedoch nicht klar, ob das betreffende Dokument unter eine der in Art. 4 I und II VO 1049/2001 genannten Ausnahmen fällt, konsultieren sie den Urheber, wobei dann aber den Mitgliedstaaten gem. Art. 4 V VO 1049/2001 die Option eröffnet ist, die Organe zu ersuchen, den Zugang zu verweigern. Die Handlungsform „ersuchen" ist diesbezüglich vom Wortlaut nicht eindeutig. Unter Zugrundelegung der historischen und primärrechtlichen Vorgaben kann aber kein anderer Schluß als der eines zwingenden Anspruchs gezogen werden[1092]. Hinsichtlich der Dokumente der Mitgliedstaaten verwirklicht der Anspruch für diesen Bereich also vorrangig den Subsidiaritätsgrundsatz. Dennoch sind gegenüber der bisherigen Rechtslage Fortschritte zu verzeichnen. Zum einen galten die bisherige Urheberregel und die Ausnahme der Vertraulichkeit ausnahmslos für alle Urheber von Dokumenten Dritter. Der jetzige zwingende Anspruch der Urheber auf Vertraulichkeit bleibt dagegen auf die Dokumente der Mitgliedstaaten beschränkt und sieht für sonstige Dokumente Dritter[1093] lediglich eine Konsultationspflicht der Organe vor. Zum anderen bleibt durch die Abschaffung der Urheberregel in Form der Antragsweiterleitung der Anwendungsbereich trotz des zwingenden Anspruchs eröffnet. Und letztlich stellt diese Reduzierung auf eine

---

1089 Vgl. Begründung 4 KOM (2000) 30 endg./2; dennoch muß der Schutz durch die Organe ausreichend gewahrt bleiben, zum Zwecke des Vertraulichkeitserhalts der Mitgliedstaaten: siehe schon Discussion Paper on Public Access to Commission Documents, S. 8; begrüßt vom Europäischen Umweltbüro zum VO Vorschlag, Art. 2: EEB Comments on the European Commission's Proposal for a Regulation regarding public access to documents of the European Parliament, the Council and the Commission in Statewatch Secret Europe Page in http://www.statewatch.org/secreteurope.html unter EEB; Referenz vom 26.01. 2002.

1090 Artikel 4 c) neu und Begründung PE 285.961, Teil 1 und 2 des Parlaments vom 27.10.00.

1091 Insofern ist von einer faktischen Beibehaltung der geltenden Rechtslage auszugehen: siehe Erwägung 9 und Art. 4 III Kompromißvorschlag des Rates 14938/00 vom 22.12.00.

1092 Im Hinblick auf die sinngemäß gleiche Formulierung („ersuchen") auch in Art. 4 III Kompromißvorschlag des Rates 14938/00 vom 22.12.00, ist von einem zwingendem Anspruch der Mitgliedstaaten auszugehen. Wägenbaur in EuZW 2001, S. 682 spricht von einem de-facto Verbot.

1093 Siehe zur Definition des Dritten, Art. 3 b) VO 1049/2001.

bloße Konsultationspflicht bei dritten Urhebern auch eine Angleichung an vergleichbare mitgliedstaatliche Zugangsregeln dar, so daß auch hier ein Fortschritt und ein weiterer Schritt zur Angleichung oder sogar Erhöhung gegenüber mitgliedstaatlichen Regeln gemacht wurde[1094]. Die mangelnde Anpassung auch der mitgliedstaatlicherseits erstellten Dokumente an die bloße Konsultationsverpflichtung ist dagegen aus Gründen des Subsidiaritätsgedankens erklärbar.

3. Recht auf Teilzugang als Beschränkung der Ausnahmevorschriften

Durch Art. 4 VI VO 1049/2001 ist das Teilzugangsrecht erstmals sekundärrechtlich normiert. Im Rechtsetzungsverfahren herrschte diesbezüglich auch nur über die systematische Einordnung Unklarheit. Während Kommissions- und Ratsentwurf von einer bearbeiteten Fassung durch die Organe im Rahmen der Verfahrensvorschriften ausgingen[1095], forderte das Parlament, ein explizites Recht auf Teilzugang im Rahmen der Ausnahmebestimmungen zu verankern[1096]. Die Verordnung schließlich wertete, durch die Ansiedlung in Art. 4 VI VO 1049/2001, das Recht auf Teilzugang zu einer Begrenzung der Ausnahmevorschriften auf.

Der Teilzugang in Art. 4 VI VO 1049/2001 gilt aufgrund des Wortlauts und der Systematik umfassend für alle Ausnahmetatbestände des Art. 4 VO 1049/2001. Somit muß auch das Vetorecht der Mitgliedstaaten bei eigenen Dokumenten gem. Art. 4 V VO 1049/2001 in die Anwendung des Art. 4 VI VO 1049/2001 einbezogen werden. Trotz eines Vetos des Mitgliedstaates hinsichtlich des Zugangs zu seinen Dokumenten hat das betreffende Gemeinschaftsorgan daher den Zugang zu den nicht als vertraulich eingestuften Informationen zu überprüfen. Insofern stellt sich Art. 4 VI VO 1049/2001 als Ausprägung des Loyalitätsgebots der Mitgliedstaaten dar, die auch in Erwägung 15 VO 1049/2001 Eingang in die Verordnung gefunden hat. Die weitergehende Klarstellung, daß aber keine Modifizierung des mitgliedstaatlichen Rechts mit dieser Verordnung bezweckt sei[1097], sichert dagegen auf der Gegenseite die Wahrung des Subsidiaritätsgrundsatzes hinsichtlich des Zugangs zu mitgliedstaatlichen Dokumenten.

[1094] Zur Konsultationspflicht bei behördenfremden Dokumenten in den Mitgliedstaaten: siehe oben, 3. Teil, C., I., 5.

[1095] Begründung 6 KOM (2000) 30, endg./2; Art. 5 II Kompromißvorschlag des Rates 14938/00 vom 22.12.00.

[1096] Art. 4 III, IV neu PE 285.961, Teil 1 des Parlaments vom 27.10.00.

[1097] Erwägung 15 VO 1049/2001.

4. Zwischenstand hinsichtlich der Abgrenzung der verschiedenen Rechtskreise

Die angesprochenen Kollisionspunkte lassen sich zusammenfassend dergestalt darstellen, daß (1.) bei Zugangsbegehren im Hinblick auf Gemeinschaftsdokumente im Besitz nationaler Behörden der Subsidiaritätsgedanke vorrangig gilt. Modifiziert wird er durch die Loyalitätspflicht, die sich in diesem Verhältnis aber lediglich durch Konsultationspflichten oder fakultative Weiterleitung der Anträge durch die Mitgliedstaaten ausdrückt.

Begehrt der Antragsteller dagegen (2.) Zugang zu Dokumenten Dritter gegenüber den Gemeinschaftsbehörden ist zu differenzieren. Handelt es sich um Dokumente der Mitgliedstaaten, drückt sich der Subsidiaritätsgedanke durch das Vetorecht der Mitgliedstaaten aus. Allerdings modifiziert auch hier das Loyalitätsgebot diesen Vorrang teilweise, indem es die nationalen allgemeinen Dokumente unter die Teilzugangsverpflichtung stellt. Bei Dokumenten sonstiger Dritter bestehen dagegen lediglich Konsultationspflichten der Organe gegenüber den Urhebern.

5. Verhältnis zu anderen europäischen Zugangsbestimmungen

Die Rechtssache „*Interporc II*" klärte das Verhältnis zwischen Zugang zu Dokumenten innerhalb und außerhalb von Verwaltungsverfahren. Die voraussetzungslosen Zugangsregelungen des Beschlusses 94/90 stehen als lex generalis nachrangig hinter dem Zugang zu Dokumenten als Verteidigungsrecht im Verwaltungsverfahren, sind aber gleichwohl subsidiär anwendbar[1098]. Diese Auslegung bestätigte sowohl die Präambel des Verhaltenskodex als auch die Literatur[1099]. Der Verordnungsvorschlag der Kommission mußte diese Abgrenzung sowie die Tatsache des doppelten Legislativvorbehalts in Art. 255 EGV verarbeiten. So wurde zum einen vorgesehen, die bisher bestehenden Organbeschlüsse des Parlaments, des Rates und der Kommission durch die Verordnung aufzuheben und die Organe zu verpflichten, diese neu festzusetzen. Zum anderen sollte die Anwendung der Verordnung verschlossen bleiben, soweit andere Bestim-

---

[1098] RS T-92/98 „Interporc/Kommission" in Slg. II 1999, S. 3542, RN 44, 45.

[1099] „IN DER ERWÄGUNG, daß diese Grundsätze (des Zugangsrechts) die geltenden Bestimmungen über den Zugang zu den Dossiers, die unmittelbar Personen betreffen, die daran ein spezifisches Interesse haben, nicht berühren." Hierzu das EuG in RS T-92/98 „Interporc/Kommission" in Slg. II 1999, S. 3542, RN 45, Damit wird nur bekräftigt, daß die von der Kommission erlassenen Vorschriften über den Zugang zu Informationen die Anwendung von speziellen Vorschriften über die Akteneinsicht nicht berühren. Zudem ist damit nicht ausgeschlossen, daß eine Berufung auf den Verhaltenskodex möglich ist, obwohl auch andere Vorschriften einschlägig sind; Gassner in DVBl 1995, S. 20, 21; Haibach in NVwZ 1998, S. 458; Hix, S. 32 ff.; Scherzberg, S. 248 ff.; Sobotta in EuZW 1996, S. 158; unklar Kugelmann, S. 181 ff.

mungen einschlägig sind[1100]. Diese Abkehr von der subsidiären Weitergeltung des allgemeinen Zugangsrechts auch in Spezialbereichen wie dem Wirtschaftsrecht, würde allerdings dem Urteil *„Interporc II"* klar widersprechen[1101]. Dementsprechend vorsichtiger äußerten sich Rat und Parlament. Zunächst forderte der Rat spezielle interinstitutionelle Vereinbarungen zur Einstufung von Dokumenten in die bekannten Vertraulichkeitskategorien[1102]. Die bestehenden Organbeschlüsse sollten dabei aber bestehen, weitergehende Rechte hingegen sollten unberührt bleiben. Das Parlament verfolgte ebenfalls die Zielsetzung, interinstitutionelle Vereinbarungen hinsichtlich der Einstufung zu erreichen, allerdings nicht mit der Intention, die bestehenden Organbeschlüsse festzuschreiben[1103]. Insbesondere der reformierte Ratsbeschluß sollte durch die Verordnung aufgehoben und durch neue, in Übereinstimmung mit Art. 207 III EGV festgelegte Organbeschlüsse ersetzt werden. Sondervorschriften sollten nur abschließend sein soweit in ihnen ein weitergehendes Zugangsrecht gewährt wird[1104]. Die *„Trilogue-meetings"* als außerförmliche Kompromißfindungsinstanz versuchten, diese Positionen in Einklang zu bringen. Erwägung 17 VO 1049/2001 rekurriert auf Art. 255 III EGV und sieht vor, daß der Rats-, der Kommissions- und der Parlamentsbeschluß sowie die Vertraulichkeitsanforderungen des Schengen-Abkommens nötigenfalls geändert oder aufgehoben werden, wenn sie nicht, wie Erwägung 12 und Art. 18 VO 1049/2001 fordern, mit den Bestimmungen der Verordnung im Einklang stehen. Die Überprüfung dieser Übereinstimmung wurde von der Kommission bis November 2001 vorgenommen[1105].

1100 Hinsichtlich des lex specialis/lex generalis Verhältnisses, Discussion Paper on Public Access to Commission Documents, S. 9; und in Fortsetzung Begründung 4 KOM (2000) 30 endg./2.

1101 Noch weitergehend Statewatch Vorschlag vom 16.5.00, in Statewatch Secret Europe Page in http://www.statewatch.org/secreteurope.html unter News, Developments & Debates: Amendments; Referenz vom 26.01.2002: Art. 2 II 2; mit der Forderung einer Hierarchisierung: Europäisches Umweltbüro zum VO Vorschlag Art. 2 II: EEB Comments on the European Commission`s Proposal for a Regulation regarding public access to documents of the European Parliament, the Council and the Commission in Statewatch Secret Europe Page in http://www.statewatch.org/secreteurope.html unter EEB; Referenz vom 26.01.2002.

1102 Art. 3 b) Kompromißvorschlag des Rates 14938/00 vom 22.12.00; so auch Art. 4 b neu PE 285.961, Teil 1 des Parlaments vom 27.10.00.

1103 Vgl. Art. 4 b neu und Art. 11 b neu PE 285.961, Teil 1 des Parlaments vom 27.10.00.

1104 Dies stellt für Schoo in Schwarze, Art. 255 EGV RN 19 auch gleichzeitig einen nicht zu unterschreitenden Mindeststandard dar.

1105 Art. 18 III VO 1049/2001; alle angepaßten Organbeschlüsse sehen die Aufhebung der bisherigen, als Rechtsgrundlage dienenden Beschlüsse vor, Art. 2 Beschluß 2001/937/EG, EGKS, Euratom der Kommission in Abl. der EG vom 29.12.2001, L 345/94; Art. 2 Beschluß 2001/840/EG des Rates in Abl. der EG vom 30.11.2001, L 313/43; Erwägung 4 Beschluß 2001/C 374/01 des Parlaments in Abl. der EG vom 29.12.2001, C 374/1.

Mit Ausnahme der Nichtbeeinflussung etwaiger internationaler Übereinkünfte oder deren gemeinschaftsrechtlicher Durchführungsakte[1106] schweigt die Verordnung aber zum Verhältnis zu spezielleren Zugangsregeln. Somit konnte sich die Aufhebung der subsidiären Geltung des allgemeinen Zugangsrechts auch in speziellen Regelungsbereichen nicht durchsetzen. Es ist vielmehr weiterhin auf die Urteilsgründe „*Interporc II*" zurückzugreifen, die eine subsidiäre Anwendung der Zugangsregeln für den Bürger auch in Bereichen der Verteidigungsrechte des Wettbewerbsverfahrens oder, allgemeiner gesagt, in Bereichen der akzessorischen Zugangsrechte vorsehen.

6. Inhaltliche Reichweite: Voraussetzungslosigkeit des Antrags

Relativ unbestritten blieb die Absage an eine Akzessorietät des Zugangs hinsichtlich eines irgendwie gearteten Interesses. Unklar blieb allenfalls, ob die Voraussetzungslosigkeit des Zugangs als bloße Verfahrensvoraussetzung[1107] oder als allgemeiner Grundsatz der Verordnung verankert werden sollte[1108]. Hier konnte sich wiederum die Ratsposition in Form der Beibehaltung der bisherigen Praxis und der klarstellenden Erwähnung in Art. 6 I 2 VO 1049/2001 als Verfahrensmodalität durchsetzen, wobei sich in der Sache auch keine Änderungen hinsichtlich einer alternativen Verortung ergeben hätten.

7. Binnenreichweite des Zugangsrechts

Die Fortgeltung der vertraglichen Geltung in den Unionspfeilern, von der Rechtsprechung geprägt[1109] und von Art. 28 und 41 EUV eingefordert, wurde für die Verordnung in Erwägung 7 und Art. 2 III VO 1049/2001 auch sekundärrechtlich fortgesetzt. Die Kommission forderte in ihrem Verordnungsvorschlag noch eine verbindliche Geltung für die beiden anderen Gemeinschaftsverträge unter Hinweis auf Erklärung 41 der Schlußakte von Amsterdam[1110]. Rat und Parlament einigten sich auf eine „Soll-Geltung", von der sich die Organe bei Tätigwerden in diesen Verträgen leiten lassen werden[1111].

[1106] Art. 2 VI VO 1049/2001.

[1107] So die bisherige Rechtslage; vgl. erster Teil und Art. 3 a) Kompromißvorschlag des Rates 14938/00 vom 22.12.00.

[1108] So der Vorschlag der Kommission: Art. 1 KOM (2000) 30 endg./2 und des Parlaments Art. 1 PE 285.961, Teil 1 des Parlaments vom 27.10.00.

[1109] Vgl. oben, 2. Teil, A., II., 3., b).

[1110] KOM (2000) 30 endg./2; begrüßt von Wägenbaur in EuZW 2000, S. 193.

[1111] Zunächst jedoch wurde der Vorschlag der Kommission hinsichtlich verpflichtender Geltung unberührt gelassen, Begründung PE 285.961, Teil 1 des Parlaments vom 27.10.00, Erwägung 5 Kompromißvorschlag des Rates 14938/00 vom 22.12.00; Erwägung 5 VO 1049/2001.

8. Dokumentenbegriff

Die bisher dargestellte Praxis der Organbeschlüsse ging von einem uneingeschränkten Anwendungsbereich aus, der insbesondere auch interne Dokumente erfaßte, die Geheimhaltung der Beratungen dagegen lediglich als Ermessensausnahme berücksichtigte. Der Kommissionsvorschlag sah vor, den Anwendungsbereich diesbezüglich zu verengen. Die Verordnung sollte künftig allein für Verwaltungsdokumente der drei Organe gelten und interne Dokumente, wie persönliche Meinungen, Gedankenaustausch, Stellungnahmen, Konsultationen, interne Beratungen, informelle Mitteilungen, e-mails und Telefonate, aus Gründen des bei den Organen erforderlichen *„Freiraums zum Überlegen"* aus der Reichweite der Verordnung mittels restriktiver Definition des Dokumentenbegriffs ausklammern[1112]. Während der Ausschußbericht des Europäischen Parlaments vom Dezember 1998 eine Entscheidung diesbezüglich noch offen ließ[1113], legte sich der Ausschußbericht des ersten *Cashman*-Berichts im Rahmen des *„Trilogue Verfahrens"* ausdrücklicher fest. Das Recht auf Zugang beschränke sich nicht nur auf dasjenige zu Dokumenten, sondern beinhalte ein umfassendes Recht auf Information[1114]. Daraus folge, daß auch interne Informationen vom Anwendungsbereich des Zugangsrechts erfaßt bleiben sollen. Ausnahmen hiervon können allenfalls bei inoffiziellen Dokumenten gemacht werden, die der persönlichen Stellungnahme oder dem freien Meinungsaustausch der Organe dienen. Der Vorschlag des Rates hingegen folgte weitgehend dem Kommissionsvorschlag[1115], wobei sich die Begrenzung auf bloße Verwaltungsdokumente weder im Parlament noch im Rat durchsetzen konnte. Die interinstitutionellen Abstimmungsgespräche erreichten einen Kompromiß. Die Verortung in den Ausnahmevorschriften des Art. 4 III VO 1049/2001 macht einerseits klar, daß zwar grundsätzlich alle internen Dokumente in den Anwendungsbereich gefaßt werden. Wo zur Wahrung der Erfüllung der Aufgaben erforderlich, ist es den Organen aber gestattet, ihre internen Konsultationen und Beratungen zu schüt-

---

1112 So schon Discussion Paper on Public Access to Commission Documents, S. 8; vgl. Art. 3 sowie Begründung 4 KOM (2000) 30 endg../2; Kritik von Bunyan in Die Zeit Diskussion vom 12.4.00 mit der Gefahr eines Rückschritts hinter den erreichten Standard in Statewatch Secret Europe Page in http://www.statewatch.org/secreteurope.html unter The debate; Referenz vom 26.01.2002; Kritik vom Europäischem Umweltbüro zum VO Vorschlag Art. 3: statt dessen sollte eine Verortung im Rahmen der Ausnahmen stattfinden, sonst bestehe die Gefahr, das Register zu eng zu fassen: EEB Comments on the European Commission`s Proposal for a Regulation regarding public access to documents of the European Parliament, the Council and the Commission in Statewatch Secret Europe Page in http://www.statewatch.org/secreteurope.html unter EEB; Referenz vom 26.01.2002; siehe auch Partsch in NJW 2001, S. 3156.

1113 Bericht des Institutionellen Ausschusses vom 08.12.1998, DOK A 4-0476/98.

1114 Begründung PE 285.961, Teil 2 des Parlaments vom 27.10.00.

1115 Art. 3 a) Kompromißvorschlag des Rates 14938/00 vom 22.12.00.

zen[1116]. Zu diesem Zweck findet eine Abstufung statt. Hinsichtlich der Dokumente für den internen Gebrauch vor Beschlußfassung wird nach einer Interessenabwägung der Zugang zwingend verweigert, wenn die Verbreitung des Dokuments den Entscheidungsprozeß ernstlich beeinträchtigen würde[1117]. Bei Dokumenten, die Beratungen und Vorgespräche betreffen, wird der Zugang auch noch nach Beschlußfassung unter denselben Voraussetzungen der Gefährdung und der Abwägung zwingend verweigert[1118]. Hinsichtlich der Schutzmodalitäten interner Dokumente setzte sich also weitgehend die Vorstellung des Parlaments durch, den Anwendungsbereich der Verordnung möglichst weit zu halten. Auch die Hochstufung von der bisher geltenden Ermessensausnahme der Beratungen der Organe zu einer zwingenden Ausnahme stellt nur scheinbar einen Rückschritt dar, da sowohl die allgemeinen internen Dokumente als auch die Beratungen und Vorgespräche einem sog. *„harm test"* unterworfen werden[1119] und mit Ausnahme der Beratungen und Vorgespräche auch nur bis zum Zeitpunkt der Beschlußfassung unter die besondere Ausnahmevorschrift des Art. 4 III UA 1 VO 1049/2001 gestellt werden. Und letztlich gilt es zu berücksichtigen, daß bereits Art. 255 I EGV bezüglich interner Dokumente einschränkend ausgelegt wurde[1120].

9. Berechtigter Personenkreis

Die bisherige Praxis ging von keinerlei Beschränkung hinsichtlich der Aktivlegitimation aus[1121]. Die Kommission sah vor, die subjektive Berechtigung auf Unionsbürger sowie natürliche und juristische Personen mit Wohnsitz innerhalb des Anwendungsbereichs der Verträge, streng nach der Vorgabe des Art. 255 I EGV, zu begrenzen[1122]. Das Parlament milderte diese Beschränkung zugunsten

---

[1116] Vgl. Erwägung 11 VO 1049/2001.

[1117] Art. 4 II UA 1 VO 1049/2001.

[1118] Art. 4 II UA 2 VO 1049/2001.

[1119] Die Forderung nach einer derartigen Prüfung existierte bis dahin allein in der Rechtsprechung des EuG s.o. Eine Fall zu Fall Schädlichkeitsprüfung, ob das gewünschte Dokument, die genannten Interessen auch tatsächlich beeinträchtigt, wurde vom Gerichtshof in den RS T-124/96 „Interporc/Kommission" in Slg. II 1998, S. 232; RS T-83/96 „van der Wal/Kommission" in Slg. II 1998, S. 563; RS T-174/95 „Svenska/Rat" in Slg. II 1998, S. 2324 aufgestellt. Näher dazu unten bei den Ausnahmevorschriften, 4. Teil, A., IV.

[1120] Vgl. oben, A., II., 2., a).

[1121] Vgl. 2. Teil, A., II., 4.

[1122] Begründung 3 und Art. 1 KOM (2000) 30 endg./2; Hinweis auf den erfolgten Rückschritt in Art. 255 EGV und dem Kommissionsvorschlag, Wägenbaur in EuZW 2000, S. 193; Kritik auch vom Europäischen Umweltbüro zum VO Vorschlag Art. 1, EEB Comments on the European Commission's Proposal for a Regulation regarding public access to documents of the European Parliament, the Council and the Commission in Statewatch Secret Europe Page in http://www.statewatch.org/secreteurope.html unter EEB; Referenz vom 26.01.2002.

eines zwingenden Anspruchs für die durch den Kommissionsvorschlag legitimierten Personen und befürwortete einen in das Ermessen des Organs gestellten Anspruch für alle übrigen Antragsteller[1123]. Diesem Vorschlag pflichtete auch der Rat bei, der sich in Art. 2 II VO 1049/2001 wiederfindet. Aber, wie schon im zweiten Teil angesprochen, wirkt sich der Ermessensspielraum der Organe hinsichtlich dritter Antragsteller in der Praxis aufgrund der Stellvertretungsmöglichkeiten nicht gravierend aus[1124].

10. Verpflichteter Personenkreis

Hinsichtlich der horizontalen Verpflichtung wurde Art. 255 EGV ein Rückschritt zur bisherigen Praxis bescheinigt, was unter anderem auch als Argument gegen eine Ableitung eines Generalprinzips isoliert aus Art. 255 EGV diente[1125]. Auch die Kommission sah keine Veranlassung, diese Verpflichtung auf andere Organe auszudehnen[1126]. Den Vorstoß des Parlaments, die anderen Organe über die Erwähnung des Grundsatzes einer *„Guten Verwaltungspraxis"* zumindest fakultativ mitzuverpflichten[1127], griff der Rat aber nicht auf[1128]. Die Verordnung spricht das Prinzip der *„Guten Verwaltungspraxis"* zwar an[1129] und bezieht sich nach Art. 15 I VO 1049/2001 auf die Verpflichtung jedes Organs, eine solche zu entwickeln. Allerdings definiert Art. 1 lit. a) VO 1049/2001 die Organe abschließend als Parlament, Rat und Kommission, so daß sich die Verpflichtung zur *„Guten Verwaltungspraxis"* ausschließlich auf die drei Hauptorgane beschränkt. Die VO 1049/2001 geht damit hinsichtlich ihrer horizontalen Verpflichtung nicht über Art. 255 EGV hinaus[1130].

Die vertikale Verpflichtung auf Neben- und Hilfsorgane, die aufgrund der Rechtsprechung des *EuG* in der Rechtssache *„Rothmans"* in Art. 255 EGV hineingelesen wurde, findet sich in Erwägung 8 VO 1049/2001 wieder. Allerdings ist die vollständige Anwendung der Verordnung auf alle von den Organen ge-

---

1123 PE 285.961, Teil 2 des Parlaments vom 27.10.00; von einer völligen Gleichbehandlung ging der Bericht des Institutionellen Ausschusses vom 08.12.1998, DOK A 4-0476/98 aus.

1124 Vgl. 2. Teil, A., II., 4.

1125 Vgl. oben, A., II., 3., b).

1126 Discussion Paper on Public Access to Commission Documents, S. 6; Begründung 4 KOM (2000) 30 endg./2.

1127 Siehe Begründung PE 285.961, Teil 2 des Parlaments vom 27.10.00; Der Vorschlag des Ausschusses für auswärtige Angelegenheiten, Menschenrechte, Gemeinsame Sicherheits- und Verteidigungspolitik ging sogar dahin, eine auf Art. 308 EGV gestützte Verordnung für die anderen Organe zu schaffen, Begründung in PE 285.961, Teil 1 des Parlaments vom 27.10.00; beachte in diesem Zusammenhang auch Art. 41 GR-Charta.

1128 Nichterwähnung auch fakultativer Verpflichtungen, vgl. Kompromißvorschlag des Rates 14938/00 vom 22.12.00.

1129 Art. 1 c), 15 VO 1049/2001.

1130 Kritisiert von Wägenbaur in EuZW 2001, S. 682.

schaffenen Einrichtungen lediglich als *„Soll-Vorschrift"* ausgestaltet. Während Kommission und Rat der Ausdehnung der Anwendung der Verordnung in die Tiefe keinerlei Beachtung schenkten[1131], sah die Begründung des Parlaments eine verpflichtende Ausweitung der Zugangsvorschriften auf alle von einem der drei Organe eingerichteten Agenturen oder Hilfsorgane vor, die dem Organ Rechenschaft schuldig sind[1132]. Aufgrund dieser interinstitutionellen Differenzen spricht die Verordnung damit nur von einer fakultativen Verpflichtung der Anwendung auf die von den Organen geschaffenen Einrichtungen[1133]. Allerdings ist zu erwarten, daß der Gerichtshof seine Linie zur vertikalen Verpflichtung bei KOMITOLOGIE-Ausschüssen, auch hinsichtlich anderer künftiger, weisungsabhängiger Hilfseinrichtungen der Organe fortsetzen wird, um die praktische Wirksamkeit des Zugangs zu sichern.

11. Einführung einer Registerpflicht

Im Mitentscheidungsverfahren waren sich die Organe aufgrund dieses Vorstoßes grundsätzlich einig über die künftige Schaffung eines Dokumentenverzeichnisses, welches beim jeweiligen Organ anzusiedeln ist[1134]. Streitig blieb der Inhalt des Registers. Das Parlament forderte die Aufnahme sämtlicher existierender Dokumente. Um die Schutzvorschriften zu wahren, sollte anstelle des Inhalts ein Hinweis auf die Einstufung als Teil der Ausnahmevorschriften erfolgen[1135]. Argumentiert wurde mit der effektiven Durchsetzung des Zugangsrechts, welches dem Bürger die Kenntnis der Existenz eines Dokuments und die Möglichkeit der Angreifbarkeit einer Einstufung ermöglichen soll[1136]. Der Rat schloß dagegen

[1131] Siehe Begründung KOM (2000) 30 endg./2; Kompromißvorschlag des Rates 14938/00 vom 22.12.00.

[1132] Da hiermit auch Agenturen wie EUROPOL erfaßt wären, seien aber besonders abgestufte Verfahrensvorschriften zum Schutz der jeweiligen Sicherheitsbestimmungen zu schaffen. Vgl. PE 285.961, Teil 2 des Parlaments vom 27.10.00.

[1133] Erwägung 8 VO 1049/2001.

[1134] Art. 9 KOM (2000) 30 endg./2; Art. 9, 9 a, Anhang IV PE 285.961, Teil 1 des Parlaments vom 27.10.00; Art. 9 Kompromißvorschlag des Rates 14938/00 vom 22.12.00.

[1135] Art. 9 a neu PE 285.961, Teil 1 des Parlaments vom 27.10.00.

[1136] Differenziert schon der Bericht des Institutionellen Ausschusses vom 08.12.1998, DOK A 4-0476/98, der zwischen internen und vertraulichen Dokumenten differenziert; Begründung PE 285.961, Teil 2 des Parlaments vom 27.10.00; Öberg in eiop 1998 in http://eiop.or.at/eiop/texte/1998-008.htm, Referenz vom 26.01.02, S. 13; Hinweis auf den zweifelhaften Wert des Registers bei Ermessen der Organe hinsichtlich der Aufnahme in das Register und dem daraus resultierenden irrigen Verständnis der Reichweite der Ausnahmen, bei Wägenbaur in EuZW 2000, S. 193; siehe auch Vorschlag von Statewatch vom 16.5.00 in Statewatch Secret Europe Page in http://www.statewatch.org/secreteurope.html unter Amendements; Referenz vom 26.01.2002: Kritik an Art. 9; Forderung einer umfassenden Aufnahme aller Dokumente auch durch das Europäische Umweltbüro: EEB Comments on the European Commissidie Aufnahme empfindlicher Dokumente in das Register aus[1137]. Die Verordnung greift beide Vorschläge auf. Art. 11 VO 1049/2001 sieht vor, daß im Hinblick auf die wirksame Ausübung der Rechte der Verordnung alle Dokumente in das Register aufzunehmen sind. Bei Betroffenheit der Ausnahmevorschriften ist die kurze Inhaltszusammenfassung gem. Art. 11 II VO 1049/2001 so abzufassen, daß der Schutz der Interessen nicht beeinträchtigt wird. Im Hinblick auf die Erwägung 11 VO 1049/2001 und der grundsätzlich gewünschten Einbeziehung auch interner Dokumente sind diese konsequenterweise ebenfalls von der Registervorschrift erfaßt. Eine Ausnahme hinsichtlich der Aufnahme hält Art. 9 VO 1049/2001 bereit, wonach bei sensiblen Dokumenten nach einem besonderen Verfahren über die Aufnahme entschieden wird und hinsichtlich sensibler Dokumente Dritter deren Urheber über die Aufnahme in das Register entscheiden können[1138].

12. Rechtsschutz des Bürgers gegen versagten Zugang

Die Rechtsschutzvorschriften des Bürgers wurden während des Rechtsetzungsverfahrens im wesentlichen nicht diskutiert. Auch die Verordnung 1049/2001 behält in Art. 8 III die Möglichkeiten der Nichtigkeitsklage oder die Beschwerde beim Bürgerbeauftragten bei. Die Einführung eines Informationsbeauftragten, wie vom Parlament erwogen[1139], konnte sich nicht durchsetzen.

13. Modifizierung der Ausnahmevorschriften

Die bisherige Rechtslage zu den Ausnahmevorschriften zeichnete sich durch die Existenz zweier Gruppen aus: (1.) zwingende Ausnahmen mit der gerichtlichen Auflage, eine Prüfung von Fall zu Fall vorzunehmen, und (2.) fakultative Ausnahmen der Geheimhaltung der Beratungen der Organe. Bei beiden Ausnahmegruppen sind aufgrund der Rechtsprechung des Gerichts erster Instanz stets die genauen Gründe einer Versagung anzugeben[1140]. Die Auflage, bei gewünschter Versagung von Seiten der Organe stets eine Fall-zu-Fall-Prüfung vorzunehmen, wurde als *„harm test"* (sog. *„Schädlichkeitsprüfung"*) von der Kommission in den Verordnungsvorschlag aufgenommen. Im übrigen sah er aber eine Vielzahl von Ausnahmen vor, die die Kommission als beispielhafte Erläuterung der zu-

---

on's Proposal for a Regulation regarding public access to documents of the European Parliament, the Council and the Commission in Statewatch Secret Europe Page in http://www.statewatch.org/secreteurope.html unter EEB; Referenz vom 26.01.2002.

1137 Art. 9 II Kompromißvorschlag des Rates 14938/00 vom 22.12.00; näher dazu unten, 15., c).

1138 Näher dazu und zu der Frage der Vereinbarkeit mit höherrangigem Gemeinschaftsrecht im folgenden, 15., c).

1139 Art. 9 b neu PE 285.961, Teil 1 des Parlaments vom 27.10.00.

1140 Vgl. 4. Teil, A., IV.

vor bestehenden fünf Hauptinteressen betrachtete[1141]. Die Ausnahmen selbst wurden sämtlichst als zwingende Interessen konzipiert[1142]. Die Parlamentsposition sah demgegenüber eine zwingende Ausnahme nur für die Interessen der Privatsphäre vor, gestaltete die Versagungsinteressen ansonsten sowohl fakultativ als auch mit *„harm test"*-Anforderungen aus[1143]. Der Rat behielt im wesentlichen die Regelungen der zwingenden Ausnahmen bei und ergänzte sie um einige weitere Ausnahmen, wobei er sich inhaltlich mit seiner Forderung, auch Dokumente, die Ausschreibungsverfahren betreffen, unter die zwingenden Ausnahmevorschriften zu fassen, nicht durchsetzen konnte[1144]. Als fakultative Ausnahme sah er zusammen mit dem Abwägungsgebot des *„harm test"* den Beschlußfassungsprozeß der Organe vor.

Im Ergebnis galt es daher, einen Kompromiß für die Ausgestaltung der Ausnahmen von zwingend mit *„harm test"*[1145] über zwingend ohne *„harm test"*[1146] bis zur Ermessensausgestaltung mit *„harm test"* - außer in Fällen der Beeinträchtigung der Privatsphäre[1147] - zu finden. Art. 4 I lit. a) und b) VO 1049/2001, die die wesentlichen öffentlichen und privaten Interessen der bisherigen Praxis erfassen, wurden als zwingende Ausnahmen ohne das Erfordernis einer *„Schädlichkeitsprüfung"* ausgestaltet. Art. 4 II, III VO 1049/2001, die die wirtschaftlichen Interessen, die Verfahrensinteressen und den Beschlußfassungsprozeß beinhalten, sind dagegen als zwingende Ausnahmen festgelegt, mit der Verpflichtung, einen *„harm test"* durchzuführen. Eine echte fakultative Ausnahme hingegen ist nicht mehr vorgesehen. Insbesondere Art. 4 V VO 1049/2001 mit dem Vetoanspruch der Mitgliedstaaten wurde inhaltlich als zwingende Ausnahme qualifiziert[1148]. Zwar schreibt die *„Schädlichkeitsprüfung"* ebenfalls eine Interessenabwägung im Einzelfall vor, so daß zumeist das gleiche Ergebnis wie

---

[1141] Begründung 5 KOM (2000) 30 endg./2; mit der Kritik von Wägenbaur in EuZW 2000, S. 193, der Erläuterungen als Aufgabe der Kommentierung und nicht des Rechtsaktes selbst ansieht; Kritik von Bunyan, der sogar die Gefahr einer Ausweitung der Ausnahmevorschriften sah, in Die Zeit Diskussion vom 12.4.00 in Statewatch Secret Europe Page in http://www.statewatch.org/secreteurope.html unter The debate; Referenz vom 26.01.2002; heftige Kritik von Söderman in Wall Street Journal Europe 24.2.00; erwidert von Prodi in Wall Street Journal Europe vom 9.3.00.

[1142] Art. 4 KOM (2000) 30 endg./2; Kritik vom Europäischen Umweltbüro zum VO Vorschlag, EEB Comments on the European Commission`s Proposal for a Regulation regarding public access to documents of the European Parliament, the Council and the Commission in Statewatch Secret Europe Page in http://www.statewatch.org/secreteurope.html unter EEB; Referenz vom 26.01.2002; sowie Curtin in CMLR 2000, S. 16.

[1143] Art. 4 ff PE 285.961, Teil 1 des Parlaments vom 27.10.00.

[1144] Art. 4 c) 3. Spiegelstrich Kompromißvorschlag des Rates 14938/00 vom 22.12.00.

[1145] Art. 4 KOM (2000) 30 endg./2.

[1146] Art. 4 Kompromißvorschlag des Rates 14938/00 vom 22.12.00.

[1147] So Art. 4 ff PE 285.961, Teil 1 des Parlaments vom 27.10.00.

[1148] S.o. unter 2.

durch die Einführung einer Ermessensvorschrift herbeigeführt würde[1149]. Allerdings kommt es nicht wie bisher darauf an, ob die genannten Interessen verletzt sind. Nach dem Wortlaut der Verordnung genügt es künftig, wenn eine Interessenbeeinträchtigung vorliegt[1150]. Festzuhalten bleibt somit, daß sich die Ausnahmen teilweise als zwingende Versagungsgründe und teilweise als gegenläufige Interessen darstellen, die im Einzelfall gegen das Interesse an der Veröffentlichung abzuwägen sind. Ob der Gerichtshof auf der Linie seiner bisherigen Urteile auch künftig für die Ausnahmen in Art. 4 I lit. a), b) VO 1049/2001 eine Prüfung der Interessen im Einzelfall vorschreiben wird, bleibt abzuwarten. Der Wortlaut der Verordnung gebietet eine solche Auslegung zumindest nicht.

Inhaltlich wurde von allen drei Organen die Aufnahme der Erwähnung der Verteidigungsinteressen als Ausnahme befürwortet[1151]. Die Wahrung der Vertraulichkeit interner Abläufe wurde allein von Rat und Kommission gewünscht[1152]. Und schließlich forderten Kommission und Rat die Erwähnung des Schutzes der Beziehungen zwischen den Mitgliedstaaten und den Organen oder zwischen Nichtgemeinschafts- und Gemeinschaftsorganen[1153]. Durchsetzen konnte sich nur ersteres Interesse. Der Schutz interner Abläufe wurde im oben beschriebenen Sinne in Art. 4 III UA 1, 2 VO 1049/2001 differenziert ausgestaltet. Der Schutz der Beziehungen zwischen Mitgliedstaaten und Organen als Versagungsgrund entfiel dagegen zugunsten der Parlamentsposition.

Als Fazit bleibt festzuhalten, daß sich für die wesentlichen öffentlichen und privaten Interessen ein Abwägungsgebot in Form einer *„Schädlichkeitsprüfung"* nicht durchsetzen konnte. Um die bisherige Praxis als Mindeststandard fortzuführen, wäre aber auf der Linie der Rechtsprechung eine Fall-zu-Fall-Prüfung mit der genauen Angabe der Gründe einer Versagung dringend erforderlich. Die übrigen Ausnahmevorschriften sind, aus rechtspolitischer Sicht erfreulich, sämtlich mit einem Abwägungsgebot ausgestattet worden, so daß diesbezüglich zumindest von einem klarstellenden, hinsichtlich Art. 4 II VO 1049/2001 auch von einem inhaltlichen Fortschritt im Vergleich zur bisherigen Rechtslage auszugehen ist.

1149 So auch Discussion Paper on Public Access to Commission Documents, S. 4.

1150 So auch Wägenbaur in EuZW 2001, S. 682.

1151 Art. 4 I PE 285.961, Teil 1 des Parlaments vom 27.10.00; Art. 4 a) 2. Spiegelstrich KOM (2000) 30, endg./2; Art. 4 I a) 2. Spiegelstrich Kompromißvorschlag des Rates 14938/00 vom 22.12.00.

1152 Art. 4 d) KOM (2000) 30, endg./2; als Ermessensvorschrift: Art. 4 II Kompromißvorschlag des Rates 14938/00 vom 22.12.00.

1153 Art. 4 a) 3. Spiegelstrich KOM (2000) 30, endg./2; Art. 4 I a) 4. Spiegelstrich Kompromißvorschlag des Rates 14938/00 vom 22.12.00.

14. Allgemeine Verfahrensvorschriften

Bezüglich des zweistufigen Verfahrens mit der Klage- oder Beschwerdemöglichkeit gem. Art. 230 bzw. 195 EGV bei abschlägigem Bescheid oder Nichtantwort gem. Art. 7 und 8 VO 1049/2001 kann auf die Ausführungen zur bisherigen Rechtslage verwiesen werden. Sowohl vom Parlament als auch vom Rat abgelehnt wurde der Vorschlag der Kommission, die Gewährung des Zugangs künftig auch bei Ausbleiben einer Antwort des Organs zuzulassen[1154]. Neu aufgenommen wurde dagegen der ausdrückliche Hinweis, daß ein Antrag in jeder der Amtssprachen der Gemeinschaft erfolgen könne[1155] sowie die Forderung des Parlaments, den Zeitraum der Gültigkeit der Versagungsentscheidungen unter eine Erforderlichkeitsprüfung zu stellen, die längstens 30 Jahre betragen dürfe[1156].

15. Einführung des besonderen Verfahrens hinsichtlich sensibler Daten

a) Regelungsinhalt des Art. 9 VO 1049/2001

Am stärksten angegriffen und als Fortsetzung der *„Solana-Entscheidung"* qualifiziert[1157] wird die Einführung besonderer Verfahrensvorschriften hinsichtlich *„sensibler Dokumente"* in Art. 9 VO 1049/2001. Gem. Art. 9 I VO 1049/2001 sind *„Sensible Dokumente (...) Dokumente, die von den Organen, den von diesen geschaffenen Einrichtungen, von den Mitgliedstaaten, Drittländern oder internationalen Organisationen stammen und gemäß den Bestimmungen der betreffenden Organe zum Schutz grundlegender Interessen der Europäischen Union oder eines oder mehrerer Mitgliedstaaten in den in Artikel 4 Absatz 1 Buchstabe a) genannten Bereichen, insbesondere öffentliche Sicherheit, Verteidigung und militärische Belange, als „TRÈS SECRET/TOP SECRET", „SECRET" oder „CONFIDENTIEL" eingestuft sind."* Eine vom bisherigen Dokumentenbegriff

---

1154 Art. 6 II KOM (2000) 30, endg./2; Art. 6 II PE 285.961, Teil 1 des Parlaments vom 27.10.00; Art. 6 III Kompromißvorschlag des Rates 14938/00 vom 22.12.00; Art. 8 III VO 1049/2001, obwohl dies vom Parlament im Bericht des Institutionellen Ausschusses vom 08.12.1998, DOK A 4-0476/98 noch befürwortet wurde.

1155 Art. 6 I VO 1049/2001.

1156 Art. 4 VII VO 1049/2001, für die Ausnahmen zum Schutz der Privatsphäre, der geschäftlichen Interessen, oder bei sensiblen Dokumenten gilt die Erforderlichkeitsprüfung auch darüber hinaus.

1157 „Open letter from civil society" und „Council Decisions: 1) gives EU member states a „veto" over access to documents 2) new Solana classification code will „contaminate" access in Statewatch Secret Europe Page in http://www.statewatch.org/secreteurope.html unter Open Letter bzw. Decisions; Referenz vom 26.01.2002; Curtin in Essays for an open Europe, S. 2; Peers, Do proposed EU Rules Lower Current Standards? in Statewatch Secret Europe Page in http://www.statewatch.org/secreteurope.html unter „Brussels stitch-up" on the cards/ Lower Standards; Referenz vom 26.01.2002.

differenzierte Betrachtung bezüglich dieser Dokumente brachten die Ausschußberichte des Parlaments in die Kompromißfindung ein, die mit Schaffung eines zusätzlichen Ausnahmetatbestands die Organe aufforderten, gemeinsame Grundsätze für die Geschäftsordnungsbeschlüsse, auch im Hinblick auf die Anwendung der Sicherheitsstufen, einzuführen[1158]. Der Rat, geprägt vom jüngsten Ratsbeschluß 2000/527 und der *„Solana-Entscheidung"*, erweiterte und verfeinerte die Behandlung diesbezüglicher Dokumente. Als Verfahrensvorschrift ausgestaltet, sollten die als besonders empfindlich eingestuften Dokumente nur von Personen, die gemäß der internen Vorschriften des betreffenden Organs zum Umgang mit diesen berechtigt sind, behandelt werden dürfen. Die Aufnahme empfindlicher Dokumente in die künftig von den Organen zu schaffenden Register sollte von vornherein ausgeschlossen bleiben. Im Rahmen der Ausnahmevorschriften könnte der Urheber den Zugang zu empfindlichen Dokumenten durch sein Veto verhindern[1159]. Diese Mischung aus Verfahrens- und Ausnahmevorschriften faßte die VO 1049/2001 in einem Artikel zusammen, beließ den materiellen Gehalt aber im wesentlichen auf der Linie der Ratsposition. Gem. Art. 9 II VO 1049/2001 werden Anträge auf Zugang zu sensiblen Dokumenten und die Entscheidung über die Aufnahme in die Dokumentenregister ausschließlich von Personen bearbeitet, die berechtigt sind, Einblick in diese Dokumente zu nehmen. Weiterhin werden gem. Art. 9 III VO 1049/2001 sensible Dokumente nur mit Zustimmung des Urhebers im Register aufgeführt und freigegeben.

b) Verstoß gegen das Erforderlichkeitsgebot und das Recht auf Teilzugang

aa) Verstoß durch die besonderen Verfahrensvorschriften in Art. 9 II VO 1049/2001

Positiv zu vermerken ist, daß die vorliegenden Regeln im Vergleich zum modifizierten Ratsbeschluß nicht von vornherein den Anwendungsbereich verkürzen. Der Zugang auch zu sensiblen Dokumenten bleibt grundsätzlich eröffnet, unterliegt aber neben den Ausnahmevorbehalten zwei weiteren Absicherungen durch das besondere Verfahren und das umfassende Veto hinsichtlich des Zugangs und der Aufnahme in das Register durch den Urheber des sensiblen Dokuments. Allerdings relativieren sich diese Vorzüge, wenn man die Definition der sensiblen Dokumente in Art. 9 I VO 1049/2001 einbezieht. Im Gegensatz zum Ratsbeschluß, der unter Hinweis auf die *„Solana-Entscheidung"* lediglich die Dokumente der Sicherheits- und Verteidigungspolitik aus dem Anwendungsbereich streichen will, betrifft Art. 9 I VO 1049/2001 diesen Bereich nur „insbesonde-

---

[1158] Art. 4 b neu PE 285.961, Teil 1 des Parlaments vom 27.10.00.

[1159] Siehe Art. 4 IV Kompromißvorschlag des Rates 14938/00 vom 22.12.00.

re", erfaßt ansonsten aber alle Dokumente, die die in Art. 4 I lit. a) VO 1049/2001 aufgezählten Interessen betreffen[1160].

Weiterhin ist durch die in Art. 9 I VO 1049/2001 festgelegte Organkompetenz zur Einstufung auch die Kontaminierungsregel des Rates einzubeziehen. Insbesondere aufgrund dieser Regel wurde dem Ratsbeschluß 93/731, 2000/527 ein Verstoß gegen das Verhältnismäßigkeitsgebot im Hinblick auf die praktische Vereitelung des Teilzugangs für Dokumente des Bereichs der Sicherheits- und Verteidigungspolitik attestiert. Übertragen auf Art. 9 I, II VO 1049/2001 könnte ähnlich argumentiert werden. Nicht nur die betreffenden Informationen werden unter das Verfahren des Art. 9 II VO 1049/2001 gestellt, sondern das gesamte Dokument, da Art. 9 II VO 1049/2001 aus dem systematischen Zusammenhang der Ausnahmevorschriften und damit auch aus Art. 4 VI VO 1049/2001 herausgelöst scheint. Diese Übertragung übersieht jedoch, daß die unverhältnismäßige Regel des Ratsbeschlusses aus der Kontaminierungsregel in Kombination mit der Bereichsausnahme resultierte. Der Teilzugang wird durch das besondere Verfahren in Art. 9 I VO 1049/2001 aber keinesfalls unmöglich, da, abgesehen vom besonderen Verfahren, die regulären Ausnahmen des Art. 4 VO 1049/2001 auch innerhalb dieses Verfahrens gelten. Art. 4 VI VO 1049/2001 und das dort verankerte Recht auf Teilzugang findet eindeutig Anwendung im Bereich der Behandlung sensibler Dokumente.

Die Regelung des besonderen Verfahrens stellt weiterhin auch keinen Verstoß gegen das Erforderlichkeitsgebot dar. Für Art. 9 I, II VO 1049/2001 könnte dies zwar fraglich sein, da sämtliche Bereiche des Art. 4 I lit. a) von der Sonderbehandlung erfaßt sind, die Wahrung der Schutzinteressen aber auch schon ohne Art. 9 I, II VO 1049/2001 verpflichtend wäre. Die Einführung eines zusätzlichen Verfahrens ist damit materiell an sich überflüssig. Der Gerichtshof billigt den Gemeinschaftsorganen jedoch bei der Frage der Erforderlichkeit einer sekundärrechtlichen Maßnahme im Hinblick auf das zu erreichende Ziel einen weiten Ermessens- und Beurteilungsspielraum zu, deren Grenzen gerichtlich überprüfbar sind[1161]. Unter mehreren geeigneten Maßnahmen ist die für den einzelnen geringste Belastung maßgebend[1162]. Auch die Abkehr von eingespielten Verfahren kann dabei Gradmesser für die Belastung durch verschiedene mögliche Maßnahmen sein[1163]. Zu berücksichtigen ist jedoch, daß sich die Verfahrensänderungen aus Bürgersicht als solche darstellen müssen. Art. 9 II VO 1049/2001 regelt dagegen lediglich die interne Modifizierung der Antragsbehandlung. Aus Bürgersicht ändert sich damit weder formell noch materiell etwas. Dieser tritt

---

1160 So auch Maes in ERA Tagung vom 12./13.7.01 in Trier bei Castenholz in EWS 2001, S. 534. Erfaßt damit auch die internationalen Beziehungen, die Finanz-, Währungs- oder Wirtschaftspolitik der Gemeinschaft oder eines Mitgliedstaats.

1161 RS C-84/94 „Vereinigtes Königreich/Rat" vom 12.11.1996, RN 58.

1162 Zuleeg in Groeben, Art. 3 b, RN 31.

1163 Zuleeg in Groeben, Art. 3 b, RN 31.

weiterhin derselben Behörde gegenüber, erhält ein doppeltes Zugangsüberprüfungsverfahren mit materiell denselben Voraussetzungen.

bb) Verstoß durch die besondere Urheberregel in Art. 9 III VO 1049/2001

Zweifelhaft im Hinblick auf die Wahrung der praktischen Wirksamkeit des Teilzugangs und damit der Wahrung des Verhältnismäßigkeitsgebots könnte aber die Regelung des Art. 9 III VO 1049/2001 sein, wonach sensible Dokumente nur mit Zustimmung des Urhebers freigegeben werden. Diese Frage wurde hinsichtlich des Ratsbeschlusses in Art. 2 III 93/731, 2000/527 offengelassen und kann aufgrund der inhaltlich identischen Regeln hier mitentschieden werden[1164]. Ein Verstoß wäre zu bejahen, wenn die Versagung des Zugangs durch den Urheber nicht an die Anforderungen des Art. 4 VI VO 1049/2001, die Regelungen über den Teilzugang, geknüpft ist und sich dies als unverhältnismäßig darstellt. Das Vetorecht des Urhebers würde bei dieser Auslegung damit gerade nicht nur die sensiblen Informationen, sondern das gesamte Dokument, unabhängig von dessen Urheberschaft erfassen. Der Teilzugang wäre stets versperrt, sobald nur ein geringer Teil des Dokuments sensible Informationen enthält. Der Urheber könnte dann auch den nicht sensiblen Teil des Dokuments verschlossen halten[1165]. Art. 9 III VO 1049/2001 unterliegt vom Wortlaut her nicht den Voraussetzungen des Art. 4 VI VO 1049/2001. In diesem Kontext wirkt sich auch die systematische Herauslösung von Art. 9 III VO 1049/2001 aus dem allgemeinen Vetorecht der Mitgliedstaaten in Art. 4 V VO 1049/2001 zu Lasten der Anwendung von Art. 4 VI VO 1049/2001 in diesem Bereich aus. Auch der Wunsch des Rates im Rechtsetzungsverfahren spricht für eine Auslegung zugunsten eines vollständigen Verschlusses des Gesamtdokuments bei teilweisen sensiblen Informationen des Urhebers[1166]. Aber es ist auch der Gesamtkontext der VO 1049/2001 zu berücksichtigen. Bereits anerkannt wurde im Rahmen der Ausnahmevorschriften der bisherigen Rechtslage im Vergleich zu akzessorischen Zugangsrechten, daß ein größerer Anwendungsbereich notwendigerweise mit diesem Schritt haltende Ausnahmen bedingt[1167]. Das muß vorliegend auch grundsätzlich für die Einbeziehung aller eingehenden Dokumente gelten. Diese Erweiterung des Anwendungsbereichs verlangt als Kehrseite auch ein erhöhtes Schutzpotential zugun-

---

[1164] Art. 2 III 93/731, 2000/527: „Unbeschadet des Artikels 1 Absatz 1 darf jedes Ratsdokument, das Fragen der Sicherheit und der Verteidigung der Union oder eines oder mehrerer Mitgliedstaaten (...) betrifft und es ermöglicht, Schlüsse über den Inhalt von Verschlußsachen zu ziehen, die von einem der in Absatz 2 genannten Urheber stammen, nur mit der vorherigen schriftlichen Zustimmung des Urhebers dieser Informationen der Öffentlichkeit zugänglich gemacht werden."; Art. 9 III VO 1049/2001, „Sensible Dokumente werden nur mit Zustimmung des Urhebers im Register aufgeführt oder freigegeben."

[1165] Insofern wäre dann von einer gleichen Ausgangssituation wie beim Ratsbeschluß 93/731, 2000/527 auszugehen.

[1166] Art. 4 IV Kompromißvorschlag des Rates 14938/00 vom 22.12.00.

[1167] S.o. 4. Teil, C., II., 4.

sten des Urhebers. Aus diesem Grund wurde auch das allgemeine Vetorecht des Mitgliedstaats im Rahmen der Ausnahmen in Art. 4 V VO 1049/2001 anerkannt. Eine Ablehnung des ausreichenden Schutzes bei derart weitem Anwendungsbereich der Norm hieße, Realitäten nicht anzuerkennen. Die Urheber, insbesondere die Mitgliedstaaten, geben durch die Ausweitung der Verordnungsreichweite ein wichtiges Instrument der Sicherung berechtigter mitgliedstaatlicher Schutzinteressen aus der Hand. Eine ihrerseits gewünschte Rückkoppelung in Form der mittelbaren Kontrolle durch ein entsprechendes Veto ist daher nicht zu beanstanden, zumal es sich nur auf die Mitgliedstaaten beschränkt und nicht auf sonstige Dritte. Noch einen Schritt weiter geht aber die Einbeziehung auch sensibler Daten der Urheber in den Anwendungsbereich, die elementare Sicherheitsinteressen betreffen können. Hier ist gegen die gesetzgeberische Entscheidung, einen gegenüber dem allgemeinen Vetorecht erhöhten Schutz einzuführen, zunächst kein Einwand zu erheben. Der Teilzugang zu Dokumenten in der Rechtssache *„Hautala"* bezog sich ferner lediglich auf Dokumente der Gemeinschaft[1168]. Allein die Ausweitung des Anwendungsbereichs auf Teilzugang zu Dokumenten Dritter stellt schon für sich gesehen einen Fortschritt dar. Dies bedingt aber auf der Gegenseite einen effektiven Schutz des Urhebers gerade bei hoch sensiblen Informationen. Der Anwendungsbereich des Teilzugangs ist im Vergleich zur bisherigen Rechtslage, die nur Unionsdokumente betraf, unverändert geblieben. Lediglich im erweiterten Anwendungsbereich der Drittdokumente wurde der Schutz sensibler Dokumente dergestalt erhöht, daß dann ausnahmsweise das Gesamtdokument verschlossen bleibt. Sinn und Zweck von Art. 9 III VO 1049/2001, die Gewährung eines gegenüber der allgemeinen Urheberregel weiterführenden Schutzes des Urhebers aufgrund größeren Anwendungsbereichs der Verordnung, gebietet daher eine Vetomöglichkeit über das Gesamtdokument und eine Nichtanwendung des Teilzugangs des Art. 4 VI 1049/2001 für sensible Informationen Dritter.

Noch klarer stellt sich diese Problematik für das Vetorecht des Urhebers in Art. 2 III des Ratsbeschlusses 93/731, 2000/527 dar. Hier ist schon aufgrund der Bereichsausnahme und des generellen Fehlens von Teilzugangsmöglichkeiten aufgrund der *„Kontaminierungsregeln"* von einer dergestalten Auslegung des Vetorechts auszugehen[1169].

Diese Zweckerwägungen für sich sprechen allerdings nicht zwingend für eine Nichtbeachtung des Verhältnismäßigkeitsgebots. Es muß berücksichtigt werden, daß neben der schon angesprochenen Ausweitung der *„Kontaminierungsregel"* über Art. 3 *„Solana-Entscheidung"* im Anwendungsbereich des Ratsbeschlusses 93/731, 2000/527 auch im Rahmen von Art. 9 III VO 1049/2001 eine *„Kontaminierung"* stattfinden kann. Sobald sich nur eine sensible Information des Urhebers im Dokument findet, wäre auch ein Gemeinschaftsdokument vom Veto-

---

1168 RS T-14/98 „Hautala/Rat" in Slg. II 1999, S. 2512, RN 75.

1169 Vgl. oben unter E.

recht des Urhebers betroffen und könnte komplett unter Verschluß gestellt werden. Fraglich ist daher, ob die Regelungen der Art. 9 III VO 1049/2001 bzw. Art. 2 III 93/731, 2000/527 unter diesem Blickwinkel in bezug auf die praktische Wirksamkeit des Teilzugangs im jeweiligen Anwendungsbereich problematisch erscheinen. Dagegen spricht zunächst, daß das bisherige Urteil „*Hautala*" zum Teilzugang sich allein auf Dokumente des Gemeinschaftsbereichs bezog. Fraglich ist, wie der Gerichtshof künftig das Verhältnis zwischen berechtigten Schutzinteressen der Mitgliedstaaten und dem erweiterten Dokumentenzugang ausgestaltet. Konsequenterweise müßte er aber bei Wahrung der effektiven Durchsetzung der berechtigten Schutzinteressen der Urheber sensibler Informationen auch hier das Verhältnismäßigkeitsprinzip bemühen. Nicht einzusehen ist, warum es nicht genügen sollte, mittels Verschlossenheit bezüglich der sensiblen Informationen den Schutzbedürfnissen der Urheber Rechnung zu tragen, ansonsten aber Art. 9 III VO 1049/2001 unter den Vorbehalt von Art. 4 VI VO 1049/2001 bzw. das allgemeine Teilzugangsprinzip als Ausdruck der Verhältnismäßigkeit zu stellen. Unter ergänzender Heranziehung des nunmehr ausdrücklichen Generalprinzips des Gemeinschaftsrechts und des Gebots der engen Auslegung von Ausnahmevorschriften kann diese Konsequenz nur unterstützt werden. Das Erforderlichkeitsgebot im Gemeinschaftsrecht ist allerdings stets im Lichte des Subsidiaritätsprinzips zu betrachten. Insofern sind Abstriche bei der Verwirklichung der Vertragsziele hinzunehmen, soweit örtliche, regionale oder nationale Eigentümlichkeiten betroffen sind[1170]. Eine Verpflichtung auf die Regelungen des Teilzugangs bei allgemeinen Dokumenten gem. Art. 4 V, VI VO 1049/2001[1171] stellt deshalb schon eine sehr hohe Strapazierung des Loyalitätsgebots im Hinblick auf das Subsidiaritätsprinzip dar. Eine dahingehende Verstärkung bei hoch sensiblen Informationen der Urheber, die diese den Gemeinschaftsorganen zur Verfügung stellen, ist aus Subsidiaritätsgesichtspunkten somit nicht zu beanstanden. Die Austarierung zwischen Loyalitätsgebot der Mitgliedstaaten und Subsidiaritätsprinzip der Gemeinschaft findet daher neben der Regelung des Art. 4 V VO 1049/2001 in 9 III VO 1049/2001 eine weitere wesentliche Ausprägung. Während bei allgemeinen Dokumenten der Mitgliedstaaten das Subsidiaritätsprinzip durch das Loyalitätsgebot modifiziert wurde und die Prüfung des Teilzugangs zu diesen gewahrt bleiben muß, ist bei hoch sensiblen Informationen von einer quasi umgekehrten Modifizierung sowohl des Loyalitätsgebots der Mitgliedstaaten als auch des Erforderlichkeitsgebots der Gemeinschaft zugunsten des Subsidiaritätsgrundsatzes auszugehen.

Allerdings eignen sich diese Begründungen nur bezüglich der sensiblen Dokumente der Mitgliedstaaten. Hinsichtlich sensibler Dokumente sonstiger Dritter können lediglich die eingangs gemachten Zweckerwägungen der Ausweitung des Anwendungsbereichs herangezogen werden. Bei sensiblen Dokumenten na-

---

[1170] Strozzi in RTDE 1994, S. 388; Pipkorn in EuZW 1992, S. 700.

[1171] S.o., 3.

türlicher Personen ist allenfalls ergänzend auf die Interessenkollision zugunsten des verstärkten Schutzes der Privatsphäre hinzuweisen, die aber durch Anwendung der Ausnahmevorschriften zu entscheiden ist.

Einen Verstoß gegen das Erforderlichkeitsgebot wird man, im Hinblick auf das Subsidiaritätsprinzip bezüglich der Nichtanwendung der Teilzugangsvorschriften bei hoch sensiblen Informationen der Mitgliedstaaten und im Hinblick auf die Ausdehnung der Anwendungsreichweite auf sensible Dokumente sonstiger Urheber, allein durch die *„Kontaminierungsmöglichkeit"* auch von Unionsdokumenten jedoch im Ergebnis nicht erblicken können.

c) Verstoß gegen das Gebot effektiven Rechtsschutzes durch die Registereinstufung

Ebenso stellt die Ermessensentscheidung des zuständigen Bediensteten im besonderen Verfahren nach Art. 9 II VO 1049/2001 oder die Entscheidung des Urhebers bei sensiblen Drittdokumenten in Art. 9 III VO 1049/2001, die entsprechenden Dokumente nicht in das Register aufzunehmen, keinen Verstoß gegen das Gebot effektiven Rechtsschutzes dar. Im Gegensatz zu den Regelungen des modifizierten Ratsbeschlusses, denen ein Verstoß aus Gründen der Unangreifbarkeit der Einstufung und automatischer Nichtaufnahme in das Register bei entsprechender Klassifizierung unterstellt wurde, gehen Art. 9 II, III VO 1049/2001 nicht von einer zwingenden Nichtaufnahme in das Register aus. Des weiteren ist trotz Nichtaufnahme von einer Eröffnung des Anwendungsbereichs der Verordnung auszugehen. Eine Akzessorietät von Einstufung und Nichtaufnahme besteht hier gerade nicht. Somit bleibt theoretisch auch der Rechtsschutz gegen die Versagung des Zugangs und der Einstufung, anders als beim Ratsbeschluß, im vollen Umfang bestehen. Unbestreitbar ist aber das vergleichbare praktische Problem der mangelnden Kenntnisnahmemöglichkeit bei Nichtaufnahme in das Organregister. Die erschwerte Kenntnis über die Existenz eines Dokuments wird sich bei beiden Regelungen tatsächlich gleich auswirken, insofern nämlich, daß ein Zugangsverlangen in den allermeisten Fällen aufgrund mangelnder Kenntnis über die Existenz eines nicht aufgenommenen Dokuments gar nicht virulent wird. Die Regelung ist damit trotz der rechtlichen Differenzierung im Hinblick auf das Gebot effektiven Rechtsschutzes problematisch und sollte von den Organen überdacht werden. Ergänzend wird diese Einschätzung gestützt durch die Tatsache, daß der Bürger keinerlei praktische Möglichkeiten hat, die Nichtaufnahme in das Register rechtlich anzugreifen. Auch die *„harm test"*-Anforderung kommt bei einer Nichtaufnahme in das Register nicht zur Geltung.

16. Regelungen des aktiven Zugangsrechts und des Direktzugangs

Das Verhältnis zwischen aktivem und passivem Zugangsrecht wurde bisher durch den Verhaltenskodex zugunsten einer lediglichen Ergänzungsfunktion des passiven gegenüber dem aktiven Zugangsrecht geklärt[1172]. Während der Kommissions- und der Ratsvorschlag in dieser Richtung keine Änderung in das Mitentscheidungsverfahren zur Verordnung einbrachten, forderte das Parlament, die Ergebnisse des Ausschußberichts des Parlaments vom Dezember 1998 hinsichtlich des aktiven Dokumentenzugangs auch in die neue Verordnung einzuarbeiten[1173]. Neben Art. 254 EGV sah ein besonderer Anhang zum Verordnungsvorschlag vor, unter anderem auch die Legislativvorschläge, gemeinsame Standpunkte und endgültige Beschlüsse zwingend zu veröffentlichen[1174]. Dieser Vorschlag drückt sich in Art. 13 VO 1049/2001 aus[1175]. Zum Verhältnis zwischen aktivem und passivem Zugangsrecht schweigt die Verordnung jedoch. Auch der Blick auf das Gesetzgebungsverfahren läßt diesbezüglich Fragen offen. Die Kommission wollte es beim bisherigen Ausschluß des passiven Zugangsrechts belassen, sobald ein Dokument seitens der Organe veröffentlicht ist[1176]. Der Rat schwieg in seinem Vorschlag zu dieser Problematik[1177]. Das Parlament hingegen legte dieses Verhältnis unter Hinweis auf die Ausschußberichte vom Dezember 1998[1178] dergestalt fest, daß das aktive Zugangsrecht weiterhin von der Initiative der Organe abhängig ist. Neu ist aber der direkte Zugang ohne Antrag über das Register als Schnittstelle zwischen aktivem und passivem Zugang. Nur für Dokumente, die nicht unmittelbar zugänglich sind, da sie ganz

---

[1172] 7. Erwägungsgrund des Verhaltenskodex, Beschluß 93/730, „Verhaltenskodex für den Zugang der Öffentlichkeit zu Rats- und Kommissionsdokumenten" in Abl. der EG L 340/41 vom 31.12.1993.; Hervorhebung durch den Verfasser; den gleichen Schluß zieht auch Röger in seiner Analyse, wobei er allerdings zu bedenken gibt, daß Abs. II der allgemeinen Erwägungen das Zugangsrecht für *jedes* im Besitz des Rates oder der Kommission befindliche Schriftstück ein Zugangsrecht eröffnet, Röger in DVBl 1994, S. 1184.

[1173] PE 285.961, Teil 2 des Parlaments vom 27.10.00.

[1174] Anhang IV PE 285.961, Teil 1 des Parlaments vom 27.10.00.

[1175] Danach sind Vorschläge der Kommission, Gemeinsame Standpunkte des Rates und des Parlaments, Rahmenbeschlüsse und Beschlüsse der Polizeilich – Justiziellen Zusammenarbeit gem. Art. 34 II EUV, Übereinkommen gem. Art. 293 EGV, Übereinkünfte mit dritten Staaten im Bereich der Gemeinsamen Außen- und Sicherheitspolitik zwingend im Amtsblatt zu veröffentlichen. Soweit möglich, werden gem. Art. 13 II VO 1049/2001 Initiativen der Mitgliedstaaten gem. Art. 67 I EGV betreffend Visa, Asyl, Einwanderung und andere Politiken des freien Personenverkehrs, gem. Art. 34 II EUV im Bereich der Polizeilich – Justiziellen Zusammenarbeit sowie Gemeinsame Standpunkte nach Art. 34 II EUV und Richtlinien sowie Entscheidungen, Empfehlungen und Stellungnahmen, die nicht unter Art. 254 I, II EGV fallen, veröffentlicht. Des weiteren kann gem. Art. 13 III VO 1049/2001 jedes Organ in seiner Geschäftsordnung weitere Dokumente festlegen, die im Amtsblatt zu veröffentlichen sind, wie dies beispielhaft vorab beim Rat durch den Beschluß 2001/320 geschehen ist.

[1176] Art. 2 II KOM (2000) 30, endg./2.

[1177] Kompromißvorschlag des Rates 14938/00 vom 22.12.00.

[1178] Bericht des Institutionellen Ausschusses, Stellungnahme des Ausschusses für Recht und Bürgerrechte, des Ausschusses für Grundfreiheiten und innere Angelegenheiten vom 08.12.1998, DOK A 4-0476/98.

oder teilweise unter die Ausnahmen der Verordnung fallen, reicht der Anwendungsbereich des passiven Zugangs mittels eines klassischen Zugangsantrags. Zum Zweck der umfassenden Durchsetzung sind aber die Regeln des aktiven und passiven Zugangs sowie des Direktzugangs nebeneinander anwendbar, wobei den Regelungen der Verordnung bei Widerspruch vorrangige Wirkung zukommen soll.

Systematische Erwägungen der Verordnung stützen die Position des Parlaments in dieser Frage. Art. 1 bis 11 VO 1049/2001 regeln ausschließlich Fragen des passiven Zugangs durch das klassische Antragsverfahren. Art. 12 VO 1049/2001 wurde als eben beschriebene Schnittstelle zwischen passivem und aktivem Zugang ausgestaltet. In elektronischer Form oder über ein Register werden gem. Art. 12 II VO 1049/2001 insbesondere Legislativdokumente direkt und ohne formellen Antrag zugänglich gemacht. Erst in Art. 13 VO 1049/2001 sind die dargestellten Regelungen über die Veröffentlichung bestimmter Dokumente auf Initiative der Organe verankert. Die Reihenfolge und die Normanzahl lassen daher das Schwergewicht auf dem hergebrachten passiven Zugangsrecht vermuten, welches subsidiär unterstützt wird durch den Direktzugang und das aktive Zugangsrecht. In der Tat legt auch Art. 10 II VO 1049/2001 fest, daß die Regeln des aktiven, des passiven und des Direktzugangs nebeneinander anwendbar sind: *„Ist ein Dokument bereits von dem betreffenden Organ freigegeben worden (...), kann das Organ seiner Verpflichtung zur Gewährung des Zugangs (...) nachkommen, indem es den Antragsteller darüber informiert, wie er das angeforderte Dokument erhalten kann.“* Klar ist damit, daß die Anwendung des passiven Zugangsrechts nicht ersetzt wird. Dies stellt eine Abkehr von der bisherigen Praxis dar, die die Anwendung des passiven Zugangs schon als nicht gegeben ansah, sobald Dokumente durch die Organe veröffentlicht sind. Auch eine Modifizierung zum Ratsbeschluß 2001/320 ist zu erblicken. Während dort das aktive Zugangsrecht als deckungsgleich mit dem Anwendungsbereich des passiven Zugangsrechts betrachtet wurde, bei gleichzeitigem, ausschließlichem Vorrang des aktiven Zugangs, besteht diese Akzessorietät für das allgemeine Zugangsrecht fortan nicht mehr. Während sich der Ratsbeschluß 2001/320 eignete, durch eine umfassende Veröffentlichung seitens der Organe den Anwendungsbereich des passiven Zugangs gegen Null zu lenken und dadurch das kontrollierende Element aufgrund des Fehlens des Überraschungsmoments zu entschärfen[1179], ist dieser Gefahr aufgrund der nunmehrigen dreiseitigen Anwendung der Verordnung mit dem Primat des passiven Zugangs begegnet worden.

[1179] S.o., E., 4.

III. Bewertung der Regelungen der Verordnung vor dem Hintergrund der materiellen Verbesserungspflicht aus Art. 255 EGV und der Existenz eines allgemeinen Grundsatzes des Gemeinschaftsrechts

Bei einer Betrachtung der Ergebnisse der Analyse der Verordnung 1049/2001 fallen sowohl Rückschritte als auch Fortschritte sowie inhaltliche Fortsetzungen des status quo auf. Zunächst spricht die durch den Rechtsakt „Verordnung" erforderlich gewordene Austarierung des Verhältnisses zwischen Gemeinschaftsakt und mitgliedstaatlichem Zugangsrecht für eine Optimierung der bisherigen Regeln. Zwar ist weiterhin der Subsidiaritätsgedanke, ausgeprägt durch den Vetoanspruch der Mitgliedstaaten gegenüber allgemeinen und sensiblen Dokumenten, bei der Kollision beider Rechtskreise vorherrschend. Mittels Loyalitätsgebot wurde aber erreicht, zumindest allgemeine Dokumente unter die Teilzugangsverpflichtung zu stellen. Auch die Konsultationspflicht der nationalen Behörden bei Zugangsanträgen zu Gemeinschaftsdokumenten stellt eine Ausprägung der Loyalität dar. Und auch außerhalb des Anspruchsgegenstandes der mitgliedstaatlichen Dokumente, bei sonstigen Dokumenten Dritter, konsultiert das Organ bei eigener Entscheidungskompetenz lediglich den Urheber. Dies bewirkt eine Ausweitung des Anwendungsbereichs und des Rechtsschutzes über den Bereich gemeinschaftseigener Dokumente hinaus auch auf nationale oder sonstige Drittdokumente. Diese Austarierung war notwendig, um der unmittelbaren allgemeinen Geltung der Verordnung und der Ausweitung des Anwendungsbereichs Rechnung zu tragen, aber den erreichten nationalen Standard weitgehend unangetastet zu lassen. Die Entscheidung, den Grundsatz des Zugangs zu Dokumenten durch Einbeziehung nationaler Dokumente auszuweiten, stellt für den Bürger damit einen entscheidenden Fortschritt dar. Nunmehr beschränkt sich sein Recht nicht mehr auf Zugang zu Dokumenten *der* Union, sondern ist grundsätzlich auf alle Dokumente *in* der Union ausgedehnt. Mit der grundsätzlichen Reduzierung des Schutzes dritter Dokumente im Besitz der Gemeinschaftsorgane mittels einfacher Ausnahmen wird, trotz des Vetorechts der Mitgliedstaaten (Wahrung der Subsidiarität), soweit möglich, eine Anpassung innerhalb der supranationalen Struktur an nationale Zugangsstandards im Bereich der Rechtskreisabgrenzung erreicht.

Aus transparenzpolitischer Sicht zu begrüßen und mitgliedstaatlich zum Teil vorbildlich verwirklicht[1180], ist die künftige doppelte Anwendbarkeit passiver und aktiver Zugangsvorschriften mit dem Primat des Zugangsrechts des Bürgers. Dadurch wird das Überraschungsmoment der Kontrolle seitens des Bürgers bei gleichzeitigem hohem Informationsausstoß der Organe gesichert und so der Gefahr der Informationsselektierung vorgebeugt. Der Direktzugang verwirklicht in diesem Kontext durch seine technischen Neuerungen die effektive Durchsetzung des Zugangsverlangens des einzelnen.

[1180] So in den Niederlande, s.o., 3. Teil, C., I., 8.

Positiv ist weiterhin zu bewerten, daß sich die Beschränkung der subsidiären Weitergeltung des voraussetzungslosen Zugangsrechts in Regelungsbereichen spezieller Einsichtsrechte nicht durchsetzen konnte. Insofern ist von einer Beibehaltung des gegenwärtigen Standards auszugehen, der auch bei einer dann notwendigen erweiterten Auslegung der Ausnahmen Rechtsschutz gewährt. Auch die umfassende Definition des Dokumentenbegriffs ist beibehalten worden; der Schutz interner Abläufe lediglich über die Ausnahmevorschriften gesichert. Hinsichtlich der bisherigen Ermessensvorschrift der Geheimhaltung der Beratungen ist die nunmehrige differenzierte Betrachtung der internen Dokumente, die im Regelfall nach Beschlußfassung freigegeben werden, und der Beratungen und Vorgespräche, die nach Beschlußfassung bei überwiegendem Interesse freigegeben werden, als konkretisierender Fortschritt zu begrüßen. Die Aufwertung zugunsten zwingender Ausnahmen kann durch das Abwägungsgebot kompensiert werden. Auch ansonsten sind die Ausnahmen aufgrund der teilweisen Anreicherung mit einer *„Schädlichkeitsprüfung"* und der differenzierteren Ausgestaltung unter Berücksichtigung der zugangsfreundlichen Rechtsprechung zu begrüßen. In den Fällen der Verfahrens- und Wirtschaftsinteressen sowie der Differenzierung innerhalb der Wahrung des Beschlußfassungsprozesses ist durch die Aufnahme des *„harm test"* rechtsdogmatisch ein Fortschritt erzielt worden. Hinsichtlich des Teilzugangs ist klarstellende Wirkung erreicht worden, bei gleichzeitiger Anpassung auch auf eingehende, nicht klassifizierte Dokumente. In Art. 4 lit. I a), b) VO 1049/2001 ist der status quo gewahrt. Auch die Voraussetzungslosigkeit des Antrags ist nicht angetastet worden, was weiterhin einen umfassenden Anwendungsbereich gewährleistet. Und letztlich kann in der künftigen Registerpflicht ein transparenzpolitischer Fortschritt gesehen werden. Selbst wenn die Aufnahme sensibler Dokumente sich nicht durchsetzen konnte, stellt die Ansiedlung eines derartigen Verzeichnisses bei den Organen für sich genommen schon einen Beitrag zur besseren Wahrnehmung der Verordnungsrechte im Vergleich zu den bisherigen Organrechten dar. Zur Optimierung der effektiven Durchsetzung von Zugangsrecht und Rechtsschutz ist aber zu überlegen, ob der Ermessensspielraum der Organe und der Urheber hinsichtlich der Aufnahme sensibler Daten in das Register nicht dahingehend zu verengen sei, daß zumindest Hinweise auf die Existenz der sensiblen Dokumente aufzunehmen sind. Auch das allgemeine Verfahren ist durch das Erforderlichkeitskriterium der Überprüfung der Ausnahmen längstens nach 30 Jahren und der Klarstellung, daß Anträge in allen Amtssprachen gestellt werden können, angereichert worden.

Rückschritte zur bisherigen Praxis lassen sich dagegen in der personellen Beschränkung hinsichtlich des Ermessensanspruchs für nicht in der Union ansässige natürliche oder juristische Personen finden, die aufgrund der leichten Umgehbarkeit in der Praxis aber zu vernachlässigen ist. Darüber hinaus kann in der Begrenzung der sekundärrechtlichen horizontalen Verpflichtung auf drei Organe nur potentiell ein Rückschritt zu erblicken sein. Eine tatsächliche Reduktion der

Verpflichtung wäre nur bei einer zeitlich strikt getrennten Betrachtung nachzuvollziehen. Das erforderliche Außerkrafttreten der Organbeschlüsse bezieht sich gem. Erwägung 17 und Art. 18 VO 1049/2001 lediglich auf die drei Hauptorgane. Die bereits gefaßten Beschlüsse der anderen Organe[1181] bleiben aber auch nach Inkrafttreten der Verordnung wirksam. Insofern ist hinsichtlich der Verpflichtung der Gemeinschaftsorgane bezüglich der drei Hauptorgane von einer sekundärrechtlichen Erhöhung, bezüglich weiterer Organe von einer Beibehaltung des status quo, auszugehen. Die Gefahr einer künftigen Dezentralisierung von Aufgaben, die bereits im Rahmen von Art. 255 EGV angesprochen wurde, bleibt jedoch bestehen. Hierin ist aber eben nur die Veranlagung zu einem Rückschritt hinter den erreichten Standard zu erblicken, welchen die übrigen Organe trotz einer Nichtverpflichtung durch die Verordnung schon im Hinblick auf Art. 1 II EUV nur schwerlich wagen können.

Hinsichtlich der Geltung des Anspruchs innerhalb der intergouvernementalen Pfeiler erreicht die Erwägung 7 VO 1049/2001 durch den Verweis auf Art. 28 und 41 EUV eine deklaratorische Klarheit. Bei Betrachtung der vertikalen Verpflichtung muß dagegen die bisherige Rechtsprechung zur Ausweitung des Anwendungsbereichs in die Tiefe bemüht werden. Insofern ist von einer Beibehaltung des status quo auszugehen.

Zu kritisieren ist das Zustandekommen der Verordnung, welches größtenteils außerhalb des förmlichen Mitentscheidungsverfahrens stattfand und sich hinsichtlich der Nachvollziehbarkeit der Annäherungen der einzelnen Organpositionen insbesondere unter Berücksichtigung der Regelungsmaterie, hinderlich auswirkte[1182].

Inhaltlich ist vor allem die Einführung des vollständigen Vetorechts und des Ermessensspielraums hinsichtlich der Registeraufnahme bei sensiblen Daten problematisch. Zwar bestehen keine rechtlichen Bedenken gegen die Vereinbarkeit mit höherrangigem Gemeinschaftsrecht. Dessen ungeachtet kann sich dennoch ein tatsächlicher Rückschritt in bezug auf die bisherige Praxis ergeben, die die Vertraulichkeit sensibler Daten allein über die Ausnahmevorschriften sicherte, bei gleichzeitiger Anwendungsreichweite der Organbeschlüsse auch in sensible Unionsbereiche[1183].

[1181] Vgl. Untersuchung im Sonderbericht des Europäischen Bürgerbeauftragten in Abl. der EG 1998, C 44/11.

[1182] Hilfreich war eine konsequente Veröffentlichung der einzelnen Positionspapiere durch Statewatch Secret Europe Page in http://www.statewatch.org/secreteurope.html; Referenz von 26.01.02; kritisiert wird das Zustandekommen auch von Wägenbaur in EuZW 2001, S. 681.

[1183] RS T-174/95 „Svenska/Rat“ in Slg. II 1998, S. 2289, LS 4; RS T-14/98 „Hautala/Rat“ in Slg. II 1999, S. 2504, RN 40.

Als Fazit überwiegen aus Bürgersicht dennoch die erreichten Fortschritte[1184]. Das Ziel der Optimierung des Zugangsrechts, welches Art. 255 EGV gebietet, ist damit weitgehend erreicht. Relevante rechtspolitische Bedenken lassen sich allein im Bereich der Behandlung sensibler Dokumente festmachen, die auf eine Aufrechterhaltung des grundsätzlichen Vertraulichkeitsprinzips für diese Dokumentenart gerichtet sind und hinsichtlich des Ermessensspielraums bezüglich der Registeraufnahme auch im Hinblick auf höherrangiges Gemeinschaftsrecht fragwürdig sind.

Im Verfahren nach Art. 251 EGV hätte das von den *Niederlanden* vor dem *EuGH* vergeblich verfolgte Ziel einer stärkeren Beteiligung des Parlaments im Regelungsbereich des Zugangsrechts verwirklicht werden können. Das Europäische Parlament hat seine Chance zur Verbesserung des in der Vergangenheit häufig geforderten Standards aber nur unzureichend umgesetzt. Allzu oft ist im *„Trilogue-Verfahren"* eine Anpassung an die Ratsvorstellungen erfolgt. Auffällig ist zudem, daß vom Parlament kein kompletter Alternativvorschlag erarbeitet wurde. Im gesamten Verfahren diente der Kommissionsvorschlag als Vorbild, der stets nur modifiziert wurde, statt eine Interessendurchsetzung durch einen Neuentwurf anzustreben, der im Mitentscheidungsverfahren rechtliches Gewicht hätte beanspruchen können.

1184 Anders Bunyan, Peers und Hautala in ERA Tagung vom 12./13.7.01 in Trier bei Castenholz in EWS 2001, S. 534.

IV. Ausblick

Die bisherige Rechtslage im Sekundärrecht wurde am 03.12.2001 durch die Geltung der Verordnung abgelöst. Bis zu diesem Termin mußten die Organe ihre Ausführungsregeln gem. Art. 18 I VO 1049/2001 an den Inhalt der Verordnung durch Modifizierung oder Aufhebung der bisherigen Organbeschlüsse anpassen[1185]. Besonderheiten ergeben sich bei diesen Beschlüssen aber lediglich in bezug auf den Ratsbeschluß 2001/840, der die mit der bisherigen Rechtslage unvereinbaren reformierten Ratsbeschlüsse 93/731, 2000/527 sowie die *„Solana-Entscheidung"* gem. Art. 2 2001/840 aufhebt. Somit sind nunmehr die Organbeschlüsse der drei Hauptorgane allein an der VO 1049/2001 zu messen, die selbst als inhaltlich vereinbar mit höherrangigem Gemeinschaftsrecht anzusehen ist. Neben organisatorischen Besonderheiten ist den Organbeschlüssen inhaltlich stets eine Bezugnahme auf die VO 1049/2001 zu entnehmen, so daß von ihrer Vereinbarkeit mit Sekundärrecht, Primärrecht und höherrangigen Grundsätzen des Dokumentenzugangs und dem Erforderlichkeitsgebot auszugehen ist. Bis zum 03.06.2002 mußten die Organe zudem gem. Art. 11 III VO 1049/2001 die Funktionsfähigkeit der Register sicherstellen. Der erste Jahresbericht der Organe über die Zahl und Gründe der verweigerten Zugangsbegehren sowie die Zahl der nicht in das Register aufgenommenen Dokumente ist gem. Art. 17 I VO 1049/2001 bis Januar 2003 vorzulegen, und ab dann im Jahresrhythmus. Spätestens bis 31.01.2004 folgt gem. Art. 17 II VO 1049/2001 ein Gesamtbericht der Kommission über die Anwendung der Grundsätze der Verordnung, der gegebenenfalls auch Empfehlungen und Aktionsprogramme für die Organe bereithalten muß.

Weiterhin ist auf die zum Teil noch nicht entschiedenen Rechtssachen des Gerichtshofs hinzuweisen. Der Rat legte in den Rechtssachen *„Hautala"* und *„Kuijer"* gegen die Entscheidung des *EuG*, Teilzugang aus Gründen der Verhältnismäßigkeit zu gewähren, Rechtsmittel ein[1186]. Der *EuGH* hat in der Rechtssache *„Hautala"* das erstinstanzliche Urteil bestätigt, ohne allerdings auf die Frage des Generalprinzips einzugehen. Ob er darüber hinaus ein Generalprinzip des Gemeinschaftsrechts oder einen allgemeinen Rechtsgrundsatz anerkennen wird, bleibt zumindest für die Rechtssache *„Kuijer"* abzuwarten. Jedenfalls

---

1185 Alle Organe hoben ihre bisher geltenden Zugangsbeschlüsse auf. Vgl. Beschluß der Kommission vom 05.12.01 zur Änderung ihrer Geschäftsordnung (2001/937/EG, EGKS, Euratom) in Abl. der EG vom 29.12.2001, L 345/94; Beschluß des Rates vom 29.11.2001 zur Änderung der Geschäftsordnung des Rates (2001/840/EG) in Abl. der EG vom 30.11.2001, L 313/40; Beschluß des Präsidiums über den Zugang der Öffentlichkeit zu den Dokumenten des Europäischen Parlaments (2001/C 374/01) in Abl. der EG vom 29.12.2001 C 374/1.

1186 *„Hautala":* RS C-353/99 P in Abl. der EG 2000, C 333/20 vom 20.11.00; mittlerweile entschieden in RS C-353/99 P „Rat/Hautala" in Slg. I 2001, S. 9594 ff.; *„Kuijer III":* RS C-239/00 in Abl. der EG 2000, C 247/18 vom 26.08.00.

müßte er in einem solchen Fall den Teilzugang in erster Linie aus diesem Grundsatz und nur hilfsweise aus dem Verhältnismäßigkeitsgebot ableiten[1187]. In der Rechtssache *„Interporc II"* legte der Kläger Rechtsmittel gegen die Entscheidung des *EuG* ein[1188]. Er begehrt die Nichtigkeit der Urheberregel nach den bisherigen Organbeschlüssen aufgrund Verstoßes gegen höherrangiges Recht. Die Kommission könne sich ihrer „verfassungsrechtlichen" Pflicht in bezug auf in ihrem Besitz befindliche Dokumente nicht befreien, indem sie den Antragsteller schlicht an die Dritturheber verweise. Dies behindere die effektive Durchsetzung des Dokumentenzugangsanspruchs[1189]. Den Aussagen des *EuG* zur Urheberregel in der Rechtssache *„Interporc II"* wurden in der Tat gegensteuernde Tendenzen bezüglich der schrittweisen Anerkennung des höherrangigen Zugangsprinzips attestiert[1190]. Der *EuGH* könnte daher auch dieses Urteil nutzen, einen allgemeinen Grundsatz des Gemeinschaftsrechts explizit anzuerkennen. Der Generalanwalt hat jedoch vorgeschlagen, die Rechtsmittel der Antragsteller zurückzuweisen. In bezug auf die Urheberregel führte er unter Verweis auf das Urteil des *EuGH* in der Rechtssache *„Hautala"* aus, die eine Entscheidung über das Bestehen eines Generalprinzips des Dokumentenzugangs ausdrücklich offenließ[1191], daß es beim gegenwärtigen Stand der Rechtsprechung kein gemeinschaftsrechtliches Grundrecht auf Zugang zu Dokumenten gebe, das zu den allgemeinen Rechtsgrundsätzen gehören würde, die aus den gemeinsamen verfassungsrechtlichen Traditionen der Mitgliedstaaten hervorgegangen sind[1192]. Die Bedeutung der Urteilsgründe in Bezug auf die Bereichsausnahme „Urheberregel" sind daher auch unter Berücksichtigung der Aufhebung durch die VO 1049/2001 als eher gering anzusehen. Gleichwohl kann der ausdrücklichen Anerkennung eines Gemeinschaftsgrundsatzes durch den Gerichtshof, nach allen bisherigen Erwägungen, mittlerweile lediglich deklaratorische Bedeutung zuteil werden. Vor dem *EuGH* sind des weiteren Nichtigkeitsklagen der *Niederlande* und des Parlaments anhängig, die *„Solana-Entscheidung"* und den Ratsbeschluß 2000/527 überwiegend aus Kompetenzgründen für nichtig erklären zu lassen[1193]. Weniger aus formellen denn aus inhaltlichen Gründen der Erforderlichkeit ist diesen Begehren, wie gesehen, im Ergebnis zuzustimmen; die künftigen Auswirkungen des Urteils sind aber ebenfalls aufgrund des Außerkrafttretens beider Beschlüsse als gering anzusehen. Vor dem *EuG* finden sich schließlich weitere

---

1187 Diese Erwägungen bestätigte der Gerichtshof mittlerweile implizit, auch wenn er zur Frage des höherrangigen Grundsatzes ausdrücklich keine Stellung nahm, RS C-353/99 P „Rat/Hautala" in Slg. I 2001, S. 9616.

1188 *„Interporc II"*: RS C-41/00 P in Abl. der EG 2000, C 149/17 vom 27.5.2000.

1189 *„Interporc II"*: RS C-41/00 P in Abl. der EG 2000, C 149/17 vom 27.5.2000.

1190 Vgl. oben 3. Teil, B., III.

1191 Vgl. soeben.

1192 Schlußanträge des Generalanwalts Léger in RS C-41/00 P „Interporc/Kommission", RN 80.

1193 Vgl. oben, E., III.

Klagen natürlicher und juristischer Personen, die jedoch den Rechtszustand vor den Amsterdamer Neuerungen betreffen und somit allenfalls die Vorlage zur expliziten Anerkennung eines Generalprinzips des Dokumentenzugangs bieten[1194].

1194 *„BAT"* verklagte die Kommission in mehreren Fällen, deren rechtliche Bedeutung aber eher gering einzuschätzen ist: Zugang zu Dokumenten des Ausschusses für Verbrauchssteuern, RS T-111/00 „BAT/Kommission" in Abl. der EG 2000, C 192/18, mittlerweile entschieden im Urteil vom 10.10.2001 in Slg. II 2001, S. 2997 ff. und auf der Linie der RS T-188/97 "Rothmans/Kommission" in Slg. II 1999, S. 2463 ff. verbleibend, in EWS 2001, S. 537; RS T-311/00 „BAT/Kommission" in Abl. der EG 2000, C 355/36 die auf die Beurteilung wissenschaftlicher Krebsforschungsuntersuchungen durch die Kommission gerichtet sind; mittlerweile ebenfalls ausgeurteilt durch weitgehende Erledigungserklärung der Parteien: siehe Urteil vom 25.06.2002; siehe auch RS T-41/00 „BAT/Kommission" vom 30.04.2001. Siehe schließlich RS T-389/00 „Campina/Kommission" in Abl. der EG 2001 C 95/15 vom 24.03.2001.

6. TEIL: ZUSAMMENFASSUNG UND BEWERTUNG

A.: ZUSAMMENFASSUNG DER UNTERSUCHUNG

Einleitend wurde die Frage aufgeworfen, ob sich das Zugangsrecht aus Bürgersicht mit den Amsterdamer Reformen und der Verordnung 1049/2001 optimal verwirklicht hat. Zu diesem Zweck war es erforderlich, zwei rechtlich unterschiedliche Zeiträume zu vergleichen, deren Trennungspunkt die Vertragsreform darstellt. Insbesondere ist der Problematik nachgegangen worden, welche Auswirkungen die ursprünglichen Zugangsrechte oder ihre höherrangigen Ableitungen noch auf die geltende Rechtslage haben. Stellt die Verordnung 1049/2001 den vorläufigen Höhepunkt dieser Entwicklung dar? Sind überhaupt noch Verbesserungen erreichbar? Welche Alternativen ergeben sich gegebenenfalls?

Zunächst sind vor 1997 aus einem rechtlich unverbindlichen Verhaltenskodex von Rat und Kommission mehrere, vom *EuGH* anerkanntermaßen verbindliche, Organbeschlüsse hervorgegangen, die dem Bürger ein subjektiv einklagbares Zugangsrecht zu Dokumenten verschafften. Vom Anwendungsbereich erfaßt waren Dokumente, die von den jeweils verpflichteten Organen produziert wurden und alle in diesen Dokumenten enthaltenen verfügbaren Informationen. Der Bürger erhielt ein allgemeines Zugangsrecht ohne den Nachweis eines besonderen Interesses. Allerdings fand eine doppelte Absicherung der von den mitgliedstaatlichen Behörden produzierten Dokumente, die sich im Besitz der Gemeinschaftsorgane befinden, mittels Urheberregel und Ausnahmevorschrift, statt. Der Anwendungsbereich des Dokumentenzugangs erstreckte sich unionsintern auf alle drei Pfeiler, auf denen die EU ruht. Die meisten der Organe der Gemeinschaft folgten den Beispielen von Rat und Kommission und bildeten im wesentlichen vergleichbare Zugangsregeln nach. Auch innerhalb eines Organs ist aufgrund der Rechtsprechung des Gerichtshofs eine Ausdehnung auf Neben- und Hilfsorgane gesichert worden. Mit den Organbeschlüssen wurde sowohl ein zweistufiges Antragsverfahren als auch eine doppelte Rechtsbehelfsmöglichkeit geschaffen, wobei sich die Nichtigkeitsklagemöglichkeit vor dem Gerichtshof als die relevanteste Rechtsschutzmöglichkeit darstellte. Die Ausnahmevorschriften waren sowohl als zwingende Rechtsfolge als auch als Ermessensvorschriften ausgestaltet worden. Bei Betroffenheit der Kollektiv- und Individualschutzgüter war die zwingende Versagung des Dokumentenzugangs vorgesehen. Organinterne Schutzgüter, wie die Beratungen der betreffenden Gemeinschaftsinstitution, wurden unter ein Abwägungsgebot der kollidierenden Interessen des Zugangs und der Geheimhaltung gestellt. Zusammenfassend ist augenfällig, daß bereits mit Erlaß dieser atypischen Rechtsakte und unter Berücksichtigung der Anerkennung ihrer Verbindlichkeit gegenüber dem Bürger durch den Gerichtshof, ein in sich komplett ausgestalteter Rechtsanspruch mit detailliert geregelten

Ausnahmen, Verfahrensvorschriften und einem umfassenden Rechtsschutzsystem in die Gemeinschaftsrechtsordnung eingeführt wurde.

Dieses sogenannte passive Zugangsrecht erfaßte auch Akteneinsichtsrechte im Fusionskontroll-, im Kartell- und im Antidumpingverfahren. Diese Rechte grenzten sich von den hier schwerpunktmäßig untersuchten allgemeinen Dokumentenzugangsrechten durch das Erfordernis eines akzessorischen Verwaltungsverfahrens ab. Beide Zugangsrechte unterschieden sich dogmatisch durch ihre schwerpunktmäßige Herleitung. Akteneinsicht im Verwaltungsverfahren wurde überwiegend rechtsstaatlich gefordert, allgemeiner Dokumentenzugang stellte eine besondere Ausprägung des Demokratiegrundsatzes dar. Das allgemeine Dokumentenzugangsrecht wirkte dabei als generelle Regel, das Akteneinsichtsrecht im Verwaltungsverfahren als Spezialvorschrift, welche einen engeren persönlichen Anwendungsbereich mit allerdings weniger weitreichenden Ausnahmevorschriften aufwies. Das passive Zugangsrecht stellte lediglich eine Ergänzung zum aktiven Zugangsrecht dar. Das aktive Zugangsrecht war dabei nicht auf die Initiative durch den Bürger angewiesen, sondern sah aufgrund einer Selbstverpflichtung bestimmte Arten von Dokumenten zur Veröffentlichung vor. Dies drückte sich überwiegend in Berichtspflichten, insbesondere im Umweltrecht, aus. Trotz seiner anwendungsausschließenden Präferenz gegenüber dem passiven Zugangsrecht auf Gemeinschaftsebene genoß das aktive Zugangsrecht lediglich einen sehr beschränkten Anwendungsbereich. Relevanteste Ausprägung dieses Vorrangs stellt die Schnittstelle „Ratsprotokolle“ dar, die das aktive und das passive Zugangsrecht mittels des Verhaltenskodex von 1995 verknüpft.

Sowohl aktives als auch passives Zugangsrecht wurden einer Bündelung von Maßnahmen zugeordnet, die unter dem Sammelbegriff „Transparenzprinzip“ zusammengefaßt wurden. Sonstige Transparenzmaßnahmen der Organe konkretisierten sich hauptsächlich durch die Veröffentlichungspflicht von Rechtsakten und die jährliche Veröffentlichung des Arbeits- und Legislativprogramms. Als wichtigstes Problemfeld ist in diesem Zusammenhang die nach wie vor nur unzureichend ausgestaltete Öffentlichkeit von Sitzungen des Rates zu nennen, für die ein erhöhtes Zugangsrecht einen Ausgleich schafft. Beispielhafter ging das Parlament vor, welches eine gegenüber dem Deutschen Bundestag weitergehende öffentliche Tagung auch seiner Ausschüsse zuließ. Diese Tatsache fand seine Begründung allerdings in den begrenzten Kompetenzen des Parlaments, welche sich auch in dem, gegenüber dem Unionsbürger gleichgestellten und nicht stärker ausgeprägten Dokumentenzugangsrecht der Parlamentarier ausdrückte.

Als relevanteste Transparenzausprägung stellte das Zugangsrecht zu Dokumenten, trotz seiner damaligen Ausgestaltung als bloße Selbstverpflichtung der Organe, zumindest einen dem Sekundärrecht gleichwertigen atypischen Rechtsakt dar. Zu untersuchen war demzufolge, ob dem Zugangsrecht gar der Rang von Primärrecht oder der eines übergeordneten Generalprinzips zukam und -kommt. Zunächst wurden positiv rechtliche Anknüpfungspunkte für eine primärrechtliche Verortung gesucht. Art. *A II* EUV wurde hinsichtlich der Bürgernähe zwar als entwicklungsoffen charakterisiert, so daß auch eine Verortung von Transparenzmaßnahmen möglich gewesen wäre. Aber dies hätte einer ausdrücklichen Anerkennung der zur Rechtsfortbildung befugten Rechtsprechung bedurft, die dem Gerichtshof aufgrund des Art. *L* EUV verwehrt ist. Auch die 17. Schlußerklärung zum EUV stellte sich aufgrund ihrer bloß politischen Verbindlichkeit als zu schwach dar, den Dokumentenzugang in den Rang von Primärrecht oder gar eines Generalprinzips zu heben. Demzufolge knüpfte die Untersuchung an höherrangige Generalprinzipien an.

Trotz einiger gegenteiliger Äußerungen in der Literatur hat der Gerichtshof ein derartiges Prinzip bislang nicht explizit anerkannt. Allerdings zeigte eine Untersuchung der Rechtslage der einzelnen Mitgliedstaaten, daß das Zugangsrecht in 13 von 15 Mitgliedstaaten mehr oder weniger stark als demokratisches Bürgerrecht verhaftet ist. Dies gilt, trotz des vorherrschenden Amtsgeheimnisses und des Prinzips der beschränkten Aktenöffentlichkeit, für diverse deutsche Bundesländer und bereichsspezifisch im Umweltrecht auch in Deutschland. Auf Bundesebene ist das Akteneinsichtsrecht allerdings, schwerpunktmäßig rechtsstaatlich motiviert, lediglich als Verfahrensrecht ausgestaltet. Als Konkretisierung des Demokratieprinzips wird in Deutschland dagegen die Sitzungsöffentlichkeit der Parlamente hervorgehoben, die in ihrer Funktion einen Ausgleich für die fehlende Identität von Regierenden und Regierten mittels Kontrolle, Legitimation und Partizipation durch die Bürger bietet. Zwar gehört damit das ebenfalls diesem Grundsatz zuzuordnende Zugangsrecht nicht wesensnotwendig zum Kernbestand der Demokratie. Allerdings gewann, im Zuge des Anwachsens von Aufgaben der Exekutive, die Öffentlichkeit der Verwaltung an Bedeutung hinzu. Deren relevanteste Ausprägung stellt das Akteneinsichtsrecht im Verwaltungsverfahren dar, welches in § 29 VwVfG einfach-gesetzlich anerkannt wurde. Die Öffentlichkeit der ausführenden Gewalt durch Öffnung seiner Akten dient dem Bürger zur Sicherung der effizienten Arbeit der Verwaltung, seiner Kontrolle, Partizipation und der Legitimation der Verwaltungsarbeit. Auf Grundrechte kann sich das Zugangsrecht zu staatlichen Dokumenten nur als objektive Gewährleistung stützen. Die demokratische Bedeutung des Zugangsrechts ist damit, insgesamt zwar schwächer als in den meisten übrigen Mitgliedstaaten, aber auch in Deutschland vorhanden. Die einzelnen mitgliedstaatlichen Rechtsordnungen bieten in der Zusammenschau ein eindeutiges Potential zur Schaffung eines allgemeinen Rechtsgrundsatzes aus wertender Rechtsvergleichung.

Gewichtigerer Anknüpfungspunkt wäre allerdings das Gemeinschaftsrecht selbst. Zu untersuchen war hier, ob die europäische Rechtsordnung bereits aus sich heraus ebenfalls das Potential zur Schaffung eines allgemeinen Grundsatzes des Gemeinschaftsrechts bereithielt.

Die staatlicherseits untersuchte Zuordnung von Sitzungsöffentlichkeit als Ausgleich fehlender Identität von Regierenden und Regierten bei der Legislative und Aktenöffentlichkeit bei der Exekutive ist mangels einer Anknüpfungsmöglichkeit an die klassische Gewaltenteilung nicht übertragbar. Auszugehen war vielmehr von einer Funktionsordnung der Organe, wobei dem Rat in erster Linie legislative Kompetenzen zufallen. Zu berücksichtigen war, daß der Rat einerseits seine Wurzeln im Organ einer internationalen Organisation findet und somit schwächere demokratische Legitimation aufweisen kann als ein staatliches Parlament. Andererseits macht der supranationale Charakter der Union eine die Struktur als zwischenstaatliche Organisation berücksichtigende, allerdings herabgesetzte, Demokratiegeltung erforderlich. Übertragen auf die Transparenzkonzeption des Rates entsprach diese Austarierung der nur unzureichend verwirklichten Öffnung seiner Sitzungen bei gleichzeitig gegenüber den anderen Organen stärker ausgeprägtem Dokumentenzugang. Eine weitere Erklärung für die herabgesetzte Transparenz durch mangelnde Öffnung der Sitzungen des Rates stellte die fehlende Zuordnung des Dokumentenzugangs zum Kern der europäischen Demokratiekonzeption dar. Somit entsprach der gegenüber der Sitzungsöffentlichkeit stark überbetonte Dokumentenzugang der herabgesetzten Demokratiegeltung im Gemeinschaftsrecht. Diese war gleichwohl geeignet, aufgrund wesensmäßiger Zuordnung zum Kern von Ausgleichsmaßnahmen des Legitimationsdefizits, diesem entgegenzuwirken, auch wenn der Dokumentenzugang aufgrund seiner Starrheit hinsichtlich der demokratischen Strukturveränderung selbst keine eigene Legitimation hervorbringen konnte.

Die Kommission nimmt überwiegend Funktionen wahr, die denjenigen der staatlichen Exekutive entsprechen. Hinsichtlich der Struktur der Gemeinschaft und der dadurch bedingten, herabgesetzten Demokratieanforderungen waren die beim Rat entwickelten Gedanken übertragbar. Allerdings forderte die noch mittelbarere demokratische Legitimation der Kommission eine noch weiterführende Transparenz als die vom Rat ergriffenen Maßnahmen. Diese erhöhten Forderungen relativierten sich aber bei einem Vergleich mit nationalen Regierungen, die ebenfalls die Vertraulichkeit von Kabinettssitzungen kennen, sowie der Effizienz der Verwaltung als gemeinschaftsrechtlichem Grundsatz. Im übrigen war auch hier wieder an die mangelnde Kernbereichszuordnung zu erinnern. Die Funktionen des Dokumentenzugangs förderten aber neben den schon bekannten Zwecken der Legitimation sowie der Kontrolle durch den Bürger auch ein effizientes Handeln der Kommission im Bewußtsein, ständig potentiell unter Beobachtung der Bevölkerung zu stehen.

Das Parlament stellte sich in der Funktionsordnung der Gemeinschaft als das demokratisch am besten legitimierte Organ dar, welches den höchsten Transparenzgrad aufwies. Sowohl seine Debatten, inklusive der Ausschußsitzungen, sind öffentlich als auch die Gewährleistung von Dokumentenzugang. Gründe hierfür waren im Institutionsgefüge der Gemeinschaft zu suchen. Das Parlament genießt immer noch lediglich nachrangige Kompetenzen bei der Rechtsetzung. Des weiteren besteht auch kein gegenüber dem Unionsbürger erweitertes Dokumentenzugangsrecht für Parlamentarier.

Insgesamt war bei allen Organen ein stark flankierender Bezug des Dokumentenzugangs zum Demokratiegedanken zu erkennen, der zwar wesensmäßig zum Kern des Defizitausgleichs zu zählen war, selbst im Gegensatz zur Sitzungsöffentlichkeit aber keine eigene Legitimation hervorzubringen vermochte.

Rechtsstaatliche Forderungen nach Dokumentenzugang ergaben sich durch den Grundsatz des rechtlichen Gehörs. Dessen Kernforderung stellte ein Akteneinsichtsrecht für Beteiligte eines Verwaltungsverfahrens dar. Der allgemeine verfahrenskonstitutive Dokumentenzugang fand lediglich über seine Generalwirkung in den Bereich der Akteneinsichtsrechte hinein Verbindung zum Rechtsstaatsgedanken.

Als Ableitung aus den gemeinschaftlichen Grundrechten bot sich die Informationsfreiheit an, die sich vor Erlaß der Grundrechtscharta auf das Vorbild des Art. 10 EMRK stützen konnte. Der *EGMR* legt Art. 10 EMRK allerdings objektiv aus. Den Staaten obliegt eine Schutzpflicht für vorhandene Informationsquellen. Der Schutzbereich der allgemein zugänglichen Quellen enthält dagegen keine Datenbestände öffentlicher Stellen. Entsprechend eng legt der *EuGH* Art. 10 EMRK für das Informationsrecht gegenüber den von den Organen produzierten Informationen aus, so daß der Informationsfreiheit vor den Amsterdamer Reformen allenfalls Ergänzungswirkung bei der Suche nach höherrangigen Rechtsquellen zukam.

Der allgemeine Dokumentenzugang leitete sich damit schwerpunktmäßig aus dem Demokratieprinzip ab und genügte als einzig voll ausgeprägte Transparenzverwirklichung auch den europarechtsspezifischen, verminderten Demokratieanforderungen. Über die Generalwirkung des Zugangsrechts in den Bereich akzessorischer Akteneinsichtsrechte hinein leitete sich das Zugangsrecht aber auch aus dem Rechtsstaatsgedanken ab. Ergänzend konnte die Informationsfreiheit als Verpflichtung der Organe dienen, bestehende Zugangsquellen zu staatlichen Informationen zu schützen.

Jede subjektive Rechtsgewährung wird durch Ausnahmetatbestände eingeschränkt. Zu beachten war, daß der *EuGH* bzw. das *EuG* lediglich eine im Vergleich zu deutschen Gerichten eingeschränkte Kontrolldichte beanspruchen kann. Weiterhin macht der Gerichtshof hinsichtlich der Prüfungsreichweite keinen Unterschied zwischen Beurteilungsspielraum und Ermessen. Beide Termini sind nur begrenzt im Sinne eines Ermessensmißbrauchs auf ihre fehlerhafte Anwendung überprüfbar. Trotz dieser Einschränkungen war eine weitgehende Konkretisierung der unbestimmt gefaßten Ausnahmetatbestände zu beobachten, die notfalls über Anforderungen an die Begründungspflicht der Zugangsverweigerung Eingang in das Verhältnis zwischen Zugangsrecht und Ausnahmevorschriften fand. Das Zugangsrecht kannte zwei Gruppen von Ausnahmen. Die fakultative Ausnahme beim Schutz der Beratungen der Organe sah ein Abwägungsgebot der kollidierenden Interessen vor. Die zwingenden Ausnahmen enthielten unbestimmt gefaßte öffentliche und private Interessen. Der Gerichtshof legte den Organen die Verpflichtung auf, bei einer derartigen Verweigerung jedes Dokument daraufhin zu prüfen, ob es geeignet wäre, eines der genannten Interessen zu beeinträchtigen. Die Organe konnten sich aber auch auf beide Ausnahmegruppen oder auf mehrere zwingende Versagungsgründe gleichzeitig berufen. Weiterhin hatte das Organ aus Verhältnismäßigkeitserwägungen heraus stets die Möglichkeit, den teilweisen Zugangs zu Dokumenten zu prüfen, um der eingangs beschriebenen Auslegung des umfassenden Informationszugangs aus den Dokumenten gerecht zu werden. Die Aufzählung der öffentlichen Interessen war gleichwohl nicht abschließend. Trotz enger Auslegung war eine effektive Anwendung seines Inhalts mitzubedenken. Die Wahrung des Schutzes der mitgliedstaatlichen Rechtsordnungen unterlag dabei stets besonderer Aufmerksamkeit des Gerichtshofs.

Bezüglich verfahrensabhängiger Einsichtsrechte fanden sich die Begrenzungen in den jeweiligen Wettbewerbsverordnungen. Relevant stellte sich in diesem Zusammenhang der Schutz von Geschäftsgeheimnissen als absolute Grenze der Akteneinsicht dar. Des weiteren waren interne Dokumente und vertraulich mitgeteilte Angaben geschützt. Diese Ausnahmen leiteten sich aus den höherrangigen Grundsätzen der Amtsverschwiegenheit in Art. 287 EGV und der effizienten Verwaltungsführung ab. Demgegenüber stand der der Akteneinsicht zugeordnete Grundsatz des rechtlichen Gehörs als Verteidigungsrecht des Beteiligten eines Wirtschaftsverwaltungsverfahrens der Kommission. Die kollidierenden Interessen waren als gleichwertig zu betrachten und bedurften einer praktischen Konkordanz im Einzelfall. Allerdings wurden als Maßgaben eines beide Interessen gleichermaßen berücksichtigenden Ausgleichs die *„in camera“*-Methode vor Gericht und ein Verwertungsverbot bei Geschäftsgeheimnissen, welches nicht geeignet sein kann, das rechtliche Gehör zu verletzen, vorgesehen.

Das rechtliche Gehör wirkte sich beim verfahrenskonstitutiven Dokumentenzugangsrecht nur innerhalb des speziellen Anwendungsbereichs bei Verwaltungsverfahren als höherrangiger allgemeiner Rechtsgrundsatz aus. Zu berücksichtigen war weiter, daß die Effizienz der Verwaltung außerhalb von Verfahren eine Doppelwirkung aufweisen kann. Das Zugangsrecht kann aufgrund des Überraschungsmoments der Initative durch den Bürger auch dazu dienen, die Effizienz des Organhandelns zu erhöhen. Somit standen sich bei einer Kollision dieser beiden Interessen zwei gleichwertige Rechtsgüter gegenüber, gespeist zum Teil aus einer höherrangigen Quelle, die mittels praktischer Konkordanz in Ausgleich zu bringen waren. Außerhalb dieser beiden Interessenkollisionen bestand dieser gleichwertige Gegensatz zwar aufgrund der höherrangigen Demokratieableitung ebenfalls. Aufgrund der bloß organinternen positiven Verankerung und des zusätzlichen Geheimhaltungsinteresses der Störungsfreiheit von Verwaltungs- und Gerichtsverfahren ist aber von einem faktischen Zurückstehen des Dokumentenzugangs bei einer Abwägung durch den Gerichtshof auszugehen, wenn ein genanntes höherrangiges gegenläufiges Interesse betroffen ist. Diese zusätzliche Rechtsquelle der Ausnahmevorschriften stellte die Konzession an die extensive Anwendungsreichweite des voraussetzungslosen Zugangsrechts auch in den Bereich spezieller Akteneinsichtsrechte hinein dar. Anerkennenswert war, daß der Gerichtshof in diesem Bereich bemüht war, das Zugangsrecht großzügig zu handhaben.

Dieses Verhältnis ist mit der Reform von Amsterdam zugunsten des Zugangsrechts verschoben worden.

Zunächst beinhaltet Art. 1 II EUV materiell das Transparenzprinzip, ist aber der Konkretisierung durch den *EuGH* über Art. 46 EUV entzogen. Art. 255 EGV beinhaltet für sich die Erhöhung des Zugangsrechts in das Primärrecht, ohne damit den Charakter eines allgemeinen Grundsatzes des Gemeinschaftsrechts zu enthalten, obwohl die Anwendungsreichweite sich durch die Abschaffung der Bereichsausnahme zu Gunsten organfremder Dokumente stark erweitert hat. Art. 42 GR-Charta allein bringt aufgrund der Art. 255 EGV entsprechenden Auslegung ebenfalls keine Verbesserungen. Allerdings kann der Gerichtshof künftig dem Gebot aus Art. 255 EGV, unter Berücksichtigung der übergeordneten Prinzipien von Demokratie, Rechtsstaat und Grundrechten, einen solchen Grundsatz zu entwickeln, nicht mehr ausweichen. Innerhalb der drei Ableitungen hat sich die Gewichtung zu Lasten des Demokratiegrundsatzes verschoben. Künftig kann der *EuGH* Art. 6 II, 46 lit. d) EUV, unter Berücksichtigung der Anstoßwirkung aus Art. 42 GR-Charta, dazu nutzen, das Zugangsrecht zu Dokumenten als Grundrecht der Gemeinschaft anzuerkennen. Somit kommt seit Erlaß der GR-Charta der Ausgestaltung als bürgerliches Grundrecht vorrangige Bedeutung bei der Unterfütterung von Art. 255 EGV zu. Den Ableitungen der Ausnahmevorschriften Amtsverschwiegenheit, effiziente Verwaltungsführung, Störungsfreiheit behördlicher und gerichtlicher Verfahren und Datenschutz steht damit künftig ein allgemeiner Grundsatz des Gemeinschaftsrechts auf Dokumentenzugang, abgeleitet aus Art. 255 EGV, dem Grundrecht auf Dokumentenzugang aus Art. 6 II, 46 lit. d) EUV, Art. 42 GR-Charta, den Prinzipien der Demokratie und des Rechtsstaats gegenüber. Eine Anerkennung durch den Gerichtshof würde damit mittlerweile lediglich deklaratorisch wirken.

Sekundärrechtlich ist die Entwicklung in erster Linie durch den Erlaß der Verordnung 1049/2001 sowie durch die Modifizierung des Ratsbeschlusses im Sommer 2000 gekennzeichnet. Der Änderungsbeschluß zum Ratsbeschluß sowie die *„Solana-Entscheidung“* grenzten im wesentlichen die als geheim klassifizierten sowie alle derart „kontaminierten“ Dokumente aus dem Anwendungsbereich des Zugangsrechts zu Ratsdokumenten aus. Diese Kombination aus Bereichsausnahme und *„Kontaminierungsregel“* verstößt allerdings gegen das Verhältnismäßigkeitsgebot des Gemeinschaftsrechts. Eine derartige Eingrenzung ist nicht erforderlich, um die Sicherheit und Verteidigung der Union zu gewährleisten, und hält sich auch nicht mehr im Rahmen der Ermessensfreiheit der Organe. Weiterhin vereitelt diese Kombination die praktische Wirksamkeit des Teilzugangs zu Dokumenten. Und letztlich ist das Gebot effektiven Rechtsschutzes gefährdet, wenn die eingestuften Dokumente nicht mehr im Register aufgeführt werden. Mit Erlaß der neuen Durchführungsvorschriften gem. Art.

255 III EGV kommt diesem Beschluß mit seinen Verstößen gegen das höherrangige Verhältnismäßigkeitsprinzip zwar keine Rechtswirkung, wohl aber Beispielwirkung bei der Auslegung der entsprechenden Verordnungsvorschriften zu.

Die Kombination aus Bereichsausnahme und „*Kontaminierungsregel*" findet sich in der neuen VO 1049/2001 jedoch gerade nicht wieder. Zwar ist die Einführung eines neuen Verfahrens für sensible Daten unübersehbar dem Vorbild der Sicherheitseinstufung des Ratsbeschlusses entlehnt. Sensible Daten werden aber nicht aus dem Anwendungsbereich der Verordnung ausgeschlossen, sondern besonderen organinternen Verfahrensvorschriften unterworfen. Weiterhin werden diejenigen Dokumente, die sensible Informationen organfremden Ursprungs enthalten, nur mit Zustimmung des jeweiligen Urhebers der Information in ihrer Gesamtheit freigegeben oder im Register aufgeführt. In diesen Regeln ist aber, anders als beim reformierten Ratsbeschluß vom Sommer 2000, kein Verstoß gegen höherrangiges Gemeinschaftsrecht zu sehen. Insbesondere das Verfahren stellt keine Vereitelung der praktischen Möglichkeit des Teilzugangs dar, weil die Einstufung trotz „*Kontaminierung*" des Gesamtdokuments gerade keinen Ausschluß aus dem Anwendungsbereich zur Folge hat. Auch ein Verstoß gegen das Erforderlichkeitsgebot ist nicht zu verzeichnen. Zwar wurde die Einführung eines derartigen Verfahrens im Hinblick auf den Schutz der sensiblen Daten als materiell überflüssig qualifiziert. Allerdings stellt es keine zusätzliche Belastung für den Zugangsbegehrenden dar, da es sich lediglich um eine interne, im wesentlichen personelle, Verfahrensmodalität handelt, die sich noch im Rahmen des Entscheidungsspielraums des Normgebers hält. Aber auch die besondere Urheberregel, die sich sowohl in der Verordnung als auch im Ratsbeschluß findet, stellt sich als vereinbar mit höherrangigem Gemeinschaftsrecht dar. Sie gestattet es dem Urheber von sensiblen Informationen, die Öffnung des Gesamtdokuments zu verhindern oder zumindest ihre Aufführung im Register zu unterbinden. Die Systematik der Verordnung stellt diese Beschränkung nicht unter das Gebot des Teilzugangs zu Dokumenten. Dies ist unter Berücksichtigung der grundsätzlichen Ausdehnung des Anwendungsbereichs des Dokumentenzugangs auch auf eingehende, organfremde Dokumente nicht zu beanstanden. Bei einem faktischen Eingreifen in den Rechtskreis der nationalen Rechtsordnungen ist das Erforderlichkeitsgebot um das Subsidiaritätsmoment zu reduzieren, welches sich im Vetorecht konkretisiert. Das Veto des Urhebers im Ratsbeschluß ist aus denselben Erwägungen ebenfalls mit dem Erforderlichkeitsgebot vereinbar. Mangels zwingender Nichtaufnahme der sensiblen Dokumente in das Register stellt diese Regelung zwar einen rechtspolitisch, und in der praktischen Anwendung durch den Bürger, höchst fragwürdigen Zustand dar, der nach hier vertretener Ansicht aber noch keinen Verstoß gegen das Gebot effektiven Rechtsschutzes darstellt.

Im übrigen betrifft die neue Verordnung 1049/2001 nur Anträge bei Gemeinschaftsbehörden. Bei Anträgen auf Gemeinschaftsdokumente, die an nationale

Behörden gerichtet sind, greift die Verordnung lediglich insoweit, als daß die Behörden das betreffende Organ bei positiver Zugangsentscheidung informieren müssen, ansonsten aber selbständig über den Zugangsantrag entscheiden. Dies stellt die Austarierung von Loyalitätsgebot und Subsidiaritätsgrundsatz für diesen Bereich zugunsten eines grundsätzlichen Vorrangs des Subsidiaritätsprinzips dar. Bei Dokumenten, die von Dritten erstellt wurden und sich im Besitz der Gemeinschaftsbehörden befinden, ist hinsichtlich der Dokumente der Mitgliedstaaten ebenfalls von einem grundsätzlichen Vorrang des Subsidiaritätsgedanken zu sprechen. Die Gemeinschaftsorgane treffen zwar aufgrund des Wegfalls der Urheberregel eine abschließende Entscheidung über den Zugang, allerdings steht den nationalen Behörden ein Vetoanspruch zu. Lediglich in der Pflicht, nationale, nicht sensible Dokumente unter das Teilzugangsprinzip zu stellen, prägt sich der Loyalitätsgedanke aus. Im Hinblick auf Dokumente sonstiger Dritter ist dagegen von einer bloßen Konsultationspflicht der Gemeinschaftsorgane auszugehen. Insgesamt ist trotz Überbetonung des Subsidiaritätsgrundsatzes jedoch von einer starken sekundärrechtlichen Ausdehnung der Anwendungsreichweite auszugehen.

Weiterhin ist die lex generalis - Wirkung auch im Bereich verfahrensakzessorischer Einsichtsrechte beibehalten worden.

Der Dokumentenbegriff wurde trotz einschränkender Lesart des Art. 255 EGV auf der Linie der bisherigen Systematik belassen. Auch interne Dokumente fallen in den Anwendungsbereich der Verordnung. Lediglich im Rahmen der Ausnahmen verweigern die Organe den Zugang zu Dokumenten, die Konsultationen und interne Beratungen betreffen, in einem abgestuften Verfahren, wenn dies zur Erfüllung ihrer Aufgaben erforderlich ist. Neu ist die Ansiedlung einer Registerpflicht bei den jeweils verpflichteten Organen, die vorsieht, ausnahmslos alle Dokumente aufzunehmen, aber bei Gefährdung der Ausnahmeinteressen außerhalb sensibler Dokumente eine inhaltlich „ungefährliche“ Zusammenfassung vorzusehen. Bezüglich der Ausnahmen ist zu kritisieren, daß die Pflicht zur Versagung bei Betroffenheit öffentlicher und privater Interessen ohne eine *„Schädlichkeitsprüfung“*, wie vom *EuGH* bislang stets gefordert, vorgesehen ist. Es bleibt abzuwarten, wie der Gerichtshof diese Problematik handhabt. Hinsichtlich der übrigen Interessen wurde die Schädlichkeitsprüfung aufgenommen, was eine deklaratorische Verbesserung darstellt. Einschränkungen sind allerdings hinsichtlich der organinternen Interessen zu machen. Gegenüber der bisherigen Ermessensausnahme „Beratungen der Organe“ besteht dogmatisch zwar ein Unterschied, der aber wohl keine praktischen Auswirkungen zeigen dürfte. Weiterhin ist das Recht auf Teilzugang als Beschränkung der Ausnahmevorschriften ausgestaltet, was auch den Vetoanspruch der Mitgliedstaaten umfaßt. Neu ist die Verbindung von aktivem und passivem Zugangsrecht durch die Verbindung des Direktzugangs bei Registerdokumenten sowie die parallele Anwendung des Zugangsrechts trotz vorhergehender aktiver Veröffentlichung, was aus Bürgersicht ebenfalls eine Verbesserung darstellen dürfte. Insgesamt wurde ein positives Fazit gegenüber den bisherigen Organbeschlüssen gezogen, welches aufgrund der Verbesserungen innerhalb der bestehenden Systematik die ebenfalls vorhandenen Rückschritte deutlich aufwiegt.

B.: SCHLUSSBETRACHTUNG

Das Zugangsrecht zu Dokumenten hat sich durch Art. 255 EGV zu einem allgemeinen Grundsatz des Gemeinschaftsrechts entwickelt, der sich zum einen auf die nationalen Rechtsordnungen berufen kann, die diesen Grundsatz verankert haben. Zum anderen ist eine Ableitung aus den höherrangigen gemeinschaftseigenen Rechtsquellen der Demokratie, des Rechtsstaats und der Grundrechte möglich. Innerhalb dieser Quellen spielte vor der Reform von Amsterdam und dem Erlaß der Grundrechtscharta der Demokratiegedanke die entscheidende Rolle. Mittlerweile dürfte sich die Bedeutung zugunsten der Grundrechtsherleitung verschoben haben. Diese Herleitung wartet aber immer noch auf eine ausdrückliche Anerkennung durch den Gerichtshof, die jedoch mit Erlaß von Art. 255 EGV, 6 II EUV, 42 GR-Charta unvermeidlich geworden ist.

Die sekundärrechtliche Ausgestaltung des Systems des Dokumentenzugangs selbst kann bereits in der Ära des Maastrichtvertrages auf ein in sich stimmiges Rechtssystem blicken, welches sowohl normativ als auch durch die Ausgestaltung der Rechtsprechung alle Merkmale eines subjektiven Rechtsanspruchs mit engen Ausnahmen, Verfahrensvorschriften und Rechtsschutzmöglichkeiten beinhaltet. Inhaltlich optimiert die Verordnung 1049/2001 lediglich das Zugangssystem bzw. paßt es der erweiterten Auslegung auch auf eingehende Dokumente an. In den Grundzügen sind die entscheidenden Schritte jedoch bereits Anfang der Neunziger Jahre erfolgt. Die Amsterdamer Reformen und der Erlaß der GR-Charta geben dem Zugangsrecht allerdings die notwendigen Werkzeuge an die Hand, um dieses System von einem sekundärrechtlichen Rechtsanspruch, aus den Geschäftsordnungen der Organe herrührend, über die primärrechtliche Anerkennung in den Verträgen hin zu einem voll ausgeprägten höherrangigen, das gesamte Unionsrecht prägenden allgemeinen Grundsatz zu entwickeln. Zu diesem Zweck war die Bündelung der diversen Organbeschlüsse in einem einzigen Sekundärrechtsakt erforderlich, der gleichzeitig die maßgebende Konkretisierung dieses Grundsatzes darstellt.

Nachdem die Anhebung in den Rang eines Generalprinzips und die Rechtsfortschritte der Binnensystematik des Zugangsrechts durch die VO 1049/2001 anerkannt wurden, bleibt zu fragen, was künftig auf dem Gebiet der Transparenzausprägung „Zugangsrecht zu Dokumenten" erwartet werden kann. Sowohl normativ als auch rechtsfortbildend erscheint die Systematik des Zugangsrechts im Verhältnis zu schützenswerten Geheimhaltungsinteressen weitgehend entwickelt. Das Zugangsrecht selbst steht im Rang eines allgemeinen Grundsatzes, der lediglich noch auf seine Anerkennung durch den Gerichtshof wartet. Innerhalb dieser Systematik wird bei effektiver Sicherung der Ausnahmen möglichst weitgehender Zugang zu Dokumenten der Hauptorgane der Union gewährt. Es sind nach einer nunmehr zehnjährigen Entwicklungsphase allenfalls Feinjustierungen durch den Gerichtshof oder künftiger Organbeschlüsse zu erwarten, was auch der Ausblick am Ende des 5. Teils nahelegt. Im Rahmen der Gemeinschafts- bzw. Unionsrechtsordnung unter Berücksichtigung der Supranationalität, der verminderten Demokratieanforderungen und der Subsidiarität ist eine optimale, die Anforderungen gemeinschaftsrechtlicher Demokratie und Grundrechtserfordernisse sogar übersteigende Austarierung gefunden worden, die zumindest bei Betrachtung der deutschen Rechtslage den Standard mitgliedstaatlicher Zugangsrechte bei weitem übersteigt.

Ungeachtet dessen bleibt aber die Problematik der Strukturversäumnisse und demokratischen Legitimationsmängel der Union bestehen, deren Lösung ebenfalls durch Maßnahmen erreichbar wäre, die dem Transparenzprinzip zuzuordnen sind. Die übergreifende, gesamtinstitutionelle Forderung stellt der Ausbau der Kompetenzen des Europäischen Parlaments zugunsten eines mit originären Rechtsetzungsbefugnissen und echten Kontrollfunktionen ausgestatteten Organs dar, welches die Kommission als europäische Regierung wählt und kontrolliert. Der Unionsbürger würde dann eine Struktur vorfinden, die sich auf direkte, durch die Unionsbürger selbst vermittelte, demokratische Legitimation berufen kann und Transparenz an der Wurzel demokratischer Repräsentation ausdrückt[1195]. Dem Zugangsrecht käme dann die den Mitgliedstaaten vergleichbare Ausgleichswirkung für die fehlende Identität von Regierenden und Regierten in einer Repräsentativdemokratie zu. Transparenz in seiner Ausprägung bei der Gesetzgebungsfunktion würde dann durch seine originäre Zuordnung „Sitzungsöffentlichkeit“ dargestellt.

Ohne die Struktur der Gemeinschaft derart einschneidend zu ändern, erscheint dieses Ziel auch auf dem Weg der echten Öffnung von Ratssitzungen erreichbar. Auch dann würde das Zugangsrecht seine Bedeutung als Milderungselement des Legitimationsdefizits suzessiv verlieren[1196]. Transparenz der Gesetzgebung würde dann ebenfalls durch seine originäre Zuordnung „Sitzungsöffentlichkeit“ dargestellt.

Realistischerweise sind für die nächsten Jahre derart einschneidende Strukturreformen bei der Kompetenzverteilung zugunsten des Parlaments nicht zu erwarten[1197]. Und auch die Frage der Sitzungsöffentlichkeit des Rates wird gerade auch im Zuge der Osterweiterung eher zurückgedrängt werden. So muß auch künftig für die Funktion „Gesetzgebung“ das Zugangsrecht zu Dokumenten als die zur Zeit optimal erreichbare Transparenzzuordnung für die Union angesehen werden. Für den Bereich der vollziehenden Funktion ist dies noch unproblemati-

---

[1195] So die Zukunftsvision Joschka Fischers, der die Idee einer Souveränitätsteilung zwischen EU und Nationalstaaten durch eine Zweikammerlösung des Parlaments verwirklichen will, in Rede am 12.05.2000 in der Humboldt-Universität in Berlin, in http://www.auswaertiges-amt.de/www/de/infoservice/download/pdf/reden/2000/r000512a.pdf, S. 6; Referenz vom 26.01.2002.

[1196] So auch Dehousse in CMLR 1998, S. 616.

[1197] Siehe allein die Diskussion um die Ausweitung der Mehrheitsentscheidungen im Vorfeld der Konferenz von Nizza. Überlegungen dazu bereits bei Götz in FS Everling, S. 339 ff.

scher der Fall, da der Zugang bereits staatlicherseits die entscheidende Transparenzmaßnahme bei der Zuordnung der demokratisch zu legitimierenden Exekutive darstellt. Das Zugangsrecht zu Dokumenten wird damit auch in den nächsten Jahren seine Bedeutung innerhalb der supranationalen Union haben. Mit seiner Hilfe gilt es künftig weiterhin, Legitimationsmängel der Entscheidungsprozesse der Union zu mildern.

LITERATURVERZEICHNIS

Autoren:

Achterberg, Norbert, Grundzüge des Parlamentsrechts, München 1971.

Adam, Heike, Die Mitteilungen der Kommission: Verwaltungsvorschriften des Europäischen Gemeinschaftsrechts? Eine Untersuchung zur rechtsdogmatischen Einordnung eines Instruments der Kommission zur Steuerung der Durchführung des Gemeinschaftsrechts, Baden Baden 1999.

Adonis, Andrew, Jones, Stuart, Subsidiarity and the European Communitiy`s Constitutional Future, in StWuStP 1991, S. 179 – 196.

Alber, Siegbert, Widmaier, Ulrich, Die EU-Charta der Grundrechte und ihre Auswirkungen auf die Rechtsprechung, Zu den Beziehungen zwischen EuGH und EGMR, in EuGRZ 2000, S. 497 – 510.

Alder, Claudius, Koordination und Integration als Rechtsprinzipien Ein Beitrag zum Problem der derogativen Kraft des Europäischen Gemeinschaftsrechts gegenüber einzelstaatlichem Recht, Brügge, 1969.

Alston, Philip, Weiler, J. H. H., An "Ever Closer Union" in Need of a Human Rights Policy: The European Union and Human Rights, in The EU and human rights, Hrsg.: Philip Alston, Oxford 1999, S. 3 – 66.

Angelov, Jean, Grundlagen und Grenzen eines staatsbürgerlichen Informationszugangsanspruchs,Frankfurt a.M., Berlin, Bern, Bruxelles, New York, Oxford, Wien 2000.

Armstrong, Kenneth A., Cases; Citizenship of the Union? Lessons from *Carvel and The Guardian*, in Modern Law Review 1996, S. 582 – 588.

Arndt, Adolf, Umwelt und Recht, in NJW 1960, S. 423 – 425.

Askelöf, Thomas, Fernemann Heurgren, Ragna, Akteneinsicht in Schweden, in Gerd Winter, Öffentlichkeit von Umweltinformationen; Europäische und nordamerikanische Erfahrungen, Baden Baden 1990, S. 473 – 510.

Assmann, Heinz-Dieter, Decision Making under the EEC and U.S. Antidumping Laws -A Comparison of Antidumping Procedures-, in ZVglRW 80 (1981), S. 326 – 354.

Badura, Peter, Bewahrung und Veränderung demokratischer und rechtsstaatlicher Verfassungsstruktur in den internationalen Gemeinschaften, in VVDStRL 23 (1966), S. 34 – 104.

Bandilla, Rüdiger, Hix, Jan-Peter, Demokratie, Transparenz und Bürgerrechte in der Europäischen Gemeinschaft, in NJW 1997, S. 1217 – 1219.

Barram, S. A., Stand der internationalen Gesetzgebung im Bereich der Informationsfreiheit (Informationszugangsrechte) (Teil I), in DANA 1979, Heft 6, S. 10 – 14.

Bäumler, Helmut, Das subjektiv öffentliche Recht auf Teilnahme an Gerichtsverhandlungen, in JR 1978, S. 317 – 321.

Baxter, R. S., Freedom of Information: Dispute Resolution Procedures, in EPL 1996, S. 635 – 661.

Behr, Wilhelm Joseph, System der angewandten allgemeinen Staatslehre oder der Staatskunst (Politik), Frankfurt am Main 1810.

Berber, Friedrich, Lehrbuch des Völkerrechts III. Band: Streiterledigung, Kriegsverhütung, Integration, 2. Auflage, München 1977.

Bergerès, Maurice-Christian, Note au Cour de Justice des Communautés Européenes, in Recueil Dalloz 1997, S. 19 – 20.

Bergmann, Jan, Lenz, Christofer, Der Amsterdamer Vertrag, Eine Kommentierung der Neuerungen des EU- und EG- Vertrages, Köln 1998.

Bergner, Helmut, Das schwedische Grundrecht auf Einsicht in öffentliche Akten Diss., Heidelberg 1968.

Berka, Walter, Die Kommunikationsfreiheit in Österreich, Informationsfreiheit, Freiheit der Meinungsäußerung und Zensurverbot im Überblick, in EuGRZ 1982, S. 413 – 427.

Bernhardt, Rudolf, Probleme des Beitritts der Europäischen Gemeinschaft zur Europäischen Menschenrechts-Konvention, in Festschrift für Ulrich Everling, Band I, Hrsg.: Ole Due, Marcus Lutter, Jürgen Schwarze, Baden Baden 1995, S. 103 – 111.

Bernhardt, Wilfried, Verfassungsprinzipien – Verfassungsgerichtsfunktionen – Verfassungsprozeßrecht im EWG-Vertrag, Zur Auslegung des Gemeinschaftsprozeßrechts, insbesondere der Bestimmungen über Zuständigkeit, Zugang und Entscheidungswirkungen, am Maßstab des Art. 164 EWGV, Berlin 1987.

Berrod, F., Jacob, P., Smijter, E. de, La Jurisprudence de la Cour de Justice et du Tribunal de Première Instance, Chronique des arrets, Contentieux, Arret „Accès du public aux documents du Conseil, in Revue du marché unique européen 1996, S. 257 – 258.

Beutler, Bengt, Die Erklärung des Europäischen Parlaments über Grundrechte und Grundfreiheiten vom 12. April 1989, in EuGRZ 1989, S. 185 – 189.

Beutler, Bengt, Bieber, Roland, Pipkorn, Jörn, Streil, Jochen, Die Europäische Union, Rechtsordnung und Politik, 5. Auflage, Baden Baden, 2001.

Bieber, Roland, Informationsrechte Dritter im Verwaltungsverfahren – Ansätze zu legislativer und dogmatischer Neubewertung- in DÖV 1991, S. 857 – 867.

Bieber, Roland, Reformen der Institutionen und Verfahren - Amsterdam kein Meisterstück, in integration 1997, S. 236 – 246.

Birkinshaw, Patrick, Freedom of Information, The Law, the Practice and the Ideal, London 1988.

Blanchet, Thérèse, Transparence et qualité de la législation, in RTDE 1997, S. 915 – 928.

Blanke, Hermann-Josef, Das Subsidiaritätsprinzip als Schranke des Europäischen Gemeinschaftsrechts?, in ZG 1991, S. 133 – 148.

Blanke, Hermann-Josef, Kuschnick, Michael, Bürgernähe und Effizienz als Regulatoren des Widerstreits zwischen Erweiterung und Vertiefung der Europäischen Union, in DÖV 1997, S. 45 – 57.

Bleckmann, Albert, Teleologie und dynamische Auslegung des Europäischen Gemeinschaftsrechts, in EuR 1979, S. 239 – 260.

Bleckmann, Albert, Studien zum Europäischen Gemeinschaftsrecht, Köln, Berlin, Bonn, München 1986, zitiert: Bleckmann, Studien, S.

Bleckmann, Albert, Die wertende Rechtsvergleichung bei der Entwicklung europäischer Grundrechte, in Europarecht, Energierecht, Wirtschaftsrecht, in Festschrift für Bodo Börner zum 70. Geburtstag, Hrsg.: Jürgen F. Baur, Peter-Christian Müller-Graff, Manfred Zuleeg, Köln, Berlin, Bonn, München 1992, S. 29 – 37, zitiert: Bleckmann in FS Börner, S.

Bleckmann, Albert, Europarecht, Das Recht der Europäischen Union und der Europäischen Gemeinschaften, 6. Auflage, Köln, Berlin, Bonn, München 1997, zitiert: Bleckmann, RN.

Bleyl, Dietmar, Allgemeines Informationszugangsrecht und Recht auf informationelle Selbstbestimmung, in DuD 1998, S. 32 – 35.

Boer, Monica den, Steamy Windows: Transparency and Openness in Justice and Home Affairs, in Veerle Deckmyn and Ian Thomson, Openness and Transparency in the European Union, European Institute of Public Administration, Maastricht 1998, S. 91 – 105.

Bogdandy, Armin von, Grundrechtsgemeinschaft als Integrationsziel? Grundrechte und das Wesen der Europäischen Union, in JZ 2001, S. 157 – 171.

Borgsmidt, Kirsten, Ein Verfahrensgesetz und Neugestaltungen im dänischen Verwaltungsrecht, in DÖV 1988, S. 70 – 77.

Borries, Reimer von, Verwaltungskompetenzen der Europäischen Gemeinschaft, in Festschrift für Ulrich Everling, Band I, Hrsg.: Ole Due, Marcus Lutter, Jürgen Schwarze, Baden Baden 1995, S. 127 – 147.

Bradley, Kieran St C., La Transparence de l'Union Européenne: Une Évidence ou un Trompe l'oeil? in CDE 1999, S. 283 – 362.

Breidenbach, Rolf, Palenda, Bernd, Das neue Akteneinsichts- und Informationszugangsrecht des Landes Brandenburg, in LKV 1998, S. 252 – 258.

Brühann, Ulf, Datenschutz und Europäische Gemeinschaft, in AfP 1998, S. 345 – 353.

Brunmayr, Hans, The Council's Policy on Transparency, in Veerle Deckmyn and Ian Thomson, Openness and Transparency in the European Union, European Institute of Public Administration, Maastricht 1998, S. 69 – 74.

Bunyan, Tony, Freedom of Information in a European Context, in Die Zeit Diskussion vom 12.4.00 in Statewatch Secret Europe Page in http://www.statewatch.org/secreteurope.html unter The debate; Referenz vom 26.01.2002.

Burkert, Herbert, Informationszugang als Element einer Europäischen Informationsordnung? in Siegfried Lamnek/Marie-Theres Tinnefeld, Globalisierung und informationelle Rechtskultur in Europa, Baden Baden 1998.

Burkert, Herbert, Ein Informationszugangsgesetz – auch für Deutschland?, in DuD 1998, S. 430 – 431.

Burmeister, Joachim H., Akteneinsicht in Großbritannien, in Gerd Winter, Öffentlichkeit von Umweltinformationen; Europäische und nordamerikanische Erfahrungen, Baden Baden, 1990, S. 211 – 248.

Busse, Christian, Die Geltung der EMRK für Rechtsakte der EU, in NJW 2000, S. 1074 – 1079.

Cabral, Pedro, The Community Courts and the principle of access to documents, in ERA Tagung, Richard Crowe, Tony Bunyan: The citizen`s right of access to documents in the EU, Trier, 12./13.07.2001.

Calliess, Christian, Anmerkung zu EuG: Rechtsanspruch auf Transparenz von EU-Ministerratssitzungen, in ZUR 1996, S. 143 – 145.

Calliess, Christian, Ruffert, Matthias, Bearbeiter: Hans Joachim Cremer, Wolfgang Kahl, Thorsten Kingreen, Winfried Kluth, Bernhard Wegener, Johannes Christian Wichard, Kommentar zu EU-Vertrag und EG-Vertrag, 1. und 2. Auflage, Neuwied, Kriftel 1999, bzw. 2002.

Cassese, Antonio, Clapham, Andrew, Weiler, Joseph, Human Rights and the European Community: Methods of Protection, Baden Baden 1991.

Castenholz, Frank, Die EU-Transparenzverordnung: Zugang der Öffentlichkeit zu Dokumenten, Tagung der Europäischen Rechtsakademie vom 12./13.7.2001: Das Bürgerrecht auf Zugang zu Dokumenten in der EU, in EWS 2001, S. 530 – 534.

Chiti, Edoardo, The Right of Access to Community Information Under the Code of Practice: the Implications for Administrative Development, in EPL 1996, S. 363 – 374.

Chiti, Edoardo, Further Developments of Access to Community Information: Kingdom of the Netherlands v. Council of the European Union, in EPL 1996, S. 563 – 569.

Chiti, Edoardo, Case Law, A. Court of Justice, Case T-105/95, *WWF UK (World Wide Fund for Nature)* v. *EC Commission*, Judgement of the Court of First Instance of 5 March 1997, (1997) ECR II-313, in CMLR 1998, S. 189 – 207.

Classen, Claus Dieter, Die Europäisierung der Verwaltungsgerichtsbarkeit, Eine vergleichende Untersuchung zum deutschen, französischen und europäischen Verwaltungsprozessrecht, Tübingen 1996.

Classen, Claus Dieter, Strukturunterschiede zwischen deutschem und europäischem Verwaltungsrecht, Konflikt oder Bereicherung, in NJW 1995, S. 2457 – 2464.

Classen, Claus Dieter, Europäische Integration und demokratische Legitimation, in AöR 119 (1994), S. 238 – 260.

Classen, Claus Dieter, Maastricht und die Verfassung: kritische Bemerkungen zum neuen „Europa-Artikel“ 23 GG, in ZRP 1993, S. 57 – 61.

Conradi, Joachim, Das Öffentlichkeitsprinzip in der schwedischen Verwaltung, Dissertation, Freie Universität Berlin 1968.

Cross, Harold L., The people`s right to know, Legal Access to Public Records and Proceedings, New York 1953.

Cupei, Jürgen, Umweltverträglichkeitsprüfung (UVP), in DVBl 1985, S. 813 – 822.

Curtin, Deirdre M., Betwixt and between: Democracy and Transparency in the Governance of the European Union, in Reforming the Treaty on European Union – The Legal Debate - Hrsg.: Jan A. Winter, Deirdre M. Curtin, Alfred E. Kellermann, Bruno de Witte, The Hague, Boston, London 1996, S. 95 – 121.

Curtin, Deirdre M., Democracy, Transparency and Political Participation: Some Progress Post-Amsterdam, in Veerle Deckmyn and Ian Thomson, Openness and Transparency in the European Union, European Institute of Public Administration, Maastricht 1998, S. 107 – 120.

Curtin, Deirdre M., Citizens` Fundamental Right of Access to EU Information: An evolving digital *Passepartout*? in CMLR 2000, S. 7 – 41.

Curtin, Deirdre M., Authoritarian temptation seduces EU decision-makers, in Tony Bunyn, Deirdre Curtin, Aidan White: Essays for an open Europe, in http:// www.statewatch.org/secreteurope.html unter Essays for an open europe; Referenz vom 26.01.2002.

Curtin, Deirdre M., Meijers, Herman, The Principle of Open Government in Schengen and the European Union: Democratic Retrogression?, in CMLR 1995, S. 391 – 442.

Dammann, Ulrich, Simitis, Spiros, EG-Datenschutzrichtlinie, Kommentar, Baden Baden 1997.

Danwitz, Thomas von, Verwaltungsrechtliches System und Europäische Integration, Tübingen, 1996.

Däubler-Gmelin, Herta, Eine europäische Charta der Grundrechte – Beitrag zur gemeinsamen Identität, in EuZW 2000, S. 1.

Dehousse, Renaud, European Institutional Architecture after Amsterdam: Parliamentary System or Regulatory Structure? in CMLR 1998, S. 595 – 627.

Dißars, Ulf-Christian, Das Recht auf Akteneinsicht der Beteiligten im Steuerrecht, in NJW 1997, S. 481 – 486.

Dix, Alexander, Informationszugang als Bürgerrecht, in DuD 1999, S. 316.

Drath, M., Zur Informationsfreiheit in Schweden, in DVBl 1957, S. 638 – 639.

Dreher, Meinrad, Transparenz und Publizität bei Ratsentscheidungen, in EuZW 1996, S. 487 – 491.

Dreher, Meinrad, Ratsprotokollerklärungen, nationale und europäische Publizität und die Umsetzung von EG-Richtlinien, in EuZW 1994, S. 743 – 747.

Drescher, Rolf-Dieter, Die EG-Richtlinie über den freien Zugang zu Informationen über die Umwelt, in Verwaltungsrundschau 1991, S. 18 – 21.

Dryberg, Peter, Current Issues in the Debate on Public Access to Documents, in ELR 1999, S. 157 – 170.

Dubach, Alexander, Das Recht auf Akteneinsicht, Der verfassungsmäßige Anspruch auf Akteneinsicht und seine Querverbindungen zum Datenschutz – unter besonderer Berücksichtigung der elektronischen Datenverarbeitung, Zürich, 1990.

Duden, Das große Wörterbuch der deutschen Sprache, Band 8: Schl-Tace, 3. Auflage, Mannheim, Leipzig, Wien, Zürich 1999.

Due, Ole, Le respect des Droits de la Défense dans le Droit Administratif Communautaire, in CDE 1987, S. 381 – 396.

Due, Ole, Verfahrensrechte der Unternehmen im Wettbewerbsverfahren vor der EG-Kommission, in EuR 1988, S. 33 – 45.

Düwel, Peter, Das Amtsgeheimnis, Berlin 1965.

Eifert, Martin, Umweltinformation als Regelungsinstrument, in DÖV 1994, S. 544 – 552.

Ekhardt, Felix, Europarechtliche und praktische Probleme des Umweltinformationsgesetzes, in NJ 1997, S. 175 – 180.

Engel, Rüdiger, Akteneinsicht und Recht auf Information über umweltbezogene Daten: die Informationsrichtlinie der EG im Vergleich zur bundesdeutschen Rechtslage, Pfaffenweiler 1993.

Epping, Volker, Die demokratische Legitimation der dritten Gewalt der Europäischen Gemeinschaften, in Der Staat 36 (1997), S. 349 – 380.

Erbguth, Wilfried, Schink, Alexander, Gesetz über die Umweltverträglichkeitsprüfung, Kommentar, 2. Auflage, München 1996.

Erichsen, Hans-Uwe, Das Recht auf freien Zugang zu Informationen über die Umwelt, Gemeinschaftsrechtliche Vorgaben und nationales Recht, in NVwZ 1992, S. 409 – 419.

Erichsen, Hans-Uwe, Scherzberg, Arno, Berichte 1/92, Umweltforschungsplan des Bundesministers für Umwelt, Naturschutz und Reaktorsicherheit –Umweltplanung, Ökologie-Forschungsbericht 101 06 049 UBA-FB 91-151- im Auftrag des Umweltbundesamtes, Zur Umsetzung der Richtlinie des Rates über den freien Zugang zu Informationen über die Umwelt, Berlin 1992, zitiert: Erichsen, Umsetzung, S.

Everling, Ulrich, Elemente eines europäischen Verwaltungsrechts, in DVBl 1983, S. 649 – 658.

Everling, Ulrich, Auf dem Wege zu einem europäischen Verwaltungsrecht, in NVwZ 1987, S. 1 – 10.

Everling, Ulrich, Diskussionsbeitrag, in Jochen Abr. Frowein, Die Kontrolldichte bei der gerichtlichen Überprüfung von Handlungen der Verwaltung, Band 106, S. 298 – 302, Berlin, Heidelberg, New York 1993, zitiert: Everling in Frowein, S.

Feuerbach, Anselm Ritter von, Betrachtungen über die Öffentlichkeit und Mündlichkeit der Gerechtigkeitspflege, Band 1, Gießen 1821.

Fischer, Joschka, Vom Staatenverbund zur Föderation – Gedanken über die Finalität der europäischen Integration, Rede am 12. Mai 2000 in der Humboldt-Universität in Berlin, in http://www.auswaertiges-amt.de/www/de/infoservice/download/pdf/reden/2000/r000512a.pdf; Referenz vom 26.01.2002.

Fluck, Jürgen, Theuer Andreas, Freier Zugang der Öffentlichkeit zu Dokumenten des Europäischen Rates und der Kommission der Europäischen Gemeinschaften, in EWS 1994, S. 154-161.

Foerstel, Herbert N., Freedom of information and the right to know, The Origins and Applications of the Freedom of Information Act, Westport, Connecticut, London 1999.

Frenzel, Sabine, Zugang zu Informationen der deutschen Behörden, Mit einer Dokumentation aus- und inländischer Rechtsquellen, Speyer 2000.

Friauf, Karl Heinrich, Zur Problematik rechtsstaatlicher und demokratischer Strukturelemente in zwischenstaatlichen Gemeinschaften, in DVBl 1964, S. 781 – 789.

Friauf, Karl Heinrich, Scholz, Rupert, Europarecht und Grundgesetz, Betrachtungen zu materiell- und formalrechtlichen Problemen bei Schaffung und Umsetzung sekundären Gemeinschaftsrechts, Berlin 1990.

Frowein, Jochen Abr., Die rechtliche Bedeutung des Verfassungsprinzips der parlamentarischen Demokratie für den europäischen Integrationsprozeß, in EuR 1983, S. 301 – 317.

Frowein, Jochen Abr., Zur Verfassung der Europäischen Union aus der Sicht der Mitgliedstaaten, in EuR 1995, S. 315 – 333.

Frowein, Jochen Abr., Peukert, Wolfgang, Europäische Menschenrechtskonvention, EMRK-Kommentar, 2. Auflage unter Berücksichtigung des 11. ZP zur Gründung eines ständigen Gerichtshofs, Kehl, Straßburg, Arlington 1996.

Furrer, Andreas, Anmerkung zu EuG: Rechtsanspruch auf Zugang zu Kommissionsdokumenten, in ZUR 1997, S. 153 – 156.

Garstka, Hansjürgen, Empfiehlt es sich, Notwendigkeit und Grenzen des Schutzes personenbezogener – auch grenzüberschreitender – Informationen neu zu bestimmen? – Beitrag für das Deutsche Verwaltungsblatt, Begleitheft zum 62. Deutschen Juristentag 1998- in DVBl 1998, S. 981 – 992.

Gassner, Ulrich, Rechtsgrundlagen und Verfahrensgrundsätze des Europäischen Verwaltungsverfahrensrechts, in DVBl 1995, S. 16 – 24.

Geiger, H., Verwaltungsverfahrensrecht, Verwaltungsprozeßrecht: Anspruch auf Akteneinsicht, in JA 1982, S. 316.

Geiger, Rudolf, EUV/EGV, Vertrag über die Europäische Union und Vertrag zur Gründung der Europäischen Gemeinschaft, 3. Auflage, München, 2000.

Geiger, Willi, Die Grundrechte der Informationsfreiheit, in Festschrift für Adolf Arndt zum 65. Geburtstag, Herausgeber: Horst Ehmke, Carlo Schmid, Hans Scharoun, S. 119 – 144, Frankfurt am Main 1969.

Gellmann, Robert, Electronic Freedom of Information Act, in DuD 1998, S. 446 – 448.

Girnau, Marcus, Die Stellung der Betroffenen im EG-Kartellverfahren – Reichweite der Akteneinsicht und Wahrung von Geschäftsgeheimnissen, Köln, Berlin, Bonn, München 1993.

Goffin, Léon, La Jurisprudence de la Cour de Justice sur les Droits de la défense, in CDE 1980, S. 127 – 144.

Gornig, Gilbert, Trüe, Christiane, Die Rechtsprechung des EuGH zum europäischen allgemeinen Verwaltungsrecht – Teil 1, in JZ 1993, S. 884 – 893.

Götz, Volkmar, Das Maastricht-Urteil des Bundesverfassungsgerichts, in JZ 1993, S. 1081 – 1086.

Götz, Volkmar, Auf dem Weg zur Rechtseinheit in Europa? Drei Thesen zur europäischen Rechtsordnung, in JZ 1994, S. 265 – 269.

Götz, Volkmar, Mehrheitsbeschlüsse des Rates der Europäischen Union, in Festschrift für Ulrich Everling, Band I, Hrsg.: Ole Due, Marcus Lutter, Jürgen Schwarze, Baden Baden 1995, S. 339 - 353.

Götz, Volkmar, Klein, Hans Hugo, Starck, Christian, Die öffentliche Verwaltung zwischen Gesetzgebung und richterlicher Kontrolle, Göttinger Symposion, München 1985.

Grabenwarter, Christoph, Die Charta der Grundrechte für die Europäischen Union, in DVBl 2001, S. 1 – 13.

Grabitz, Eberhard, Europäisches Verwaltungsrecht – Gemeinschaftsrechtliche Grundsätze des Verwaltungsverfahrens, in NJW 1989, S. 1776 – 1783.

Grabitz, Eberhard, Hilf, Meinhard, Bearbeiter: Armin von Bogdandy, Waldemar Hummer, Eckhard Pache, Ingolf Pernice, Das Recht der Europäischen Union, Altband I: EUV, Art. 1-136 a EGV (Maastrichter Fassung), 14. Ergänzungslieferung, München 1999; Altband II: Art. 137-248 EGV (Maastrichter Fassung), EWGV (Römische Fassung), 14. Ergänzungslieferung, München 1999.

Griller, Stefan, Die Unterscheidung von Unionsrecht und Gemeinschaftsrecht nach Amsterdam, in EuR Beiheft 1/99, S. 45 – 72.

Grimm, Dieter, Subsidiarität ist nur ein Wort, in FAZ Nr. 217 vom 17.09.1992, S. 38.

Grimm, Dieter, Braucht Europa eine Verfassung?, in Informationsgesellschaft und Rechtskultur in Europa, Hrsg.: Marie-Theres Tinnefeld, Lothar Philipps, Susanne Heil, Baden Baden 1995, S. 211 – 230.

Grimm, Dieter, Ex camera, in FAZ Nr. 45 vom 22.02.2002, S. 45.

Groeben, Hans von der, Thiesing, Jochen, Ehlermann, Claus-Dieter, Bearbeiter: Jürgen Grünwald, Meinhard Hilf, Hans Krück, Gudrun Schmidt, Manfred Zuleeg, Kommentar zum EU-/EG-Vertrag, Band 1: Art. A-F EUV; Art. 1-84 EGV, Band 4: Art. 137-209 a EGV, Band 5: Art. 210-248 EGV; Art. H-S EUV, 5. Neubearbeitete Auflage, Baden Baden 1997.

Guggenbühl, Alain, A Miracle Formula or an Old Powder in a New Packaging? Transparency and Openness after Amsterdam, in Veerle Deckmyn and Ian Thomson, Openness and Transparency in the European Union, European Institute of Public Administration, Maastricht 1998, S. 9 – 38.

Gündisch, Jürgen, Mathijsen, Petrus, Rechtsetzung und Interessenvertretung in der Europäischen Union, Verfahren, Mitwirkung, Qualität, Legitimation, Stuttgart, München, Hannover, Berlin, Weimar, Dresden 1999.

Gurlit, Elke, Europa auf dem Weg zur gläsernen Verwaltung, in ZRP 1989, S. 253 – 257.

Gurlit, Elke, Die Verwaltungsöffentlichkeit im Umweltrecht, Ein Rechtsvergleich Bundesrepublik Deutschland – USA, Düsseldorf 1989.

Gurlit, Elke, Akteneinsicht in den Vereinigten Staaten, in Gerd Winter, Öffentlichkeit von Umweltinformationen; Europäische und nordamerikanische Erfahrungen, Baden Baden 1990, S. 511 – 552.

Häberle, Peter, Grundrechtsgeltung und Grundrechtsinterpretation im Verfassungsstaat - Zugleich zur Rechtsvergleichung als „fünfter“ Auslegungsmethode- in JZ 1989, S. 913 – 919.

Habermas, Jürgen, Strukturwandel der Öffentlichkeit, Untersuchungen zu einer Kategorie der bürgerlichen Gesellschaft, Neuwied 1962.

Häfner, Gerald, Gerlach, Frauke, Wissen ist Macht – Nichtwissen macht auch nichts? Vorstellung des Entwurfs für ein Informationsfreiheitsgesetz der Bundestagsfraktion Bündnis 90/Die Grünen, in ZRP 1998, S. 123 – 127.

Hahn, Carsten, Transparenz und Zugang zu Dokumenten in der EU, in NJ 1996, S. 638.

Hahn, Hugo J., Funktionenteilung im Verfassungsrecht europäischer Organisationen, Baden Baden 1977.

Haibach, Georg, Die Rechtsprechung des EuGH zu den Grundsätzen des Verwaltungsverfahrens, in NVwZ 1998, S. 456 – 461.

Hamann, Andreas, Lenz, Helmut, Das Grundgesetz für die Bundesrepublik Deutschland vom 23.Mai 1949, 3. Auflage, Neuwied, Berlin 1970.

Hammerl, Christian, Der gläserne Betrieb – Informationsbeschaffung unter dem Freedom of Information Act, in ZIP 1994, S. 1230 – 1234.

Häner Eggenberger, Isabelle, Öffentlichkeit und Verwaltung, Diss. Zürich 1990.

Hatje, Armin, Die gemeinschaftsrechtliche Steuerung der Wirtschaftsverwaltung, Grundlagen, Erscheinungsformen, verfassungsrechtliche Grenzen am Beispiel der Bundesrepublik Deutschland, Baden Baden 1998.

Heintzen, Markus, Zur Frage der Grundrechtsbindung der deutschen Mitglieder des EG-Ministerrats, in Der Staat 31 (1992), S. 367 – 388.

Hellmann, Ulrich, Die Öffentlichkeitsbeteiligung in vertikal gestuften Zulassungsverfahren für umweltrelevante Großvorhaben nach deutschem und europäischem Recht, Frankfurt am Main, Bern, New York, Paris 1992.

Herdegen, Matthias, Europäisches Gemeinschaftsrecht und die Bindung deutscher Verfassungsorgane an das Grundgesetz, Bemerkungen zu neueren Entwicklungen nach dem „Solange II“ Beschluß, in EuGRZ 1989, S. 309 – 314.

Herdegen, Matthias, Auslegende Erklärungen von Gemeinschaftsorganen und Mitgliedstaaten zu EG-Rechtsakten, in ZHR 155 (1991), S. 52 – 67.

Herdegen, Matthias, Richter, Stefan, Die Rechtslage in den Europäischen Gemeinschaften in Jochen Abr. Frowein, Die Kontrolldichte bei der gerichtlichen Überprüfung von Handlungen der Verwaltung, Band 106, S. 209 – 248, Berlin, Heidelberg, New York 1993.

Hesse, Konrad, Grundzüge des Verfassungsrechts der Bundesrepublik Deutschland, 20. Auflage, Heidelberg, 1995.

Hett, Hans Jürgen, Die Öffentlichkeit der Parlamentsverhandlungen, das Grundrecht der Informationsfreiheit und Informationspflichten der Exekutiven, Frankfurt am Main, Bern, New York, Paris 1987.

Hilf, Meinhard, Die Auslegung mehrsprachiger Verträge, Eine Untersuchung zum Völkerrecht und zum Staatsrecht der Bundesrepublik Deutschland Berlin, Heidelberg, New York 1973, zitiert: Hilf, Auslegung, S.

Hilf, Meinhard, Die Richtlinie der EG – ohne Richtung, ohne Linie? Hans Peter Ipsen zum 85. Geburtstag, in EuR 1993, S. 1 – 22.

Hilf, Meinhard, Bürgernähe als zentrales Anliegen der Konferenz, in integration 1997, S. 247 – 254.

Hilf, Meinhard, Die Charta der Grundrechte der Europäischen Union, in Sonderbeilage zu NJW, EuZW, NVwZ und JuS.

Hirschberger, Winfried, Zugang des Bürgers zu staatlichen Informationen, Speyer 1983.

Hix, Jan-Peter, Das Recht auf Akteneinsicht im europäischen Wirtschaftsverwaltungsrecht Dargestellt am Beispiel des Kartell- und Antidumpingverfahrens der EWG, Baden Baden 1992.

Hoffmann, Diether, Zum Recht auf Akteneinsicht im Verwaltungsverfahren, in NJ 1991, S. 450 – 452.

Hoffmann-Riem, Wolfgang, Von der Antragsbindung zum konsentierten Optionsermessen– Überlegungen zum immissionsschutzrechtlichen Genehmigungsverfahren mit UVP-in DVBl 1994, S. 605 – 610.

Holstad, Sigvard, Sweden, in Donald Cameron Rowat, Administrative Secrecy in developed countries, New York 1979, S. 29 – 50.

Hoskova, Mahulena, Die Rechtslage in der Tschechischen Republik, in Information, Medien und Demokratie, Ein europäischer Rechtsvergleich; Hrsg.: Rainer Hofmann, Joseph Marko, Franz Merli, Ewald Wiederin, Wien, 1997, S. 421 – 448.

Huber, Peter M., Bundesverfassungsgericht und Europäischer Gerichtshof als Hüter der Gemeinschaftsrechtlichen Kompetenzordnung, in AöR 116 (1991), S. 210 – 251.

Hüttemann, Frank, Nochmals: Das Recht auf Akteneinsicht der Beteiligten im Steuerrecht, in NJW 1997, S. 2020 – 2021.

Ibler, Martin, Zerstören die neuen Informationszugangsgesetze die Dogmatik des deutschen Verwaltungsrechts? in Der Wandel des Staates vor den Herausforderungen der Gegenwart, Festschrift für Winfried Brohm zum 70. Geburtstag, Hrsg.: Carl-Eugen Eberle, München 2002, S. 405 – 419, zitiert: Ibler in FS Brohm, S.

Ipsen, Hans Peter, Europäisches Gemeinschaftsrecht, Tübingen 1972.

Ipsen, Hans Peter, Zur Exekutiv-Rechtsetzung in der Europäischen Gemeinschaft, in Wege und Verfahren des Verfassungslebens, Festschrift für Peter Lerche zum 65. Geburtstag, Hrsg.: Peter Badura, Rupert Scholz, München 1993, S. 425 – 441, zitiert: Ipsen in FS Lerche, S.

Ipsen, Jörn, Richterrecht und Verfassung, Berlin 1975.

Ipsen, Knut, Völkerrecht, Ein Studienbuch, 5. Auflage, München 2002.

Jans, Jan, Akteneinsicht in den Niederlanden, in Gerd Winter, Öffentlichkeit von Umweltinformationen; Europäische und nordamerikanische Erfahrungen, Baden Baden 1990, S. 357 – 418.

Jarass, Hans D., Besonderheiten des französischen Verwaltungsrechts im Vergleich, in DÖV 1981, S. 813 – 821.

Jarass, Hans D., Pieroth, Bodo, Grundgesetz für die Bundesrepublik Deutschland, Kommentar, 6. Auflage, München 2002.

Jerschke, Hans-Ulrich, Öffentlichkeitspflicht der Exekutive und Informationsrecht der Presse, Berlin, 1971.

Joshua, Julian Mathic, Information in EEC Competition Law Procedures, in ELR 1986, S. 409 – 429.

Junckerstorff, Kurt, Antidumping-Recht, Texte – Erläuterungen Dokumentation, Berlin, New York 1974.

Kahl, Wolfgang, Das Transparenzdefizit im Rechtsetzungsprozeß der EU, Oder: Die Wiederkehr einer alten Streitfrage unter neuen Vorzeichen, in ZG 1996, S. 224 – 240.

Kaiser, Joseph H., Bewahrung und Veränderung demokratischer und rechtsstaatlicher Verfassungsstruktur in den internationalen Gemeinschaften, in VVDStRL 23 (1966), S. 1 – 33.

Kalt, Erich, Das Prinzip der Öffentlichkeit staatlichen Handelns als Voraussetzung der demokratischen Willensbildung, Zug 1953.

Kant, Immanuel, Zum Ewigen Frieden, Anhang II: Von der Einhelligkeit der Politik mit der Moral nach dem transzendentalen Begriffe des öffentlichen Rechts, in Immanuel Kant: Schriften zur Anthropologie Geschichtsphilosophie Politik und Pädagogik, S. 244 – 251, 5. Auflage nach der Ausgabe 1983, Darmstadt 1998.

Karl, Joachim, Zur Rechtswirkung von Protokollerklärungen in der Europäischen Gemeinschaft, in JZ 1991, S. 593 – 599.

Kaufmann, Marcel, Europäische Integration und Demokratieprinzip, Baden Baden 1997.

Kempen, Otto Ernst, Grundgesetz, amtliche Öffentlichkeitsarbeit und politische Willens bildung, Ein Aspekt des Legitimationsproblems im Verfassungsrecht, Verfassungspraxis und Verfassungstheorie, Berlin 1975.

Kerse, C.S., EEC Antitrust Procedure, Second Edition, London 1988.

Kevekordes, Johannes, Zur Rechtsstellung Drittbeteiligter im EG-(Kartell-) Verfahrensrecht, in DB 1989, S. 2521 – 2526.

Kissel, Otto Rudolf, Gerichtsverfassungsgesetz, Kommentar, 3. Auflage, München 2001.

Kißler, Leo, Die Öffentlichkeitsfunktion des Deutschen Bundestages, Theorie – Empirie – Reform, Berlin 1976.

Kißler, Leo, Parlamentsöffentlichkeit: Transparenz und Artikulation, in Parlamentsrecht und Parlamentspraxis in der Bundesrepublik Deutschland, Herausgeber: Hans-Peter Schneider; Wolfgang Zeh, Berlin, New York 1989, § 36.

Klein, Eckart, Entwicklungsperspektiven für das Europäische Parlament, in EuR 1987, S. 97 – 112.

Klein, Eckart, Der Verfassungsstaat als Glied einer europäischen Gemeinschaft, in VVDStRL 50 (1991), S. 56 – 96.

Klein, Eckart, Die Internationalen und Supranationalen Organisationen, in Völkerrecht, Hrsg.: Wolfgang Graf Vitzthum, 2. Auflage, Berlin, New York 2001, S. 267 – 377.

Kloepfer, Michael, Öffentliche Meinung, Massenmedien, in Handbuch des Staatsrechts, Band II, § 35, Herausgeber: Josef Isensee und Paul Kirchhof, Heidelberg 1987, zitiert: Kloepfer in HdbStR II, § 35, RN.

Kloepfer, Michael, Neun, Andreas, Informationsrecht, Berlin 2002, zitiert: Kloepfer, Informationsrecht, S.

Kluth, Winfried, Die demokratische Legitimation der Europäischen Union, Eine Analyse der These vom Demokratiedefizit der Europäischen Union aus gemeineuropäischer Verfassungsperspektive, Berlin 1995.

Kneifel, Reiner, Wissen ist Macht, Neuere Entwicklungen im Akteneinsichtsrecht der U.S.A., in DANA 1987, Heft 5-6, S. 16 – 17.

Kneifel, Reiner, Freedom of Information in den USA, Vorbild für deutsches Informationsrecht? in CR 1990, S. 134 – 138.

Kneifel, Reiner, Ausnahmebestimmungen des U.S. Freedom of Information Act (FOIA),in CR 1990, S. 352 – 354.

Kneifel-Haverkamp, Reiner, Das Akteneinsichts- und Informationszugangsgesetz in Brandenburg, in DuD 1998, S. 438 – 441.

Knirsch, Hanspeter, Offenbarungspflichten der öffentlichen Verwaltung, in DÖV 1988, S. 25 – 28.

Koebke, Max, Das Recht auf Umweltinformation unter besonderer Berücksichtigung des Schutzes von Betriebs- und Geschäftsgeheimnissen und der Paragraphen 207-227 UGB-KomE, Pfaffenweiler 1999.

König, Doris, Das Umweltinformationsgesetz – ein Modell für mehr Aktenöffentlichkeit?, in DÖV 2000, S. 45 – 56.

Kopp, Ferdinand, Tendenzen der Harmonisierung des Datenschutzrechts in Europa, in DuD 1995, S. 204 – 213.

Kopp, Ferdinand O., Ramsauer, Ulrich, Verwaltungsverfahrensgesetz, 7. Auflage, München 2000.

Kopp, Ferdinand, Schenke, Wolf-Rüdiger, Verwaltungsgerichtsordnung, 13. Auflage, München 2003.

Krieger, Kai, Das Recht des Bürgers auf behördliche Auskunft, Berlin 1972.

Kriele, Martin, Das demokratische Prinzip im Grundgesetz, in VVDStRL 29, (1970), S. 46 – 84.

Kugelmann, Dieter, Zur Transparenz des Handelns der Europäischen Union, Das Urteil des EuG vom 19.10.1995 in der Rs. T-194/94, in EuR 1996, S. 207 – 213.

Kugelmann, Dieter, Die informatorische Rechtsstellung des Bürgers, Grundlagen und verwaltungsrechtliche Grundstrukturen individueller Rechte auf Zugang zu Informationen der Verwaltung, Tübingen 2001., zitiert: Kugelmann, S.

Kugelmann, Dieter, Die Gemeinsame Außen- und Sicherheitspolitik, in Konsolidierung und Kohärenz des Primärrechts nach Amsterdam, Hrsg.: Armin von Bogdandy, Claus-Dieter Ehlermann, EuR-Beiheft 2- 1998; S. 99 – 123.

Kunz, Wolfgang, Einsicht in Prüfungsakten, in Verwaltungsrundschau 1994, S. 217 – 223.

Kutscher, Hans, Thesen zu den Methoden der Auslegung des Gemeinschaftsrechts, aus der Sicht eines Richters, in: Gerichtshof der Europäischen Gemeinschaften, Begegnung von Justiz und Hochschule am 27. und 28. September 1976, S. I 1 – I 56, Luxemburg 1978.

Ladeur, Karl-Heinz, Akteneinsicht in Italien, in Gerd Winter, Öffentlichkeit von Umweltinformationen; Europäische und nordamerikanische Erfahrungen, Baden Baden 1990, S. 249 – 282.

Laeuchli Bosshard, Irene, Die Meinungsäusserungsfreiheit gemäss Art. 10 EMRK unter Berücksichtigung der neueren Entscheide und der neuen Medien, Bern, Frankfurt am Main, New York, Paris 1990.

Lafay, Frédérique, L'accès aux documents du Conseil de l'Union: contribution à une problématique de la transparence en droit communautaire, in RTDE 33, 1997, S. 37 – 68.

Lamprecht, Rolf, Untertan in Europa – Über den Mangel an Demokratie und Transparenz, in NJW 1997, S. 505 – 506.

Lavoie, Chantal, The Investigative Powers of the Commission with respect to Business Secrets under Community Competition Rules, in ELR 1992, S. 20 – 40.

Lavranos, Nikolaos, Datenschutz in Europa, Am Beispiel der Datenschutzrichtlinien, des Schengen Information System (SIS) und Europol, in DuD 1996, S. 400 – 408.

Lechner, Hans, Zuck, Rüdiger, Bundesverfassungsgerichtsgesetz, Kommentar, 4. Auflage München 1996.

Leeuw, Madeleine de, WWF (UK) v. Commission of the European Communities, in EPL 1997, S. 339 – 350.

Leibholz, Gerhard, Rinck, Hans Jürger, Grundgesetz für die Bundesrepublik Deutschland, Kommentar an Hand der Rechtsprechung des Bundesverfassungsgerichts, 5. Auflage, Köln 1975.

Lenz, Carl Otto, Vertrag von Maastricht – Ende demokratischer Staatlichkeit? in NJW 1993, S. 1962 – 1964.

Lenz, Carl Otto, Hetmeier, Heinz, Bearbeiter: Breier, Siegfried, Röttinger, Moritz, EG Vertrag, Kommentar, 2. Auflage, Köln 1999.

Lenz, Carl-Otto, Grill, Gerhard, Zum Recht auf Akteneinsicht im EG-Kartellverfahren, in Festschrift für Arved Deringer, Hrsg.: Ulrich Everling, Karl-Heinz Narjes, Jochim Sedemund, Baden Baden 1993, S. 310 – 327.

Lenz, Christofer, Transparenz, in Jan Bergmann/Christofer Lenz, Der Amsterdamer Vertrag, Eine Kommentierung der Neuerungen des EU- und EG-Vertrages, Köln 1998, S. 217 – 222.

Lepper, Manfred, Die staatlichen Archive und ihre Benutzung, in DVBl 1963, S. 315 – 320.

Lerche, Peter, Aktuelle Grundfragen der Informationsfreiheit, in Jura 1995, S. 561 – 566.

Lieberknecht, Otfried, Die Behandlung von Geschäftsgeheimnissen im deutschen und EG-Recht, in WuW 1988, S. 833 – 848.

Linck, Joachim, Die Öffentlichkeit der Parlamentsausschüsse aus verfassungsrechtlicher und rechtspolitischer Sicht, in DÖV 1973, S. 513 – 520.

Lindner, Josef Franz, EG-Grundrechtscharta und gemeinschaftsrechtlicher Kompetenzvorbehalt, in DÖV 2000, S. 543 – 550.

Lodde, Stephan W. H., Informationsrechte des Bürgers gegen den Staat, Köln, Berlin, Bonn, München 1996.

Louis, Hans Walter, Datenschutz und Informationsrecht in den USA, Eine Darstellung der Gesetzgebung des Bundes, München 1984.

Lübbe-Wolff, Gertrude, Das niederländische Gesetz über die Verwaltungsöffentlichkeit, in Die Verwaltung 13 (1980), S. 339 – 355.

Magiera, Siegfried, Die Grundrechtscharta der Europäischen Union, in DÖV 2000, S. 1017 – 1026.

Mahlmann, Matthias, Die Grundrechtscharta der Europäischen Union, in ZeuS 2000, S. 419 – 444.

Mahrer, Isabell, Die Öffentlichkeit amtlicher Akten in Schweden, in ZSR NF 88 (1969), S. 317 – 343.

Mangoldt, Hermann von, Klein, Friedrich, Starck, Christian, Das Bonner Grundgesetz, Kommentar, Band 1: Präambel, Artikel 1 bis 19, 4. Auflage, München 1999.

Marcic René, Die Öffentlichkeit als Prinzip der Demokratie, in Festschrift für Adolf Arndt zum 65. Geburtstag, Herausgeber: Horst Ehmke, Carlo Schmid, Hans Scharoun, S. 267 – 292, Frankfurt am Main 1969.

Martens, Wolfgang, Öffentlich als Rechtsbegriff, Bad Homburg v.d.H., Berlin, Zürich 1969.

Masing, Johannes, Kritik des integrierten Umweltschutzes, in DVBl 1998, S. 549 – 559.

Masing, Johannes, Die Mobilisierung des Bürgers für die Durchsetzung des Rechts, Europäische Impulse für eine Revision der Lehre vom subjektiv-öffentlichen Recht, Berlin, 1997.

Maunz, Theodor, Dürig, Günter, Bearbeiter: Albrecht Randelzhofer, Hans Hugo Klein, Grundgesetz, Kommentar, Band III: Art. 22 – 69, Stand: Lieferungen 1-39, München, Juli 2001, zitiert: Randelzhofer in Maunz/Dürig, Art.

Maunz, Theodor, Schmidt-Bleibtreu, Bruno, Klein, Franz, Ulsamer, Gerhard, Bundesverfassungsgerichtsgesetz, Kommentar, Stand: Oktober 2000, München, 2000, zitiert: Ulsamer in Maunz, Art.

Maurer, Hartmut, Allgemeines Verwaltungsrecht, 14. Auflage, München 2002.

Meng, Werner, Die Neuregelung der EG-Verwaltungsausschüsse, Streit um die „Comitologie", in ZaöRV 1988, S. 208 – 228.

Mengel, Hans-Joachim, Akteneinsicht in Verwaltungsverfahren, in Die Verwaltung 23 (1990), S. 377 – 391.

Meyer-Goßner, Lutz, Strafprozessordnung, Gerichtsverfassungsgesetz, Nebengesetze und ergänzende Bestimmungen, 46. Auflage, München 2003.

Müller-Graff, Peter-Christian, Europäische Verfassung und Grundrechtscharta: Die Europäische Union als transnationales Gemeinwesen, in integration 2000, S. 34 – 47.

Müller-Ibold, Till, Die Begründungspflicht im europäischen Gemeinschaftsrecht und im deutschen Recht, Eine rechtsvergleichende Untersuchung, Frankfurt am Main, Bern, New York, Paris 1990.

Münch, Ingo von, Kunig, Philip, Bearbeiter: Brun-Otto Bryde, Ondolf Rojahn, Rudolf Wendt, Grundgesetz – Kommentar, Band 1: Präambel bis Art. 19, 5. Auflage, München 2000; Band 2: Art. 20 bis Art. 69, 5. Auflage, München 2001; Band 3: Art. 70 bis Art. 146, 5. Auflage, München 2003.

Mutius, Albert von, Akteneinsicht im atom- und immissionsschutzrechtlichen Genehmigungsverfahren – Zu Möglichkeiten und Grenzen einer Massenbeteiligung im Umweltschutzrecht - in DVBl 1978, S. 665 – 676.

Nicolaysen, Gert, Der Gerichtshof, Funktion und Bewährung der Judikative, in EuR 1972, S. 373 – 390.

Nicolaysen, Gert, Tabakrauch, Gemeinschaftsrecht und Grundgesetz, Zum BVerfG – Beschluß vom 12.5.1989 – 2 BvQ 3/89- in EuR 1989, S. 215 – 225.

Nolte, Georg, Beleidigungsschutz in der freiheitlichen Demokratie, Eine vergleichende Untersuchung zur Rechtslage in der Bundesrepublik Deutschland, in den Vereinigten Staaten von Amerika sowie nach der Europäischen Menschenrechtskonvention, Berlin, Heidelberg, New York, Paris, Tokyo, Hong Kong, Barcelona, Budapest 1992, zitiert: Nolte, Beleidigungsschutz, S.

Nolte, Georg, Der Wert formeller Kontrolldichtemaßstäbe, in Jochen Abr. Frowein, Die Kontrolldichte bei der gerichtlichen Überprüfung von Handlungen der Verwaltung, Band 106, S. 278 – 291, Berlin, Heidelberg, New York 1993, zitiert: Nolte in Frowein, S.

Nolte, Georg, General Principles of German and European Administrative Law – A Comparison in Historical Perspective, in Modern Law Review 1994, S. 191 – 212.

Nolte, Georg, Die Herausforderung für das deutsche Recht der Akteneinsicht durch europäisches Verwaltungsrecht, in DÖV 1999, S. 363 – 374.

Nolte, Georg, The Limits of the Security Council's Powers and ist Functions in the International Legal System: Some Reflections, in The role of law in international politics; Essays in International Relations and International Law, Hrsg.: Michael Byers, New York 2000, zitiert: Nolte in Byers, S.

Novak-Stief, Monika, Veröffentlichung von Dokumenten – Kommission als *amicae curiae* in nationalen Gerichtsverfahren, Gerard van der Wal/Kommission, EuG vom 19. März 1998, T-83/96, in ELR 1998, S. 438 – 441.

Novak-Stief, Monika, Zugang zu Stellungnahmen der Juristischen Dienste von Rat und Kommission (Beschluß des Präsidenten des Gerichts vom 3. März 1998, T-610/97 R, in ELR 1998, S. 496 – 498.

Novak-Stief, Monika, Zugang der Öffentlichkeit zu Kommissionsdokumenten (Interporc Im- und Export GmbH/Kommission, EuG vom 6. Februar 1998, T-124/96), in ELR 1998, S. 103 – 105.

O'Neill, Michael, The Right of Access to Community-Held Documentation as a General Principle of EC Law, in EPL 1998, S. 403 – 432.

Öberg, Ulf, Public Access to Documents after the entry into force of the Amsterdam Treaty: Much Ado About Nothing? in EioP Vol. 2 (1998) No. 8; http://eiop.or.at/eiop/texte/1998-008.htm; Referenz vom 26.01.2002. zitiert: Öberg in eiop 1998 in http://eiop.or.at/eiop/texte/1998-008.htm, S.

Oberreuter, Heinrich, Gewaltenteilung und Legitimität, Verfassungspolitische Leitideen im Kontext der Europäischen Union, in Legitimation, Transparenz, Demokratie; Fragen an die Europäische Union, Hrsg.: Bayerische Landeszentrale für politische Bildungsarbeit, München 1999.

Oeter, Stefan, Die Kontrolldichte hinsichtlich inbestimmter Begriffe und des Ermessens, in Jochen Abr. Frowein, Die Kontrolldichte bei der gerichtlichen Überprüfung von Handlungen der Verwaltung, Band 106, S. 266 – 277, Berlin, Heidelberg, New York 1993.

Oeter, Stefan, Souveränität und Demokratie als Probleme in der „Verfassungsentwicklung" der Europäischen Union, Fragen aus Verfassungstheorie und Verfassungsgeschichte an die deutsche Debatte um Souveränität, Demokratie und die Verteilung politischer Verantwortung im geeinten Europa, in ZaöRV 55 (1995), S. 659 – 712.

Oppermann, Thomas, Europarecht, Ein Studienbuch, 2. Auflage, München 1999.

Oros, Paulina, Hungary, Right to Privacy and Access to an Open Government, in EPL 1998, S. 21 – 30.

Ossenbühl, Fritz, Zur Renaissance der administrativen Beurteilungsermächtigung, in DÖV 1972, S. 401 – 405.

Österdahl, Inger, Openness v. Secrecy: Public Access to Documents in Sweden and the European Union, in ELR 1998, S. 336 – 356.

Papier, Hans Jürgen, Zur verwaltungsgerichtlichen Kontrolldichte, in DÖV 1986, S. 621 – 628.

Partsch, Christoph J., Das Brandenburger Akteneinsichts- und Informationszugangsgesetz, in NJ 1998, S. 346 – 350.

Partsch, Christoph J., Die neue Transparenzverordnung (EG) Nr. 1049/2001, in NJW 2001, S. 3154 – 3158.

Pechstein, Matthias, Die Bedeutung von Protokollerklärungen zu Rechtsakten der EG, in EuR 1990, S. 249 – 268.

Pechstein, Matthias, Die Justitiabilität des Unionsrechts, in EuR 1999, S. 1 – 26.

Pechstein, Matthias, Koenig, Christian, Die Europäische Union, 3. Auflage, Tübingen, 2000.

Peers, Steeve, Statewatch Briefing on the case against the Council of the European Union on access to documents, in http://www.statewatch.org/secreteurope.html unter Netherlands to take EU to Court/ Statewatch legal analysis of the case against the Council; Referenz vom 26.01.2002.

Peers, Steeve, Access to Documents: Do proposed EU Rules Lower Current Standards? in http://www.statewatch.org/secreteurope.html unter „Brussels stitch-up“ on the cards/ Lower Standards; Referenz vom 26.01.2002.

Pernice, Ingolf, Gestaltung und Vollzug des Umweltrechts im europäischen Binnenmarkt – Europäische Impulse und Zwänge für das deutsche Umweltrecht, in NVwZ 1990, S. 414 – 426.

Pernice, Ingolf, Maastricht, Staat und Demokratie, in Die Verwaltung 26 (1993), S. 449 – 488.

Pernice, Ingolf, Die Dritte Gewalt im europäischen Verfassungsverbund, in EuR 1996, S. 27 – 43.

Pernice, Ingolf, Kadelbach, Stefan, Verfahren und Sanktionen im Wirtschaftsverwaltungsrecht, in DVBl 1996, S. 1100 – 1114.

Peschel, Anne Marie, Akteneinsicht in Dänemark (Kurzbericht), in Gerd Winter, Öffentlichkeit von Umweltinformationen; Europäische und nordamerikanische Erfahrungen, Baden Baden 1990, S. 159 – 174.

Petrén, Gustaf, Die Aktenöffentlichkeit in Schweden, in VerwArch 49 (1958), S. 323 – 333.

Philippi, Nina, Divergenzen im Grundrechtsschutz zwischen EuGH und EGMR, in ZeuS 2000, S. 97 – 126.

Piepenschneider, Melanie, Der Vertrag von Amsterdam – Analyse und Bewertung – 3. Überarbeitete Auflage einschließlich der konsolidierten Fassung des EU- und EG-Vertrages, Sankt Augustin 1998.

Pieper, Stefan Ulrich, Subsidiaritätsprinzip – Strukturprinzip der Europäischen Union, in DVBl 1993, S. 705 – 712.

Pieroth, Bodo, Die planende Verwaltung zwischen Geheimhaltung und Öffentlichkeit, in JuS 1981, S. 625 – 635.

Pieroth, Bodo, Schlink, Bernhard, Grundrechte, Staatsrecht II, 17. Auflage, Heidelberg 2001.

Pipkorn, Jörn, Transnationale Perspektiven behördlicher Informationspflichten, in DÖV 1976, S. 340 – 343.

Pipkorn, Jörn, Das Subsidiaritätsprinzip im Vertrag über die Europäische Union – rechtliche Bedeutung und gerichtliche Überprüfbarkeit, in EuZW 1992, S. 697 – 700.

Pitschas, Rainer, Lessner, Jan, Anmerkung zu RS C-321/96 „Mecklenburg“ in DVBl 1998, 1176, in DVBl 1999, S. 226 – 228.

Prodi, Romano, Commission`s Transparency Defended, in Wall Street Journal Europe vom 9.3.00.

Rauch, Hans, Die Anwendung des Demokratieprinzips auf die öffentliche Verwaltung, Regensburg Diss. 1978.

Rausch, Rolf, Die Kontrolle von Tatsachenfeststellungen und –würdigungen durch den Gerichtshof der Europäischen Gemeinschaften, Zur gerichtlichen Nachprüfung von Kommissionsentscheidungen im Vergleich zum deutschen und französischen Recht, Berlin 1994.

Rauschning, Dietrich, Die Sicherung der Beachtung von Verfassungsrecht, Bad Homburg v.d.H., Berlin, Zürich 1969.

Raworth, Philip, Too Little, Too Late? Maastricht and the Goal of a European Federation, in ArchVR 32 (1994), S. 24 – 53.

Rehbinder, Manfred, Die Informationspflicht der Behörden im Recht der Vereinigten Staaten, Berlin 1970.

Reinhardt, Michael, Umweltinformation als subjektives Recht, Das Umweltinformationsgesetz vom 8. Juli 1994 als Beispiel konzeptionsdefizitärer Transformationsgesetzgebung, in Die Verwaltung 30 (1997), S. 161 – 184.

Rengeling, Hans-Werner, Rechtsgrundsätze beim Verwaltungsvollzug des europäischen Gemeinschaftsrechts, Zu den Grundlagen des Verwaltungsvollzuges sowie zur Theorie und Konkretisierung der Rechtsgrundsätze unter besonderer Berücksichtigung der Rechtsvergleichung, in Kölner Schriften zum Europarecht, Band 27, Köln, Berlin, Bonn, München 1977, zitiert: Rengeling, Rechtsgrundsätze, S.

Rengeling, Hans-Werner, Deutsches und europäisches Verwaltungsrecht – wechselseitige Einwirkungen, in VVDStRL 53, (1994) S. 202 – 239.

Rengeling, Hans-Werner, Middeke, Andreas, Gellermann, Martin, Rechtsschutz in der Europäischen Union, Durchsetzung des Gemeinschaftsrechts vor europäischen und deutschen Gerichten, München,1994, zitiert: Rengeling/Middeke/Gellermann, RN.

Ress, Georg, Über die Notwendigkeit der parlamentarischen Legitimierung der Rechtsetzung der Europäischen Gemeinschaften, in Verfassungsrecht und Völkerrecht, Gedächtnisschrift für Wilhelm Karl Geck, Hrsg.: Wilfried Fiedler, Georg Ress, Köln, Berlin, Bonn, München 1989, S. 625 – 684.

Riedel, Eibe, Europäische Verwaltungsverfahrenssysteme im Vergleich – Sachverhaltsermittlung und Rechte der Betroffenen – in EuR Beiheft 1/1995, S. 49 – 73.

Riesenfeld, Stefan, The Treatment of Confidential Information in Anti-Dumping cases: A Comment on the *Celanese* Case, in CMLR 1984, S. 553 – 556.

Rinken, Alfred, Das Öffentliche als verfassungstheoretisches Problem, dargestellt am Rechtsstatus der Wohlfahrtsverbände, Berlin 1971.

Röger, Ralf, Ein neuer Informationsanspruch auf europäischer Ebene: Der Verhaltenskodex vom 6. Dezember 1993 für den Zugang der Öffentlichkeit zu Kommissions- und Ratsdokumenten, in DVBl 1994, S. 1182 – 1189.

Röger, Ralf, Umweltinformationsgesetz, Kommentar, Köln, Berlin, Bonn, München 1995.

Rohlfing, Stephanie, Das kartellrechtliche Untersuchungsverfahren nach deutschem, französischem und europäischem Kartellrecht- und die Berücksichtigung der Verteidigungsrechte, Frankfurt am Main, Bern, New York, Paris 1989.

Rosler, Gerhard, Informationsfreiheit in den Vereinigten Staaten von Amerika, Diss. Heidelberg 1984.

Rossen, Helge, Freie Meinungsbildung durch den Rundfunk, Die Rundfunkfreiheit im Gewährleistungsgefüge des Art. 5 Abs. 1 GG, Baden Baden 1988.

Rotta, Christian, Nachrichtensperre und Recht auf Information, Stuttgart 1986.

Ruth, Simone, Das niederländische Gesetz über die Öffentlichkeit der Verwaltung, in DuD 1998, S. 434 – 437.

Sachs, Michael, Bearbeiter: Siegfried Magiera, Grundgesetz, Kommentar, 3. Auflage, München, 2003.

Schanda, Balázs, Die Rechtslage in Ungarn, in Information, Medien und Demokratie, Ein europäischer Rechtsvergleich; Hrsg.: Rainer Hofmann, Joseph Marko, Franz Merli, Ewald Wiederin, Wien 1997, S. 449 – 470.

Scheffler, Hans-Hermann, Die allgemeine Pflicht zur Begründung von Verwaltungsakten, in DÖV 1977, S. 767 – 774.

Scherer, Joachim, Datenschutz und Datenzugang, in JZ 1979, S. 389 – 394.

Scherer, Joachim, Verwaltung und Öffentlichkeit, Baden Baden, 1978, zitiert: Scherer, S.

Scherzberg, Arno, Freedom of information – deutsch gewendet: Das neue Umweltinformationsgesetz, in DVBl 1994, S. 733 – 745.

Scherzberg, Arno, Die Öffentlichkeit der Verwaltung, Baden Baden, 2000.

Scheuing, Dieter, Instrumente zur Durchführung des Europäischen Umweltrechts, in NVwZ 1999, S. 475 – 485.

Schickedanz, Erich, Das rechtliche Gehör im Verwaltungsverfahrensgesetz-Entwurf, in ZRP 1975, S. 182 – 184.

Schild, Hans Hermann, Informationsfreiheitsgesetze – Eine Bestandsaufnahme derzeitiger Möglichkeiten des Informationszugangs mit einem Ausblick auf mögliche zukünftige Regelungen, in RDV 2000, S. 96 – 101.

Schild, Hans-Hermann, Die EG-Datenschutz-Richtlinie, in EuZW 1996, S. 549 – 555.

Schilling, Theodor, Transparenz und der Gerichtshof der EG, in ZeuS 1999, S. 75 – 108.

Schlachter, Jörg, Mehr Öffentlichkeit wagen, Eine Kritik des geltenden deutschen Verwaltungstransparenzrechts mit Vorschlägen für eine Neuregelung unter Berücksichtigung rechtsvergleichender Gesichtspunkte, Heidelberg 1993.

Schlette, Volker, Die verwaltungsgerichtliche Kontrolle von Ermessensakten in Frankreich, Baden Baden 1991.

Schmidhuber, Peter M., Das Subsidiaritätsprinzip im Vertrag von Maastricht, in DVBl 1993, S. 417 – 422.

Schmidt Aßmann, Eberhard, Empfiehlt es sich, das System des Rechtsschutzes und der Gerichtsbarkeit in der Europäischen Gemeinschaft weiterzuentwickeln?, in JZ 1994, 832 – 840.

Schmidt, Eberhard, Anmerkung zu BGH Urteil vom 13.2.1968-5 StR 706/67, in NJW 1968, S. 804 – 805.

Schmidt, Karsten, Drittschutz, Akteneinsicht und Geheimnisschutz im Kartellverfahren, Köln, Berlin, Bonn, München 1992, zitiert: Schmidt, Drittschutz, S.

Schmidt-Aßmann, Eberhard, Buchbesprechung „Europäisches Verwaltungsrecht“ von Jürgen Schwarze, in NJW 1989, S. 1786 – 1787.

Schmidt-Aßmann, Eberhard, Verwaltungskooperation und Verwaltungskooperationsrecht in der Europäischen Gemeinschaft, in EuR 1996, S. 270 – 301.

Schmidthals, Herbert, Wert und Grenzen der Verfahrensöffentlichkeit im Strafprozeß, Bern, Frankfurt am Main, Las Vegas 1977.

Schmidt-Jortzig, Edzard, Meinungs- und Informationsfreiheit, in Handbuch des Staatsrechts, Band VI, § 141, Herausgeber: Josef Isensee und Paul Kirchhof, Heidelberg 1989.

Schmitt Glaeser, Walter, Partizipation an Verwaltungsentscheidungen, in VVDStRL 31 (1973), S. 177 – 265.

Schmitt Glaeser, Walter, Das Grundrecht auf Informationsfreiheit, in Jura 1987, S. 567 – 574.

Schmitt, Carl, Verfassungslehre, München, Leipzig 1928.

Schmitt-Glaeser, Walter, Die grundrechtliche Freiheit des Bürgers zur Mitwirkung an der Willensbildung, in Handbuch des Staatsrechts, Band II, § 31, Herausgeber: Josef Isensee und Paul Kirchhof, Heidelberg 1987.

Schmitz, Thomas, Integration in der Supranationalen Union, Das europäische Organisationsmodell einer prozeßhaften geo-regionalen Integration und seine rechtlichen und staatstheoretischen Implikationen, Baden Baden 2001.

Schmuck, Otto, Die Ausarbeitung der Europäischen Grundrechtscharta als Element der Verfassungsentwicklung, in integration 2000, S. 48 – 56.

Schnapp, Friedrich E., Der Verwaltungsvorbehalt, in VVDStRL 43 (1985), S. 172 – 201.

Schoch, Friedrich, Öffentlich-rechtliche Rahmenbedingungen einer Informationsordnung, in VVDStRL 57 (1998), S. 158 – 215.

Schoch, Friedrich, Individualrechtsschutz im deutschen Umweltrecht unter dem Einfluß des Gemeinschaftsrechts, in NVwZ 1999, S. 457 – 467.

Schoch, Friedrich, Informationsfreiheitsgesetz für die Bundesrepublik Deutschland, in Die Verwaltung 35 (2002), S. 149 – 175.

Schoch, Friedrich, Kloepfer, Michael, Informationsfreiheitsgesetz (IFG-ProfE), Entwurf eines Informationsfreiheitsgesetzes für die Bundesrepublik Deutschland, Berlin, 2002, zitiert: Schoch, IFG-ProfE, S.

Schomerus, Thomas, Schrader, Christian, Wegener, Bernhard W., Umweltinformationsgesetz, Kommentar, Baden Baden 1995.

Schorkopf, Frank, Homogenität in der Europäischen Union – Ausgestaltung und Gewährleistung durch Art. 6 Abs. 1 und Art. 7 EUV, Berlin 2000.

Schrader, Christian, Europäische Anstöße für einen erweiterten Zugang zu (Umwelt-) Informationen, in NVwZ 1999, S. 40 – 42.

Schröder, Meinhard, Staatstheoretische Aspekte einer Aktenöffentlichkeit im Verwaltungsbereich, in Die Verwaltung 41 (1971), S. 301 – 324.

Schroeder, Werner, Demokratie, Transparenz und die Regierungskonferenz –Überlegungen zur Legitimität der Europäischen Union- in KritV 1998, S. 423 – 440.

Schwaighofer, Christoph, Recht auf Information, Zum neuen österreichischen Auskunftspflichtgesetz, in Gegenwartsfragen des öffentlichen Rechts, Bundesstaatliche Ordnung und europäische Integration, Objektives Recht und subjektive Rechte, Information als Staatsfunktion, Hrsg.: Dirk Heckmann, Klaus Messerschmidt, Berlin 1988, S. 263 – 295.

Schwan, Eggert, Das Prinzip der Aktenöffentlichkeit und der Auskunftsanspruch des Betroffenen nach dem Bundesdatenschutzgesetz, in DuD 1982, S. 274 – 277.

Schwan, Eggert, Amtsgeheimnis oder Aktenöffentlichkeit, Der Auskunftsanspruch des Betroffenen, das Grundrecht auf Datenschutz und das Prinzip der Aktenöffentlichkeit, München 1984.

Schwanenflügel, Matthias von, Das Öffentlichkeitsprinzip des EG-Umweltrechts, in DVBl 1991, S. 93 – 101.

Schwanenflügel, Matthias von, Die Richtlinie über den freien Zugang zu Umweltinformationen als Chance für den Umweltschutz, in DÖV 1993, S. 95 – 102.

Schwanenflügel, Matthias von, Freier Informationszugang als Demokratisierungselement behördlicher Entscheidungsstrukturen –Dargestellt für den Bereich der Verwaltung der EU und der Mitgliedstaaten- in Verwaltungsrundschau 1994, S. 236 – 240.

Schwarze, Jürgen, Die Befugnis zur Abstraktion im Europäischen Gemeinschaftsrecht, Eine Untersuchung zur Rechtsprechung des Europäischen Gerichtshofes, Baden Baden 1976, zitiert: Schwarze, Abstraktion, S.

Schwarze, Jürgen, Grenzen für die Ermittlungstätigkeit der Kommission als Wettbewerbsbehörde der EG – Zum Auskunftsverweigerungsrecht, Legal Professional Privilege und Schutz der Geschäftsgeheimnisse im Europäischen Kartellrecht, in Der Gemeinsame Markt, Bestand und Zukunft in wirtschaftsrechtlicher Perspektive, Baden Baden 1987, S. 159 – 180, zitiert: Schwarze in Der Gemeinsame Markt, S.

Schwarze, Jürgen, Europäisches Verwaltungsrecht, Entstehung und Entwicklung im Rahmen der Europäischen Gemeinschaft, Band I, Baden Baden, 1988; Band II, Baden Baden, 1988, zitiert: Schwarze, Verwaltungsrecht, Bd. , S.

Schwarze, Jürgen, Der Beitrag des Europarates zur Entwicklung von Rechtsschutz und Verfahrensgarantien im Verwaltungsrecht, in EuGRZ 1993, S. 377 – 384.

Schwarze, Jürgen, Bearbeiter: Armin Hatje, Hans-Holger Herrnfeld, Jan-Peter Hix, Kerstin Jorna, Johann Schoo, Cordula Stumpf, EU-Kommentar, Baden Baden 2000.

Schweitzer, Michael, Staatsrecht III, Staatsrecht, Völkerrecht, Europarecht, 7. Auflage, Heidelberg 2000.

Schweitzer, Michael, Hummer, Waldemar, Europarecht, Das Recht der Europäischen Union – Das Recht der Europäischen Gemeinschaften (EGKS, EG, EAG) – mit Schwerpunkt EG, 5. Auflage, Neuwied, Kriftel, Berlin 1996.

Sedemund, Jochim, Allgemeine Prinzipien des Verwaltungsverfahrensrechts, dargestellt am Beispiel des Verwaltungsverfahrens der EG in Kartellsachen, in Europäisches Verwaltungsrecht im Werden, Hrsg.: Jürgen Schwarze, Baden Baden 1982, S. 45 – 62.

Seidel, Martin, Zur Verfassung der Europäischen Union nach Maastricht, in EuR 1992, S. 125 – 144.

Simitis, Spiros, Die EU-Datenschutzrichtlinie – Stillstand oder Anreiz?, in NJW 1997, S. 281 – 288.

Simitis, Spiros, Datenschutz – Rückschritt oder Neubeginn?, in NJW 1998, S. 2473 – 2479.

Singer, Michael Jay, United States, in Donald Cameron Rowat, Administrative Secrecy in developed countries, New York 1979, S. 309 – 356.

Smit, Hans, Herzog, Peter, The Law of the European Economic Community, A commentary on The EEC Treaty, Volume 6, New York 1982.

Sobotta, Christoph, Anmerkung zum Urteil Carvel/Rat, in EuZW 1996, S. 157 – 158.

Sobotta, Christoph, Transparenz in den Rechtsetzungsverfahren der Europäischen Union, Stand und Perspektiven des Gemeinschaftsrechts unter besonderer Berücksichtigung des Grundrechtes auf Zugang zu Informationen, Baden Baden 2001.

Söderman, Jacob, The Role and Impact of the European Ombudsman in Access to Documentation and the Transparency of Decision-Making, in Veerle Deckmyn and Ian Thomson, Openness and Transparency in the European Union, European Institute of Public Administration, Maastricht, 1998, S. 75 – 83.

Söderman, Jacob, Der Europäische Bürgerbeauftragte, Sonderbericht, in Amtsblatt der EG 1998, C 44/9 – 13, zitiert: Söderman in Der Europäische Bürgerbeauftragte, Sonderbericht in Abl. der EG 1998, C 44/9.

Söderman, Jacob, The EU`s Transparent Bid for Opacity, in Wall Street Journal Europe vom 24.2.00.

Starck, Christian, Rechtsvergleichung im öffentlichen Recht, in JZ 1997, S. 1021 – 1030.

Steffani, Winfried, Parlamentarische und präsidentielle Demokratie, Strukturelle Aspekte westlicher Demokratien, Opladen 1979.

Stein, Torsten, Die Europäische Union nach dem Vertrag von Amsterdam: Subsidiarität, Transparenz und Bürgernähe, in Waldemar Hummer, Die Europäische Union nach dem Vertrag von Amsterdam, Wien, Manz 1998, S. 141 – 157.

Steinberg, Rudolf, Zulassung von Industrieanlagen im deutschen und europäischen Recht, in NVwZ 1995, S. 209 – 219.

Steinberger, Helmut, Der Verfassungsstaat als Glied einer europäischen Gemeinschaft, in VVDStRL 50 (1991), S. 9 – 55.

Stelkens, Paul, Bonk, Heinz Joachim, Sachs, Michael, Verwaltungsverfahrensgesetz, Kommentar, 6. Auflage München 2001.

Stern, Klaus, Das Staatsrecht der Bundesrepublik Deutschland, Band I, Grundbegriffe und Grundlagen des Staatsrechts, Strukturprinzipien der Verfassung, 2. Auflage, München 1984.

Streinz, Rudolf, Bundesverfassungsgerichtlicher Grundrechtsschutz und Europäisches Gemeinschaftsrecht, Die Überprüfung grundrechtsbeschränkender deutscher Begründungs- und Vollzugsakte von Europäischem Gemeinschaftsrecht durch das Bundesverfassungsgericht, Baden Baden 1989, zitiert: Streinz, Grundrechtsschutz, S.

Streinz, Rudolf, Der Verfassungsstaat als Glied der europäischen Gemeinschaft, in DVBl 1990, S. 949 – 963.

Streinz, Rudolf, Bundesverfassungsgerichtliche Kontrolle über die deutsche Mitwirkung am Entscheidungsprozeß im Rat der Europäischen Gemeinschaften, Berlin 1990, zitiert: Streinz, Kontrolle, S.

Streinz, Rudolf, Europarecht, 4. Auflage, Heidelberg, 1999.

Strozzi, Girolamo, Le principe de subsidiarité dans la perspective de l`intégration européenne, une énigme et beaucoup d`attentes, in RTDE 1994, S. 373 – 390.

Tettinger, Peter J., Die Charta der Grundrechte der Europäischen Union, in NJW 2001, S. 1010 – 1015.

Thaysen, Uwe, Parlamentsreform in Theorie und Praxis, Zur institutionellen Lernfähigkeit des parlamentarischen Regierungssystems, Opladen 1972.

Thomas, Heinz, Putzo, Hans, Zivilprozessordnung mit Gerichtsverfassungsgesetz, den Einführungsgesetzen und europarechtlichen Vorschriften (EuGVÜ, LGVÜ, EheVO, ZustellungsVO, AVAG), 24. Auflage, München 2002.

Thun-Hohenstein, Christoph, Der Vertrag von Amsterdam: die neue Verfassung der EU; der neue EG Vertrag, der neue EU Vertrag, Wien, Manz 1997.

Trantas, Georgios, Akteneinsicht und Geheimhaltung im Verwaltungsrecht, Eine vergleichende Untersuchung zum deutschen und französischen Verwaltungsverfahrensrecht, Berlin 1998.

Trute, Hans-Heinrich, Der Schutz personenbezogener Informationen in der Informationsgesellschaft, in JZ 1998, S. 822 – 831.

Turiaux, André, Umweltinformationsgesetz (UIG), Kommentar, München 1995.

Turiaux, André, Das deutsche Umweltinformationsgesetz auf dem Prüfstand des EG – Rechts, in EuZW 1998, S. 716 – 717.

Twomey, Patrick, Case T-194/94, *Carvel and Guardian Newspaper Ltd v. EU Council* Judgement of the Court of First Instance of 19 October 1995, (1995) 3 C.M.L.R. 359, in CMLR 1996, S. 831- 842.

Vassilaki, Irini E., Anmerkung zu Rs. T-194/94, in CR 1996, S. 370.

Vedder, Christoph, Die Unterscheidung von Unionsrecht und Gemeinschaftsrecht nach dem Vertrag von Amsterdam, in EuR Beiheft 1/99, S. 7 – 44.

Vesterdorf, Bo, Complaints concerning Infringements of Competition Law within the context of European Community Law, in CMLR 1994, S. 77 – 104.

Villiger, Mark E, Handbuch der Europäischen Menschenrechtskonvention (EMRK) unter besonderer Berücksichtigung der schweizerischen Rechtslage, Zürich 1993.

Vorbrodt Stelzer, Sybille A., Informationsfreiheit und Informationszugang im öffentlichen Sektor, Eine Untersuchung anhand schweizerischer und europäischer Gerichtspraxis, Zürich 1995.

Wägenbaur, Bertrand, Der Zugang zu EU-Dokumenten – Transparenz zum Anfassen, in EuZW 2001, S. 680 – 685.

Wägenbaur, Rolf, Zugang der Öffentlichkeit zu den Dokumenten der EG-Institutionen, in EuZW 1998, S. 2.

Wägenbaur, Rolf, Die EU will Transparenz: Verbesserter Zugang zu den Dokumenten der Institutionen, in EuZW 2000, S. 193.

Wahl, Rainer, Materiell-integrative Anforderungen an die Vorhabenzulassung – Anwendung und Umsetzung der IVU- Richtlinie, in NVwZ 2000, S. 502 – 508.

Walischewski, Leonard, Probleme des Akteneinsichtsrechts der Verteidigung im Ermittlungsverfahren im Lichte der Rechtsprechung des Bundesverfassungsgerichts und des Europäischen Gerichtshofes für Menschenrechte: ein Plädoyer für die Offenheit und Transparenz des Ermittlungsverfahrens, Frankfurt am Main 1999.

Wassermann, Rudolf, Bearbeiter: Hans-Peter Schneider, Kommentar zum Grundgesetz für die Bundesrepublik Deutschland, Band 2, Art. 38 – 146, Neuwied 1989, zitiert: Schneider in AK, Art.

Weber, Max, Parlament und Regierung im neugeordneten Deutschland, Zur politischen Kritik des Beamtentums und Parteiwesens, München, Leipzig 1918, zitiert: Weber, Parlament und Regierung, S.

Weber, Max, Wirtschaft und Gesellschaft, Grundriß der verstehenden Soziologie, 5. Auflage, Tübingen 1980, zitiert, Weber, Wirtschaft und Gesellschaft, S.

Weichert, Thilo, Informationsfreiheitsgesetz Schleswig-Holstein, in DuD 2000, S. 262 – 266.

Weidenfeld, Werner, Maastricht in der Analyse, Materialien zur Europäischen Union, Strategien und Optionen für Europa, Gütersloh 1995.

Weiß, Wolfgang, Die Verteidigungsrechte im EG-Kartellverfahren, zugleich ein Beitrag zu den allgemeinen Rechtsgrundsätzen des Gemeinschaftsrechts, Köln, Berlin, Bonn, München 1996.

Werner, Rosemarie, Der Konflikt zwischen Geheimnisschutz und Sachaufklärung im Kartellverfahren, in Strafrecht, Unternehmensrecht, Anwaltsrecht, Festschrift für Gerd Pfeiffer, zum Abschied aus dem Amt als Präsident des Bundesgerichtshofes, Hrsg.: Otto Friedrich Freiherr von Gamm, Peter Raisch, Klaus Tiedemann, Köln, Berlin, Bonn, München 1988, S. 821 – 838.

Westlake, Martin, Maastricht, Edinburgh, Amsterdam: the End of the Beginning? in Veerle Deckmyn and Ian Thomson, Openness and Transparency in the European Union, European Institute of Public Administration, Maastricht 1998, S. 127 – 143.

Wiederin, Ewald, Die Rechtslage in Österreich, in Information, Medien und Demokratie, Ein europäischer Rechtsvergleich; Hrsg.: Rainer Hofmann, Joseph Marko, Franz Merli, Ewald Wiederin, Wien 1997, S. 215 – 264.

Windsheimer, Hans, Die „Information“ als Interpretationsgrundlage für die subjektiven öffentlichen Rechte des Art. 5 Abs. 1 GG, Berlin 1968.

Winter, Gerd, Akteneinsicht in Frankreich, in Gerd Winter (Hrsg.): Öffentlichkeit von Umweltinformationen, Europäische und nordamerikanische Rechte und Erfahrungen, Baden Baden 1990, S. 175 – 210.

Winter, Gerd, Gurlit, Elke, Zusammenfassender Bericht, in Gerd Winter, Öffentlichkeit von Umweltinformationen, Europäische und nordamerikanische Rechte und Erfahrungen, Baden Baden 1990, S. 1 – 85.

Wittling, Almut, Die Publikation der Rechtsnormen einschließlich der Verwaltungsvorschriften, Baden Baden 1991.

Wölker, Ulrich, Grundrechtsschutz durch den Gerichtshof der Europäischen Gemeinschaften und nationale Gerichte nach Amsterdam, in EuR Beiheft 1/99, S. 99 – 116.

Würtenberger, Thomas, Akzeptanz durch Verwaltungsverfahren, in NJW 1991, S. 257 – 263.

Wyss, Martin Philipp, Öffentlichkeit von Gerichtsverfahren und Fernsehberichterstattung, Überlegungen zu einem grundrechtlichen Spannungsverhältnis unter besonderer Berücksichtigung der schweizerischen Rechtslage, in EuGRZ 1996, S. 1 – 17.

Ziegler-Jung, Bärbel, Die niederländische Gesetzgebung zur Öffentlichkeit der Verwaltung, in DuD 1990, S. 409 – 414.

Zuck, Rüdiger, Das Änderungsgesetz zum Bundesverfassungsgerichtsgesetz, in NJW 1998, S. 3028 – 3030.

Zuleeg, Manfred, Die Auslegung des Europäischen Gemeinschaftsrechts, in EuR 1969, S. 97 – 108.

Zuleeg, Manfred, Der Verfassungsgrundsatz der Demokratie und die Europäischen Gemeinschaften, in Der Staat 17 (1978), S. 27 – 47.

Zuleeg, Manfred, Demokratie in der Europäischen Gemeinschaft, in JZ 1993, S. 1069 – 1074.

Zuleeg, Manfred, Zum Verhältnis nationaler und europäischer Grundrechte, Funktionen einer EU-Charta der Grundrechte, in EuGRZ 2000, S. 511 – 517.

Dokumente:

Bundesministerium des Innern, Grundfragen des Datenschutzes, Gutachten im Auftrag des Bundesministeriums des Innern, Prof. Dr. W. Steinmüller, B. Lutterbeck, C. Mallmann, U. Harbort, G. Kolb, J. Schneider, in Deutscher Bundestag, 6. Wahlperiode, Drucksache VI/3826, S. 5 – 224, zitiert: Steinmüller Gutachten, in BT Drs. VI/3826, S.

Europäische Kommission, Statistische Bilanz zum 31.12.1996 der Anträge auf Zugang zu Kommissionsdokumenten (Für den Anwendungszeitraum 1994, 1995, 1996), SG-2000-08159-00-00-DE-TRA-00 (FR).

Europäische Kommission, Statistische Bilanz für das Jahr 1997 der Anträge auf Zugang zu Kommissionsdokumenten, SG-2000-08159-00-01-DE-TRA-00 (EN).

Europäische Kommission, Statistische Bilanz für das Jahr 1998 der Anträge auf Zugang zu Kommissionsdokumenten, SG-2000-08159-00-02-DE-TRA-00 (EN).

Europäische Kommission, Zugang der Öffentlichkeit zu Dokumenten, die sich im Besitz der Gemeinschaftsorgane befinden (Mitteilung an den Rat, das Parlament und den Wirtschafts- und Sozialausschuß), 93/C 156/05, in Abl. der EG Nr. C 156/5 vom 08.06.1993, zitiert: Kommissionsmitteilung 1, ... , in Abl. der EG C 156/5 vom 08.06.1993.

Europäische Kommission, Transparenz in der Gemeinschaft, Mitteilung an den Rat, das Europäische Parlament und den Wirtschafts- und Sozialausschuß, 93/C 166/04, in Abl. der EG Nr. C 166/4 vom 17.06.1993, zitiert: Kommissionsmitteilung 2, ... , in Abl. der EG C 166/4 vom 17.06.1993.

Europäische Kommission, Mitteilung der Kommission über die Verbesserung des Zugangs zu den Dokumenten, 94/C 67/03, in Abl. der EG Nr. C 67/5 vom 04.03.1994, zitiert: Anschlußbericht der Kommission, ... , in Abl. der EG C 67/5 vom 04.03.1994.

Europäische Kommission, Eine verstärkte Transparenz bei der Arbeit der Kommission, 93/C 63/03, in Abl. der EG Nr. C 63/8 vom 05.03.1993, zitiert: Mitteilung „Eine verstärkte Transparenz bei der Arbeit der Kommission" in Abl. der EG C 63/8 vom 05.03.1993.

Europäische Kommission, Europäisches Regieren, Ein Weißbuch vom 25.07.200, KOM (2001) 428 endgültig.

Europäische Kommission, Initiativen der Kommission in den Bereichen Transparenz und Information, SEC-1999-08318-01-00-TRA (FR).

Europäische Kommission, Vermerk betr.: Vergleichende Analyse der Gesetzgebung der Mitgliedstaaten über den Zugang zu Dokumenten vom 10.08.2000, SG.B.2/VJ/CD D (2000) 545158, zitiert: Vergleichende Analyse der Kommission, S.

Europäische Kommission, Zu den Dokumenten der Kommission, Leitfaden

Europäische Kommission, Discussion Paper on public access to Commission documents vom 23.04.1999, Sg.C.2/VJ/CD D (99) 83, zitiert: Discussion Paper on Public Access to Commission Documents, S.

Europäische Kommission, Überblick über die Rechtsvorschriften der Mitgliedstaaten betreffend den Zugang zu Dokumenten vom 09.09.2000, SG.B.2/VJ/CD D (2000), zitiert: Rechtsvorschriftenüberblick der Kommission.

Europäischer Rat, Europäischer Rat von Birmingham, Schlußfolgerungen des Vorsitzes, in Bull. der EG 10-1992, S. 7 – 11.

Europäischer Rat, Europäischer Rat in Edinburgh, Schlußfolgerungen des Vorsitzes, in Bull. der Bundesregierung Nr. 140 vom 28.12.1992, S. 1277 – 1286.

Europäisches Parlament, Entschließung zur Öffentlichkeit der Gemeinschaftsverfahren vom 24.05.1984, 1-223/84, in Abl. der EG 1984, C 172/176 vom 02.07.1984.

Europäisches Parlament, Entschließung zur Öffentlichkeit der Gemeinschaftsverfahren vom 22.01.1988, in Abl. der EG 1988, C 49/175 vom 22.02.1988.

Europäisches Parlament, Bericht über die Offenheit in der Europäischen Union, Institutioneller Ausschuß vom 08.12.1998, A4-076/98, zitiert: Bericht des Institutionellen Ausschusses vom 08.12.1998 DOK A 4-0476/98.

Europäisches Parlament, Bericht über den Vertrag von Amsterdam (CONF 4007/97 – C4-0538/97) Institutioneller Ausschuß vom 05.11.1997, A4-0347/97, zitiert: Bericht über den AV vom 5.11.97 PE 223.314 endg./A 4-0347/97.

European Citizens Action Service, European Environmental Bureau, European Federation of Journalists, „Meijers Committee", Statewatch, Open Letter from civil society on the new code of access to documents of the EU institutions, in Statewatch Secret Europe Page in http://www.statewatch.org/secreteurope.html unter Open Letter; Referenz vom 26.01.2002.

European Environmental Bureau (EEB), EEB Comments on the European Commission`s Proposal for a Regulation regarding public access to documents of the European Parliament, the Council and the Commission in Statewatch Secret Europe Page in http://www.statewatch.org/secreteurope.html unter News, Developments & Debates: EEB Comments on the European Commission`s Proposal for a Regulation; Referenz vom 26.01.2002.

Ministerkomitee des Europarats, Recommendation No. R (81) 19 of the Committee of Ministers to member States on the access to information held by public authorities, in Council of Europe: Yearbook of the European Convention on human rights, S. 94 – 103, The Hague, Boston, Lancaster 1981.

Rat der Europäischen Gemeinschaft, 1. Bericht über die Durchführung des Beschlusses 93/731/EG des Rates über den Zugang der Öffentlichkeit zu Ratsdokumenten (Juli 1996), in http://register.consilium.eu.int/utfregister/frames/introfsDE.htm; Referenz 26.01.2002.

Rat der Europäischen Gemeinschaft, 2. Bericht über die Durchführung des Beschlusses 93/731/EG des Rates über den Zugang der Öffentlichkeit zu Ratsdokumenten (Juni 1998), in http://register.consilium.eu.int/utfregister/frames/introfsDE.htm; Referenz vom 26.01.2002.

Rat der Europäischen Gemeinschaft, 3. Bericht über die Durchführung des Beschlusses 93/731 13275/00 vom 22.12.00, in http://register.consilium.eu.int/ utfregister/frames/introfsDE.htm; Referenz vom 26.01.2002.

Rat der Europäischen Union, Handbuch für den Rat, Internes Dokument, II. Erläuterungen zur Geschäftsordnung des Rates, September 2000, Generalsekretariat GD F – Information, Transparenz, Öffentlichkeitsarbeit, zitiert: Handbuch des Rates, S.

Statewatch, Amendments in Statewatch Secret Europe Page in http://www.statewatch.org/secreteurope.html unter News, Developments & Debates: Amendments; Referenz vom 26.01.2002.

Statewatch, Analysis of the decision of 14 August 2000 to amend the 1993 code of access to EU documents, in Statewatch Secret Europe Page in http://www. Statewatch.org/secreteurope.html unter Analysis; Referenz vom 26.01.2002.

Statewatch, The amendment to the decision of the Council on 19 December 1999 in Statewatch Secret Europe Page in http://www.statewatch.org/secreteurope.html unter Classified documents; Referenz vom 26.01.2002.

Statewatch, Analysis: Decision on making certain categories of Council documents available to the public in Statewatch Secret Europe Page in http:// www.statewatch.org/secreteurope.html unter Decisions; Referenz vom 26.01.2002.

ENTSCHEIDUNGSREGISTER

Verfassungsrecht:
BVerfGE 4, 74 ff.
BVerfGE 5, 85 ff.
BVerfGE 15, 298 ff.
BVerfGE 27, 71 ff.
BVerfGE 27, 104 ff.
BVerfGE 28, 175 ff.
BVerfGE 33, 52 ff.
BVerfGE 44, 125 ff.
BVerfGE 52, 187 ff.
BVerfGE 63, 45 ff.
BVerfGE 63, 230 ff.
BVerfGE 65, 283 ff.
BVerfGE 70, 324 ff.
BVerfGE 83, 60 ff.
BVerfGE 84, 49 ff.
BVerfGE 84, 77 ff.
BVerfGE 84, 304 ff.
BVerfGE 89, 155 ff.
BVerfGE 90, 27 ff.
BVerfGE 100, 106 ff.
BVerfG in EuGRZ 1979, S. 179 ff.
BVerfG in NJW 1995, S. 2216 ff.
BVerfG in NJW 1998, S. 1936 ff.

BayVGH in BayVBl 1980, S. 94 ff.

Bundesgerichtshof:
BGH in NJW 1990, S. 1614 ff.

Verwaltungsrecht:
BVerwGE 17, 192 ff.
BVerwGE 30, 154 ff.
BVerwGE 39, 197 ff.
BVerwGE 42, 137 ff.
BVerwGE 60, 245 ff.
BVerwGE 61, 176 ff.
BVerwGE 62, 339 ff.
BVerwGE 72, 300 ff.
BVerwGE 72, 330 ff.
BVerwGE 78, 177 ff.
BVerwG in NJW 1976, S. 588 ff.
BVerwG in BayVBl 1988, S. 252 ff.
BVerwG in NJW 1990, S. 1313 ff.

OVGE 14, S. 199 ff.

OVG Münster in DÖV 1963, S. 771 ff.

Europäischer Gerichtshof für Menschenrechte:
EGMR „Kjeldsen“ vom 07.12.1976 in EuGRZ 1976, S. 485 ff.
EGMR „Abhör-Urteil/Fall Klass“ in EuGRZ 1979, S. 282 ff.
EGMR „Sunday Times“ vom 26.04.1979 in EuGRZ 1979, S. 390 ff.
EGMR „Leander/Schweden“ in A 116 vom 26.03.1987.
EGMR „Gaskin/UK“ in A 160 vom 07.07.1987.
EGMR „Plattform „Ärzte für das Leben/Österreich“ in EuGRZ 1989, S. 524 ff.
EGMR „Observer & Guardian“ vom 26.11.1991 in EuGRZ 1995, S. 20 ff.
EGMR „Guerra u.a./Italien“ in Reports 1998-I vom 19.02.1998.

EKMR „Z/Austria“ in D.R. 13, S. 56 ff.
EKMR 8383/78 „X/Germany“ in D.R. 17, S. 227 ff.
EKMR 8575/79 „X/UK“ in D.R. 20, S. 202 ff.
EKMR 11854/87 „Clavel/Switzerland“ in D.R. 54, S. 153 ff.
EKMR 10454/83 „Gaskin/UK“ in EuGRZ 1987, S. 561 ff.

Entscheidungen des Schweizerischen Bundesgerichts:
BGE 107 I a, 304 ff.
BGE 108 I a, 275 ff.

Rechtssachen des Gerichtshofs der Europäischen Gemeinschaften:

EuGH:
RS 8/55 „Fédération Charbonnière de Belgique/Hohe Behörde“ in Slg. 1955/56, S. 197 ff.
verb. RS 7/56, 3-7/57 „Algera u.a./Gemeinsame Versammlung“ in Slg. 1957, S. 83 ff.
RS 18/57 „Nold/Hohe Behörde“ in Slg. 1958, S. 114 ff.
RS 36/59 „Ruhrkohlen-Verkaufsgesellschaft mbH u.a./Hohe Behörde“ in Slg. 1960, S. 921 ff.
RS 7/61 „Kommission/Italienische Republik“ in Slg. 1961, S. 720 ff.
RS 26/62 „van Gend & Loos“ in Slg. 1963, S. 26 ff.
RS 24/62 „Deutschland/Kommission“ in Slg. 1963, S. 131 ff.
RS 6/64 „Costa/ENEL“ in Slg. 1964, S. 1251 ff.
RS 56,58/64 „Consten&Grundig und Grundig-Verkaufs GmbH/Kommission“in Slg. 1966,S. 321 ff.
verb. RS 8-11/66 „Cimenteries CBR SA u.a./Kommission“ in Slg. 1967, S. 99 ff.
RS 7/68 „Kommission/Italienische Republik“ in Slg. 1968, S. 644 ff.
RS 13/68 „Firma Salgoil/Außenhandelsministerium Italienische Republik“ in Slg. 1968, S. 694 ff.
RS 29/69 „Erich Stauder/Stadt Ulm“ in Slg. 1969, S. 419 ff.
RS 41/69 „ACF Chemiefarma N.V./Kommission“ in Slg. 1970, S. 661 ff.
RS 44/69 „Buchler&Co./Kommission“ in Slg. 1970, S. 733 ff.
RS 11/70 „Internationale Handelsgesellschaft mbH“ in Slg. 1970, S. 1125 ff.
RS 22/70 „Kommission/Rat“ in Slg. 1971, S. 274 ff.
RS 55/70 „Andreas Reinarz/Kommission“ in Slg. 1971, S. 379 ff.
RS 45/69 „Firma Boehringer Mannheim GmbH/Kommission“ in Slg.1970, S. 769 ff.
RS 51/69 „Bayer/Kommission“ in Slg. 1972, S. 745 ff.
RS 29/72 „Marimex/Italienische Finanzverwaltung“ in Slg. 1972, S. 1318 ff.
RS 17/74 „Transocean Marine Paint/Kommission“ in Slg. 1974, S. 1063 ff.

RS 41/74 „van Duyn/Home Office" in Slg. 1974, S. 1350 ff.
verb. RS 19, 20/74 „Kali und Salz AG und Kali-Chemie AG/Kommission" in Slg. 1975, S. 499 ff.
RS 36/75 „Rutili/Minister des Innern" in Slg. 1975, S. 1219 ff.
RS 55/75 „Balkan-Import-Export/Hauptzollamt Berlin-Packhof" in Slg. 1976, S. 30 ff.
verb. RS 3, 4, 6/76 „Kramer u.a." in Slg. 1976, S. 1279 ff.
RS 33/76 „Rewe-Zentralfinanz eG/Landwirtschaftskammer Saarland" in Slg. 1976, S. 1989 ff.
RS 45/76 „Comet BV/Produktschap voor Siergewassen" in Slg. 1976, S. 2045 ff.
RS 46/76 „Bauhuis/Niederlande" in Slg. 1977, S. 15 ff.
RS 34/77 „Josef Oslizlok/Kommission" in Slg. 1978, S. 1099 ff.
RS 98/78 „Firma A. Racke/Hauptzollamt Mainz" in Slg. 1979, S. 69 ff.
RS 85/76 „Hoffmann-La Roche & Co. AG/Kommission" in Slg. 1979, S. 461 ff.
RS 101/78 „Granaria BV/Hoofdproduktschap voor Akkerbouwprodukten" in Slg. 1979, S. 623 ff.
RS 44/79 „Liselotte Hauer/Land Rheinland Pfalz" in Slg. 1979, S. 3727 ff.
RS 68/79 „Hans Just I/S/Ministerium für das Steuerwesen" in Slg. 1980, S. 501 ff.
RS 98/79 „Josette Pecastaing/Belgien" in Slg. 1980, S. 691 ff.
RS 131/79 „Regina/Secretary of State for Home Affairs" in Slg. 1980, S. 1585 ff.
RS 136/79 „National Panasonic (UK) Ltd./Kommission" in Slg. 1980, S. 2033 ff.
verb. RS 209-215/78 „Heintz van Sàrl u.a./Kommission" in Slg. 1980, S. 3125 ff.
verb. RS 209-215, 218/78 „van Landewyck, FEDETAB/Kommission" in Slg. 1980, S. 3125 ff.
RS 138/79 „SA Roquette/Frères/Rat" in Slg. 1980, S. 3333 ff.
RS 139/79 „Maizena GmbH/Rat" in Slg. 1980, S. 3393 ff.
RS 113/80 „Kommission/Irland" in Slg. 1981, S 1638 ff.
RS 169/80 „Zollverwaltung/Société anonyme Gonrand Frères, Garancini" in Slg. 1981, S. 1931 ff.
RS 208/80 „Lord Bruce of Donington/Eric Gordon Aspden" in Slg. 1981, S. 2205 ff.
RS 60/81 „IBM/Kommission" in Slg. 1981, S. 2639 ff.
RS 280/80 „Bakke-D`Aloya/Rat" in Slg. 1981, S. 2900 ff.
RS 115/80 „René Demont/Kommission" in Slg. 1981, S. 3147 ff.
RS 155/79 „AM&S Europe Limited/Kommission" in Slg. 1982, S. 1575 ff.
RS 206/81 „José Alvarez/Parlament" in Slg. 1982, S. 3369 ff.
RS 294/81 „Control Data/Kommission" in Slg. 1983, S. 929 ff.
RS 282/81 „Ragusa/Kommission" in Slg. 1983, S. 1257 ff.
RS 100-103/80 „S.A. Musique Diffusion Francaise u.a./Kommission" in Slg. 1983, S. 1825 ff.
RS 191/82 „Fediol/Kommission" in Slg. 1983, S. 1935 ff.
RS 179/82 „Lucchini Siderurgica S.p.A./Kommission" in Slg. 1983, S. 3083 ff.
RS 107/82 „AEG AG/Kommission" in Slg. 1983, S. 3151 ff.
RS 322/81 „N.V. Nederlandsche Banden-Industrie Michelin/Kommission" in Slg. 1983, S. 3461 ff.
RS 64/82 „Tradax/Kommission" in Slg. 1984, S. 1359 ff.
RS 9/83 „Eisen und Metall AG/Kommission" in Slg. 1984, S. 2071 ff.
verb. RS 296, 318/82 „Niederlande Papierwarenfabriek BV/Kommission" in Slg. 1985, S. 809 ff.
RS 264/82 „Timex Corporation/Rat und Kommission" in Slg. 1985, S. 849 ff.
RS 145/83 „Stanley George Adams/Kommission" in Slg. 1985, S. 3539 ff.

RS 222/84 „Marguerite Johnston/Constable Royal Ulster Constabulary“ in Slg. 1986, S. 1651 ff.
RS 53/83 „AKZO Chemie BV und AKZO Chemie UK Ltd./Kommission“ in Slg. 1986, S. 1965 ff.
RS 185/85 „Usinor/Kommission“ in Slg. 1986, S. 2098 ff.
RS 212/86 „ICI/Kommission“ vom 11.12.1986.
RS 142 und 156/84 „BAT/Kommission“ in Slg. 1987, S. 4487 ff.
RS 204/86 „Griechische Republik/Rat“ in Slg. 1988, S. 5323 ff.
verb. RS 46/87, 227/88 „Hoechst AG/Kommission“ in Slg. 1989, S. 2859 ff.
RS 374/87 „Orkem/Kommission“ in Slg. 1989, S. 3283 ff.
RS C-70/88 „Parlament/Rat“ in Slg. I 1990, S. 2041 ff.
RS C-2/88 Imm. „J.J. Zwartveld u.a.“ in Slg. I 1990, S. 3365 ff.
RS C-205/89 „Kommission/Griechenland“ in Slg. I 1991, S. 1377 ff.
RS C-69/89 „Nakajima/Rat“ in Slg. I 1991, S. 2086 ff.
RS C-300/89 „Titandioxid“ „Kommission/Rat“ in Slg. I 1991, S. 2867 ff.
RS C-260/89 „Elleniki Radiophonia Tileorassi“ in Slg. I 1991, S. 2925 ff.
RS C-159/90 „Protection of Unborn Children“ in Slg. I 1991, S. 4685 ff.
RS C-219/91 „ Strafverfahren Johannes Stephanus Wilhelmus Ter Voort“ in Slg. I 1992, S. 5485 ff.
RS C-54/91 „Deutschland/Kommission“ in Slg. I 1993, S. 3399 ff.
RS C-137/92 P „Kommission/BASF“ in Slg. I 1994, S. 2620 ff.
RS C-65/93 „Parlament/Rat“ in Slg. I 1995, S. 643 ff.
RS C-167/94 „Strafverfahren gegen Juan Carlos Grau Gomis u.a.“ in Slg. I 1995, S. 1023 ff.
RS C-52/95 „Kommission/Frankreich“ in Slg. I 1995, S. 4466 ff.
RS C-122/94 „Kommission/Rat“ in Slg. I 1996, S. 882 ff.
RS C-58/94 „Niederlande/Rat“ in Slg. I 1996, S. 2180 ff.
RS C-84/94 „Vereinigtes Königreich/Rat vom 12.11.1996.
RS C-143/95 P „Kommission/Socurte“ in Slg. I 1997, S. 1 ff.
RS C-90/95 P „Henri de Compte/Parlament“ in Slg. I 1997, S. 1999 ff.
verb. RS C-174/98 P, C-189/98 P „Gerard van der Wal/Kommission“ in Slg. I 2000, S. 1 ff.
RS C-353/99 P „Rat/Hautala“ in Slg. I 2001, S. 9565 ff.
RS C-36/92 „SEP/Kommission“ in EuZW 1994, S. 631 ff.
RS C-321/96 (Mecklenburg) in DVBl 1998, S. 1176 ff.

Schlußanträge der Generalanwälte:

- Schlußanträge des Generalanwalts Giuseppe Tesauro vom 28.11.1995 in der RS C-58/94 „Niederlande/Rat“ in Slg. I 1996, S. 2171 ff.
- Schlußanträge des Generalanwalts Philippe Léger vom 10.07.2001 in der RS C-353/99 P „Rat/Hautala“ in Slg. I 2001, S. 9567 ff.
- Schlußanträge des Generalanwalts Philippe Léger vom 12.03.2002 in der RS C-41/00 P „Interporc Im- und Export GmbH/Kommission“.

EuG:

verb. RS T-10-12,15/92 „Cimenteries CBR SA u.a./Kommission“ in Slg. II 1992, S. 2667 ff.
RS T-3/93 „Air France/Kommission“ in Slg. II 1994, S. 154 ff.
RS T-30/91 „Solvay SA/Kommission“ in Slg. II 1995, S. 1775 ff.
verb. RS T-80 u.a./89 „BASF AG u.a./Kommission“ in Slg. II 1995, S. 729 ff.
RS T-36, 37/91 „Imperial Chemical Industries/Kommission” in Slg. II 1995, S. 1847 ff.; S. 1901 ff.

RS T-25/95 u.a. „Cimenteries CBR SA u.a./Kommission“
RS T-194/94 „Carvel/Rat“ in Slg. II 1995, S. 2765 ff.
RS T-105/95 „WWF/Kommission“ in Slg. II 1997, S. 313 ff.
RS T-170/94 „Shanghai Bicycle Corporation (Group)/Rat“ in Slg. II 1997, S. 1383 ff.
RS T-124/96 „Interporc/Kommission“ in Slg. II 1998, S. 231 ff.
RS T-610/97 R „Carlsen/Rat“ in Slg. II 1998, S. 485 ff.
RS T-83/96 „Gerard van der Wal/Kommission“ in Slg. II 1998, S. 545 ff.
RS T-174/95 „Svenska/Rat“ in Slg. II 1998, S. 2289 ff.
RS T-188/97 „Rothmans/Kommission“ in Slg. II 1999, S. 2463 ff.
RS T-14/98 „Hautala/Rat“ in Slg. II 1999, S. 2489 ff.
RS T-309/97 „Bavarian Lager/Kommission“ in Slg. II 1999, S. 3221 ff.
RS T-106/99 „Meyer/Kommission“ in Slg. II 1999, S. 3282 ff.
RS T-92/98 „Interporc/Kommission“ in Slg. II 1999, S. 3521 ff.
RS T-188/98 „Aldo Kuijer/Rat“ in Slg. II 2000, S. 1976 ff.
RS T-20/99 „Denkavit/Kommission“ in Slg. II 2000, S. 3016 ff.
RS T-44/97 „Ghignone u.a./Rat“
RS T-123/99 „JT`s Corporation Ltd./Kommission“ in Slg. II 2000, S. 3269 ff.
RS T-111/00 „BAT/Kommission“ in Slg. II 2001, S. 2997 ff.
RS T-204/99 „Olli Mattila/Rat und Kommission“ in Slg. II 2001, S. 2265 ff.
RS T-191/99 „David Petrie u.a./Kommission“ in Slg. II 2001, S. 3677 ff.
RS T-211/00 „Aldo Kuijer/Rat“ in Slg. II 2002, S. 485 ff.
RS T-311/00 „BAT/Kommission“ vom 25.06.2002.

Anhängige Rechtssachen:

EuGH:
RS C-41/00 P „Interporc/Kommission“ in Abl. der EG 2000, C 149/17 vom 27.05.2000.
RS C-239/00 „Aldo Kuijer/Rat“ in Abl. der EG 2000, C 247/18 vom 26.08.2000.
RS C-369/00 „Niederlande/Rat“ in Abl. der EG 2000, C 316/19.
RS C-387/00 „Parlament/Rat“ in Abl. der EG 2000, C 355/15.

EuG:
RS T-41/00 „BAT/Kommission“ vom 30.04.2001.
RS T-389/00 „Campina/Kommission“ in Abl. der EG 2001, C 95/15 vom 24.03.2001.

ANHANG

Verhaltenskodex für den Zugang der Öffentlichkeit zu Kommissions- und Ratsdokumenten

DIE KOMMISSION UND DER RAT

Gestützt auf die Erklärung zum Recht auf Zugang zu Informationen in der Schlußakte des Vertrags über die Europäische Union, in der hervorgehoben wird, daß die Transparenz des Beschlußverfahrens den demokratischen Charakter der Organe und das Vertrauen der Öffentlichkeit in die Verwaltung stärkt;

In Anbetracht der Tatsache, daß in den Schlußfolgerungen der Tagungen des Europäischen Rates in Birmingham und Edinburgh einige Grundsätze für eine bürgernähere Gemeinschaft vorgesehen sind;

eingedenk der Schlußfolgerungen des Europäischen Rates von Kopenhagen, in denen der Grundsatz eines möglichst umfassenden Zugangs der Bürger zu Informationen bekräftigt und an die Kommission und den Rat die Aufforderung gerichtet worden ist, rasch die für die Verwirklichung dieses Grundsatzes erforderlichen Maßnahmen zu ergreifen;

davon ausgehend, daß es wünschenswert ist, einvernehmlich Grundsätze für den Zugang zu den Dokumenten der Kommission und des Rates festzulegen, wobei es jedem der beiden Organe obliegt, diese Grundsätze durch spezifische Vorschriften zu verwirklichen;

in der Erwägung, daß die Grundsätze die geltenden Bestimmungen über den Zugang zu den Dossiers, die unmittelbar Personen betreffen, die daran ein spezifisches Interesse haben, nicht berühren;

in der Erwägung, daß bei der Verwirklichung dieser Grundsätze die Bestimmungen über geheimhaltungsbedürftige Informationen voll einzuhalten sind;

in der Erwägung, daß dieser Verhaltenskodex eine Ergänzung ihrer Informations- und Kommunikationspolitik darstellt -

KOMMEN WIE FOLGT ÜBEREIN:

Allgemeiner Grundsatz

Die Öffentlichkeit erhält möglichst umfassenden Zugang zu den Dokumenten der Kommission und des Rates.

Der Ausdruck „Dokument" bezeichnet unabhängig vom Datenträger jedes im Besitz der Kommission oder des Rates befindliche Schriftstück mit bereits vorhandenen Informationen.

Bearbeitung der Erstanträge

Der Antrag auf Zugang zu einem Dokument ist schriftlich einzureichen und hinreichend präzise zu formulieren; er muß insbesondere Angaben enthalten, aufgrund deren das betreffende Dokument bzw. die betreffenden Dokumente ermittelt werden können.

Gegebenenfalls wird der Antragsteller von dem betreffenden Organ ersucht, seinen Antrag zu präzisieren.

Ist der Urheber des Dokuments, das sich im Besitz eines Organs befindet, eine natürliche oder juristische Person, ein Mitgliedstaat, ein anderes Gemeinschaftsorgan oder eine andere Gemeinschaftsinstitution oder eine sonstige einzelstaatliche oder internationale Organisation, so ist der Antrag direkt an den Urheber des Dokuments zu richten.

Das betreffende Organ führt im Benehmen mit den Antragstellern eine angemessene Lösung herbei, um Mehrfachanträgen und/oder Anträgen, die umfangreiche Dokumente betreffen, stattzugeben.

Der Zugang zu den Dokumenten wird gewährt durch Genehmigung der persönlichen Einsichtnahme oder durch Bereitstellung einer Kopie auf Kosten des Antragstellers, wobei sich die Gebühr in einem vertretbaren Rahmen zu halten hat.

Das betreffende Organ kann vorsehen, daß die Person, die Zugang zu einem Dokument erhält, dieses nicht ohne seine vorherige Genehmigung zu gewerblichen Zwecken vervielfältigen oder durch Direktverkauf in Umlauf bringen darf.

Die zuständigen Dienststellen des betreffenden Organs teilen dem Antragsteller innerhalb einer Frist von einem Monat schriftlich mit, ob seinem Antrag stattgegeben wird oder ob sie die Absicht haben, dem Organ vorzuschlagen, den Antrag abzulehnen.

Bearbeitung der Zweitanträge

Beabsichtigen die zuständigen Dienststellen des betreffenden Organs, diesem die Ablehnung des Antrags vorzuschlagen, so setzen sie den Antragsteller davon in Kenntnis und weisen ihn darauf hin, daß er das Organ binnen eines Monats durch Einreichung eines Zweitantrags um Überprüfung dieses Standpunkts ersuchen kann und daß anderenfalls davon ausgegangen wird, daß er seinen Erstantrag zurückgezogen hat.

Beschließt das betreffende Organ, den Zugang zu einem Dokument nach einem Zweitantrag zu verweigern, so ist dieser Beschluß, der binnen eines Monats nach Einreichung des Zweitantrags ergehen muß, dem Antragsteller so bald wie möglich schriftlich mitzuteilen; er ist ordnungsgemäß zu begründen und muß eine Angabe der möglichen Rechtsmittel enthalten. Klageerhebung bzw. Beschwerde beim Bürgerbeauftragten gemäß Artikel 173 bzw. 138 e des Vertrags zur Gründung der Europäischen Gemeinschaft.

Regelung der Ausnahmen

Die Organe verweigern den Zugang zu Dokumenten, wenn sich durch deren Verbreitung eine Beeinträchtigung ergeben könnte in bezug auf:

- den Schutz des öffentlichen Interesses (öffentliche Sicherheit, internationale Beziehungen, Währungsstabilität, Rechtspflege, Inspektionstätigkeiten);

- den Schutz des einzelnen und der Privatsphäre;

- den Schutz des Geschäfts- und Industriegeheimnisses;

- den Schutz der finanziellen Interessen der Gemeinschaft;

- die Wahrung der Vertraulichkeit, wenn dies von der natürlichen oder juristischen Person, die die Informationen zur Verfügung gestellt hat, beantragt wurde oder aufgrund der

Rechtsvorschriften des Mitgliedstaats, der die Informationen bereitgestellt hat, erforderlich ist.

Die Organe können ferner den Zugang verweigern, um den Schutz des Interesses des Organs in bezug auf die Geheimhaltung seiner Beratungen zu gewährleisten.

Durchführung

Die Kommission und der Rat ergreifen vor dem 1. Januar 1994 jeweils für ihren Zuständigkeitsbereich die erforderlichen Maßnahmen zur Durchführung dieser Grundsätze.

Überprüfung

Der Rat und die Kommission kommen überein, daß dieser Verhaltenskodex nach zweijähriger Erfahrung anhand von Berichten, die die Generalsekretäre des Rates und der Kommission erstellen, überprüft wird.

BESCHLUSS 93/731/EG DES RATES vom 20. Dezember 1993 über den Zugang der Öffentlichkeit zu Ratsdokumenten, geändert durch den Beschluß 96/705/EG des Rates vom 6. Dezember 1996

DER RAT -

gestützt auf den Vertrag zur Gründung der Europäischen Gemeinschaft, insbesondere auf Artikel 151 Absatz 3,

gestützt auf seine Geschäftsordnung, insbesondere auf Artikel 22,

in Erwägung nachstehender Gründe:

Der Rat und die Kommission haben am 6. Dezember 1993 einen Verhaltenskodex für den Zugang der Öffentlichkeit zu Rats- und Kommissionsdokumenten gebilligt, mit dem sie einvernehmlich die Grundsätze für die Regelung dieses Zugangs festgelegt haben.

Für die Anwendung dieser Grundsätze durch den Rat sind Vorschriften zu erlassen.

Diese Vorschriften gelten unabhängig vom Datenträger für jedes Dokument, das sich im Besitz des Rates befindet, mit Ausnahme der Dokumente, die eine nicht zum Rat gehörenden Person, Organisation oder Institution als Urheber haben.

Der Grundsatz eines umfassenden Zugangs der Öffentlichkeit zu Ratsdokumenten, der sich in den Rahmen einer größeren Transparenz der Arbeit des Rates einfügt, ist jedoch mit Ausnahmen zu

verbinden, die insbesondere den Schutz des öffentlichen Interesses, der Einzelperson und der Privatsphäre zum Ziel haben.

Im Bestreben um Rationalisierung und Effizienz ist vorzusehen, daß der Generalsekretär des Rates im Namen des Rates und mit dessen Genehmigung die Antworten auf Anträge auf Zugang zu Dokumenten unterzeichnet, ausgenommen in den Fällen, in denen der Rat über einen Zweitantrag zu befinden hat.

Bei der Durchführung dieses Beschlusses sind die Bestimmungen für den Schutz von Verschlußsachen zu beachten -

BESCHLIESST:

Artikel 1

(1) Die Öffentlichkeit erhält Zugang zu den Dokumenten des Rates gemäß den Bedingungen dieses Beschlusses.

(2) Als Dokument des Rates gilt vorbehaltlich des Artikels 2 Absatz 2 unabhängig vom Datenträger jedes im Besitz des Rates befindliche Schriftstück mit bereits vorhandenen Informationen.

Artikel 2

(1) Der Antrag auf Zugang zu einem Ratsdokument ist schriftlich beim Rat einzureichen . Der Antrag muß hinreichend präzise formuliert sein und muß insbesondere Angaben enthalten,

aufgrund deren das bzw. die betreffenden Dokumente ermittelt werden können. Gegebenenfalls wird der Antragsteller um Präzisierung seines Antrags ersucht.

(2) Ist der Urheber des betreffenden Dokuments eine natürliche oder juristische Person, ein Mitgliedstaat, ein anderes Gemeinschaftsorgan oder eine andere Gemeinschaftsinstitution oder eine sonstige einzelstaatliche oder internationale Organisation, so ist der Antrag nicht an den Rat, sondern direkt an den Urheber des Dokuments zu richten.

Artikel 3

(1) Der Zugang zu einem Ratsdokument wird gewährt durch Genehmigung der persönlichen Einsichtnahme in das betreffende Dokument oder durch Bereitstellung einer Kopie auf Kosten des Antragstellers. Die Höhe der fälligen Gebühren wird vom Generalsekretär festgesetzt.

(2) Die zuständigen Dienststellen des Generalsekretärs bemühen sich um eine angemessene Lösung bei Mehrfachanträgen und/oder Anträgen, die umfangreiche Dokumente betreffen.

(3) Die Person, die Zugang zu einem Ratsdokument erhält, darf dieses nicht ohne vorherige Genehmigung des Generalsekretärs vervielfältigen oder zu gewerblichen Zwecken durch Direktverkauf in Umlauf bringen.

Artikel 4

(1) Der Zugang zu einem Ratsdokument darf nicht gewährt werden, wenn durch die Verbreitung des Dokuments folgendes verletzt werden könnte:

- der Schutz des öffentlichen Interesses (öffentliche Sicherheit, internationale Beziehungen, Währungsstabilität, Rechtspflege, Inspektions- und Untersuchungstätigkeiten);

- der Schutz des einzelnen und der Privatsphäre;

- der Schutz des Geschäfts- und Industriegeheimnisses;

- der Schutz der finanziellen Interessen der Gemeinschaft;

- die Wahrung der Vertraulichkeit, wenn dies von der natürlichen oder juristischen Person, die eine in dem Dokument enthaltene Information zur Verfügung gestellt hat, beantragt wurde oder aufgrund der Rechtsvorschriften des Mitgliedstaats, der eine der betreffenden Informationen bereitgestellt hat, erforderlich ist.

(2) Der Zugang zu einem Ratsdokument kann zwecks Geheimhaltung der Erörterungen des Rates verweigert werden.

Artikel 5

Der Generalsekretär beantwortet im Namen des Rates die Anträge auf Zugang zu Ratsdokumenten, außer in den Fällen nach Artikel 7 Absatz 3, in denen der Rat die Anträge beantwortet.

Artikel 6

Jeder Antrag auf Zugang zu einem Ratsdokument wird von den zuständigen Dienststellen des Generalsekretariats geprüft, die dann vorschlagen, wie der Antrag weiter zu behandeln ist.

Artikel 7

(1) Die zuständigen Dienststellen des Generalsekretariats teilen dem Antragsteller innerhalb einer Frist von einem Monat schriftlich mit, ob seinem Antrag stattgegeben wird oder ob die Absicht besteht, ihn abzulehnen. Im letzteren Fall wird dem Antragsteller außerdem mitgeteilt, welches die Gründe für die beabsichtigte Ablehnung sind, und daß er binnen eines Monats durch Einreichung eines Zweitantrags um Überprüfung dieses Standpunkts ersuchen kann und daß andernfalls davon ausgegangen wird, daß er seinen Erstantrag zurückgezogen hat.

(2) Ergeht innerhalb des auf die Einreichung des Antrags folgenden Monats keine Antwort, so gilt der Antrag als abgelehnt, es sei denn, der Antragsteller reicht innerhalb des folgenden Monats einen Zweitantrag gemäß Absatz 1 ein.

(3) Die Ablehnung eines Zweitantrags muß innerhalb eines Monats nach Antragstellung erfolgen und ist ordnungsgemäß zu begründen. Sie ist dem Antragsteller so bald wie möglich schriftlich mitzuteilen, wobei er zugleich über den Inhalt der Artikel 138e und 173 des Vertrags zur Gründung der Europäischen Gemeinschaft zu unterrichten ist, die die Bedingungen für die Befassung des Bürgerbeauftragten durch natürliche Personen bzw. die Überwachung der Rechtmäßigkeit der Handlungen des Rates durch den Gerichtshof betreffen.

(4) Ergeht innerhalb des auf die Einreichung des Zweitantrags folgenden Monats keine Antwort, so gilt der Antrag als abgelehnt.

(5) In Ausnahmefällen kann der Generalsekretär nach vorheriger Unterrichtung des Antragstellers die in Absatz 1 und Absatz 3 festgelegten Fristen um einen Monat verlängern.

Artikel 8

Bei der Durchführung des vorliegenden Beschlusses sind die Bestimmungen für den Schutz von Verschlußsachen zu beachten.

Artikel 9

Der Generalsekretär unterbreitet 1996 und danach alle zwei Jahre einen Bericht über die Durchführung dieses Beschlusses.

Artikel 10

Dieser Beschluß tritt am 1. Januar 1994 in Kraft.

Geschehen zu Brüssel am 20. Dezember 1993.

BESCHLUSS DER KOMMISSION vom 8. Februar 1994 über den Zugang der Öffentlichkeit zu den der Kommission vorliegenden Dokumenten

DIE KOMMISSION DER EUROPÄISCHEN GEMEINSCHAFTEN

gestützt auf die Verträge zur Gründung der Europäischen Gemeinschaften und insbesondere auf Artikel 162 des Vertrags zur Gründung der Europäischen Gemeinschaft,

in Erwägung nachstehender Gründe:

Nach der Erklärung zum Recht auf Zugang zu Informationen im Anhang zur Schlußakte des Vertrags über die Europäische Union und den Schlußfolgerungen des Europäischen Rates von Birmingham und Edinburgh über eine bürgernähere Gemeinschaft ist es zweckmäßig, gemeinsam mit dem Rat in Form eines Verhaltenskodex Grundsätze festzulegen, die für den Zugang zu den der Kommission und dem Rat vorliegenden Dokumenten gelten.

Diese Grundsätze sind in den Mitteilungen der Kommission vom 5. Mai 1993 über den Zugang der Öffentlichkeit zu Dokumenten, die sich im Besitz der Gemeinschaftsorgane befinden, und vom 2. Juni 1993 über die Transparenz in der Gemeinschaft enthalten.

Zur Anwendung dieses Verhaltenskodex müssen besondere Bestimmungen für die Kommission erlassen werden -

BESCHLIESST:

Artikel 1

Der Verhaltenskodex über den Zugang der Öffentlichkeit zu den der Kommission vorliegenden Dokumenten nach Maßgabe des Anhangs wird angenommen.

Artikel 2

Zur Anwendung des Verhaltenskodex nach Artikel 1 werden folgende Maßnahmen erlassen:

(1) Anträge auf Zugang zu einem Dokument sind bei den zuständigen Dienststellen der Kommission an deren Amtssitz, bei den Vertretungen der Kommission in den Mitgliedstaaten oder bei den Delegationen der Kommission der Europäischen Gemeinschaften in Drittländern schriftlich einzureichen.

(2) Der Antragsteller wird innerhalb einer Frist von einem Monat schriftlich vom Generaldirektor oder Dienststellenleiter bzw. dem beauftragten Direktor des Generalsekretariats oder in deren Namen von dem ermächtigten Beamten darüber unterrichtet, ob seinem Antrag stattgegeben wird oder ob die Absicht besteht, ihn abzulehnen. Im letzteren Falle wird dem Antragsteller außerdem mitgeteilt, daß er binnen eines Monats durch Einreichung eines Zweitantrags beim Generalsekretär der Kommission um Überprüfung dieses Standpunkts ersuchen kann und daß anderenfalls davon ausgegangen wird, daß er seinen Erstantrag zurückgezogen hat.

(3) Der Präsident ist befugt, im Benehmen mit dem für den fraglichen Bereich zuständigen Kommissionsmitglied über die Zweitanträge zu entscheiden. Er kann die Ausübung dieser Befugnisse an den Generalsekretär übertragen.

(4) Ergeht innerhalb des auf die Einreichung des Antrags folgenden Monats keine Antwort durch einen der in Absatz 2 genannten Beamten, so gilt der Antrag als abgelehnt. Ergeht

innerhalb des auf Einreichung des Zweitantrags folgenden Monats keine Antwort, so gilt der Antrag als abgelehnt.

(5) Für die Ablichtung eines Dokuments von über 30 Seiten auf Papier wird eine Gebühr von 10 ECU zuzüglich 0,036 ECU pro Blatt erhoben. Die Gebühren für andere Informationsträger werden von Fall zu Fall festgelegt, dürfen jedoch einen zumutbaren Betrag nicht überschreiten.

(6) Bei der Akteneinsicht an Ort und Stelle müssen die Dienststellen die Wünsche des Antragstellers berücksichtigen. Falls die zuständige Generaldirektion oder Dienststelle nicht über die materiellen Voraussetzungen verfügt, um eine Akteneinsicht an Ort und Stelle zu ermöglichen, findet diese in der Zentralbibliothek der Kommission in Brüssel bzw. Luxemburg oder in den Diensträumen der Vertretungen der Kommission in den Mitgliedstaaten oder der Delegationen der Kommission in den Drittstaaten statt.

Artikel 3

Dieser Beschluß tritt am 15. Februar 1994 in Kraft. Er wird im Amtsblatt der Europäischen Gemeinschaften veröffentlicht.

Brüssel, den 8. Februar 1994.

Für die Kommission João Pinheiro *Mitglied der Kommission*

Anhang. Verhaltenskodex für den Zugang der Öffentlichkeit zu Kommissions- und Ratsdokumenten

Beschluss des Generalsekretärs des Rates/Hohen Vertreters für die Gemeinsame Außen- und Sicherheitspolitik vom 27. Juli 2000 über die im Generalsekretariat des Rates anzuwendenden Maßnahmen zum Schutz der als Verschlusssachen einzustufenden Informationen

DER GENERALSEKRETÄR DES RATES/HOHE VERTRETER FÜR DIE GEMEINSAME AUSSEN- UND SICHERHEITSPOLITIK -

gestützt auf Artikel 23 Absatz 2 Unterabsatz 2 der Geschäftsordnung des Rates vom 5. Juni 2000, wonach der Generalsekretär alle erforderlichen Maßnahmen für das reibungslose Arbeiten des Generalsekretariats trifft;

in Erwägung nachstehender Gründe:

(1) Der Europäische Rat hat auf seiner Tagung im Dezember 1999 in Helsinki den politischen Anstoß dazu gegeben, die Europäische Union im Rahmen einer verstärkten europäischen Sicherheits? und Verteidigungspolitik mit den Mitteln auszustatten, die zur militärischen und nichtmilitärischen Krisenbewältigung erforderlich sind.

(2) In diesem Zusammenhang muss der Beschluss Nr. 24/95 des Generalsekretärs über die im Generalsekretariat des Rates anzuwendenden Maßnahmen zum Schutz der als Verschlusssachen einzustufenden Informationen durch die Aufnahme der Geheimhaltungsstufe "TRÈS SECRET/TOP SECRET" in die Liste der Geheimhaltungsstufen und den Ausbau der internen Regelungen geändert werden, wobei davon auszugehen ist, dass es sich hierbei um eine vorläufige Änderung handelt, die zur Überbrückung dient, bis in naher Zukunft umfassendere Maßnahmen getroffen werden.

(3) Im Hinblick auf die Veröffentlichung des Textes im Amtsblatt sind diese Änderungen in eine konsolidierte Fassung einzuarbeiten, die den genannten Beschluss Nr. 24/95 ersetzt -

BESCHLIESST:

Artikel 1

Mit diesem Beschluss werden Regeln für die Einstufung der im Generalsekretariat des Rates behandelten oder erstellten Informationen festgelegt, durch die die entsprechend eingestuften Informationen unabhängig von ihrem Ursprung, dem Informationsträger und dem Ausarbeitungsstadium geschützt werden können.

Artikel 2

(1) Als Verschlusssachen gelten Informationen, die in eine der folgenden Kategorien eingestuft sind:

a) TRÈS SECRET/TOP SECRET (streng geheim): Informationen, deren unerlaubte Verbreitung den wesentlichen Interessen der Europäischen Union oder eines oder mehrerer ihrer Mitgliedstaaten einen äußerst schweren Schaden zufügen könnte;

b) SECRET (geheim): Informationen, deren unerlaubte Verbreitung den wesentlichen Interessen der Europäischen Union oder eines oder mehrerer ihrer Mitgliedstaaten schweren Schaden zufügen könnte;

c) CONFIDENTIEL (vertraulich): Informationen, deren unerlaubte Verbreitung den wesentlichen Interessen der Europäischen Union oder eines oder mehrerer ihrer Mitgliedstaaten abträglich wäre;

d) RESTREINT (nur für den Dienstgebrauch): Informationen, deren unerlaubte Verbreitung unangebracht oder verfrüht wäre.

(2) Die mit LIMITE und SN gekennzeichneten Dokumente stellen keine Verschlusssachen im Sinne dieses Beschlusses dar. Die Vermerke LIMITE und SN gelten für dienstinterne Dokumente, die nicht zur Veröffentlichung bestimmt sind.

Gleiches gilt für die übrigen Informationen, insbesondere Aufzeichnungen, Dokumente oder internen Schriftverkehr des Generalsekretariats, vorbehaltlich einer etwaigen Sonderbehandlung, wenn deren Schutz insbesondere gemäß Artikel 3 Absatz 3 gerechtfertigt ist.

Diese Dokumente und Informationen dürfen nur mit Genehmigung des zuständigen Generaldirektors weitergegeben werden.

(3) Eine Einstufung als Verschlusssache erfolgt nur in dem erforderlichen Maße und für die notwendige Dauer. Bei unbestimmter Dauer der Einstufung einer Information ist spätestens nach Ablauf von fünf Jahren zu entscheiden, ob die Einstufung aufrechterhalten oder aufgehoben werden soll.

(4) Ein Beamter oder sonstiger Bediensteter des Generalsekretariats des Rates stuft eine Information auf Weisung oder mit Zustimmung seines Generaldirektors ein.

Artikel 3

(1) Bilden mehrere Informationen ein Ganzes, so gilt für das Ganze mindestens die Geheimhaltungsstufe der am höchsten eingestuften Information.

(2) Die Geheimhaltungsstufe, die einer Information von einer nationalen oder internationalen Behörde oder Einrichtung bei der Übermittlung an das Generalsekretariat zuerkannt wurde, kann nur von dieser Behörde oder Einrichtung geändert werden. Ist eine solche Information besonders schutzbedürftig, so unterliegt sie einer vom Generalsekretär angeordneten Sonderbehandlung.

(3) Eine Information, die den Inhalt einer als Verschlusssache eingestuften Information wiedergibt, erhält dieselbe Geheimhaltungsstufe.

Artikel 4

(1) Ein als Verschlusssache eingestuftes Dokument darf nur mit schriftlicher Zustimmung der übersendenden Stelle und erforderlichenfalls nach Anhörung der übrigen beteiligten Parteien herabgestuft oder freigegeben [1] werden. In dringenden Fällen kann diese Zustimmung mündlich erteilt werden. Sie ist unverzüglich schriftlich zu bestätigen. Es obliegt der übersendenden Stelle, die Empfänger des Dokuments über die Änderung der Einstufung zu informieren, wobei letztere wiederum die weiteren Empfänger, denen sie das Original oder eine Kopie des Dokuments zugeleitet haben, davon zu unterrichten haben.

(2) Soweit möglich gibt die übersendende Stelle auf dem als Verschlusssache eingestuften Dokument den Zeitpunkt oder eine Frist an, ab dem/nach deren Ablauf die in dem Dokument

enthaltenen Informationen herabgestuft oder freigegeben werden können. Anderenfalls trägt sie für eine fortlaufende Prüfung Sorge um sicherzustellen, dass die ursprüngliche Einstufung nach wie vor gilt.

Artikel 5

Die Generaldirektoren treffen alle zum Schutz der Verschlusssachen zweckmäßigen Maßnahmen und tragen dafür Sorge, dass sie nur in dem für den dienstlichen Bedarf unbedingt erforderlichen Maße im Umlauf sind und weitergegeben werden.

Artikel 6

(1) Die Geheimhaltungsstufe einer Information ist durch Anbringung eines auffälligen Stempels anzugeben, und zwar bei Dokumenten oben und unten auf jeder Seite, bei anderen Informationsträgern durch Anbringung einer entsprechenden Kennzeichnung.

Die als TRÈS SECRET/TOP SECRET oder SECRET eingestuften Informationen tragen außerdem in derselben Weise eine laufende Nummer, mit der ihr Empfänger identifiziert werden kann.

(2) Bei einer vorübergehenden Einstufung als Verschlusssache wird auf der Information außerdem das Datum angegeben, von dem an sie als freigegeben gilt.

(3) Wird die Einstufung einer Information geändert, so werden darauf die der neuen Regelung entsprechenden Stempel angebracht.

Artikel 7

(1) Die Zahl der Exemplare einer Verschlusssache ist auf das für den dienstlichen Bedarf unbedingt erforderliche Maß zu beschränken.

(2) Die vollständige oder teilweise Vervielfältigung einer als TRÈS SECRET/TOP SECRET, SECRET oder CONFIDENTIEL eingestuften Information ist nur mit Zustimmung des zuständigen Generaldirektors möglich.

Eine Vervielfältigung von als Verschlusssachen eingestuften Informationen muss unter Bedingungen erfolgen, die den Schutz der Informationen gewährleisten.

(3) Jeder Empfänger einer Verschlusssache erhält nur ein einziges Exemplar.

(4) Unbeschadet des Artikels 14 Absatz 1 der Geschäftsordnung des Rates werden die als TRÈS SECRET/TOP SECRET oder als SECRET eingestuften Dokumente nur übersetzt, wenn der Generalsekretär oder der zuständige Generaldirektor im Auftrag des Generalsekretärs dies anordnet.

(5) Die Übersetzungen von Verschlusssachen werden unter denselben Bedingungen geschützt wie die Originale.

Artikel 8

Der Sicherheitsdienst ist unter der Verantwortung des Generaldirektors für Personal und Verwaltung mit folgenden Aufgaben betraut:

-Unterrichtung des Personals über seine Pflichten hinsichtlich des Verschlusssachenschutzes;

- Durchführung der materiellen Sicherheitsmaßnahmen;

- Sicherstellung der Einhaltung dieses Beschlusses;

- Unterrichtung des Generalsekretärs über alle bei der Durchführung dieses Beschlusses aufgetretenen Probleme oder Schwierigkeiten.

Artikel 9

(1) Das Verschlusssachenbüro verfolgt die Behandlung der als TRÈS SECRET/TOP SECRET, SECRET oder CONFIDENTIEL eingestuften Informationen, wenn sie Gegenstand von Ratsdokumenten sind.

Unter der Verantwortung des Generaldirektors für Personal und Verwaltung nimmt es folgende Aufgaben wahr:

- Verwaltung der Registrierung, Vervielfältigung, Übersetzung, Weiterleitung, Versendung und Vernichtung der Informationen;

- Führung des Verschlusssachenregisters;

- regelmäßige Anfragen bei den Informationsgebern, ob die Einstufung der betreffenden Informationen aufrechtzuerhalten ist;

- im Benehmen mit dem Sicherheitsdienst Festlegung des praktischen Vorgehens bei der Einstufung und der Freigabe von Informationen.

(2) Das Verschlusssachenbüro führt ein Register mit folgenden Angaben:

- Datum der Erstellung der Verschlusssache,

- Geheimhaltungsstufe,

- Sperrfrist,

- Name und Dienststelle des Informationsgebers,

- der oder die Empfänger mit laufender Nummer,

- Gegenstand,

- Nummer,

- Zahl der verbreiteten Exemplare.

Artikel 10

(1) In jeder Dienststelle benennt der zuständige Generaldirektor einen Geheimschutzbeauftragten, dem die erforderlichen Maßnahmen zum Schutz der als TRÈS SECRET/TOP SECRET, SECRET oder CONFIDENTIEL eingestuften Informationen obliegen.

(2) Der Geheimschutzbeauftragte vereinbart mit dem Sicherheitsdienst und dem Verschlusssachenbüro die in seiner Dienststelle anzuwendenden Maßnahmen zum Schutz der Ratsdokumente. Hierzu nimmt der Geheimschutzbeauftragte folgende Aufgaben wahr:

- Er übermittelt dem Verschlusssachenbüro die in Artikel 9 Absatz 2 genannten Angaben;

- er unterrichtet den Sicherheitsdienst über die Abhaltung von Sitzungen, in denen Verschlusssachen behandelt werden;

- er prüft, ob die Einstufung fünf Jahre nach Erstellung der Information noch aufrechterhalten werden muss;

- er sorgt für die Archivierung der Verschlusssachen und leitet sie nach ihrer Freigabe dem Zentralarchiv zu.

Artikel 11

(1) Jede Information mit der Geheimhaltungsstufe TRÈS SECRET/TOP SECRET oder SECRET ist in einem Raum zu erstellen, der einen ausreichenden Schutz erlaubt.

(2) Die mit Textverarbeitung erstellten Informationen der Geheimhaltungsstufen TRÈS SECRET/TOP SECRET, SECRET oder CONFIDENTIEL sind auf Einzelgeräten außerhalb des üblichen DV-Netzes zu erstellen. Diese Informationen dürfen auf keinen Fall im Gerät selbst gespeichert werden.

(3) Disketten mit als Verschlusssache eingestuften Informationen werden unter denselben Bedingungen geschützt wie die Dokumente derselben Geheimhaltungsstufe.

Artikel 12

(1) Bei Weitergabe von Verschlusssachen innerhalb eines Gebäudes oder zwischen Gebäuden sind Vorkehrungen für ihren Schutz zu treffen.

(2) Beim Versand von als TRÈS SECRET/TOP SECRET oder SECRET eingestuften Informationen ist wie folgt zu verfahren:

- Zustellung - mit Empfangsbestätigung - durch befugten Boten in doppeltem Umschlag, wobei der äußere Umschlag keinerlei Erkennungszeichen trägt und der innere Umschlag verschlossen ist und den Hinweis TRÈS SECRET/TOP SECRET oder SECRET trägt;

- Übermittlung in verschlüsselter Form nach einem vom Sicherheitsdienst zugelassenen System und gegebenenfalls mit vorherigem Kontrollanruf;

- bei jeder dieser Übermittlungsformen ist der Empfänger stets namentlich anzugeben.

(3) Beim Versand von als CONFIDENTIEL eingestuften Informationen ist wie folgt zu verfahren:

- Zustellung über Hauspost in doppeltem Umschlag, wobei der äußere Umschlag keinerlei Erkennungszeichen und der innere Umschlag den Hinweis CONFIDENTIEL trägt;

- Zustellung als Einschreiben mit Empfangsbestätigung oder durch Kurierdienst; dabei ist ein doppelter Umschlag zu verwenden, wobei nur der innere Umschlag den Hinweis CONFIDENTIEL trägt;

- in verschlüsselter Form;

- bei jeder dieser Übermittlungsformen ist der Empfänger stets namentlich anzugeben.

(4) Beim Versand von als RESTREINT eingestuften Informationen ist wie folgt zu verfahren:

- Zustellung über Hauspost in einfachem verschlossenem Umschlag ohne irgendein äußeres Erkennungzeichen;

- Zustellung im Postversand in einem Umschlag ohne irgendein äußeres Erkennungszeichen;

- elektronische Übermittlung, sofern der Empfänger die Information persönlich erhält;

- bei jeder dieser Übermittlungsformen ist der Empfänger stets namentlich anzugeben.

(5) Die Übermittlung von als CONFIDENTIEL und RESTREINT eingestuften Informationen an die Dolmetscher wird dem Konferenzdienst unter folgenden Bedingungen übertragen:

- Die Dolmetscherkabinen erhalten von jedem Dokument ein Exemplar;

- die Verteilung der Dokumente erfolgt kurz vor der Erörterung des betreffenden Themas;

- die Dokumente werden nach der Sitzung wieder eingesammelt.

(6) Ausgabe und Rücknahme der als TRÈS SECRET/TOP SECRET oder SECRET eingestuften Informationen bei den Dolmetschern obliegen dem Geheimschutzbeauftragten.

Artikel 13

(1) Die Mitnahme von Verschlusssachen bei Dienstreisen oder zu Sitzungen außerhalb der Gebäude, in denen sie aufbewahrt werden, ist auf das für den dienstlichen Bedarf unbedingt erforderliche Maß zu beschränken.

(2) Die Beförderung von als TRÈS SECRET/TOP SECRET oder SECRET eingestuften Informationen außerhalb des Hoheitsgebiets der Mitgliedstaaten ist nur als Diplomatenpost zulässig. In Ausnahmefällen können diese Informationen von einem Beamten oder Bediensteten des Generalsekretariats auf Weisung oder mit Zustimmung seines Generaldirektors mitgeführt werden.

(3) Die außerhalb der Gebäude des Rates beförderten Informationen sind ständig unter Bedingungen zu verwahren, die völlige Sicherheit bieten.

Artikel 14

(1) Verschlusssachen dürfen am Arbeitsplatz nicht offen ausgebreitet werden. Sie dürfen zu keinem Zeitpunkt, auch nicht kurzfristig, ohne Aufsicht zurückgelassen werden.

(2) Als TRÈS SECRET/TOP SECRET, SECRET und CONFIDENTIEL eingestufte Informationen werden in Büromöbeln verwahrt, die vom Sicherheitsdienst als aufbruchsicher und sicher verschließbar eingestuft wurden.

Als RESTREINT eingestufte Informationen müssen in abschließbaren Büromöbeln verwahrt werden.

Artikel 15

(1) Überzählige Exemplare von Verschlusssachen oder Exemplare, deren Inhalt überholt ist, werden vernichtet.

(2) Die Vernichtung von Verschlusssachen erfolgt mit Hilfe eines Reißwolfs oder nach einem anderen vom Sicherheitsdienst zugelassenen Vernichtungsverfahren.

Verschlusssachen können dem Sicherheitsdienst zur Vernichtung anvertraut werden.

(3) Bei als TRÈS SECRET/TOP SECRET oder SECRET eingestuften Informationen wird die Vernichtung gemeinsam durch den Sicherheitsdienst und den Geheimschutzbeauftragten dokumentiert; letzterer leitet den Vernichtungsnachweis dem Verschlusssachenbüro zu.

Artikel 16

Bei jeder vermuteten, gemeldeten oder festgestellten Übertretung dieses Beschlusses stellt der Sicherheitsdienst auf Antrag des zuständigen Generaldirektors oder des Generaldirektors für Personal und Verwaltung Nachforschungen an. Der Generalsekretär wird über den Verlauf und die Ergebnisse dieser Nachforschungen unterrichtet.

Artikel 17

Dieser Beschluss wird im Amtsblatt der Europäischen Gemeinschaften veröffentlicht. Er tritt am Tag seiner Veröffentlichung in Kraft. Er gilt nur für die Informationen und Dokumente, die ab diesem Zeitpunkt im Generalsekretariat bearbeitet und erstellt werden.

Artikel 18

Der Beschluss Nr. 24/95 des Generalsekretärs des Rates vom 30. Januar 1995 über die im Generalsekretariat des Rates anzuwendenden Maßnahmen zum Schutz der als Verschlusssachen einzustufenden Informationen wird aufgehoben.

Geschehen zu Brüssel am 27. Juli 2000

BESCHLUSS DES RATES
vom 14. August 2000
zur Änderung des Beschlusses 93/731/EG über den Zugang der Öffentlichkeit zu Ratsdokumenten und des Beschlusses 2000/23/EG zur Verbesserung der Information über die Gesetzgebungstätigkeit des Rates und das öffentliche Register der Ratsdokumente
(2000/527/EG)

DER RAT DER EUROPÄISCHEN UNION —
gestützt auf den Vertrag zur Gründung der Europäischen Gemeinschaft, insbesondere auf Artikel 207,
gestützt auf seine Geschäftsordnung, insbesondere auf Artikel 10,
in Erwägung nachstehender Gründe:

(1) Der Europäische Rat hat auf seiner Tagung im Dezember 1999 in Helsinki den politischen Anstoß dazugegeben, die Europäische Union im Rahmen einer verstärkten europäischen Sicherheits- und Verteidigungspolitik mit den Mitteln auszustatten, die zur militärischen und nichtmilitärischen Krisenbewältigung erforderlich sind.

(2) in diesem Rahmen muss der Rat Regeln zur Gewährleistung eines effizienten Schutzes der Dokumente festlegen, die die genannten Bereiche betreffen und deren Freigabe den wesentlichen Interessen der Union oder eines oder mehrerer ihrer Mitgliedstaaten Schaden zufügen würde. Aus diesem Grund sind derartige Dokumente nach dem Beschluss des Generalsekretärs des Rates/Hohen Vertreters für die Gemeinsame Außen- und Sicherheitspolitik vom 27. Juli 2000 über die im Generalsekretariat des Rates anzuwendenden Maßnahmen zum Schutz der als Verschlusssachen einzustufenden Informationen[1] als TRÈS SECRET/TOP SECRET (streng geheim), SECRET (geheim) oder CONFIDENTIEL (vertraulich) einzustufen.

(3) Die ernsten Folgen, die eine Freigabe der genannten Dokumente insbesondere hinsichtlich der Perspektiven für die Entwicklung der neuen verstärkten Europäischen Sicherheits- und Verteidigungspolitik nach sich ziehen würde, und das nötige Vertrauen, das die einzelnen Beteiligten in einem für die Entwicklung dieser Politik entscheidenden Augenblick haben können müssen, lassen es gerechtfertigt erscheinen, derartige Dokumente aus dem Anwendungsbereich der Regeln über den Zugang der Öffentlichkeit zu Ratsdokumenten auszuschließen, so lange sie nicht nach den in Erwägungsgrund 2 genannten Regeln für die Einstufung von Dokumenten herabgestuft oder freigegeben worden sind.

(4) Der Informationsaustausch in den in Erwägungsgrund 1 genannten besonders sensiblen Bereichen, der einer der Bestandteile der Entwicklung der genannten neuen Politik ist, kann nur funktionieren, wenn der Urheber der Informationen sicher sein kann, dass keine von ihm stammende Information gegen seinen Willen verbreitet wird. Es ist daher vorzusehen, dass ein Ratsdokument, aus dem Schlüsse über den Inhalt als Verschlusssachen eingestufter Informationen gezogen werden könnten, die von einer natürlichen oder juristischen Person, einem Mitgliedstaat, einem anderen Gemeinschaftsorgan oder einer anderen Gemeinschaftseinrichtung oder von einer sonstigen einzelstaatlichen oder internationalen

[1] Abl. C 239 vom 23.8.2000, S. 1.

Organisation stammen, nur dann der Öffentlichkeit zugänglich gemacht werden dürfen, wenn der Urheber der Informationen im Voraus schriftlich seine Zustimmung hierzu erteilt hat.

(5) Um den Schutz der Vertraulichkeit von Information auch bei der Prüfung der Dokumente, zu denen der Zugang beantragt wurde, zu verstärken, sollten Maßnahmen vorgesehen werden, mit denen die Einhaltung des Grundsatzes gewährleistet werden kann, dass nur Personen Zugang zu Verschlusssachen haben, die befugt sind, von ihrem Inhalt Kenntnis zu nehmen.

(6) Da die Sicherheit und die Verteidigung der Union oder eines oder mehrerer ihrer Mitgliedstaaten und die militärische und nichtmilitärische Krisenbewältigung ein öffentliches Interesse darstellen, das bei der Anwendung des Beschlusses 93/731/EG[2] geschützt werden soll, sollte ausdrücklich auf diesen Umstand hingewiesen werden, wenn die Gründe für die Ablehnung eines Antrags auf den Zugang zu einem Dokument angegeben werden —

BESCHLIESST:

Artikel 1

Der Beschluss 93/731/EG wird wie folgt geändert:

1. Artikel 1 Absatz 1 erhält folgende Fassung:
„(1) Die Öffentlichkeit erhält gemäß den Bedingungen dieses Beschlusses Zugang zu den Dokumenten des Rates mit Ausnahme der Dokumente, die im Sinne des Beschlusses des Generalsekretärs des Rates/Hohen Vertreters für die Gemeinsame Außen- und Sicherheitspolitik vom 27.Juli 2000 über die im Generalsekretariat des Rates anzuwendenden Maßnahmen zum Schutz der als Verschlusssachen einzustufenden Informationen als TRÈS SECRET/TOP SECRET (streng geheim), SECRET (geheim) oder CONFIDENTIEL (vertraulich) eingestuft sind und Fragen der Sicherheit und der Verteidigung der Union oder eines oder mehrerer ihrer Mitgliedstaaten oder die militärische und nichtmilitärische Krisenbewältigung betreffen.

Betrifft ein Antrag auf Zugang ein Dokument, das in eine der in Unterabsatz 1 genannten Kategorien eingestuft ist, so wird der Antragsteller davon unterrichtet, dass dieses Dokument nicht in den Anwendungsbereich des vorliegenden Beschlusses fällt."

2. Dem Artikel 2 wird folgender Absatz angefügt:

„(3) Unbeschadet des Artikels 1 Absatz 1 darf jedes Ratsdokument, das Fragen der Sicherheit und der Verteidigung der Union oder eines oder mehrerer ihrer Mitgliedstaaten oder die militärische und nichtmilitärische Krisenbewältigung betrifft und es ermöglicht, Schlüsse über den Inhalt von Verschlusssachen zu ziehen, die von einem der in Absatz 2 genannten Urheber stammen, nur mit der vorherigen schriftlichen Zustimmung des Urhebers dieser Informationen der Öffentlichkeit zugänglich gemacht werden.

Wird der Zugang zu einem Dokument aufgrund der Anwendung dieses Absatzes verweigert, so wird der Antragsteller hiervon unterrichtet."

---

[2] ABl. L 340 vom 31.12.1993, S. 43. Beschluss geändert durch den Beschluss 96/705/ Euratom, EGKS, EG (ABl. L 325 vom 14.12.1996, S. 19).

3. Artikel 3 Absatz 1 erhält folgende Fassung:

„(1) Der Zugang zu einem Ratsdokument wird gewährt durch Genehmigung der persönlichen Einsichtnahme in das betreffende Dokument oder durch Bereitstellung einer Kopie auf Kosten des Antragstellers. Die Höhe der fälligen Gebühren wird vom Generalsekretär/Hohen Vertreter für die Gemeinsame Außen- und Sicherheitspolitik (nachstehend ‚Generalsekretär' genannt) festgesetzt."

4. Artikel 4 Absatz 1 erster Gedankenstrich erhält folgende Fassung:

„— der Schutz des öffentlichen Interesses (öffentliche Sicherheit, Sicherheit und Verteidigung der Union oder eines oder mehrerer ihrer Mitgliedstaaten, militärische und nichtmilitärische Krisenbewältigung, internationale Beziehungen, Währungsstabilität, Rechtspflege, Inspektions- und Untersuchungstätigkeiten);"

5. Am Ende des Artikels 5 wird folgender Satz hinzugefügt:

„Der Ausschuss der Ständigen Vertreter achtet darauf, dass die erforderlichen Maßnahmen getroffen werden, um dafür zu sorgen, dass mit der Ausarbeitung der entsprechenden Beschlüsse Personen betraut werden, die befugt sind, Einblick in die betreffenden Dokumente zu nehmen."

6. In Artikel 7 Absatz 3 werden die Bezugnahmen auf die Artikel 138e und 173 des Vertrags zur Gründung der Europäischen Gemeinschaft durch Bezugnahmen auf die Artikel 195 und 230 des Vertrags zur Gründung der Europäischen Gemeinschaft ersetzt.

7. Am Ende des Artikels 7 Absatz 5 wird folgender Satz hinzugefügt:

„Die Fristen können um zwei Monate verlängert werden, wenn nach Artikel 2 Absatz 3 ein anderer Urheber als der Rat zu konsultieren ist."

Artikel 2

Der Beschluss 2000/23/EG[3] wird wie folgt geändert:

1. Artikel 2 wird folgender Text als Absatz 2 hinzugefügt:

„Das öffentliche Register der Ratsdokumente enthält keinen Verweis auf die Dokumente, die im Sinne des Beschlusses des Generalsekretärs des Rates/Hohen Vertreters für die Gemeinsame Außen- und Sicherheitspolitik vom 27. Juli 2000 über die im Generalsekretariat des Rates anzuwendenden Maßnahmen zum Schutz der als Verschlusssachen einzustufenden Informationen als TRÈS SECRET/TOP SECRET (streng geheim), SECRET (geheim) oder CONFIDENTIEL (vertraulich) eingestuft sind und Fragen der Sicherheit und der Verteidigung der Union oder eines oder mehrerer ihrer Mitgliedstaaten oder die militärische und nichtmilitärische Krisenbewältigung betreffen."

---

[3] ABl. L 9 vom 13.1.2000, S. 22.

2. Artikel 2 erster Gedankenstrich erhält folgende Fassung:

„— Schutz des öffentlichen Interesses (öffentliche Sicherheit, Sicherheit und Verteidig ng der Union oder eines oder mehrerer ihrer Mitgliedstaaten, militärische und nichtmilitärische Krisenbewältigung, internationale Beziehungen, Währungsstabilität, Rechtspflege, Inspektions- und Untersuchungstätigkeiten);“

Artikel 3

Der Generalsekretär trifft die erforderlichen Vorkehrungen, um für die Durchführung dieses Beschlusses zu sorgen.

Artikel 4

Dieser Beschluss wird am Tage seiner Veröffentlichung im *Amtsblatt der Europäischen Gemeinschaften* wirksam.

Geschehen zu Brüssel am 14. August 2000.

Im Namen des Rates
Der Präsident
H. VÉDRINE

VERORDNUNG (EG) Nr. 1049/200 DES EUROPÄISCHEN PARLAMENTS UND DES RATES
vom 30. Mai 2001 über den Zugang der Öffentlichkeit zu Dokumenten des Europäischen Parlaments, des Rates und der Kommission

DAS EUROPÄISCHE PARLAMENT UND DER RAT DER EUROPÄISCHEN UNION —

gestützt auf den Vertrag zur Gründung der Europäischen Gemeinschaft, insbesondere auf Artikel 255 Absatz 2,

auf Vorschlag der Kommission[4],

gemäß dem Verfahren des Artikels 251 des Vertrags[5],

in Erwägung nachstehender Gründe:

(1) In Artikel 1 Absatz 2 des Vertrags über die Europäische Union, wonach der Vertrag eine neue Stufe bei der Verwirklichung einer immer engeren Union der Völker Europas darstellt, in der die Entscheidungen möglichst offen und möglichst bürgernah getroffen werden, ist das Prinzip der Transparenz verankert.

(2) Transparenz ermöglicht eine bessere Beteiligung der Bürger am Entscheidungsprozess und gewährleistet eine größere Legitimität, Effizienz und Verantwortung der Verwaltung gegenüber dem Bürger in einem demokratischen System. Transparenz trägt zur Stärkung der Grundsätze der Demokratie und der Achtung der Grundrechte bei, die in Artikel 6 des EU-Vertrags und in der Charta der Grundrechte der Europäischen Union verankert sind.

(3) In den Schlussfolgerungen des Europäischen Rates von Birmingham, Edinburgh und Kopenhagen wurde die Notwendigkeit betont, die Arbeit der Organe der Union transparenter zu machen. Diese Verordnung konsolidiert die Initiativen, die die Organe bereits ergriffen haben, um die Transparenz des Entscheidungsprozesses zu verbessern.

(4) Diese Verordnung soll dem Recht auf Zugang der Öffentlichkeit zu Dokumenten größtmögliche Wirksamkeit verschaffen und gemäß Artikel 255 Absatz 2 des EG-Vertrags die allgemeinen Grundsätze und Einschränkungen dafür festlegen.

(5) Da der Zugang zu Dokumenten im Vertrag über die Gründung der Europäischen Gemeinschaft für Kohle und Stahl und im Vertrag zur Gründung der Europäischen Atomgemeinschaft nicht geregelt ist, sollten sich das Europäische Parlament, der Rat und die Kommission gemäß der Erklärung Nr. 41 zur Schlussakte des Vertrags von Amsterdam bei Dokumenten im Zusammenhang mit Tätigkeiten, die sich aus diesen beiden Verträgen ergeben, von dieser Verordnung leiten lassen.

(6) Ein umfassenderer Zugang zu Dokumenten sollte in den Fällen gewährt werden, in denen die Organe, auch im Rahmen übertragener Befugnisse, als Gesetzgeber tätig sind, wobei

[4] ABl. C 177 E vom 27.6.2000, S. 70.
[5] Stellungnahme des Europäischen Parlaments vom 3. Mai 2001 (noch nicht im Amtsblatt veröffentlicht) und Beschluss des Rates vom 28. Mai 2001.

gleichzeitig die Wirksamkeit ihrer Entscheidungsprozesse zu wahren ist. Derartige Dokumente sollten in größtmöglichem Umfang direkt zugänglich gemacht werden.

(7) Gemäß Artikel 28 Absatz 1 und Artikel 41 Absatz 1 des EU-Vertrags gilt das Zugangsrecht auch für Dokumente aus den Bereichen der Gemeinsamen Außen- und Sicherheitspolitik sowie der polizeilichen und justiziellen Zusammenarbeit in Strafsachen. Jedes Organ sollte seine Sicherheitsbestimmungen beachten.

(8) Um die vollständige Anwendung dieser Verordnung auf alle Tätigkeiten der Union zu gewährleisten, sollten alle von den Organen geschaffenen Einrichtungen die in dieser Verordnung festgelegten Grundsätze anwenden.

(9) Bestimmte Dokumente sollten aufgrund ihres hochsensiblen Inhalts einer besonderen Behandlung unterliegen. Regelungen zur Unterrichtung des Europäischen Parlaments über den Inhalt derartiger Dokumente sollten durch interinstitutionelle Vereinbarung getroffen werden.

(10) Um die Arbeit der Organe transparenter z gestalten, sollten das Europäische Parlament, der Rat und die Kommission Zugang nicht nur zu Dokumenten gewähren, die von den Organen erstellt wurden, sondern auch zu Dokumenten, die bei ihnen eingegangen sind. In diesem Zusammenhang wird daran erinnert, dass ein Mitgliedstaat gemäß der Erklärung Nr. 35 zur Schlussakte des Vertrags von Amsterdam die Kommission oder den Rat ersuchen kann, ein aus dem betreffenden Mitgliedstaat stammendes Dokument nicht ohne seine vorherige Zustimmung an Dritte weiterzuleiten.

(11) Grundsätzlich sollten alle Dokumente der Organe für die Öffentlichkeit zugänglich sein. Der Schutz bestimmter öffentlicher und privater Interessen sollte jedoch durch Ausnahmen gewährleistet werden. Es sollte den Organen gestattet werden, ihre internen Konsultationen und Beratungen zu schützen, wo dies zur Wahrung ihrer Fähigkeit, ihre Aufgaben zu erfüllen, erforderlich ist. Bei der Beurteilung der Ausnahmen sollten die Organe in allen Tätigkeitsbereichen der Union die in den Rechtsvorschriften der Gemeinschaft verankerten Grundsätze über den Schutz personenbezogener Daten berücksichtigen.

(12) Alle Bestimmungen über den Zugang zu Dokumenten der Organe sollten mit dieser Verordnung in Einklang stehen.

(13) Um die uneingeschränkte Wahrung des Rechts auf Zugang zu gewährleisten, sollte ein Verwaltungsverfahren in zwei Phasen zur Anwendung kommen, mit der zusätzlichen Möglichkeit, den Rechtsweg zu beschreiten oder Beschwerde beim Bürgerbeauftragten einzulegen.

(14) Jedes Organ sollte die notwendigen Maßnahmen ergreifen, um die Öffentlichkeit über die neuen geltenden Rechtsvorschriften zu informieren und sein Personal entsprechend auszubilden und so die Bürger bei der Ausübung der ihnen durch diese Verordnung gewährten Rechte zu unterstützen. Um den Bürgern die Ausübung dieser Rechte zu erleichtern, sollte jedes Organ ein Dokumentenregister zugänglich machen.

(15) Diese Verordnung zielt weder auf eine Änderung des Rechts der Mitgliedstaaten über den Zugang zu Dokumenten ab, noch bewirkt sie eine solche Änderung; es versteht sich

jedoch von selbst, dass die Mitgliedstaaten aufgrund des Prinzips der loyalen Zusammenarbeit, das für die Beziehungen zwischen den Organen und den Mitgliedstaaten gilt, dafür sorgen sollten, dass sie die ordnungsgemäße Anwendung dieser Verordnung nicht beeinträchtigen, und dass sie die Sicherheitsbestimmungen der Organe beachten sollten.

(16) Bestehende Rechte der Mitgliedstaaten sowie der Justiz-oder Ermittlungsbehörden auf Zugang zu Dokumenten werden von dieser Verordnung nicht berührt.

(17) Gemäß Artikel 255 Absatz 3 des EG-Vertrags legt jedes Organ in seiner Geschäftsordnung Sonderbestimmungen hinsichtlich des Zugangs zu seinen Dokumenten fest. Der Beschluss 93/731/EG des Rates vom 20. Dezember 1993 über den Zugang der Öffentlichkeit zu den Ratsdokumenten[6], der Beschluss 94/90/EGK, EG, Euratom der Kommission vom 8. Februar 1994 über den Zugang der Öffentlichkeit zu den der Kommission vorliegenden Dokumenten[7], der Beschluss 97/632/EG, EGK, Euratom des Europäischen Parlaments vom 10. Juli 1997 über den Zugang der Öffentlichkeit zu den Dokumenten des Europäischen Parlaments[8] sowie die Bestimmungen über die vertrauliche Behandlung von Schengen-Dokumenten sollten daher nötigenfalls geändert oder aufgehoben werden —

HABEN FOLGENDE VERORDNUNG ERLASSEN:

Artikel 1

Zweck

Zweck dieser Verordnung ist es:

a) die Grundsätze und Bedingungen sowie die aufgrund öffentlicher oder privater Interessen geltenden Einschränkungen für die Ausübung des in Artikel 255 des EG-Vertrags niedergelegten Rechts auf Zugang zu Dokumenten des Europäischen Parlaments, des Rates und der Kommission (nachstehend „Organe" genannt) so festzulegen, dass ein größtmöglicher Zugang zu Dokumenten gewährleistet ist,

b) Regeln zur Sicherstellung einer möglichst einfachen Ausübung dieses Rechts aufzustellen, und

c) eine gute Verwaltungspraxis im Hinblick auf den Zugang zu Dokumenten zu fördern.

---

[6] ABl. L 340 vom 31.12.1993, S. 43. Beschluss zuletzt geändert durch den Beschluss 2000/527/EG (ABl. L 212 vom 23.8.2000, S. 9).

[7] ABl. L 46 vom 18.2.1994, S. 58. Beschluss geändert durch den Beschluss 96/567/EG, EGK, Euratom (ABl. L 247 vom 28.9.1996, S. 45).

[8] ABl. L 263 vom 25.9.1997, S. 27.

Artikel 2

Zugangsberechtigte und Anwendungsbereich

(1) Jeder Unionsbürger sowie jede natürliche oder juristische Person mit Wohnsitz oder Sitz in einem Mitgliedstaat hat vorbehaltlich der in dieser Verordnung festgelegten Grundsätze, Bedingungen und Einschränkungen ein Recht auf Zugang zu Dokumenten der Organe.

(2) Die Organe können vorbehaltlich der gleichen Grundsätze, Bedingungen und Einschränkungen allen natürlichen oder juristischen Personen, die keinen Wohnsitz oder Sitz in einem Mitgliedstaat haben, Zugang zu Dokumenten gewähren.

(3) Diese Verordnung gilt für alle Dokumente eines Organs, das heißt Dokumente aus allen Tätigkeitsbereichen der Union, die von dem Organ erstellt wurden oder bei ihm eingegangen sind und sich in seinem Besitz befinden.

(4) Unbeschadet der Artikel 4 und 9 werden Dokumente der Öffentlichkeit entweder auf schriftlichen Antrag oder direkt in elektronischer Form oder über ein Register zugänglich gemacht. Insbesondere werden Dokumente, die im Rahmen eines Gesetzgebungsverfahrens erstellt wurden oder eingegangen sind, gemäß Artikel 12 direkt zugänglich gemacht.

(5) Sensible Dokumente im Sinne von Artikel 9 Absatz 1 unterliegen der besonderen Behandlung gemäß jenem Artikel.

(6) Diese Verordn ng berührt nicht das etwaige Recht auf Zugang der Öffentlichkeit zu Dokumenten im Besitz der Organe, das sich aus internationalen Übereinkünften oder aus Rechtsakten der Organe zu deren Durchführung ergibt.

Artikel 3

Begriffsbestimmungen

Im Sinne dieser Verordnung bedeutet:

a) „Dokument“: Inhalte unabhängig von der Form des Datenträgers (auf Papier oder in elektronischer Form, Ton-, Bild-oder audiovisuelles Material), die einen Sachverhalt im Zusammenhang mit den Politiken, Maßnahmen oder Entscheidungen aus dem Zuständigkeitsbereich des Organs betreffen;

b) „Dritte“: alle natürlichen und juristischen Personen und Einrichtungen außerhalb des betreffenden Organs, einschließlich der Mitgliedstaaten, der anderen Gemeinschafts- oder Nicht-Gemeinschaftsorgane und -einrichtungen und der Drittländer.

Artikel 4

Ausnahmeregelung

(1) Die Organe verweigern den Zugang zu einem Dokument, durch dessen Verbreitung Folgendes beeinträchtigt würde:

a) der Schutz des öffentlichen Interesses im Hinblick auf:
— die öffentliche Sicherheit,
— die Verteidigung und militärische Belange,
— die internationalen Beziehungen,
— die Finanz-, Währungs- oder Wirtschaftspolitik der Gemeinschaft oder eines Mitgliedstaats;

b) der Schutz der Privatsphäre und der Integrität des Einzelnen, insbesondere gemäß den Rechtsvorschriften der Gemeinschaft über den Schutz personenbezogener Daten.

(2) Die Organe verweigern den Zugang zu einem Dokument, durch dessen Verbreitung Folgendes beeinträchtigt würde:

— der Schutz der geschäftlichen Interessen einer natürlichen oder juristischen Person, einschließlich des geistigen Eigentums,
— der Schutz von Gerichtsverfahren und der Rechtsberatung,
— der Schutz des Zwecks von Inspektions-, Untersuchungs-und Audittätigkeiten, es sei denn, es besteht ein überwiegendes öffentliches Interesse an der Verbreitung.

(3) Der Zugang zu einem Dokument, das von einem Organ für den internen Gebrauch erstellt wurde oder bei ihm eingegangen ist und das sich auf eine Angelegenheit bezieht, in der das Organ noch keinen Beschluss gefasst hat, wird verweigert, wenn eine Verbreitung des Dokuments den Entscheidungsprozess des Organs ernstlich beeinträchtigen würde, es sei denn, es besteht ein überwiegendes öffentliches Interesse an der Verbreitung.

Der Zugang zu einem Dokument mit Stellungnahmen zum internen Gebrauch im Rahmen von Beratungen und Vorgesprächen innerhalb des betreffenden Organs wird auch dann, wenn der Beschluss gefasst worden ist, verweigert, wenn die Verbreitung des Dokuments den Entscheidungsprozess des Organs ernstlich beeinträchtigen würde, es sei denn, es besteht ein überwiegendes öffentliches Interesse an der Verbreitung.

(4) Bezüglich Dokumente Dritter konsultiert das Organ diese, um zu beurteilen, ob eine der Ausnahmeregelungen der Absätze 1 oder 2 anwendbar ist, es sei denn, es ist klar, dass das Dokument verbreitet werden muss bzw. nicht verbreitet werden darf.

(5) Ein Mitgliedstaat kann das Organ ersuchen, ein aus diesem Mitgliedstaat stammendes Dokument nicht ohne seine vorherige Zustimmung zu verbreiten.

(6) Wenn nur Teile des angeforderten Dokuments einer der Ausnahmen unterliegen, werden die übrigen Teile des Dokuments freigegeben.

(7) Die Ausnahmen gemäß den Absätzen 1 bis 3 gelten nur für den Zeitraum, in dem der Schutz aufgrund des Inhalts des Dokuments gerechtfertigt ist. Die Ausnahmen gelten höchstens für einen Zeitraum von 30 Jahren. Im Falle von Dokumenten, die unter die Ausnahmeregelungen bezüglich der Privatsphäre oder der geschäftlichen Interessen fallen, und im Falle von sensiblen Dokumenten können die Ausnahmen erforderlichenfalls nach Ablauf dieses Zeitraums weiter Anwendung finden.

Artikel 5

Dokumente in den Mitgliedstaaten

Geht einem Mitgliedstaat ein Antrag auf ein in seinem Besitz befindliches Dokument zu, das von einem Organ stammt, so konsultiert der Mitgliedstaat — es sei denn, es ist klar, dass das Dokument verbreitet werden muss bzw. nicht verbreitet werden darf — das betreffende Organ, um eine Entscheidung zu treffen, die die Verwirklichung der Ziele dieser Verordnung nicht beeinträchtigt.

Der Mitgliedstaat kann den Antrag stattdessen an das Organ weiterleiten.

Artikel 6

Anträge

(1) Anträge auf Zugang zu einem Dokument sind in schriftlicher, einschließlich elektronischer, Form in einer der in Artikel 314 des EG-Vertrags aufgeführten Sprachen zu stellen und müssen so präzise formuliert sein, dass das Organ das betreffende Dokument ermitteln kann. Der Antragsteller ist nicht verpflichtet, Gründe für seinen Antrag anzugeben.

(2) Ist ein Antrag nicht hinreichend präzise, fordert das Organ den Antragsteller auf, den Antrag zu präzisieren, und leistet ihm dabei Hilfe, beispielsweise durch Informationen über die Nutzung der öffentlichen Dokumentenregister.

(3) Betrifft ein Antrag ein sehr umfangreiches Dokument oder eine sehr große Zahl von Dokumenten, so kann sich das Organ mit dem Antragsteller informell beraten, um eine angemessene Lösung zu finden.

(4) Die Organe informieren die Bürger darüber, wie und wo Anträge auf Zugang zu Dokumenten gestellt werden können, und leisten ihnen dabei Hilfe.

Artikel 7

Behandlung von Erstanträgen

(1) Ein Antrag auf Zugang zu einem Dokument wird unverzüglich bearbeitet. Dem Antragsteller wird eine Empfangsbescheinigung zugesandt. Binnen fünfzehn Arbeitstagen nach Registrierung des Antrags gewährt das Organ entweder Zugang zu dem angeforderten Dokument und macht es innerhalb dieses Zeitraums gemäß Artikel 10 zugänglich oder informiert den Antragsteller schriftlich über die Gründe für die vollständige oder teilweise Ablehnung und über dessen Recht, gemäß Absatz 2 dieses Artikels einen Zweitantrag zu stellen.

(2) Im Fall einer vollständigen oder teilweisen Ablehnung kann der Antragsteller binnen fünfzehn Arbeitstagen nach Eingang des Antwortschreibens des Organs einen Zweitantrag an das Organ richten und es um eine Überprüfung seines Standpunkts ersuchen.

(3) In Ausnahmefällen, beispielsweise bei einem Antrag auf Zugang zu einem sehr umfangreichen Dokument oder zu einer sehr großen Zahl von Dokumenten, kann die in Absatz 1 vorgesehene Frist um fünfzehn Arbeitstage verlängert werden, sofern der Antragsteller vorab informiert wird und eine ausführliche Begründung erhält.

(4) Antwortet das Organ nicht innerhalb der vorgeschriebenen Frist, so hat der Antragsteller das Recht, einen Zweitantrag einzureichen.

Artikel 8

Behandlung von Zweitanträgen

(1) Ein Zweitantrag ist unverzüglich zu bearbeiten. Binnen fünfzehn Arbeitstagen nach Registrierung eines solchen Antrags gewährt das Organ entweder Zugang zu dem angeforderten Dokument und macht es innerhalb dieses Zeitraums gemäß Artikel 10 zugänglich oder teilt schriftlich die Gründe für die vollständige oder teilweise Ablehnung mit. Verweigert das Organ den Zugang vollständig oder teilweise, so unterrichtet es den Antragsteller über mögliche Rechtsbehelfe, das heißt, Erhebung einer Klage gegen das Organ und/oder Einlegen einer Beschwerde beim Bürgerbeauftragten nach Maßgabe der Artikel 230 bzw. 195 des EG-Vertrags.

(2) In Ausnahmefällen, beispielsweise bei einem Antrag auf Zugang zu einem sehr umfangreichen Dokument oder zu einer sehr großen Zahl von Dokumenten, kann die in Absatz 1 vorgesehene Frist um fünfzehn Arbeitstage verlängert werden, sofern der Antragsteller vorab informiert wird und eine ausführliche Begründung erhält.

(3) Antwortet das Organ nicht innerhalb der vorgeschriebenen Frist, gilt dies als abschlägiger Bescheid und berechtigt den Antragsteller, nach Maßgabe der einschlägigen Bestimmungen des EG-Vertrags Klage gegen das Organ zu erheben und/oder Beschwerde beim Bürgerbeauftragten einzulegen.

Artikel 9

Behandlung sensibler Dokumente

(1) Sensible Dokumente sind Dokumente, die von den Organen, den von diesen geschaffenen Einrichtungen, von den Mitgliedstaaten, Drittländern oder internationalen Organisationen stammen und gemäß den Bestimmungen der betreffenden Organe zum Schutz grundlegender Interessen der Europäischen Union oder eines oder mehrerer Mitgliedstaaten in den in Artikel 4 Absatz 1 Buchstabe a) genannten Bereichen, insbesondere öffentliche Sicherheit, Verteidigung und militärische Belange, als „TRÈS SECRET/TOP SECRET", „SECRET" oder „CONFIDENTIEL" eingestuft sind.

(2) Anträge auf Zugang zu sensiblen Dokumenten im Rahmen der Verfahren der Artikel 7 und 8 werden ausschließlich von Personen bearbeitet, die berechtigt sind, Einblick in diese Dokumente zu nehmen. Unbeschadet des Artikels 11 Absatz 2 entscheiden diese Personen außerdem darüber, welche Hinweise auf sensible Dokumente in das öffentliche Register aufgenommen werden können.

(3) Sensible Dokumente werden nur mit Zustimmung des Urhebers im Register aufgeführt oder freigegeben.

(4) Die Entscheidung eines Organs über die Verweigerung des Zugangs zu einem sensiblen Dokument ist so zu begründen, dass die durch Artikel 4 geschützten Interessen nicht beeinträchtigt werden.

(5) Die Mitgliedstaaten ergreifen geeignete Maßnahmen, um zu gewährleisten, dass bei der Bearbeitung von Anträgen auf Zugang zu sensiblen Dokumenten die in diesem Artikel und in Artikel 4 vorgesehenen Grundsätze beachtet werden.

(6) Die Bestimmungen der Organe über sensible Dokumente werden öffentlich gemacht.

(7) Die Kommission und der Rat unterrichten das Europäische Parlament hinsichtlich sensibler Dokumente gemäß den zwischen den Organen vereinbarten Regelungen.

Artikel 10

Zugang im Anschluss an einen Antrag

(1) Der Zugang zu den Dokumenten erfolgt je nach Wunsch des Antragstellers entweder durch Einsichtnahme vor Ort oder durch Bereitstellung einer Kopie, gegebenenfalls in elektronischer Form. Die Kosten für die Anfertigung und Übersendung von Kopien können dem Antragsteller in Rechnung gestellt werden. Diese Kosten dürfen die tatsächlichen Kosten für die Anfertigung und Übersendung der Kopien nicht überschreiten. Die Einsichtnahme vor Ort, Kopien von weniger als 20 DIN-A4-Seiten und der direkte Zugang in elektronischer Form oder über das Register sind kostenlos.

(2) Ist ein Dokument bereits von dem betreffenden Organ freigegeben worden und für den Antragsteller problemlos zugänglich, kann das Organ seiner Verpflichtung zur Gewährung des Zugangs zu Dokumenten nachkommen, indem es den Antragsteller darüber informiert, wie er das angeforderte Dokument erhalten kann.

(3) Die Dokumente werden in einer vorliegenden Fassung und Form (einschließlich einer elektronischen oder anderen Form, beispielsweise Brailleschrift, Großdruck oder Bandaufnahme) zur Verfügung gestellt, wobei die Wünsche des Antragstellers vollständig berücksichtigt werden.

Artikel 11

Register

(1) Im Hinblick auf die wirksame Ausübung der Rechte aus dieser Verordnung durch die Bürger macht jedes Organ ein Dokumentenregister öffentlich zugänglich. Der Zugang zum Register sollte in elektronischer Form gewährt werden. Hinweise auf Dokumente werden unverzüglich in das Register aufgenommen.

(2) Das Register enthält für jedes Dokument eine Bezugsnummer (gegebenenfalls einschließlich der interinstitutionellen Bezugsnummer), den Gegenstand und/oder eine kurze

Beschreibung des Inhalts des Dokuments sowie das Datum des Eingangs oder der Erstellung und der Aufnahme in das Register. Die Hinweise sind so abzufassen, dass der Schutz der in Artikel 4 aufgeführten Interessen nicht beeinträchtigt wird.

(3) Die Organe ergreifen unverzüglich die erforderlichen Maßnahmen zur Einrichtung eines Registers, das spätestens zum 3. Juni 2002 funktionsfähig ist.

Artikel 12

Direkter Zugang in elektronischer Form oder über ein Register

(1) Die Organe machen, soweit möglich, die Dokumente direkt in elektronischer Form oder über ein Register gemäß den Bestimmungen des betreffenden Organs öffentlich zugänglich.

(2) Insbesondere legislative Dokumente, d. h. Dokumente, die im Laufe der Verfahren zur Annahme von Rechtsakten, die in den oder für die Mitgliedstaaten rechtlich bindend sind, erstellt wurden oder eingegangen sind, sollten vorbehaltlich der Artikel 4 und 9 direkt zugänglich gemacht werden.

(3) Andere Dokumente, insbesondere Dokumente in Verbindung mit der Entwicklung von Politiken oder Strategien, sollten soweit möglich direkt zugänglich gemacht werden.

(4) Wird der direkte Zugang nicht über das Register gewährt, wird im Register möglichst genau angegeben, wo das Dokument aufzufinden ist.

Artikel 13

Veröffentlichung von Dokumenten im Amtsblatt

(1) Neben den Rechtsakten, auf die in Artikel 254 Absätze 1 und 2 des EG-Vertrags und Artikel 163 Absatz 1 des Euratom-Vertrags Bezug genommen wird, werden vorbehaltlich der Artikel 4 und 9 der vorliegenden Verordnung folgende Dokumente im Amtsblatt veröffentlicht:

a) Vorschläge der Kommission;

b) Gemeinsame Standpunkte des Rates gemäß den in den Artikeln 251 und 252 des EG-Vertrags genannten Verfahren und ihre Begründung sowie die Standpunkte des Europäischen Parlaments in diesen Verfahren;

c) Rahmenbeschlüsse und Beschlüsse im Sinne des Artikels 34 Absatz 2 des EU-Vertrags;

d) vom Rat aufgrund des Artikels 34 Absatz 2 des EU-Vertrags erstellte Übereinkommen;

e) zwischen den Mitgliedstaaten gemäß Artikel 293 des EG-Vertrags unterzeichnete Übereinkommen;

f) von der Gemeinschaft oder gemäß Artikel 24 des EU-Vertrags geschlossene internationale Übereinkünfte.

(2) Folgende Dokumente werden, soweit möglich, im Amtsblatt veröffentlicht:

a) dem Rat von einem Mitgliedstaat gemäß Artikel 67 Absatz 1 des EG-Vertrags oder Artikel 34 Absatz 2 des EU-Vertrags unterbreitete Initiativen;

b) Gemeinsame Standpunkte im Sinne des Artikels 34 Absatz 2 des EU-Vertrags;

c) Richtlinien, die nicht unter Artikel 254 Absätze 1 und 2 des EG-Vertrags fallen, Entscheidungen, die nicht unter Artikel 254 Absatz 1 des EG-Vertrags fallen, sowie Empfehlungen und Stellungnahmen.

(3) Jedes Organ kann in seiner Geschäftsordnung festlegen, welche weiteren Dokumente im Amtsblatt veröffentlicht werden.

Artikel 14

Information

(1) Jedes Organ ergreift die notwendigen Maßnahmen, um die Öffentlichkeit über die Rechte zu informieren, die sie gemäß dieser Verordnung hat.

(2) Die Mitgliedstaaten arbeiten mit den Organen bei der Bereitstellung von Informationen für die Bürger zusammen.

Artikel 15

Verwaltungspraxis in den Organen

(1) Die Organe entwickeln eine gute Verwaltungspraxis, um die Ausübung des durch diese Verordnung gewährleisteten Rechts auf Zugang zu Dokumenten zu erleichtern.

(2) Die Organe errichten einen interinstitutionellen Ausschuss, der bewährte Praktiken prüft, mögliche Konflikte behandelt und künftige Entwicklungen im Bereich des Zugangs der Öffentlichkeit zu Dokumenten erörtert.

Artikel 16

Vervielfältigung von Dokumenten

Diese Verordnung gilt unbeschadet geltender Urheberrechtsvorschriften, die das Recht Dritter auf Vervielfältigung oder Nutzung der freigegebenen Dokumente einschränken.

Artikel 17

Berichte

(1) Jedes Organ legt jährlich einen Bericht über das Vorjahr vor, in dem die Zahl der Fälle aufgeführt ist, in denen das Organ den Zugang zu Dokumenten verweigert hat, sowie die

Gründe für diese Verweigerungen und die Zahl der sensiblen Dokumente, die nicht in das Register aufgenommen wurden.

(2) Spätestens zum 31. Januar 2004 veröffentlicht die Kommission einen Bericht über die Anwendung der Grundsätze dieser Verordnung und legt Empfehlungen vor, gegebenenfalls mit Vorschlägen für die Überprüfung dieser Verordnung und für ein Aktionsprogramm für die von den Organen zu ergreifenden Maßnahmen.

Artikel 18

Durchführungsmaßnahmen

(1) Jedes Organ passt seine Geschäftsordnung an die Bestimmungen dieser Verordnung an. Diese Anpassungen werden am 3. Dezember 2001 wirksam.

(2) Innerhalb von sechs Monaten nach Inkrafttreten dieser Verordnung prüft die Kommission die Vereinbarkeit der Verordnung (EWG, Euratom) Nr. 354/83 des Rates vom 1. Februar 1983 über die Freigabe der historischen Archive der Europäischen Wirtschaftsgemeinschaft und der Europäischen Atomgemeinschaft[9] mit dieser Verordnung, um zu gewährleisten, dass die Dokumente so umfassend wie möglich aufbewahrt und archiviert werden.

(3) Innerhalb von sechs Monaten nach Inkrafttreten dieser Verordnung prüft die Kommission die Vereinbarkeit der geltenden Vorschriften über den Zugang zu Dokumenten mit dieser Verordnung.

Artikel 19

Inkrafttreten

Diese Verordnung tritt am dritten Tag nach ihrer Veröffentlichung im *Amtsblatt der Europäischen Gemeinschaften* in Kraft.

Sie gilt ab dem 3. Dezember 2001.

Diese Verordnung ist in allen ihren Teilen verbindlich und gilt unmittelbar in jedem Mitgliedstaat.

Geschehen zu Brüssel am 30. Mai 2001.

Für das Europäische Parlament
Die Präsidentin
N. FONTAINE
Im Namen des Rates
Der Präsident
B. LEJON

---

[9] ABl. L 43 vom 15.2.1983, S. 1.

FSC
www.fsc.org
MIX
Papier | Fördert gute Waldnutzung
FSC® C083411

Kolibri 360 GmbH
Ferdinand-Jühlke-Straße 7
99095 Erfurt, Deutschland
produktsicherheit@kolibri360.de

Druck:
CPI Druckdienstleistungen GmbH
im Auftrag der
Kolibri 360 GmbH
Ferdinand-Jühlke-Str. 7
99095 Erfurt